真宗民俗史論

蒲池勢至 著
Gamaike Seishi

法藏館

真宗民俗史論　目次

真宗民俗史論

第一章　真宗民俗史の方法と課題

第一節　真宗民俗史の方法

一　「仏教と民俗」「真宗と民俗」

真宗優勢地帯の民俗をどう捉えることができるのか、またどのように解釈して意味づけすることができるのか。本書で「真宗民俗史」を提唱するにあたって、まず最初にその方法について述べてみたい。滋賀県の湖北地方に伝承されている「乗如上人御越年」と御影巡回の行事を通して具体的に論じるが、その前に「真宗と民俗」をめぐる方法論的問題点について触れておく。

まず「真宗民俗」の用語であるが、北陸・東海・近畿・中国地方など真宗優勢地帯にみられる門徒の現行民俗をさすこととする。もちろん門徒優勢地帯でなくても真宗門徒のムラであれば、その門徒民俗も含まれる。かつて「門徒もの知らず」と称せられ、真宗門徒の優勢地域やムラには民俗が不毛であり希薄であるとされていたが、ここ二十年ほどのあいだに各地から門徒の民俗が報告されてきた。そして、民俗学においても、真宗門徒地帯のムラにも「民俗がある」という一定の理解と認識が得られてきたものと推察する。しかし、改めて、なぜ真宗民俗を論じる必要があるのか、そもそも真宗民俗とは何かと問うと、いま少し明確にしておかねばならない問題と課題があるように思われる。

真宗民俗は「仏教民俗」の一分野にすぎず、この仏教民俗も近年は「民俗宗教」もしくは「宗教民俗」の中に包括されてしまった。いまあえて、「真宗民俗」と称えて論議する必要もないようにみえる。しかし、真宗民俗は仏教民俗論、民俗宗教論に包括されながらも異なる問題視角の一面を持っている。まず、この点について、仏教民俗すなわち「仏教と民俗」の関係を整理しながら確認してみよう。

仏教民俗学を提唱していた五来重は、「仏教と民俗」の中で津田左右吉の『支那思想と日本』の一節を引用した後、次のように述べている。

これは単に庶民文化に同情的であるためにのべられたのでなく、外来の仏教が固有の基層文化と接触して文化変容をとげるところに、その民族の文化創造力、したがってその民族の文化特質を見ようとするアカルチュレーション（acculturation）の立場に立っているのである。民俗学が文化人類学や文化史学に寄与しうるのは、このような文化変容の理論に、具体的な内容を提示することができるからである。とくに日本文化にたいする仏教の関係はそのもっともティピカルな例証となるであろう。したがってわれわれはインドの経典や中国の儀軌図像にもないような、特殊な仏像（石像をふくむ）や異形塔婆、特殊な講の本尊、葬式のしかた、特殊な経典の信仰、盆・彼岸のまつりかたなどを、軽々しく見すごすことはできない。そこでこのような仏教的民俗資料をあつめて、常民の仏教信仰の内容と特色、仏教的社会（講）の構造、常民の仏教受容の方式、受容された仏教の変容などを研究する学問を「仏教民俗学」と名づけ、その研究対象を次のように分類して、項目だけを表

示することとする。(1)

このように述べて、仏教民俗学の研究対象として提示した内容は、①仏教年中行事、②法会（祈禱と供養）、③葬送習俗（葬式・年忌・墓地・塔婆など）、④仏教講（同族講・地域講・普遍講・葬式講など）、⑤仏教芸能（顕教系・密教系・浄土教系など）、⑥仏教伝承（縁起・唱導・奇蹟など）、⑦仏教俗信（呪禁・禁忌・予兆など）、⑧修験道（霊山・聖・密呪・入峯修行など）という八項目であり、この中でそれぞれ具体的な対象をあげていた。五来重の生涯にわたる研究と多くの著述は、この八項目の個別的研究と大系化にあったといってよいだろう。仏教は外来宗教であり、日本「固有の基層文化と接触して文化変容をとげ」たものが「日本仏教」であると捉えている。また、「民俗にもとづく基層文化としての日本仏教」とも表現している。ここにいう基層文化とは表層文化に対するものであるが、どんなに瑣細な民俗でも過去へと遡り祖型へたどっていけば「日本民族文化の総体に掘りあたるはず」であり、これこそが基層文化であるという。そして、基層文化と表層文化の関係については、貴族的仏教文化が下降して庶民の仏教文化になったとするような文化沈降説を否定して、「この両種の文化が共通の基層文化から発生したもの」であり、「これは「仏教」と「民俗」という二つの命題を対立的にかんがえるのでなくて、信仰としても文化としても仏教が現象化するかぎりは、民俗性をはなれることができない」と述べている。(2)五来重の追求したものは、民俗学的方法を導入して日本における仏教の庶民化を明らかにすることであり、「仏教の民俗化」、そして土着化、庶民化こそが、「仏教民俗学」のメーン・テーマであった。その後、五来重はフランスなどのキリスト教巡礼などにも興味を持つようになり、昭和五十年代初期から「日本宗教民俗学」を提唱するにようになって研究対象と学問的問題関心の枠組みを広く設定したが、「仏教と民俗」の捉え方はなんら変化していなかったとみてよいだろう。[3]

次に五来重とともに仏教民俗学を提唱した藤井正雄の「仏教と民俗のかかわり」をみてみよう。藤井は以下のように述べている。

このようにして、日本における仏教の受容と変容について、すでに他文化体系による文化諸要素の累積があったうえに、さらに定着化の過程における変容という、二重の変容があったこと、さらに定着化過程には仏教が民俗に意味づけを与えてとりこむという〈民俗の仏教化〉と、仏教が民俗に傾斜して自己を失なっていくという〈仏教の民俗化〉の二方向を区別しておきたいと思う。[4]

仏教は外来宗教として日本に伝来する以前、すでにインド・中国・朝鮮において生活化され変容されてきており、日本で定着する過程でさらに二重の変容をして、「民俗の仏教化」と「仏教の民俗化」があったという。この記述に続いて藤井は、五来重の仏教民俗学が民俗学の系譜を継承したもので「〈仏教の民俗化〉にもとづく仏教民俗学の提唱」であったと規定している。そして、さらに以下のように述べる。

ここで、いま一つ従来かえりみられなかった〈民俗の仏教化〉にもとづく仏教民俗学の構築が考えられてくるであろう。仏教の土着化の過程において、具体的には地域社会とのかかわりにおける仏教寺院の展開となるが、寺院は宗祖の教えを受け、仏教教義をかりて、すなわち偽経をも駆使して、民間信仰・習俗に意味づけを与えて、仏教語を借りていえば会通を行なって積極的に地方寺院独自の仏教体系のなかに組み入れていったプロセスと、また逆に根強く民間に沈澱する常民意識によって変容され、ないしは規制されていったプロセスの考察となろう。

第三の発展的方向として、〈仏教の民俗化〉と〈民俗の仏教化〉の両面を総合する仏教民俗学の構築である。ここでは寺院側での民間信仰・習俗の意味づけと、常民の意味づけとのズレも必要な調査項目となる。従来の固有信仰のみにかかわってきた民俗学に仏教教義を導入することによって、民間信仰・習俗の相互作用にもとづく全体像の浮彫りという面で、柳田民俗学の枠組の改変である。ここでは仏教民俗の資料は、庶民信仰の各内容を仏僧の布教活動を媒介としての原型とその変容という大きな項目に配置換えがなされる。寺院の展開に目を据えるが、仏教と民俗との対比は等価値におかれ、方法論的には、民俗学を中心に仏教学・宗学の研究をふまえながら人類学的・社会学的・心理学的アプローチという諸分野の研究の多面性を総合した仏教民俗学の樹立が目ざされてくるといえるであろう(5)。

藤井は「仏教の民俗化」だけでなく「民俗の仏教化」という問題視角を重視して、さらに両者を統合する仏教民俗学の構築を提起していた。ただし、「地域社会とのかかわりにおける仏教寺院の展開」を結節点として考えているが、具体的な対象と方法論についてはいまひとつ理解しにくいところがあった。

さて、「真宗と民俗」の関係を考えるにあたって、「仏教と民俗」について五来重と藤井正雄の方法論的所論の要点のみ引用して比較した。両者に共通していたのは、仏教は外来宗教で、日本の仏教は「民俗化した仏教」であり、日本の地域社会に展開している仏教は「民俗そのもの」としたことであった。したがって、「仏教と民俗」の課題は、外来宗教であった仏教が日本の基層信仰と接触したときの文化接触と変容にあったといえる。それは仏教の日本社会への土着論ということでもあった。五来は「仏教の民俗化」という方向、藤井は「仏教の民俗化」と「民俗の仏教化」という二方向として「仏教と民俗」の関係を捉えているが、その前提にあるのはともに「習合論」であったといってよいだろう(6)。

では「真宗と民俗」はどうなるのか。両氏の捉え方からすれば、真宗の社会におけるあり方、真宗門徒の地域社会におけるあり方自体がすでに民俗的であり、それは「真宗の民俗化」によって「民俗化された真宗」が展開していて、門徒の生活や信仰伝承に民俗性があるのは当然ということになる。しかし、ここで思い起こすのは、現在では忘れられてしまっている「門徒もの知らず」という言葉である。この表現に込められていた内容は、例えば『旅と伝説』(誕生と葬礼号)の滋賀県高島郡西庄村(現・高島市)の報告で「門徒もの知らずと云うて真宗の人は、他宗に比して葬式其他の事でも忌み事をあまり云ひませんので私もあまり知りません」と答えているように(7)、物忌み・穢という観念や禁忌といった民俗に対して否定的な態度をとる門徒の生活慣習と行動様式であった。「門徒もの知らず」という言葉は、真宗以外の人々から同じ地域社会で生活する門徒に対して批判的に発せられたものであるが、門徒にとっては自らの信仰と生活慣習に自負心を持っていた表現であった。「仏教と民俗」の習合論だけの視角から捉えようとすると、この真宗の持っている民俗否定的な一面の反民俗性という課題が脱落してしまうのではないか。

「真宗と民俗」の課題は、大きくみれば「仏教と民俗」の問題枠組みで捉えるのが妥当であり、真宗信仰も「真宗の民俗化」によって地域社会に土着し、門徒の生活や信仰も民俗的なあり方をしているといってよいだろう。真宗民俗の中には習合して民俗化したものもある。秋田県仙北郡美郷町六郷の真宗寺院では、「南無阿弥陀仏　法名(往生年月日)釋〇〇之墓」と記す塔婆を使用している(写真1)。葬儀のときには葬儀壇の脇に立てかけ、後には墓石の傍らに立てている。これとは別に白木の位牌もある。こうした事例などは真宗が民俗化した典型例であるが、「南無阿弥陀仏」と塔婆に書いているところは、どこまでも真宗的であろうとする意識を読みとることができる。年忌は五十回忌以後、百回忌・百五十回忌・二百回忌・二百五十回忌・三百回忌と行っており、本堂に張り出された年忌一覧の最後には「祖先菩提為繰出申出置候」と書かれてあった。塔婆を立てるなどして民俗化しながらも、一方で五十年忌を弔い上げとしない祖先観念も形成しているようである。六郷地区の真宗門徒は、自らのことをイッコウシュウ（一向宗）とも自称している。(8)

真宗は教義的に塔婆だけでなく位牌も否定しており、近畿や中国地方の門徒地帯では仏壇に法名軸を安置して位牌を祭祀していないところが多い。東海地方では繰り出し位牌と法名軸の両方を併存祭祀している。(9)このように位牌一つをとっても、地域の中でさまざまであり、民俗化しているものもあれば、位牌を否定しているところもあるのである。講や年中行事なども同様であり、真宗地帯の「真宗と民俗」には、対立も否定も共存も習合もあった。だから「真宗の民俗化」という習合論だけでなく、反民俗性という民俗否定的な問題視角を見落としてはならない。こうした真宗民俗の実態をふまえて、「真宗と民俗」の問題を考える方法として次のような枠組みと視角を

写真１　真宗寺院の塔婆（秋田県仙北郡）

設定する。

真宗と民俗

①真宗の民俗性………真宗の民俗化　習合論、民俗性

②真宗の反民俗性……民俗の真宗化　真宗の民俗

（＝真宗が生み出した民俗）

非習合論　反民俗性

①「真宗の民俗性」は、従来の「仏教と民俗」という枠組みであり、とくに「真宗の民俗化」という方向から地域社会に展開・定着した真宗門徒の生活慣習や信仰の中に民俗性を見出し、真宗という信仰の変容を捉えようとするものである。また、真宗という仏教教団が形成してきた儀礼や展開活動等の中にも同じく民俗性を見出していこうとする。②「真宗の反民俗性」は、①が習合論的な立場であるのに対して、習合を否定して地域社会に定着した門徒の生活様式や信仰儀礼である。藤井が提起した「民俗の仏教化」に倣って「民俗の真宗化」としたが、真宗信仰が地域社会に定着しようとしたとき、はたしてそれまで地元に伝承されてきた民俗を真宗が改変して真宗化したのであろうか。葬送儀礼や墓制などには一部を改変した「民俗の真宗化」があったが、すべてがそうではなく、真宗教義や教団によって作られた儀礼・行事が地域社会の中で定着し、門徒によって伝承されてきたものもあり、これを「真宗が生み出した民俗」＝真宗の民俗と捉えたい。しかしながら、この「真宗が生み出した民俗」は習合論的な捉え方に対して反民俗性であるが、「門徒の民俗」がすでに民俗的なあり方を地域社会でしているということ

からすれば、真宗が生み出した信仰儀礼ではあっても、その中に民俗性を認めることができる。そうでなければ、②「真宗の反民俗性」という視角は、真宗民俗特殊論に偏ってしまうであろう。具体的事例で述べれば、真宗門徒が伝承してきた無墓制という習俗は、近世以降に石塔墓が一般化していく中にあって習合することなく、中世以来の「墓をつくらない」という姿を残存させたものであった。厳密にいえば、無墓制は真宗や門徒が生み出した墓制ではなく、「親鸞某閉眼せば賀茂川の魚に与うへし」などという教義的説明によって石塔墓以前の姿が門徒の中に残ったものであるが、とりあえずは「門徒の民俗」＝「真宗が生み出した民俗」といってよいだろう。そして、そこからさらに、無墓制は真宗の反民俗性によって伝承されてきたものであるが、門徒固有の墓制ではなく、石塔墓成立以前の一つの姿を示していることにおいて民俗であると捉えることができる。(10)真宗門徒地帯の真宗民俗を民俗学の中で位置づけ捉えるためには、「真宗の反民俗性」を強調しすぎて特殊論に陥ることなく、常に一般民俗と比較しうる回路を開いておくことが必要であろう。

「真宗と民俗」を問題にするのは、最初に述べたように門徒地帯の民俗をどのように捉えることができるかということにあるが、いまひとつ目的がある。「民俗の形成」という歴史民俗学的課題である。五来重や藤井正雄は仏教民俗学を提唱して、仏教の土着や庶民信仰の究明、さらに五来は「民俗にもとづく基層文化」としての日本仏教を問題にしていた。こうした仏教民俗の方法論は、同時期に活躍した竹田聴洲も祖先崇拝を基層文化、また日本の仏教を「民俗仏教」と捉えたことから基本的に同じであり、続いて伊藤唯真などに継承された。(11)しかし、仏教民俗「学」は成立することなく「民俗宗教」あるいは「宗教民俗」の中の一つになってしまった。真野俊和は「民間信仰論から民俗宗教論へ――仏教民俗論の前提として」という論文で、桜井徳太郎が固有信仰論を放棄しながらも、民間信仰とは成立宗教・創唱宗教と民族信仰・固有信仰とが地域社会における現実生活面で接合する領域こそが民

間信仰研究の対象領域であると論じたものを批判継承して、

民俗宗教論とはある種の宗教(信仰)現象を民俗のなかの、そして宗教一般のなかの一つの領域として限定的に捉えようとする視角であったとでもいえる側面をもっているのではないか。

と述べ、「多かれ少なかれ「民俗宗教」は半根なし草」と規定した。(12)それは固有信仰論とは決別して、地域社会における習合的な宗教現象を研究するのが民俗宗教論としたことであった。真野が民間信仰論から民俗宗教論への移行・展開を提唱した背景には、都市化現象によって加速度的に共同体破壊が進行して、「「民俗的基盤」なるものは「地域社会」や「共同体」のなかにこそ存在する」とする民俗学、とりわけ民間信仰論の基本的パラダイムが崩れてきたことがあった。そして、宗教現象を社会的・文化的関係に置き換えるのではなく、民俗宗教論の一つの方法としてヒジリに着目しながら、

右に論じたような経過をとおして民俗宗教論提唱の条件が整ってくるなかで、顕著になってきた一つの傾向があった。それは小文の冒頭で述べたように、宗教現象を、一方は根生いの生活習俗や宗教的儀礼群と、他方は特定の世界観・価値観にみちびかれた聖なる意味の集合との間の相互交渉——たんに親和的な関係ばかりでなく、変容・孤立・排除といった葛藤的関係をも含んだ一の産物として理解しようとする視点である。

と述べている。(13)

民俗学の立場からすれば、仏教も宗教の一つであり、民俗レベルにおいて「仏教と民俗」は宗教現象という民俗の一領域にすぎなくなった。したがって、ことさら仏教民俗学という独立した体系を民俗学の中に位置づける必要もなかったのであろう。さらに近年では、民俗学が民俗宗教を研究するには、「「民俗宗教」を生活の総体の中で扱うスタンスに立つべき」で「「宗教」の研究としてこれをいったんやめてしまうべきだ」という考えまでも提起されるにいたった。(14)仏教民俗を宗教現象と捉えて、「民俗宗教」論の一分野とすることに異論はないが、現行民俗に対して仏教民俗論が強く持っている史・資料を併用しながら遡源的に究明する歴史民俗学的方法はどうなるのであろうか。とりわけ、真宗民俗論は真宗史側の史・資料を使うことによって門徒の伝承してきた民俗の形成を捉えることができる。真野俊和が民俗宗教論で提起した「特定の世界観・価値観にみちびかれた聖なる意味の集合との間の相互交渉――たんに親和的な関係ばかりでなく、変容・孤立・排除といった葛藤的関係」も「真宗と民俗」の中で民俗的かつ歴史的に論じることができるものと思われる。それは、真宗門徒の民俗が「根無し草」の宗教現象ではなく、常に真宗という教団や信仰と関係しながら形成・伝承されてきたからである。真宗民俗論では真宗史という歴史との関係において門徒の民俗を遡源的に捉えようとする。

以上、真宗民俗論の課題と方法論的枠組みを「仏教と民俗」、あるいは民俗宗教論との関係から探ってみた。次に真宗門徒が伝承している御影巡回行事を通して、これまで述べてきた真宗民俗の課題と方法論について検討してみよう。

二　湖北の乗如上人御越年と御影巡回

滋賀県の湖北地方、長浜市や坂田郡（現・米原市）・東浅井郡（現・長浜市）・伊香郡（現・長浜市）の地域ではゴオツネン（御越年）と呼ばれる行事と、東本願寺第十九代乗如上人の姿を描いた御影（絵像）を村々に巡回させる門徒の行事が盛んである。ゴオツネンと御影巡回は一連の行事なので、まずゴオツネンの行事内容から見ていくことにしよう[15]。

ゴオツネンは正式には「乗如上人御越年」と呼ばれる法要のことであり、主催は「乗如上人二十二日講」という門徒である。この講は湖北三郡にまたがる広域の講で、琵琶湖の東、長浜市（旧長浜市・浅井町・びわ町）・米原市（旧山東町）・湖北町・虎姫町・高月町・木之本町・余呉町（五町とも現・長浜市）の村々を講下としている。その組織は図1のようになっており、ゴオツネンは旧長浜→坂田郡山西組→坂田郡山東組→東浅井郡上浅井組→伊香郡→東浅井郡下浅井組の順番で行っている。この六地区の組が六年に一回ずつ交代でゴオツネンの宿を受け持つことになっているが、実際には組の中のザイショ（在所）がエショ（会所）を引き受ける。村単位で引き受けるのである。そして、さらに村の中の門徒宅がオヤドになる。オヤドとなった家の床の間には二幅の乗如上人絵像、そして一升餅が四列に二四枚重ねて供えられ、十二月二十六日から翌年の一月八日まで二週間にわたって法要が執行される。長浜市八幡町中山同行の石地家がオヤドになったときは、十二月二十六日午後一時の逮夜から始まり、一月八日の日中まで勤行と説教が繰り返された。三十日から一月三日までは「御逗留」といって勤行と説教は休みであった。石地宅の鴨居には懇志札がずらりと貼り付けられ、主人は裃の正装、毎日平均百人ほどの参詣者があったという。これだけの門徒がそろって正信偈を草四句目下で唱え、念仏和讃は三首引きで初重が「善知識にあふこともおしふることもまたかたし　よくきくこともかたければ　信ずることもなをかたし」、二重が「一代諸教の信よりも　弘願の信楽なをかたし　難中之難とときたまひ　無過此難とのべたまふ」、三重が「念仏成仏これ真宗　万行諸善これ仮門　権実真仮をわかずして　自然の浄土をえぞしらぬ」であった。毎日差定は同じであるが、御満座の

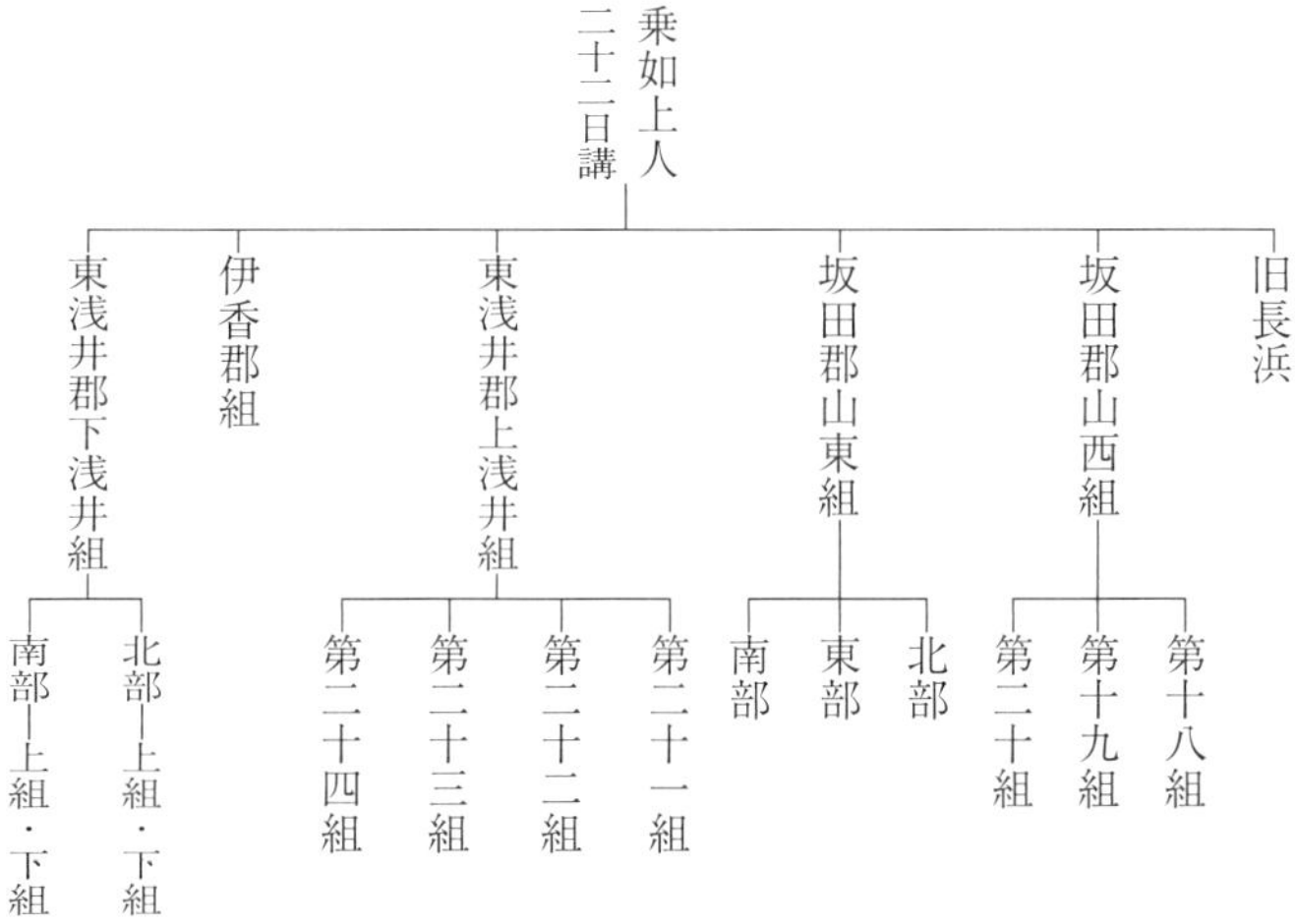

図1　乗如上人二十二日講組織図

八日は三重和讃が「如来大悲の恩徳は　身を粉にしても報ずべし　師主知識の恩徳も　ほねをくだきても謝すべし」に代えられた。昼食時にはオヤドからセッタイとして寿司が振る舞われ、かつて「ゴオツネンをしようとすると米百俵」といわれたという。

ゴオツネンに続いて「鏡割り」の行事があり、乗如上人の絵像は「まわり仏」と呼ばれて村々を巡回していく。一月八日のゴオツネンが終わると六地区の代表がオカガミサンを決められた枚数だけ持ち帰り、南回りと北回りに分かれて順次鏡割り行事をザイショごとに行い絵像を回していく。南回りでは、一月十日が旧東浅井郡上浅井組の二十一組、一月十二・十三・十四日が旧坂田郡山西組の十八組、一月十六・十七・十八日が旧坂田郡山東組の北部・東部・南部、一月二十日が旧坂田郡山西組の十九組と鏡割りを行い、これが終わると十九組のザイショから毎日連続して絵像を回していく。三月二十五日から四月初めまでは伊吹山の麓にある甲津原や下板並あたりまで回っており、このあとは長浜別院にある総会所で預かり保管となる。この間、六五のザイショを巡回する（表1）。

1月10日～31日	今荘・山階・保多・垣篭・大久保・大鹿・須川・本庄・列見・桃園・相撲・十里・森・井之尻・下之郷・寄福寿・小沢・新庄馬場・新庄寺
2月1日～19日	神照・八幡中山・八幡東・南高田・宮司西・小堀・宮司東・田附西・田附東・七条・八条・鳥羽上南・永久寺・下坂中・平方・下坂浜・寺田・田村・神田
2月21日～28日	春近・南小足・加納・相撲庭・東上坂・今・道中
3月1日～15日	保田・国友・泉町・道中・川崎・道中・西上坂・堀部・榎木・口分田・道中・道中・道中・石田・石田
3月16日～23日	野村・三田・大路・大依・東主計・西主計

表1　南回り御巡化日割表

1月12日～28日	馬上道中・○宇根・馬上道中・馬上・高月・渡岸寺・柏原・高月道中
2月21日～27日	馬上道中・○落川・雨森・井口・持寺・保延寺・馬上道中
3月18日～31日	高月道中・○下余呉・八戸・中ノ郷・坂口・○木ノ本・広瀬・黒田・東野・今市・小谷・柳ケ瀬・大音・田居・西山
4月1日～27日	赤尾・北布施・布施・東高田・○磯野・東柳野・中柳野・西柳野・重則・松尾・西野・熊野・西阿閉・東阿閉・○唐川・千田・田部・洞戸・尾山・高野・小山・石道・古橋・横山・西物部・東物部・高月道中
8月2日～31日	馬上道中・渡岸寺・柏原・雨森・井口・持寺・田部・木ノ本・坂口・○八戸・柳ケ瀬・小谷・休み・休み・○東野・今市・中ノ郷・下余呉・洞戸・尾山・保延寺・高野・小山・石道・古橋・杉本・杉野・同・金居原・高月道中
10月31日	高月道中
11月1日～29日	千田・唐川・黒田・○田居・大音・山梨・西山・赤尾・○北布施・東高田・横山・磯野・西柳野・中柳野・○東柳野・重則・松尾・西野・熊野・西阿閉・東阿閉・宇根・西物部・東物部・落川・馬上・高月道中・高月道中
12月21日～23日	高月道中・○高月北・高月道中

表2　北回り・伊香郡御巡化在日割表（○印御影講）

写真2　乗如上人の御越年（川村赳夫撮影）

北回りは旧東浅井郡上浅井組の二十二組・二十三組・二十四組と旧東浅井郡下浅井組・旧伊香郡組の範囲である。浅井組の回り方を調べることができなかったが、伊香郡は一月十二・十三・二十三・二十四・二十五〜二十八日、二月二十一〜二十七日、三月十八〜三十一日、四月一〜二十七日、八月二〜三十一日、十月三十一日〜十一月二十八日、十二月二十一〜二十三日と回している（表2）。乗如上人の絵像は、十二月二十三日が終わると十二月二十六日から始まるゴオツネンの御宿へ戻り、南回りのものと一緒になって「乗如上人御越年」となるのである。

ゴオツネンに続いて行われる鏡割り行事の様子について記すと、長浜市本庄の武田宅で行われた山西組十九組の鏡割りを実見したとき、床の間には、南回りの乗如上人絵像一幅、山西組の法物である教如上人絵像と名号が掛けられ荘厳されていた（写真2）。ザイショの長源寺住職が導師となり、ゴオツネンと同じ差定で勤行がなされ、文政八年（一八二五）の「江州坂田郡四十六ケ村」宛の御消息が拝読、午後からは説教が行われた。入り口で半紙に包まれた扇形の餅が渡されていたが、これはゴオツネンの鏡餅を切ったものである。十九組のザイショ代表の参詣者はこの餅を受け取り、持ち帰って分けたり、切り分けられた餅をさらに細かくして、蒸した餅に混ぜ再び鏡餅をつくるという。伊香郡では鏡餅をアラレのように細かく切って一軒ずつ配るともいう。つまり、ゴオツネンの法要と鏡餅は、湖北の村々で再生されていくのである。鏡割りのヤドだけでなく、「まわり仏」が巡回してきた家々では、お逮夜・お初夜・お日中と勤行し、絵像をはずすときには主人が裃の正装をして、家族中が最後に焼香するともいう。

これが乗如上人の御越年と御影巡回行事の内容であるが、なぜ二幅の乗如上人絵像があって「御越年」させ、また村々を巡回させるのであろうか。この行事の由来に関して次のような伝承を伝えている。

天明八年（一七八八）一月三十日、乗如上人四五歳のとき京都に大火が起きた。寺院類焼九百九十宇、民家十八万三千戸、焼死者二千六百三十人余り、京都の町は、東は鴨川べり、西は千本通り、南は七条、北は鞍馬口・紫野まで焼けたという。もちろん、本山の大堂・諸殿ことごとく焼失した。乗如上人は寛政元年（一七八九）五月に「炎焼御書」を発示し再建にのりだしたが、寛政四年（一七九二）二月二十二日に四九歳で御遷化、達如上人が御意志を継がれた。この間、全国の同行衆は普請場のお小屋、詰所に合宿して奉仕したという。火災以来十一年目、寛政十年（一七九八）四月に阿弥陀堂と御影堂の両堂は完成し、達如上人は、完成成就したのはひとえに乗如上人のおかげと、存命中に描かれた乗如上人御寿像を掛けて勤修されたという。そして、湖北三郡門徒衆の労苦に対して、とくに御寿像二幅と御書を下付し、法義相続を願った。湖北の門徒たちは御命日の日をとって湖北三郡一円に二十二日講を組織し、今日まで守り伝えているという(16)。

この伝承を裏付ける史料として二通の文書を伝来している。

①

御小屋詰諸国御門徒中江
其方共、御類焼已来十余箇年之間、国を離れ長々御再建之御手伝を中上、粉骨砕身之辛労を尽し、不惜身命之丹誠を抽候条、誠以神明之至ニ思召候、元来御再建の儀ハ全以先門様御苦慮被為有之候御意思之御事ニ而当門様御苦労被思召候處、其方共両御代之尊慮を奉汲得候而厚御取持申上候事仏祖之御冥慮ニ茂相叶候耶之間、大造成御造作暫之間、周備致し候御事、返々御満足ニ思召候、今般大門御供養会も被為相済候間、旧冬被御聞候通、銘々帰国之儀可喜存事ニ者候得とも、此年月御本廟之御膝元罷在親里御教化奉逢長々御化導を奉蒙候処、今更帰国之儀者残念ニも可存哉と察思召候、依之深重之尊慮を以歓喜光院様、黒衣之御影御授与被成下、当門様御讃、御名幷御作文之御裏書被遊候而御小屋詰諸国御門徒中江頂戴被仰付候間、名難有可奉敬承候、此儀者御先例も無之御事ニ候得共年来之骨折江被対候而格別之思召を以、被下置候間、重々難有奉存誠ニ尊慮を被為籠候御真影之御事ニ候得者其国々御門徒中申合、永く奉守護御崇敬申上候而益御法義を相続いたし信心堅固之上より御報謝之経営無油断相嗜可申旨被仰出候事

酉　三月廿二日

追加

一右

御影御門徒中打寄御崇敬申上候節者、手次寺或者其向寄之法中可致請待候事

一法義相続ニ付、常々御教示之ことく王法を本とし、守護地頭、領主之恩義を疎に不存、五常を専とし農業家事

無油断相続可申事

（以下、略）

②

今度格別以思召歓喜光院御影御授与被成下、則御讃、御名幷御作文之御裏書御染筆被遊下候間難有可被存候、誠深重之尊慮を以頂戴被仰付候御事に候得者、其国御門徒中申合、永ク大切ニ奉守護、弥増法義相続可為肝要之旨被仰出候也

享和元年

四月七日

宇野相馬

□延（直カ）（花押）

池尾伊織

正弘（花押）

井上要人

□□（花押）

下間治部卿法眼

頼□（花押）

北江州

御門徒中

こうした伝承と文書史料から、ゴオツネンと呼ばれる「乗如上人御越年」と御影巡回行事の発生や歴史を知ることができる。天明八年（一七八八）に焼失した東本願寺の御堂再建（寛政度の再建）のために国を離れて上山し、尽力した湖北門徒が帰国するに際して下付されたのが「歓喜光院（乗如上人）様黒衣之御影」であり、志半ばで往生した乗如に代わって達如が讃銘と裏書などを記したのであった。それは湖北門徒の「不惜身命」の働きに対する慰労とともに、御影を御崇敬守護しながら法義相続と御報謝のためであった。なお、二十二日講の組織で、十八・十九・二十組などとあるのは寺院組織の組割りとは関係なく、本山再建奉仕のときに湖北門徒が泊まったオコヤ（お小屋）の番号であると伝えられている。

ところで、この乗如上人御越年と御影巡回の行事は、まぎれもなく湖北真宗門徒の信仰行事であるが、実はまったく同じ伝承と行事が能登や三河にある。能登ではゴソッキョウ（御崇敬）と呼ばれ、正式には「歓喜光院殿御崇敬」、別名「御越年」ともいっている。(17)鹿島郡・羽咋郡・七尾市・羽咋市を範囲として「歓喜光院殿御影護持会」が組織され講員二千百五十名、毎年この二市二郡の中を巡回して執行している。現在は十一月になっているが、昭和三十八年までは十二月二十三日から一月七日まで、二週間にわたって行われていた。能登の御崇敬では、乗如上人絵像下付の由緒を記した文書二通が「お書立」と称して伝えられ拝読されているが、先に記した湖北の二十二日講所蔵のものと同じ文面であり、享和元年（一八〇一）という年次も同じであった。ただ日付が能登のものは「三月廿六日」であるのに、湖北では「四月七日」となっている。乗如上人の御影は写しが制作されて、やはり村々を巡回している。

三河の暮戸教会（岡崎市）にも「御苦労の姿」と呼ばれる乗如上人御影が所蔵されており、裏書には、

本願寺前大僧正釋達如（印）

歓喜光院真影

天明戊申之春、我本廟羅祝融之災、巍然堂宇忽為烏有、前住上人深悲歎之興復之企夙夜無忘、衆縁之募旦暮不懈、而命也未幾奄忽化去矣、於是我門徒若干追憶其意思而粉骨砕身盡土木之功策斧斤之力、僅十有余年而殿堂門廡悉復旧観、嗚呼雖是法徳而亦不人功乎、是以図畫前住上人真容而、以授与于門徒某等者也、于時享和元年

辛酉三月二十二日

三河国
門徒中

とある。[18] かつては三河一円を巡回していたはずであるが、現在は暮戸教会から借り出されるかたちで数か所の村が法要を行っている。豊田市畝部東ではゴシンネイサン（御真影さん）と呼ばれて、いまは二月第一日曜日に門徒宅で法要が営まれている。以前、ムラの正月が旧暦であったころには新暦正月元旦、ムラの正月が新暦になると旧正月元旦にしていたという。ムラの本山世話方役が羽織・袴で御真影様を暮戸教会までお迎えに行き、一泊して翌朝のオアサジ（晨朝勤行）後に「出立ち」であったが、現在は当日の午前中にお迎えし夕方にはお送りしている。法要は午後一時からムラの願成寺住職を招いて始まる。門徒宅の床の間には乗如上人御影とムラ所有である教如上人御影を掛け、正信偈読誦の後に「乗如上人御真影縁起」が拝読され、続いて法話二席が行われている。[19]

湖北の乗如上人御越年と御影巡回の行事は、同じ伝承と行事内容をもって能登や三河で伝えられていた。この他、新潟県新井市の新井別院崇敬下にも同じ行事があり、また名古屋別院にも尾張国愛知・海東・知多三郡門徒中に下

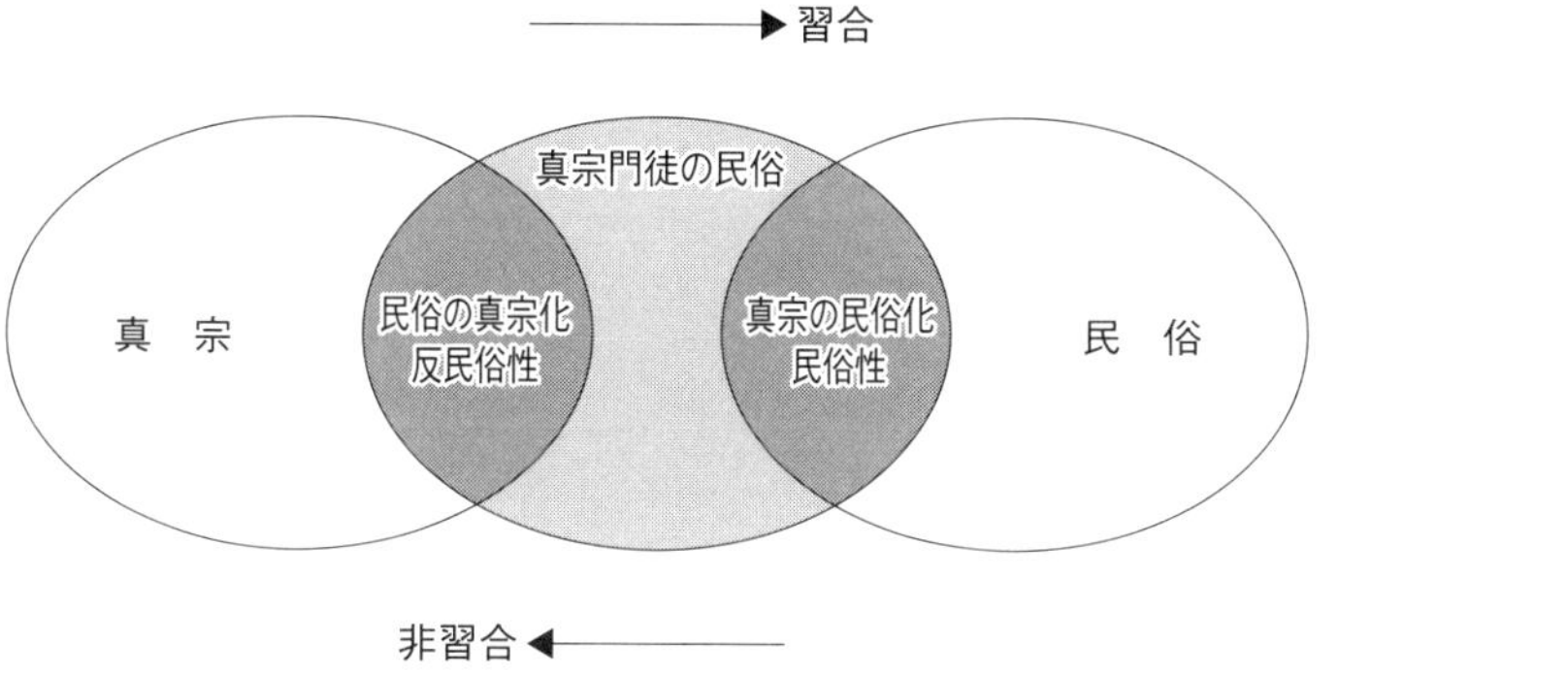

図2　真宗と民俗

付された「歓喜光院真影」が所蔵されていて、三河のものと同じ由緒を記した裏書がある。また『東本願寺寛政度再建絵伝』（一幅本）には、「御再建御書」（寛政元年五月二十八日）、「諸国御小屋」とともに「諸国御影頂戴」という絵相が描かれているので、「歓喜光院真影」（乗如上人御影）は各地の門徒へ下付されたのであった。[20]そして、湖北や能登・三河などでは互いに知ることなく二百年余も同形態の行事を行ってきたのであった。

三　真宗地帯の民俗をどう捉えるか

湖北地方の「乗如上人御越年」と御影巡回という門徒の行事を、最初に提起した真宗民俗論の問題枠組みからながめると、どのように捉えることができるであろうか。「真宗と民俗」の関係を、①真宗の民俗性（真宗の民俗化・習合論・民俗性）と②真宗の反民俗性（民俗の真宗化・真宗の民俗〈＝真宗が生み出した民俗〉・非習合論・反民俗性）という二つの視角からながめることを提起したが、真宗門徒の民俗を中心にして「真宗と民俗」の関係を示すと図2のようになる。

まず第一に前提として再確認しておくことは、この行事が湖北地方の人々にとって、地域的にも一つの村の生活行事としても根付いている信仰行事であることから「民俗である」ということである。その上で、この行事は①の

「真宗の民俗化」したもの、つまり習合論的な観点による真宗が民俗化した行事であるのかと考えると、そうではなく、②の真宗の民俗＝真宗が生み出した民俗と捉えることができよう。行事の成立と伝承内容から背景に強固な本山信仰と、御影が象徴的に示しているように善知識信仰・法主信仰がある。そして、本山再建という歴史的契機があって門徒行事として成立伝承されてきたのであった。湖北三郡におよぶ二十二日講の組織は、乗如上人御影が下付されたあとに組織されたものではなく、おそらく寛政度の本山再建を支えた湖北門徒の上納・奉仕体制として結成されたものであり、本山再建後に講組織として定着したのであろう。そのとき、結集の原点になったのが「歓喜光院真影」であった。「乗如上人御越年」と御影巡回行事が民俗として定着しようとしたとき、湖北地方にすでに存在した何かの民俗を改変したのではなく、地域の門徒が本山や法主との歴史的・信仰的関係から生み出した民俗であった。能登のゴソッキョウや三河のゴシンネイサンがまったく同じ発生伝承を持ち、類似した行事をそれぞれ伝えてきていることからも裏付けることができよう。ムラや地域社会における信仰集団の形成や特質について、近世真宗教団がどれほどの力を発揮したのか、門徒がどれほどの伝承力を持っていたのか、この行事は示しているのである。

次に、真宗の民俗性と反民俗性という視角からこの行事を捉えるとどうなるのか。行事の民俗性ということで注目すべきは、御影（絵像）を巡回させるという行為伝承であり、なぜ村々に回すのかということである。「巡りのフォークロア」といってよいだろう。[21] 真宗門徒地帯には御影巡回の行事が多い。富山県の城端別院巡回布教ではゴダイサマ（御代様）・オコブツサマ（お講仏様）と呼ばれて、本願寺歴代の御影などが毎年一月十日から三月二十日にかけて三百五十か所、七月には百か所の村々を巡回されている[22]（写真3）。福井県大野市（旧和泉村）と岐阜県郡上市白鳥町石徹白を中心とする旧穴馬門徒の村々では六ケ・八ケ・九ケ同行とよばれる中を親鸞・蓮如・顕如・

写真3　城端別院の巡回布教　ゴダイサマの軸を運ぶ（富山県）

教如などの御影が次々と巡回していた。これらの絵像は「客仏」と呼ばれたり、蓮如御影には蓑・笠・杖・仏具類などを一緒に廻している。(23)真宗地帯の各地域において歴代御影などを巡回させることは特別なことではなく、ごく普通の門徒の行事と認識されている。湖北地方でも二十二日講の乗如上人御影巡回だけでなく、下寄方十三日講・十四日講・湯次方・上浅井十四日講などがあって御影や法物を巡回させている。とくに下寄方十三日講が巡回させている蓮如・実如・証如御影は証如代に下付されたものであり、巡回は十六世紀半ばまで遡ることができる。また十四日講には「教如上人御寿像」と御書一通が下付されており、文禄四年（一五九五）ころあるいは慶長初年に長浜で結成された講であった。(24)つまり乗如上人御影の巡回は、こうした先行した講と御影巡回という真宗民俗的土壌の上に成立したものであった。それでは、なぜ御影を巡回させるのかという問題であるが、これは門徒によって「まわり仏」と呼称されていることに着目したい。「歓喜光院真影」は乗如という東本願寺第十九代の宗主であり、教義的にみても「仏」ではない。しかし、門徒は村に回ってくる仏＝「遊行してくる仏」として受け止めていた。これは法主信仰・善知識信仰であり、法要で「善知識にあふことも」という和讃を唱えていたのもこのためであった。表層的には本山再建を契機とした法義相続と報恩感謝を目的とする行事であったが、門徒の法主信仰・善知識信仰が基層にあって、民俗的には「人を神(仏)に祀る」信仰であったと捉えられる。御影巡回という行事の民俗性は、この問題に収斂されよう。

いまひとつ「乗如上人御越年」という行事の中で民俗性として注目するのは、一升餅が四列に二四枚重ねて供えられる鏡餅である。御越年という正月行事であるから鏡餅があるのはごく普通の民俗であるともみられるが、鏡割りという行事を通して餅が細分化されたり鏡餅が再生されていくことは象徴的である。解釈しすぎになるかもしれないが、それは年頭におけるミタマ(御魂)の分割・分配とも捉えられないだろうか。また、湖北地方では門徒地帯でありながら真宗とは関係ないオコナイ行事が村々で伝承されているが、このオコナイの餅ともどこかで関係しているとも考えられる。

「乗如上人御越年」と御影巡回の行事は、このように真宗が生み出した「真宗の民俗」であるが、その中には門徒以外の一般民俗に共通する民俗性も認められた。反民俗性については行事自体の中に看取できないが、二十二日講のような真宗の講は、門徒以外の民俗における庚申講・秋葉講・地蔵講・観音講等々とは明らかに性格・機能が異なる講であった。本願寺歴代から下付された御影や御文・御書を通して、常に京都本山と結びついており、ひとつ一つの行事や行為に対して真宗という宗教的価値観と意味が賦与されている。門徒地帯では庚申講をはじめとする一部の信仰が排除されたこともあげられる。湖北地方の門徒行事の中には絵系図詣りやハカマイリ習俗があって、死者祭祀儀礼の民俗改変があったと指摘できることも述べておきたい(25)。

真宗民俗論には、門徒の民俗の中に民俗性と反民俗性の要素があり、地域における民俗と歴史の問題、民俗形成の課題がある。

註

（1）五来重『続仏教と民俗』角川書店、一九七九年、二六〇頁。初出は「仏教と民俗」（『日本民俗学大系』平凡社、一九五九年）。研究対象項目のうち、⑥仏教伝承⑦仏教俗信⑧修験道以外のものについては、五来が高野山大学に在職中の昭和二十七年に「日本仏教民俗学の構想」（『仏教と民俗』一・二、高野山大学歴史研究会）としてすでに提示している。
（2）同右、二八五〜二八六、三三二頁。
（3）大森恵子の教示による。五来重監修『稲荷信仰の研究』（山陽新聞社、一九八五年）の「あとがき」では、稲荷信仰を「神道と仏教と民俗の三方面から追究した」と述べている。大森によれば「仏教的稲荷信仰」「神道的稲荷信仰」「民俗的稲荷信仰」という三つの視点であり、これが五来重の「宗教民俗学」という内容を示す一事例であろう。
（4）藤井正雄『祖先祭祀の儀礼構造と民俗』弘文堂、一九九三年、三五九頁。初出は「仏教と民俗とのかかわり——仏教民俗学の課題によせての覚え書き」（中村康隆編『仏教民俗の領域』国書刊行会、一九七八年）。
（5）同右、三六一〜三六二頁。
（6）文化人類学の習合論から「真宗と民俗」の関係について論じたものに、本林靖久「宗教的シンクレティズムの課題と展望」（『宗教民俗研究』創刊号、一九九一年）がある。
（7）『旅と伝説』誕生と葬礼号、三元社、一九三三年七月、八五七頁。
（8）平成十八年九月調査。
（9）拙稿「門徒もの知らず」（神谷幸夫・斎藤卓志編『葬送儀礼と祖霊観』光出版、一九九三年）、本書第二章第三節に所収。
（10）拙著『真宗と民俗信仰』第一章第二節「「無墓制」と真宗の墓制」吉川弘文館、一九九三年。
（11）竹田聴洲『民俗佛教と祖先信仰』東京大学出版会、一九七一年。伊藤唯真『仏教と民俗宗教』国書刊行会、一九八四年。

伊藤は同書の「法然浄土教と民俗宗教」の中で、民俗宗教の否定と忌みの否定について述べている。
(12) 真野俊和『遊行宗教論』吉川弘文館、一九九一年、二七一頁。桜井徳太郎『日本民俗宗教論』第一部「民間信仰論の構造」春秋社、一九八二年。
(13) 真野同右書、二七九頁。
(14) 島村恭則「民俗宗教」(小松和彦・関一敏編『新しい民俗学へ』せりか書房、二〇〇二年、二三八頁)。
(15) 平成八年調査。概要については拙著『真宗民俗の再発見』(法藏館、二〇〇一年)に発表した。
(16) 早崎観縁編「乗如上人御越年の由来」、乗如上人二十二日講パンフレット。
(17) 西山郷史『蓮如と真宗行事』木耳社、一九九〇年、九一頁。拙著『真宗民俗の再発見』六二頁。
(18) 図録『山田文昭コレクションの世界』同朋大学仏教文化研究所、二〇〇六年、三五頁。
(19) 平成十八年調査。調査に際して畝部俊英氏のお世話になった。
(20) 青木馨「「東本願寺寛政度再建絵伝」とその背景」(『同朋大学仏教文化研究所紀要』第二五号、二〇〇五年)。
(21) 松崎憲三『巡りのフォークロア』名著出版、一九八五年。
(22) 拙著『真宗民俗の再発見』四八頁。木場明志「法宝物巡回布教」(『城端別院善徳寺史』城端別院善徳寺、一九九一年)。
(23) 千葉乗隆『中部山村社会の真宗』吉川弘文館、一九七一年、一五九～一六五頁。阿部法夫『蓮如信仰の研究』清文堂、二〇〇三年、九三頁。
(24) 拙稿「「物仏」としての絵像本尊――湖北地方のオソウブツ」(同朋大学仏教文化研究所研究叢書Ⅳ『蓮如方便法身尊像の研究』二〇〇三年、法藏館)、本書第二章第二節に所収。
(25) 拙稿「両墓制と単墓制」(講座日本の民俗学7『神と霊魂の民俗』雄山閣出版、一九九七年)。同「湖北地方の真宗民俗――絵系図・墓・臨終仏」(図録『湖北真宗の至宝と文化』長浜市長浜城歴史博物館、二〇一一年)。

付記

本書の成稿後、鈴木昭英氏が「日本宗教民俗学会の歩みについて」（『宗教民俗研究』第二一・二二合併号、日本宗教民俗学会、二〇一三年一月）において、拙稿「真宗民俗論の方法論的枠組み——御影巡回の民俗を通して」（本章第一節所収）を批判している。その当該箇所は次の通りである。

①真宗の民俗性（真宗の民俗化、習合論、民俗性）
②真宗の反民俗性（民俗の真宗化、真宗の民俗＝真宗が生み出した民俗、非習合論、反民俗性）

この中で、②の枠組みの「反民俗性」について、蒲池氏は「真宗のもっている民俗否定的な一面」と概念規定している。ここで「否定的」というのは、単純に解釈すれば「受けいれない」とか「拒否する」というように受け取れるが、それでよいのだろうか。①の「真宗の民俗性」については、氏は何も規定していないが、②の「反民俗性」を考慮に入れると「民俗肯定的な面」と理解されるが、それでよいのだろうか。

括弧内の細項目については、氏はそれらを「視角」というのであろうが、私には理解しにくいところがある。「真宗の民俗化」と「民俗の真宗化」は藤井氏の「仏教の民俗化」と「民俗の仏教化」に範を取ったものであろうが、それがどういうことをいうのか説明が欲しいところである。②の枠組みや細項目の中で「反民俗性」を唱えながら、細項目の中に「民俗の真宗化」があったり「真宗の民俗＝真宗が生み出した民俗」があったりするのは、私には解せない。しかも、細項目に「非習合論」をうたっているにおいておやである。

蒲池氏は、事例として滋賀県湖北地方の「乗如上人御越年」と「御影巡回」を挙げ、これらは「真宗の民俗化」したものでなく、「真宗が生み出した民俗」だとする。………この二つの行事に一般の民俗に共通する民俗性が認められることから、これが「真宗が生み出した真宗の民俗」だというのである。しかし、そうは言いながら、これらの行事自体の中に反民俗性が看取できないとも言っている。枠組みに「真宗の反民俗性」を掲げているのだから、それを

示す事例が欲しいところである。（二四頁）

このご批判について、一言述べておく必要があろう。まず「真宗の民俗性」「真宗の反民俗性」の規定であるが、これは本書二〇頁において述べたつもりである。本書収載前の旧稿でも同じである。繰り返しになるので参照していただきたいが、「真宗の民俗性」とは「地域社会に展開・定着した真宗門徒の生活慣習や信仰」および「真宗という仏教教団が形成してきた儀礼や展開活動等」に民俗を見出して「真宗という信仰の変容」を捉えようとするものである。「真宗の反民俗性」とは、「習俗を否定して地域社会に定着した門徒の生活様式や信仰儀礼」であるが、「習俗を否定」したり「改変」したものだけでなく「真宗教義や教団によって作られた儀礼・行事が地域社会の中で定着し、門徒によって伝承されてきたもの」も含んで「真宗が生み出した民俗」＝真宗の民俗とした。単純に「うけいれない」「拒否する」「民俗肯定的な面」と規定しているわけではない。

鈴木氏は、引用した前のところで、藤井正雄の「民俗の仏教化」についても批判している。

五来氏は……仏教の民俗化を強調したが、それは日本の仏教が在来の民俗信仰と習合あるいは化合して庶民仏教が形成されたと見るからであって、その中には民俗の仏教化も含めて捉えていたのではないか。五来氏は「民俗化」という言葉をあまり使わなかったが、民俗性が内包されるということは民俗化した結果だと見るならば、「仏教の民俗化」は全く的外れの言葉ではなかろう。あやふやなのは「民俗の仏教化」である。

藤井論文を受ける筆者の「民俗の真宗化」についても同様である。鈴木氏は「仏教の民俗化」あるいは庶民化だけで充分であり、あえて「民俗の仏教化」や「民俗の真宗化」を「仏教の民俗化」「真宗の民俗化」と同位的、あるいは同価値的に設定する必要はないとの所論とご批判である。

私も基本的には、日本の仏教やその一宗派である真宗も「在来の民俗に乗っかかる形」（鈴木、一八頁）で地域社会に成立し定着していると考えている。真宗門徒の伝承してきた生活慣習や信仰そのものが、すでに民俗であると捉えている。しかし、ここで問題となるのが「民俗」そのものの内容である。従来の「民俗」学は、はたして真宗門徒が伝承してきた「真宗の民俗」を捉えることができたであろうか。「真宗の民俗化」という習合論だけでは、これまでの民俗一般に同化させてしまうだけであった。ここに「真宗の反民俗性」を立てた理由がある。加えて、真宗は他の宗派教団と較べたとき「特殊」であるという前提がある。この点については、本書本章第二節を参照されたい。

真宗門徒および真宗門徒地域の民俗を全国的にみたとき、当然ながら「純粋な真宗民俗」などはなく、「真宗と民俗」で対立も否定も改変も習合もあるといった関係性の中に存在している。それは、真宗門徒の一つの民俗事象をみても同じである。鈴木氏は、引用後半で「乗如上人御越年」と「御影巡回」行事について、筆者が「真宗が生み出した真宗の民俗」と捉えながら、一方で法主信仰の人神信仰的基盤さらに餅のミタマノフユを指摘して「民俗性」を指摘するのは矛盾していると批判する。どこに「反民俗性」があるのか、というのであろう。確かに矛盾しているが、この「矛盾」こそが真宗門徒の民俗としてのあり様であり、この「矛盾」を解明するために「真宗の反民俗性」を措定するのである。習合論だけでは解決できない問題である。この意味で、「真宗の民俗性（真宗の民俗化、習合論、民俗性）」と並べて「真宗の反民俗性（民俗の真宗化、真宗の民俗＝真宗が生み出した民俗、非習合論、反民俗性）」を設定したのは、鈴木氏が「氏（筆者のこと）はそれらを「視角」というのであろうが」といっているように、「視角」である。細項目は、その分析「要素」である。さらに確認のために述べておきたいが、「乗如上人御越年」と「御影巡回」という行事は、民俗的な基盤の上に成立しているが、「乗如上人」という御影を巡回させる民俗は、真宗教団の歴史と影響の中に成立した門徒の民俗であり、「真宗が生み出した民俗」なのである。この「真宗の民俗」は民俗学が対象にしてきた「従来の民俗」とは異なるものであり、この点において「反民俗性」と捉えるのである。「行事自体の中に反民俗性が看取できない」と記したのは、位牌などのように直接的・具体的に在来民俗を「否定や改変をしていない」という文意であった。「真宗の民俗化」と

「民俗の真宗化」は、さまざまに展開している真宗門徒の民俗を捉えるにあたって、分析視角のための設定であることを再度断っておきたい。また、具体的内容については、本書全体を通して論じたつもりである。

「仏教の民俗化」「民俗の仏教化」、あるいは「真宗の民俗化」「民俗の真宗化」という設定がはたして有効であり妥当なのか、多くの議論がでることを待ちたい。

第二節　真宗民俗史の課題

一　研究史

1　民俗学における真宗民俗

前節において「仏教と民俗」、そして「真宗と民俗」という枠組みの中で、真宗民俗をどのように捉えることができるのか論じた。本節では改めて、これまでの民俗研究の中における真宗民俗の研究、あるいは真宗地帯の民俗研究について確認してみたい。また、「真宗民俗史」という方法と課題は、近世真宗史や思想史と深く関わってくるので、両者の方法論と論点の違いなどを明確にしてみる。

まず民俗学における真宗民俗に関わる研究であるが、一九九三年以前のものについては拙著『真宗と民俗信仰』の「真宗と民俗――問題点と課題」において述べたので参照されたい(1)。その後、西山郷史が一九九〇年に出版された『蓮如と真宗行事』を一九九八年に再版し、筆者も『真宗民俗の再発見』(二〇〇一年)を刊行したが(2)、このころには民俗学においてある程度、「真宗地帯にも民俗がある」「真宗門徒にも民俗はある」ということが認められたと認識している。「民俗学」が、「世代をこえて伝えられる人びとの集合的事象によって生活文化の歴史的展開を明らかにし、それを通して現代の生活文化を説明する学問」「超世代的に伝承されてきた事象を民俗と呼び、民俗を資料化して研究するのが民俗学である」とすれば(3)、真宗門徒にも世代をこえて伝えられてきた生活文化の伝承があるので、当然「真宗門徒にも民俗はある」ことになる。門徒も地域・ムラに生活し、慣習的な行為・所作伝承や口頭伝承が一定の型をもって伝えられてきた。社会伝承や生業伝承・儀礼伝承・信仰伝承・言語伝承などもある。ただし、これまでの民俗学が明らかにしてきた民俗とは、異質な伝承としての一面を形成してきたのも事実である。このように真宗門徒の民俗が再認識されたとしても、ここ二十年ほどの真宗民俗に関わる研究状況を振り返ると、まとまった論考は少なく、必ずしも活発になったとはいえない。昭和三十年代から五十年代の研究、堀一郎や桜井徳太郎、佐々木孝正などが、社会学の森岡清美、真宗史や真宗学の森竜吉、堅田修、児玉識などとともに論文を発表したころの方が盛んであった。その理由は、平成に入ってムラ共同体の崩壊、民俗の消滅が顕著になり、民俗学も「宗教離れ」「歴史離れ」をしたことによるのであろう。

こうした研究状況の中で、真宗民俗の研究史をみるに三つのシンポジウムと研究発表をとりあげてみよう。日本宗教民俗学会は、二〇〇六年六月に「新しい宗教民俗論の構築――「真宗と民俗」の再検討」をテーマに学術大会を開催した。そこでは大桑斉「真宗と民俗――思想史の視点から」（記念講演）、松金直美「近江の「廻り道場」――近世後期における「惣」道場の一形態」、森田清美「習合宗教系「隠れ念仏」講と真宗講の年中行事比較に見る民俗――宮崎県都城市下水流町を中心として」、西山郷史「真宗門徒の日々――民俗語彙は何を明らかにし得たのか」、蒲池勢至「真宗民俗論の方法論的枠組み――御影巡回の民俗を通して」の発表が行われた(4)。同じ二〇〇六年九月には、北陸三県民俗の会（富山民俗の会・福井民俗の会・加能民俗の会）が「真宗と地域」を共通課題として発表とシンポジウムを行っている。本林靖久「真宗村落の墓制と社会構造――無墓制と墓上植樹をめぐって」、阿部法夫「穴馬の順村」、尾田武雄「井波瑞泉寺太子信仰の展開――地域における受容の諸相」などの口頭発表が行われた。(5)続いて翌年の二〇〇七年十月には、日本民俗学会第五九回年会が大谷大学で開かれ、小シンポジウム「真宗と民俗――真宗地帯の民俗位相：墓・講・ムラ」が企画された。筆者が、次のような趣旨の問題提起を最初にした。(6)

かつて「門徒もの知らず」といわれて、真宗優勢地帯においては民俗が希薄とされていたが、ここ二十年間ほどの研究で各地の真宗民俗が報告、再発見されてきた。しかし、民俗学からみたとき、まだ真宗門徒の民俗は「特殊」とみられている一面がある。そこで、真宗地帯の民俗をどのように捉えることができるのか、民俗学の中でその「位相」を議論してみたい。「位相（topology）」とは、「集合の各要素に対して、その近傍と称する適当な部分集合（複数）を設定することにより、要素の列が一定の要素に近づくか否かを論じうるようにすることができる。この構造を位相という（広辞苑）」ことであるが、真宗民俗あるいは「真宗地帯の民俗」を民俗学の中に設定することによって、民俗の様相や課題について、これまでとは異なった視角からアプローチしたり議論できるのではなかろうか。

具体的には、墓制・講・ムラをとりあげて、真宗門徒の墓制や講・ムラが門徒以外の民俗とどこに違いがあり、どこが共通しているのか明確にしたい。シンポジウム全体の方向性としては、以下、四つの問題を考えている。

1、真宗民俗は特殊か否か、民俗から「真宗民俗」はどうみられているか

2、真宗地帯の民俗的特徴は何か

3、真宗地帯の民俗を研究することによって明らかになる民俗

報告発表は、蒲池勢至「真宗民俗の位相」、松金直美「近世後期における真宗の講とその由緒形成」、本林靖久「真宗門徒の墓制と宗教世界観」、木場明志「近代の教団再編と民俗」、西山郷史「法義相続の諸相――講・御消息を中心に」、コメンテイターは岩田重則・真野俊和の両氏であった。

二〇〇六年・二〇〇七年と相次いで、「真宗と民俗」をテーマにした三つのシンポジウムや研究発表が行われたことは、これまでになかったことである。この意味では盛んになったといえるかもしれないが、逆に研究の再検討をする段階であったともいえよう。民俗学の中で真宗門徒、あるいは門徒地帯にも民俗があることが認められたとしても、民俗研究の分野では相変わらず片隅でしかない。真宗民俗を調査し研究するには、前提として「真宗」そのものについての理解と知識が求められる。関心をもって調査・研究するのは、どこかで真宗と関わっている者であり、それはやはり通常の民俗研究からみれば「特殊」ということにもなる。(7) 仏教民俗とて同じ事であろう。とくに、近年の現代民俗学がめざそうと模索している方向・方法論とは反対方向のものである。(8) 民俗学の中で真宗民俗を研究することの意義がどこにあるのか、真宗民俗の研究がいきつく先に何があるのか、いまだ不明確ということであろう。

こうした点について、真野俊和が「シンポジウム報告：「仏教と民俗」あるいは「真宗と民俗」という問い方」（『日本民俗学』二五八、二〇〇九年）において的確に問題点を指摘している。真野は、「仏教と民俗」という問いと「真宗と民俗」という問いは、ほぼ相似形であるとする。そして、仏教民俗論は民俗学にとって巡礼、地獄絵、念仏踊りといった「親和的」な仏教事象のみをとりあげて両者の関係を論じてきたが、「「親和的な」仏教事象群のその先にどのような地平が開かれているかを明確に示せるのでなければ、仏教民俗論もまた、少なからぬ民俗学が既にそうであるように、忘れられかけた習俗に関する蘊蓄の学問に落ち込んでしまうしかないであろう」（一一三頁）と述べる。この後、民俗学における真宗への関心の持ちようとして、

第一類　真宗への無関心
第二類　真宗地帯における非真宗的要素の摘出
第三類　真宗そのものの民俗性への関心

と三分類をあげて研究史をみようとした。そして、「真宗と民俗」の研究は「つまるところ真宗の異質性をどのように位置づけるかということをめぐる動向であったと言えそうに思える」という。民俗学は第一類の無関心から、例えば蓮如忌習俗の中に非真宗的習俗の存在をみた第二類、さらに異質とみえた真宗の中にも民俗性が存在して「異質性は決して絶対的ではないこと、従来の民俗学の枠のうちで解ける類のもの」「真宗といえどもいわば普通の宗教にすぎないのだ、という感覚を手に入れてしまった」（一一五頁）という第三類に至った。しかし、ここにはパラダイム・ミステイクがあって、門徒の日常生活における正信偈読誦や御文拝読、説教・法話、講、寺院との関係などをみれば、真宗は明らかに異質である。民俗学が真宗を「普通の宗教」とみるかぎり、「真宗と民俗」という問いはありえず、真宗が持っている「異質性をもう一度、正しく問いとして」再定義する必要があると提起された。

真宗の「異質性」とはなにか。この異質性については具体的に論じなければならないが、異質性を生み出したも

のは「教団」である。例えば真宗地帯の民俗調査で真宗の講をとりあげても、これを民間信仰の講と同列な視点で記述するにとどまっていた。従来の民俗の枠でみていたので、「教団」との関係から捉えようとはしてこなかった。それは、民俗学にはもともと教団＝ムラ外から規制する権力が想定されておらず、真宗教団と門徒が生み出した民俗すなわち「真宗の民俗」が分からなかったのである。真宗門徒の民俗は、教団という枠内で民俗化され、歴史と現実の生活の中で形成されてきた一面を有している。

さて、真宗民俗に関わる民俗学からの研究の中で、いまひとつ重要な論考があるので触れておかねばならない。石塚尊俊『民俗の地域差に関する研究』（岩田書院、二〇〇二年）である。とくに、同書の中でも「在来信仰の消長と宗旨――中国地方における在来信仰と地域の宗旨および社会構造の関係」と「真宗地帯における非教義要素の地域差――安芸門徒地帯と北陸同行地帯との比較」という二論文である。石塚尊俊は、民俗学において著名な研究者であった。山陰民俗の会を中心に、長年にわたって中国地方の民俗調査を精力的に行い、大きな成果を残している。また神楽研究の第一人者でもあった。この石塚が「在来信仰の消長差を中国地方において眺め、その違いが何によるかを考えてみよう」とした。「在来信仰」とは「民俗」そのもののことであるが、とりわけ信仰に関わる民俗事象をさしている。具体的事例として、「屋敷神の存否」「正月の鍬初めの慣行」「魂呼びの伝承」などを詳細な民俗分布図に落としてみると、中国地方の地域によって「消長の差」、すなわち残存しているところと残っていないところが顕著であった。それはなぜか、ということで理由を真宗信仰の浸透に求めたのである。中国地方は大きくみると「備前・備中・美作の大部分では密教（主として真言）が多く、因幡から伯耆・出雲の大部分および備中・備後の山陰寄りの地方では、禅宗（主として曹洞）が多い。これに対して備後の一部から安芸・石見の一帯、および防長の東西にかけては浄土真宗が絶対的に多い。ただそのうち石見の西端から長門の一部にかけては禅宗も少なくないが、とにかくこのように宗旨の地方的特色がはっきりしている、この宗旨の地域差がさきに示す在来信仰の消長差とまさに一致するのである」(四二頁)とした。安芸門徒と称せられる真宗優勢地域には、真宗が在来的な民俗信仰を否定した結果、地域による民俗の「消長差」が生じたというのである。このことを立証するために、「真宗浸透の現状と歴史」で真宗寺院の密度、近世における「神棚おろし」運動などにも言及している。そして、では真宗がなぜ村落社会に受容されたのかという理由を社会構造に求め、「国別住民一人当りの石高」などを比較して、真宗地域の村が石高が低くて講組社会、密教・禅宗地域の村が石高が高くて同族社会であったからと結論づけた。

中国地方における民俗の「消長差」、民俗分布の違いとその理由について検証した石塚は、次に北陸同行地帯における民俗の比較に向かったが、その違いに驚くことになる。次のように研究動機を語っている。

ふとしたことから北陸三県のいわゆる同行地帯を訪れたことによるものであって、この地方を訪れると、それこそ安芸以上の真宗地帯であるはずなのに、ふしぎと家々には神棚があり、神社も小さな集落ごとにみな鎮座している。しかも、それがみな整然としており、祭りもけっしておざなりではなく、中には大祓や蝗除祭といった祭りまで行なっているところがあり、さらには月並祭と称して月々交替でまいることを申し合わせているところさえある。年中行事も、安芸地方では見ることのできない初春の予祝行事とか、秋冬の候の収穫祭、さらにはいわゆる神無月の神送り・神迎えまで残っていて、その様子は非真宗地帯での様相とあまり変わらないもののようになっている。そのうえ真宗側からすればそれこそ余宗の遺風であるはずの観音信仰や地蔵信仰も盛んであって、行く先々に地蔵堂や観音堂があり、観音めぐりや地蔵盆行事が盛んに行なわれている。それが真宗家七〇%、八〇%、さらには一〇〇%という地方においてそうなのである。

そこで、こういう状態が何によるか、雑行雑修を禁ずることは真宗共通の基本方針であるべきであり、それが安芸門徒地帯では相応に徹底しているのに、ここではなぜ容認されているのか、これは大いに研究に値することであると思われたわけである。（一七七〜一七九頁）

石塚は、中国地方の民俗消長差を分析した同じ手法で、北陸真宗地帯の民俗を探っていく。真宗の密度、報恩講・墓制、屋内神・屋敷神、年頭儀礼・秋冬の儀礼などの民俗分布図を作成して鳥瞰した。続いて、フィールドワークによる両地帯における真宗信仰の「深度差」ということで、弥陀信仰と祖霊信仰、家の神信仰と神宮大麻の受領、神社と祭礼、年中行事といった項目を指標として比較した。例えば、安芸には位牌が各家にないのに北陸ではほとんどあること、北陸では月忌参りが盛んであるのに対して安芸では簡素であり「四十九日の中陰明けに寺にまいってまとめて供養料を納め、それでもう後は年忌をするだけとしている」（一五五頁）こと、安芸門徒地帯では神棚がきわめて少ないのに北陸ではどこも神棚があり、伊勢大麻の頒布率が違うこと、北陸では庭田植え・サツキにつながる座敷での予祝儀礼などがあって「非真宗地帯に劣らぬほどの諸行事が温存されている」（二六〇頁）のに安芸ではないことなどを述べている。社会構造については、安芸が講組結合であったのに対して北陸は同族結合で石高も高く、安芸の結論であった「真宗地帯イコール講組結合地帯ということが当てはまらなくなる」（二九一頁）ととまどいを示している。この理由を真宗浸透の歴史的経緯、安芸が近世に浸透したのに対して北陸は戦国期とはやかったことによると説明した。結論としては、北陸には安芸のように近世における百姓一揆も少なく、神祇不拝運動も起こらず、同族結合のタテ構造の社会が「同じ教義のもとにある土地であっても、その非教義的要素に対する姿勢に大きな違いを生じさせた所以」（二九四頁）としている。

石塚尊俊の所論をかなり詳しく紹介し論旨を追ってみた。石塚は民俗学研究者であると同時に神社宮司でもあった。いわば真宗とは無縁の方であったが、中国地方の中で「どうして民俗がこの地域にあるのか」「民俗がないのか」と問い、従来の民俗学研究から果敢にアプローチされたのである。その研究姿勢にまず敬意を表するが、その方法は比較研究法であった。民俗調査によって民俗事象の分布図を作成し、フィールドの実態調査結果と併せて地域の民俗を比較したのである。このとき、比較の先にある「なぜ真宗地域には通常の民俗がないのか」という問いの説明に、真宗信仰の民俗否定を設定したのであった。安芸門徒の真宗地帯と北陸門徒の真宗地帯の民俗を同じ土俵の上にのせて比較したのは大きな成果であったが、比較の先にあった民俗の「地域差はなぜ生じたのか」という課題を説明し得たのかどうか疑問が残る。それは、中国地方が、

安芸門徒真宗地帯――石高が低い――講組社会が進展――真宗浸透――民俗否定
非真宗地帯――石高が高い――同族結合の社会――密教・禅宗が浸透――民俗残存

であったのに、北陸は、

北陸門徒真宗地帯――石高が高い――同族結合の社会――真宗浸透――民俗残存

という結果になったことに示されている。この安芸門徒地帯と北陸門徒地帯の民俗に対する違いを説明するには、どうしても「地域」と「地域における民俗形成」という歴史民俗学的な方法が求められる。石塚は、

北陸同行はあくまでも冷静な浄土真宗の信者として三百年の時を過ごしたわけでそのためか、ここではことさらに教義の純粋性を強調するような運動も起こらず、いわゆる余宗および神社に対する排斥運動も起こっていない。だから見ようによっては、この北陸同行地帯の真宗はあの中世のころの状態で固定した真宗だともいえるのではあるまいか。……今日見る北陸同行地帯の真宗は、この親鸞・蓮如時代の姿勢で固定したものと見ることもできるのではあるまいか。（二七一～二七二頁）

と述べているが、はたしてそうなのか。たしかに北陸門徒地帯には、安芸門徒のような「神棚おろし」の運動は起こらず一揆も少なかったかもしれないが、「中世のころの状態で固定した真宗」「親鸞・蓮如時代の姿勢で固定したもの」というのは首肯できない。

いま一つ大事なことは、石塚の論考は「真宗民俗」「真宗門徒の民俗」を捉えたものではなかったことも確認しておきたい。どこまでも従来の民俗学の枠内における民俗が「ある」「ない」、「残存している」「残存していない」という問題に設定されていたのである。石塚は門徒と寺院の関係について、安芸では門徒の檀那寺のことを師匠寺、北陸では手次寺、檀那寺が遠方にあったりするとき日常の法要や教化をする近在寺院のことを、安芸の芸北では化境寺、越中では縁借寺と呼んでいることを紹介している。これこそが真宗民俗、真宗門徒が生み出した民俗の一つである。この真宗門徒の民俗を地域やムラの中で詳細に調査して、さらに民俗が形成されてきた歴史を追究すれば、安芸真宗地帯と北陸真宗地帯の違いや理由も明らかになったであろう。

2　近世真宗史・思想史と民俗学

民俗学の中では、真宗民俗に関する研究はなかなか進展しなかったが、同時期、近世真宗史・思想史の分野では「真宗門徒」を対象にした研究と議論が行われていた。

関係する主な成果をあげると、有元正雄『真宗の宗教社会史』（吉川弘文館、一九九五年）、奈倉哲三『幕末民衆文化異聞　真宗門徒の四季』（吉川弘文館、一九九九年）、児玉識『近世真宗と地域社会』（法藏館、二〇〇五年）、澤博勝『近世の宗教組織と地域社会――教団信仰と民間信仰』（吉川弘文館、一九九九年）、引野亨輔『近世宗教世界における普遍と特殊　真宗信仰を素材として』（法藏館、二〇〇七年）、大桑斉『蓮如上人遺徳記読解』（真宗大谷派出版部、二〇〇二年）、同『日本仏教の近世』（法藏館、二〇〇三年）、同「仏教土着論」（『論集　仏教土着』、法藏館、二〇〇三年）、同『戦国期宗教思想史と蓮如』第九章「生身仏信仰と権化蓮如」（法藏館、二〇〇六年）などである。研究書として刊行されたものであるが、収載されている各論考は一九九〇年以降のものが多い。いずれも真宗門徒の信仰・意識・思想に関して論究され議論されてきた。民俗学あるいは本書の「真宗民俗史」に関係する論点を中心に、いくつか各氏の研究成果をみてみよう。

児玉識は、一九七六年に『近世真宗の展開過程』（吉川弘文館）を上梓されており、その後の研究をまとめられたのが『近世真宗と地域社会』である。同氏は一九七六年に、鳥取県東伯郡羽合町上浅津・下浅津や山口県大島郡大島町笠佐島の門徒が、遺骨を投棄して「墓をつくらない」ことや位牌・過去帳もない門徒の習俗を報告した。[9]この報告は、当時の民俗学が両墓制研究に関心が集まっていたなか大きな影響を与え、後に「無墓制」の存在が認知されるようになる。近世中期の安芸門徒では「神棚おろし」や位牌拒否運動も起こったことを論じて、幕藩体制下にあっても民衆を基盤とする真宗は「真宗門徒独自」の信仰生活を形成していたことを歴史学の立場から主張された。門徒の小寄講（講中）についても、はやくから着目された。十八世紀中期以降に成立した安芸地方の小寄講は、貨幣経済が浸透するなか小百姓層が、「家」を共同で防衛するために結集し、互助機関として機能したのだという。講による共同体規制が行われて、「質素、平等、均質、連帯が尊重される反面、個家の突出、権威、財力の誇示は強く抑制され」、真宗の「質素、平等、均質、連帯」や神棚・位牌を否定する教義が歓迎されたのだとした（五一〜五二頁）。そして、こうした「真宗流」の抵抗、「しなやかで強靱な抵抗」(10)が、近代になって起こった廃仏毀釈に対して抵抗することを可能にしたとする。同氏は、若いころに竹田聴洲に影響を受けられたこともあって、祖先崇拝の問題も課題にされてきた。真宗では本願寺法主を生き仏と崇拝する信仰が強かったが、教団が「擬制的同族結合の家をなしていることから」「親鸞＝弥陀仏＝祖先神（ご先祖様）という、他宗では見られない三位一体の信仰形態を生み出すこととなっ」て、これは「先祖は大先祖（始祖）たる親鸞に昇華融合しているのであり、親鸞忌を勤めることと先祖忌を勤めることは原理的に同一行為だったのである。そこには各自の先祖の位牌が入る余地がなかったのである」（七九頁）と主張した。

有元正雄の『真宗の宗教社会史』は、まったく異なった視点から真宗門徒の信仰や活動について迫った。「真宗の教義と門徒の信仰内容を媒介として、……真宗門徒における固有のエートスを明らかにし、それが日本における封建社会解体・資本主義成立期にどのような役割を果たし、そこにどのような性格を賦与したかを検討」（三頁）したものである。真宗が教義を通して門徒の生活を規制し、そこに「固有の倫理」「エートス」を形成したというのである。真宗門徒が堕胎・間引きを忌避して行わなかったので人口が増加し、それが真宗門徒の出稼ぎや行商、また移住と移民という経済活動に向かわせたという主張であった。真宗門徒が固有のエートスを形成したという背景として、如来の代官、法主信仰、門徒の報謝、教団の統制などについて論じ、「近世真宗の構成と特質」についてもまとめている。しかし、全体を通じて真宗門徒の信仰生活の実態がまったく語られていない。これは県市町村史などの翻刻史料だけに依拠したことと、方法論的アプローチによるものであろう。

奈倉哲三の『幕末民衆文化異聞　真宗門徒の四季』は、同氏が先に出版された『真宗信仰の思想史的研究――越後蒲原門徒の行動と足跡』（校倉書房、一九九〇年）を受けてのものである。先著は学術書であったが、『幕末民衆文化異聞　真宗門徒の四季』は出版社の〈歴史文化ライブラリー〉ということもあって、一般にも理解できるような文体になっている。しかし、内容的には先著と一貫した主張が展開された学術的書とみてよい。巻頭の「歴史学における民俗」という見出しの中で、「本書は民衆思想史の新たな試みの書である。と同時に、常識的な「民俗学的」日本文化論に対するささやかな挑戦の書でもある」（一頁）と述べる。幕末における蒲原真宗門徒の日常生活を、在地史料を読み込んで実に具体的に記しているが、同氏が描ききったという真宗門徒の日常世界「真宗民俗」を民俗学からどのように評価できるかは後で触れる。奈倉があえて門徒の日常世界を描いたのは、「幕末真宗門徒の日常的な信仰生活における、宗教思想の到達点」（二四三頁）を見定めるためであった。門徒にも無意識的に霊魂観念が形成されていたとはいうものの、盆行事や年回供養などはきわめて簡略であり、「親鸞の「霊魂」を「神」として祀るなどの意識はまったくないし、祭祀習俗と近似の疑似仏教思想である供養の思想さえも、当時の真宗にはきわめて弱かった」という。こうした日常生活の中で培われた念仏信仰は、来世往生を強烈に願い求める浄土往生への願望となり、本願寺の法主から剃髪をなんとしても受けて往生の確証を得ようとする法主信仰がみられた。そして、来世を強烈に願うが故に現世が問題となって「人間の主体的実践を求めるあり方」を形成し、「真宗門徒にとっては、真宗的思考の枠内で近代の入り口に立つものであった」（二二八～二二九頁）とする。この主体形成をした真宗門徒が、廃仏毀釈などに抵抗する力になったというのである。

児玉・有元・奈倉各氏の論点のみを概略みてみたが、こうした三氏の研究を澤博勝や引野亨輔は「真宗＝特殊論」として批判した。「堕落した近世宗教世界から「特殊」な真宗を拾い上げていくこれらの研究が、結果的に、仏教他宗派や神道・民間信仰について堕落論を容認することとなり、多様な宗教要素に対する考察の道を閉ざしている側面も否定できない。真宗＝特殊論という方法で、はたして近世宗教世界の中に、真宗信仰を正しく位置付けることは可能だろうか」（引野前掲書・七頁）と問いかけた。はじめに「真宗先にありき」「最終的に親鸞教義の「特殊性」へと集約される」と批判して、「真宗＝特殊というイメージを徹底的に保留した上で、むしろ近世固有の歴史的背景や地域社会構造に基づき、真宗信仰の実態把握」（引野・一三頁）することが必要だとした。真宗の「特殊性」も「時代的な産物」だという。児玉などは猛烈に反発して反論された。いま、近世仏教史におけるこうした議論に参加するつもりはないが、民俗学において「真宗民俗」を課題とする一研究者として「真宗＝特殊論」は看過できない。民俗学では議論されるまでに展開していないが、やはり同じ眼差しでみられている。真宗は、真宗門徒は、本当に「特殊」なのであろうか。筆書の考えを結論的に述べれば「特殊である」となる。中世・近世・近現代において、時代的課題と制約の中で真宗信仰の姿、教団、祖師信仰、真宗門徒の信仰と生活行儀も変化してきた。しかし、それでも他の宗教、仏教宗派、民俗信仰と一線を画して「特殊」であり続けてきたのではないか。問題は、この「特殊」を研究することの意義と目的である。「特殊」を特殊のまま研究すれば特殊に終わってしまう。「特殊」を認識しつつ「普遍」へと向かう視点と方法が重要である。これは「相対化」ということでもある。引野は安芸門徒の「神棚おろし」が教義から導き出された真宗門徒の実践ではなく、神棚おろしが発生した明和年間に神棚設置強制も行われていて、「真宗―神道両勢力の拮抗する状況下で同時発生的に展開した」（引野・七六頁）と解釈して、真宗の神棚否定という通説を見直した。そして「近世真宗信仰の「特殊性」は、かなりのレベルで相対化できるはずである」（引野・一七四頁）という。「真宗」という宗派にこだわることなく、当時の一般歴史的状況や地域社会の構造から捉えようとするものである。この研究視角と方法は、オーソドックスな常道であるが、一面、日本の中で他の宗教と異なったあり方をしてきた真宗の「特殊性」という可能性を消失させ、「一般」の中に埋没させてしまうことになりはしないか。真宗の特殊性を認識しつつ、真宗の信仰世界観や門徒の信仰生活から、「普遍」「一般」とされてきた信仰世界や民俗的世界観を逆に相対化することもできるのではなかろうか。ここに真宗史や真宗民俗の「特殊」を研究する意義と目的がある。

次に、奈倉哲三が描いた「真宗門徒の四季」＝「真宗民俗」についてみてみたい。同氏は、幕末における真宗門徒の日常生活を描くにあたって、越後角田浜村・願正寺同行の一年を詳細に追って叙述した。とりあげた項目をあげると、次の行事などである。

○春

正月　新年の挨拶（住職が駕籠に乗って廻る）、共同で執行される「上法事」、職人門徒の太子講と節談説教、親鸞の「初逮夜」と二十八日講・若衆講、重立ちメンバーの年回法事

二月　彼岸と節談説教、上法事、蓮如御文章「御掟目」拝読、願正寺の「当山御講」（「御書御移り」）と同行の「寺御講」

三月　熊野権現の祭礼（簡略な「当所神事」）、法中仲間の「大御講」、寺への労働奉仕（「仏供田」・柴切り・柴木出し・萱刈・にょ萱出し・葦取り・味噌作り）

○夏

四月　廿八日講
五月　大法講と説教、仏供田の耕作・田植え
六月　畑仕事、出稼ぎ第二陣
○秋
七月　盆（寺参りと法座・和讃・文讃・親鸞絵伝の絵解き・旅説教者・盆踊り）、二十八日講
八・九月　秋彼岸、五ケ浜の回旦（檀）御取越（「御真影様」「御開山様」「善知識様」などと呼称される親鸞御影掛軸を供奉）
○冬
十月　「在方御取越」・節談説教、五ケ浜同行以外の回旦（檀）御取越
十一月　寺報恩講
十二月　職人帰郷し「仏参」（御堂に参詣して報告）・「歳暮礼」
○講組織
○在家の御遠忌・親鸞聖人六百回御遠忌
○本願寺参詣

詳しい内容や記述の仕方は、是非とも著書を参照していただきたいが、史料に基づいて具体的に述べている。例えば、盆行事の様子をみてみると、遠方の門徒は七月一日が寺参りになっていて本堂に参詣している。和讃や説

教・読経の法座に連なった後に、平均一二〇人余りの門徒がお斎についていた。角田浜村と近在の同行は十四・十五日が参詣日となっていて、お斎についた。女房衆は「盆礼」として塩と米を持ってきていたという。真宗最大の行事である報恩講については、もっと詳しい。寺の報恩講は十一月二十二日から二十八日までの「お七夜」であったが、寺報恩講に先立って寺で行われる「上御取越」と門徒宅の「回旦御取越」という形態があったこと、五ケ浜以外の願正寺同行は本番前に住職が親鸞御影や本尊絵像・宗主御影の掛け軸を持って御取越を執行していた。お斎については、

坪には里芋・にんじん・ごぼう・こんにゃくを小さく乱切りに切ったものに、油揚げの細切りを絡めて濃く煮込んだ郷土の料理「こくしょう」（他の地域で「のっぺ」と呼ぶもの）が盛られ、平には半切りの油揚げ・いも（この地域ではただイモと言えば里芋を指した）・ごぼう・にんじん・大根などを大切りにしたものの煮付けが盛られ、さらに青菜（または豆腐）と油揚げの汁がついた。……ご飯は、新米を一人が二合半から三合近くを食べている。……報恩講が終わると引き出物も付く、大体が乾燥ぜんまいと干し昆布で、この他に本尊前に供えてあった御花束餅およそ三つずつが渡される。（一四二頁）

とある。また、報恩講のときには一人平均七合強の酒を飲み、酒の肴は「切り昆布と「すあい（酢和え）」（酢の物）が用意される。酢和えの多くは八頭のズイキ（芋茎）か大根と人参の細切り」（一六〇頁）であったことを明らかにしている。

奈倉は、「幕末」という歴史時間軸の中で、真宗門徒の生活すなわち真宗民俗を見事に描いてみせてくれた。し

かし、「幕末」という時間と「蒲原」という空間の中での真宗門徒の生活を、一面『純粋』に描きすぎているのではないか。例えば、年回法要や盆行事・墓参などの祖先祭祀の姿である。近世の真宗門徒が石塔墓を建てはじめ、墓前で読経することがどういうことか本山で問題になっていたように[11]、全国的にみれば安芸・近畿・尾張・三河・北陸といった真宗門徒優勢地帯において同一ではなかった。越後蒲原の真宗門徒の民俗で一般化するには無理がある。描かれた真宗門徒の民俗は、現在でも聞くことができる伝承である。しかし、著者は現在の伝承や民俗学の成果を一顧だにしない。「民俗」という用語を使っているが、著者にとって民俗とは何なのであろうか。民俗の世界は「いったんその世界に入り込むと、実態の静態的な描写や単なる事実の羅列に終始することになりかねない世界である」（三頁）と述べている。それでも蒲原真宗門徒の民俗をあえて描いたのは、歴史把握の問題として「国家と民衆の対抗点なるものの把握」「民衆の日常的世界の具体的・詳細な把握なしには、そこをステップとすべき歴史の変革への展望も見い出し得ない」（三頁）と考えたからであった。つまり、著者は近代を基点として幕末真宗門徒の民俗を捉えたのである。「民俗」とはいうものの、その目的は「民衆」の具体的日常世界であり、近世から近代へと展開した民衆の変革の主体・思想を見出すことにあったのである。したがって、奈倉の描いた「真宗民俗」は紛れもなく「真宗門徒の民俗」を描いたものであるが、全体の帰着点は歴史学であって民俗学ではない。ここまでくると、民俗学と近世宗教史や思想史との違いが明瞭になってくる。

民俗学は、どこまでも「現在」を基点とする研究方法である。また「歴史民俗学」といって過去の文書に記録された民俗事象を研究しても、「当時の民俗を復元する研究」ではなく、現在まで「超世代的に伝承されてきた事象の研究で」「伝承的側面としての歴史事象を明らかにする研究の方法である」[12]。そして、その目的とするところは「民俗の変遷」を把握することにある。赤田光男の説明を借りれば、「円型→楕円型→長方型→正方型と歴史が推移する時、外縁の線は歴史の変化を示し、他方外縁に囲まれた内側の核にあたる部分の民俗はあまり変化することなく持続する。それが超時代的民俗といわれるものであり、中にはゆるやかな変化をして、時代的民俗となるものもある」とあるように[13]、常的な基層文化を基準にして民俗の変遷と構成・機能を求めることにある。民俗学と歴史学とでは、課題そのものと歴史認識・構成の仕方が違うといってよいだろう。

このように奈倉の「真宗民俗」は歴史的一断面の民俗ではあったが、民俗学の研究視角や方法とは異なって、真宗門徒という民衆の日常生活を描き提示したものであった。しかし、同氏が民俗学に重要な問題を提起されたことも忘れてはならない。「主体」「思想」の問題である。民俗学において、「民俗の主体」あるいは「民俗の思想」ということはどうなっているのか。柳田国男は、いわゆる祖霊神学を構築して日本人の民俗世界と世界観を示した。しかしながら、その中に真宗門徒は含まれておらず、その後の民俗研究においても、民俗の主体や民俗の思想はほとんど論議されてこなかったのではなかろうか。日本人の生活文化史の中で、「常」的な基層文化を中心に研究するといっても、「変遷」や「変容」を問題とする限り、民俗の主体や思想の課題は置き去りにできない。とりわけ民俗の中に時間軸を導入して、ある時代社会の民俗の姿を追求し、さらに現在まで伝えられてきた伝承の歴史性を問題にする場合は必須であろう。こうした点については、大桑斉の論考が参考になる。

大桑は『日本仏教の近世』の中で、「民衆」「庶民」という言葉と「主体」について次のように述べている。「名もなき人々」という意味において「民衆」と「庶民」という言葉は近い関係にある。しかし、「民衆思想史」という用語は成立するが、「庶民思想史」という用語は成立しない。なぜならば、「庶民」というのは上から下を見下ろすような視線で言葉が使われていて、そこには思想というものが本来あるはずがない、というニュアンスがある。「民衆」は名もなき人々ということでは同じであるが、「一人の人間としての主体的な生き方というものを選び取っている、そういう人々として「民衆」という言葉を私は使うわけです」という。さらに「民衆」という言葉を使うときに近代的な「個」という概念に結びついて、「「民衆」の中に、名もなき人々の中に、何か独立して、個として生きていく、そういう人間を発見するということになりかねないわけです。どうもそれは、「民衆」というイメージから離れていってしまいます。いわば知識人という範疇に入ってしまう」という問題性もあるとする。そして、「民衆」の中に主体性を求めていくと矛盾的な概念になってしまう、と指摘しながら、

「民衆」というのは何よりも人と人との結び着きの間で主体として生きていく人間、人間と人間との関係の結び目としての個人、こういう捉え方をしていけば、それは近代的な自立者、そういうものとは違う存在として捉えられるであろう、このように考えております。そしてそう捉えることによって、私がその一人である、そういうものとして「民衆」というものを捉えていくことができるだろうと思います。（二〇三頁）

と概念規定している。民俗学においては、「民衆」という言葉よりも「庶民」という言葉、「名もなき人々」という「庶民」の方が使われている。「常民」という言葉も使用されたが、近年ではあまり使われない。民俗学の研究対象は、地域の中で生活している、生活してきた名もなき人々が伝承してきた民俗事象である。この民俗事象を担い伝承してきた名もなき人々を、現代の民俗学は学問研究上の用語として何という言葉で捉えて表現するのか。残念ながら、一民俗学研究者でありながら提示できない。大桑は「庶民」に思想はないとして「民衆」を選択しているが、民俗学においての「庶民」は権力的な対抗関係にある意味合いではなく、ごく普通に生活して生きてきた「名もなき人々」のことである。右に引用した大桑の「民衆」を「庶民」に置き換えてみると、「「庶民」というのは何より

も人と人との結び着きの間で主体として生きていく人間、人間と人間との関係の結び目としての個人、こういう捉え方をしていけば、それは近代的な自立者、そういうものとは違う存在として捉えられるであろう」となり、民俗学研究において議論されてこなかった民俗の「主体」として違和感なく了解できる。それは「人と人との結び着きの間で主体として生きていく人間」、つまり共同体の民俗的世界の中で生活してきた個人ということになろう。

大桑の研究は、近世仏教・近世宗教思想史全体の中で真宗門徒の信仰を捉えようとしている。先に見た児玉の「真宗門徒独自」、有元の「真宗門徒における固有のエートス」、奈倉の「真宗門徒の熱烈な往生願望」とは少し異なった視点から真宗門徒の信仰を論じている。真宗＝特殊論から距離をおいて、江戸時代は仏教が人々の心に住み着いたのだという「仏教住み着き論」から、真宗門徒の信仰は「いつとなしの救済」つまり「気づいたら救われていた」という救済論が展開されていたという。妙好人であった大和清九郎の信心のあり方や、『妙好人伝』を編集した仰誓と誓鎧との手紙にみられる「容有ノ一類」という表現に着目して、生活の中でいつのまにか聞いていた教えが、普段は自身で気づかないが肝心な時にすうっと姿を現してくる。もともと救われていた→もともと救われていたにしては何というあさましい自分か→絶対に救われないもの→絶対に救われないものと気づいたとき、そのままで救うという本願、こういう教えが出てきたとする（一六八頁）。つまり、「真宗独自」「真宗門徒固有のエートス」「熱烈な救済願望」を強調するのでなく、「いつとなし」に救済されていたという信仰であった。それは真宗門徒が地域の中で、自身が気づかないままものの考え方、生活スタイルが真宗的になっていたことによるものであった。幕末の尾張門徒であった原稲城という一人の人物を通して、「真宗が住み着いている世界」の提示もしている。

「いつとなしの救済」という真宗門徒の信仰は、近代的な主体を確立した個・自立者としての信仰ではない。しかし、大桑は「民衆」としての「真宗門徒」をみているから、当然「主体」があったものとしている。この「主体」が「いつとなし」に救済されるというのだから、明らかに近代的な主体と信仰のあり方とは違っている。いま、この「主体」と「いつとなしの救済」の関係についてさらに論じることはできないが、ここまでくると筆者としては「いつとなし」は「真宗民俗の世界」ではないか、と考えてしまう。大桑の諸論考を読むと、筆者が本書で述べる「真宗門徒の民俗」と近接していることを感じる。大桑は「庶民」と「民衆」について概念規定して区別していた。「庶民化」と「民衆化」についても、「〈庶民化〉とは、いわば文化が垂直方向に下降する自己運動なのである。これに対して〈民衆化〉とは、文化の普及に民衆という主体を設定する。民衆がその主体的要求に従って文化のある部分を受容し摂取して再構成するところに見られる文化の普及をいう」と規定している。また、仏教が土着する「変容」についても、「民衆を主体として行なわれたとき、その〈変容〉を〈民衆化〉と呼ぶ」としている。[14] 本章第一節で筆者が述べた「仏教の民俗化」「民俗の仏教化」、「真宗の民俗化」「民俗の真宗化」という捉え方と近いものがある。この他、大桑は寺檀関係や蓮如信仰の「応化」「権化」などについても論じているが、これらについては本書第四章・第五章で触れることにしたい。

二　研究対象と本書の課題

本書の表題「真宗民俗史」の定義と意味について、再度、確認しておきたい。「真宗民俗」とは、真宗門徒が生活の中で超世代的に伝承してきた信仰伝承、儀礼伝承、行為伝承、社会伝承、言語伝承などの集合的民俗事象を意味する。もちろん真宗門徒の民俗といっても、真宗門徒だけが特別な地域にかたまって生活しているわけではなく、真宗以外の人々と共同体社会を形成して生活してきた。したがって、民俗学がこれまで研究対象としてきた伝承、つまり「普通の民俗」を共有していたりする。真宗の優勢地域というのは確かに存在する。「真宗門徒の村」もある。しかし、その村内で真宗門徒が生活すべてにわたって特別な真宗民俗を形成しているというのではない。「普通の民俗」も伝承されているし、「真宗門徒の民俗」も伝承されてきた。従来の民俗研究調査では、「真宗門徒の民俗」を「普通の民俗」一般の中で捉えてきた。「真宗門徒の民俗」を捉えることができなかったのである。「真宗門徒の民俗」は、真宗信仰や教団と深く関わって形成されてきた一面を有しており、この意味では「特殊」な民俗といえるかもしれない。しかしながら、中国・近畿・東海・北陸地方とかなり広域に真宗優勢地帯があることからすれば、真宗門徒の民俗を「特殊」とするのでなく、民俗一般の中に加えてもよかったはずである。いわば、除外されてきた真宗門徒の生活伝承とりわけ信仰伝承を、民俗研究の中に位置づける必要がある。また、「真宗民俗」を研究することによって真宗と民俗の関係、習合・否定・変容・真宗の民俗化・民俗の真宗化といった問題を通して、これまでの民俗を相対化することができるのではないか。

民俗は常的な基層文化伝承であるが、民俗は歴史的に形成されたものであり、長い時間の中では変化・変遷するものである。この民俗形成と変化・変遷から民俗史を明らかにし、さらに民俗としての世界観を提示することを目的とする。それは現代に生きる人間の生活に歴史と意味解釈を与えて方向性を示すという、民俗学の可能性でもあろう。

「真宗門徒の民俗」＝真宗民俗を捉えるには、個別儀礼の分析法と地域民俗研究の方法をとる。これに歴史民俗学的方法と民俗を構造機能的に研究する方法が求められる。真宗門徒の民俗は、真宗信仰や教団との歴史的関係が深いことから、史資料を使って真宗民俗の形成を研究することができる。表題を真宗民俗「史」とした理由と目的もここにある。現在に伝承されてきた真宗門徒の民俗を調査し、そこから遡源して伝承の歴史性を考究する。これによって、真宗門徒の「民俗史」と基層信仰の姿も明らかになるのではないか。

筆者が考えている、真宗民俗研究に関する個別テーマを示すと次のようになる。

葬送墓制・民間信仰・神祇信仰・寺院成立論・道場・毛坊主・講・同族・参詣（本山詣り・二十四輩巡拝）・絵像巡回・年中行事（報恩講、蓮如忌、盆行事、永代経）・絵系図詣り・寺檀関係と複檀家・まいりの仏・惣仏・御消息と御文・伝説（親鸞伝説・蓮如伝説・名号）・開帳・読み縁起・舎利（遺骨）信仰・納骨信仰・年忌法事・隠し念仏と隠れ念仏・廃仏毀釈・神社整理・護法運動・神棚祭祀・親鸞（祖師）信仰・蓮如信仰・法主信仰・本山信仰・祖先信仰

これらの課題について、現在の民俗調査とともに史資料を使って歴史民俗学的に研究する。そして、並行して地域の中に課題を戻して地域民俗論としても研究することである。

本書では、これらすべてのテーマをとりあげることは到底できなかったので、次の課題から論じた。第二章「真宗門徒の葬送儀礼」では、真宗における葬送儀礼の実態を検討して、儀礼的特質がどこにあるのか考察する。教団関係の葬送史料が比較的残されているので、本願寺宗主の葬送儀礼や宗教的意味をみるが、オソウブツという門徒の葬送儀礼などに真宗門徒の民俗としての意味を積極的に見出していく。第三章「名号と御文の民俗」は、真宗史の史料を多用するが、どこまでも民俗学の視点から「名号」と「御文」を捉えようとしたものである。「名号」は現代でも真宗仏壇に祭祀されて礼拝の対象になっている。この名号祭祀の形態と機能について、真宗寺院成立の原点になる道場の実態との関係から探る。「御文（御文章）」は、現在でも真宗門徒が毎日繰り返し日常的に拝読しているものである。御文拝読は、真宗門徒にとっては日常的な行為伝承であり、生活化した真宗門徒の民俗である。

第四章「真宗門徒の村と民俗」は、尾張と三河をフィールドとした真宗民俗の地域論である。民俗学と近世仏教史の共通課題である複檀家（半檀家）という寺檀関係を地域・ムラから捉え直し、同族や村落の成立などから論じる。尾張と三河という地域の中で、真宗民俗の特徴は何かについて、一般民俗との地域差を分布図に示して見出す。第五章「蓮如伝承の生成と門徒の信仰」は、『蓮如上人絵伝』の成立を通して蓮如伝説の形成、そして真宗門徒の信仰内容を求めていく。『蓮如上人絵伝』は絵画資料であるが、これを民俗資料とみて類型的に捉え、「蓮如」という人物がどのように民俗化したのか、その民俗的基盤にある基層信仰は何かを明らかにする。

註

（1）拙著『真宗と民俗信仰』吉川弘文館、一九九三年、一～九頁。
（2）西山郷史『蓮如と真宗行事』再版、木耳社、一九九八年。拙著『真宗民俗の再発見』法藏館、二〇〇一年。
（3）『日本民俗大辞典』下、吉川弘文館、福田アジオ「民俗学」項目、二〇〇〇年。福田アジオ「歴史民俗学的方法」（『日本民俗研究体系　第一巻　方法論』國學院大學、一九九一年、九五頁）。
（4）『宗教民俗研究』一七号、日本宗教民俗学会、二〇〇七年。
（5）『北陸の民俗』第二十四集、北陸三県民俗の会第三一回年会記録、富山民俗の会・福井民俗の会・加能民俗の会、二〇〇六年。
（6）『日本民俗学会第五九回年回研究発表要旨集』「小シンポジウム　真宗と民俗――真宗地帯の民俗位相：墓・講・ムラ」二〇〇七年。
（7）近年の真宗民俗に関する研究には、渡部圭一「経本と読経の伝承論――『御文章』読誦をめぐるモノ・表記・声」（日本民具学会『民具研究』一三六号、二〇〇七年）。同「「正信偈」読誦における経本と声」（『日本民俗学』二五八、二〇〇九年）。二〇一二年日本民俗学会第六四回年会の口頭発表で、渡瀬綾乃「下甑島における真宗寺院の在勤制度について」、朽木量「真宗における仏壇と盆についての現代民俗学的考察～京都J寺門徒の事例」などがある。

（8）福田アジオ・菅豊・塚原伸治『「二〇世紀民俗学」を乗り越える』、岩田書院、二〇一二年。

（9）児玉識「真宗地帯の風習――渡りの宗教生活を探る」（『日本宗教の歴史と民俗』隆文館、一九七六年）。同「周防大島の『かんまん宗』（＝真宗）とその系譜」（『瀬戸内海地域の宗教と文化』雄山閣出版、一九七六年）。

（10）「しなやかで強靱な抵抗」は安丸良夫（『神々の明治維新』岩波新書、一九七九年）の表現である。

（11）墓前読経については拙著『真宗と民俗信仰』第一章第二節「「無墓制」と真宗の墓制」参照のこと。

（12）福田アジオ「歴史民俗学的方法」（『日本民俗研究体系　第一巻　方法論』國學院大學、一九九一年、九五頁）。

（13）赤田光男「近世社会研究と民俗学」（『日本民俗学』二一六、一九九八年。）

（14）大桑斉「仏教土着論」（『論集　仏教土着』法藏館、二〇〇三年、六・八頁）。

第二章　真宗門徒の葬送儀礼

第一節　真宗の葬送儀礼

はじめに——問題視角——

これまでの研究史で、本格的に真宗の葬送儀礼について論じたものは少ない。教学的立場からはもちろんのこと、真宗史の立場からも葬送儀礼の問題は研究課題とはならなかった。真宗教義に関わる研究からみたとき、葬送儀礼はそもそも論議すべき対象とは考えられてこなかったといってよく、事実、現在にあっても教義的意味づけが明確にはなされていない。真宗史においては、長い間の教団展開史に関わる調査研究の蓄積はあっても、その教団が社会やその時代に生きた人々と切り結んでいったとき、現実的に避けて通ることのできない門徒の「死」にどのような意味づけを与え、またその具体的行為である葬送儀礼を教団がどのように位置づけようとしたのか、というような研究はほとんどなされてこなかった。しかし、このところの中世社会史の研究方法、歴史学や民俗学における葬送墓制史研究の進展によって、真宗の葬送儀礼が課題となってきている(1)。

数少ない論考の中で、真宗の葬送儀礼について正面から論じたものとして佐々木孝正の「本願寺の葬制」が注目される。[2] 歴史民俗学の立場からのもので、佐々木の問題視角は、弥陀一仏への帰命と雑行雑修を排除する真宗の信仰的教義的立場が、民族的伝統に根ざす葬送習俗とどのように交渉しているのか。また、本願寺葬制の個々の儀礼や習俗がいかなる宗教観念に支えられているのか、ということからであった。親鸞の葬制からは、西本願寺本『伝絵』の荼毘所で鉢鉦を叩き念仏を唱えている僧侶の姿に鎮魂呪術者としての念仏聖を認め、「親鸞をめぐる葬制・墓制は、中世における一般のそれと形態面においても、あるいは宗教観念の内容においても共通性・類同性が強く、おおむね一般の葬制・墓制に準じたものであった」とした。蓮如の葬制については、本願寺の葬制を特色づけると同時に民俗的要素の強いものとして臨終仏と臨終念仏、石枕の使用、遺骸拝礼、イロ（色）の着用、藁沓・白扇の使用、棺蓋名号、棺覆袈裟、肩入れ式、路念仏、町蠟燭・六道蠟燭の使用、樒一本花の使用、墓つきと植樹、中陰の贈経、満中陰における開山厨子下への納骨などを析出して詳しく論じている。結論として、蓮如が前代以来の教義的姿勢を継承しつつも真宗独自の葬送儀礼を定めて「報恩謝徳の行」としての意味づけを行ったが、それでも「教義的制約を超越し、一般の葬送習俗と密接な関係をもつ儀礼や習俗」が混在しているとした。真宗独自の対応としての葬送儀礼と、民俗としての葬送習俗の持つ伝承性・普遍性、拘束力の強さが共存しているとした。

真宗史から葬送儀礼を論じたものには、遠藤一の「『慕帰絵詞』にみる死の作法」「蓮如における浄土の意味」「臨終・葬送・納骨」がある。[3] ここでは、覚如（一三五一年没）・蓮如（一四九九年没）・願証寺実恵（一五三六年没）・飯貝本善寺実孝（一五五三年没）など十四世紀半から十六世紀半までの葬送儀礼がとりあげられている。遠藤は三つの論文にわたって、中世真宗における死のありさまを「死の作法」として読み解き、「中世真宗における〈浄土往生〉の実質が〈臨終・葬送・納骨〉といった死の作法を通してのみ、人びとの心をとらえていた」「それゆえ、人びとの〈往生〉は、死の作法を通してのみ認識されていた、と主張している。戦国期における「浄土」理解が死後の安楽＝「後生ノ一大事」を前提としていて、死の作法は浄土往生の実質的認知としてあったという問題視角である。そして、これは蓮如の「後生ノ一大事」という教学が生み出した「死に方（＝葬送）中心型真宗」によるものと結論している。往生が一連の死の作法を通して認識され、こうした葬送・中陰録が往生認知の証として記録されたものであるとするのは、確かに重要な指摘といわねばならない。しかし、当時の真宗信仰のあり方、信仰の構造が「死に方（＝葬送）中心型真宗」であったかどうかは慎重に論議される必要があろう。

さて、こうした研究状況と先行研究の問題視角に対して、本節ではいま一度、真宗における葬送儀礼の実態を検討しながら、その儀礼全体の構成と特質を捉えてみたい。史料的制約もあるので、本願寺宗主を中心とした葬送記録が中心史料とならざるを得ないが[4]、同時代に葬祭儀礼を確立して地方発展を遂げた禅宗葬送儀礼との比較を通して、中世末期から近世初期という時代の中に「真宗の葬送儀礼」を位置づけてみたい。さらに、蓮如が真宗の葬送儀礼を確立したとすれば、それは独自に生み出されたものなのか、また門徒の葬送儀礼はどうであったのか考えてみよう。

一　本願寺葬送儀礼の構成と特質

1　葬送儀礼の構成

真宗の葬送儀礼を検討するとき、具体的には本願寺歴代宗主の儀礼が中心となり、その中でもとくに蓮如の葬送儀礼が着目されねばならないが、これはすでに論じられている[5]。蓮如は明応八年（一四九九）三月二十五日に山科南殿において往生し、翌二十六日の日中には葬送・荼毘が行われた。生前から自分の葬送についてかなり細かく指示をしていたようで、死の前の三月五日には臨終仏の代わりに開山親鸞の絵像を掛けて臨終に備え、死後は御影堂において門徒に遺骸拝礼をさせている。そして、この後に入棺の儀が行われ、板輿に乗って御影堂で勤行、阿弥陀堂に移り出棺勤行、さらに火屋での葬場勤行が行われた。中陰儀礼は短縮されて二七日となっている。このように蓮如の葬送に関しては、ほぼその全容が分かっているが、依拠する史料をみると『第八祖御物語空善聞書』という第一次史料があるものの断片的で、後は光遠院恵空『御葬礼実録集』（元禄十六年＝一七〇三）に記載される近江堅田本福寺明誓の手記、『大谷本願寺通紀』中の飯貝本善寺記録、あるいは『蓮如上人遺徳記』といったように間接的な第二次史料となる。つまり、蓮如の葬送儀礼に関しては、詳しく流れを追い直接記されたような史料に基づいて論じられてはいない。(6) そこで、ここでは蓮如の葬送儀礼をほぼそのまま踏襲したと推定される本願寺第九代実如の『実如上人闍維中陰録』によって(7)、本願寺葬送儀礼の構成を分析してみることとする。この史料は「右一冊者、従御病中令祗候之間、当于時如此記置者也。更不可有相違。是非為他見之条、懇加筆訖　大永五年卯月中旬如此之加奥書者也　右筆実孝判」と識語があるものの、実孝自身の原本は残されていない。実孝舎弟順興寺実従兼智の書写本を、天正元年（一五七三）二月十八日に超願寺信乗が再写したものが伝わっている。(8) 実孝は蓮如の十二男で飯貝本善寺に住した人物であり、実如が大永五年（一五二五）に往生したとき実孝は三十一歳であった。『闍維中陰録』の内容をみると、識語に「従御病中令祗候之間、当于時如此記置者也」とあるように実際に実如の往生直前から立ち会い、葬儀から中陰までずっと参列して見聞したものでなければ分からないような詳しい記録内容となっている。死の直前の様子から、死の直後の遺体の取り扱い、荘厳作法や勤行次第まで一連の儀式として把握することができる。その内容を日時・場所・記事内容・勤行次第に分けて要点を整理すると、次頁の表3のようになる。

さて、真宗における「葬送儀礼」とは何であろうか。どのような儀礼から構成されているのか。臨終仏や遺骸拝礼・棺蓋名号などといった重要ではあるが細かな儀礼はしばらくおいて、儀礼全体からながめると、まず史料中に

表3　実如の葬送儀礼

見出し	日時	場所	記事内容	勤行次第
	一月一八日		脈絶える、若子の法名を証如とつけ、剃刀	
			寿像を写す	
	二月　二日	御亭	暁七時に息荒くなり、六の時分に目を回す	
			代々臨終仏を御亭サマノソトに掛ける	
			男衆・女房衆寄り合い仏法談合	
（往生）	二月　二日	御亭	辰刻往生、六八歳　腰障子をはずして拝む	
			本尊臨終仏、九間の西三間の中に掛ける（寝所）	
			布団を敷いて頭北面東に遺骸を安置	
			八の時分本尊で勤行	正信偈セ、・短念仏・廻向
			八半、沐浴、御堂衆が「御グシヲモメサセ申サル」	
		御堂	遺骸拝礼、開山の御戸を開き、蠟燭を灯す	
		御亭	本尊の左の方（北の方）頭西面南に安置	
			御影を写す	
			同夕六時、御亭逮夜	正信偈セ、・短念仏百反・廻向
	二月　三日	御亭	御亭の朝勤	正信偈セ、・和讃三首・短念仏五十反・廻向
			御亭の逮夜	正信偈セ、・和讃三首・廻向・短念仏ナシ
	二月　四日		御亭の朝勤	
			御亭の逮夜	正信偈ハカセ・和讃三首打切・念

				仏百反・廻向
	二月　五日		御亭の朝勤	正信偈セ、・和讃三首・廻向
			四の時分、奥三間の御座敷の押板のきわ北の脇へ、頭西面南に遺骸を移す	
			向の押板に本尊臨終仏一幅掛ける	
			御亭の逮夜	正信ハカセ・和讃六首・念仏・廻向
	二月　六日		御亭の朝勤	正信偈セ、・和讃六首・廻向
			御亭の逮夜	正信偈ハカセ・和讃六首終打切・念仏百反・廻向
	二月　七日		御亭の朝勤	正信偈セ、・和讃六首・廻向
			四時、入棺、以後に御亭で御勤	正信偈セ、・短念仏百反・廻向
			棺蓋の名号	
御葬礼之次第	二月　七日		葬礼は未の刻	
		御堂	御棺を内陣の拭板正面の際に安置、七帖袈裟を掛ける、御勤	正信偈セ、・短念仏百反・廻向
			棺を輿に乗せ、御影堂正面より出す	
		阿弥陀堂	阿弥陀堂御縁に輿を入れる、勤	鈴二丁打、十四行偈、短念仏五十反・廻向
			阿弥陀堂前で輿に肩を入れる	
（葬列）			時念仏、阿弥陀堂前の門から内の大番屋まで	
		葬場	勤	正信偈セ、・和讃三首（無始流転ノ苦ヲステ、・南無阿弥陀仏廻向

		（火　屋）	焼香 松明、若子・土呂殿さし候 白扇・藁沓を捨てる	ノ、如来大悲ノ恩徳ハ）・短念仏 五十反・廻向
		阿弥陀堂	葬帰りの勤	正信偈ハカセ・和讃六首・念仏・ 廻向
御灰寄之次第	二月　八日	御亭	臨終仏を外す、御寿像に代える	
		御堂	卯の刻、御堂の北の縁より出る	
		葬場	野勤	（正信偈）和讃三首・念仏五十反、 廻向
			焼香 拾骨、若子・土呂殿拾う 藁沓脱ぐ、金剛を履いて帰る 灰寄行列して帰る	
		御堂	拾骨帰りの勤	正信偈ハカセ・和讃六首・念仏・ 廻向
		御亭	拾骨を御亭に移して勤行	正信偈ハカセ・和讃六首・念仏・ 廻向
中陰之次第	二月　八日	御堂	御戸を開ける、五〇日の間開ける	
		御亭	御亭の押板荘厳 御寿像の裏に拾骨の桶を置く 阿弥陀堂のお経を卓の上に置く	

		朝勤	正信偈セ、・和讃六首
		日中	経一巻・念仏・廻向
		逮夜	正信偈ハカセ・和讃六首
二月二五日	御亭	逮夜	(正信偈)和讃六首・短念仏五十反・廻向
二月二六日	御亭	御為上《シアケ》、御亭の勤、土呂殿調声 御斎以後、御堂・御亭をかたづける 拾骨はそのまま、五〇日の間 毎朝夕、御亭で勤	上巻一巻、念仏如常、中程三重念仏・和讃(二首)・廻向
		他宗諷経は御寿像前、蠟燭を立て三部経を置く	止信偈セ、・短念仏百反・廻向
三月　二日	御亭	初月忌 朝勤	止信偈セ、・和讃六首・念仏・廻向
		逮夜・日中	正信偈ハカセ・和讃六首・念仏・廻向
三月二〇日	御亭	四十九日、御堂での日中後、御亭で勤	経一巻・念仏・廻向・正信偈ハカセ・和讃三首・廻向
		七時、御亭御前を取り除く	
	御堂	納骨・勤	正信偈ハカセ・和讃六首・念仏・廻向
		御寿像移動、御堂の北の押板真中に掛ける	

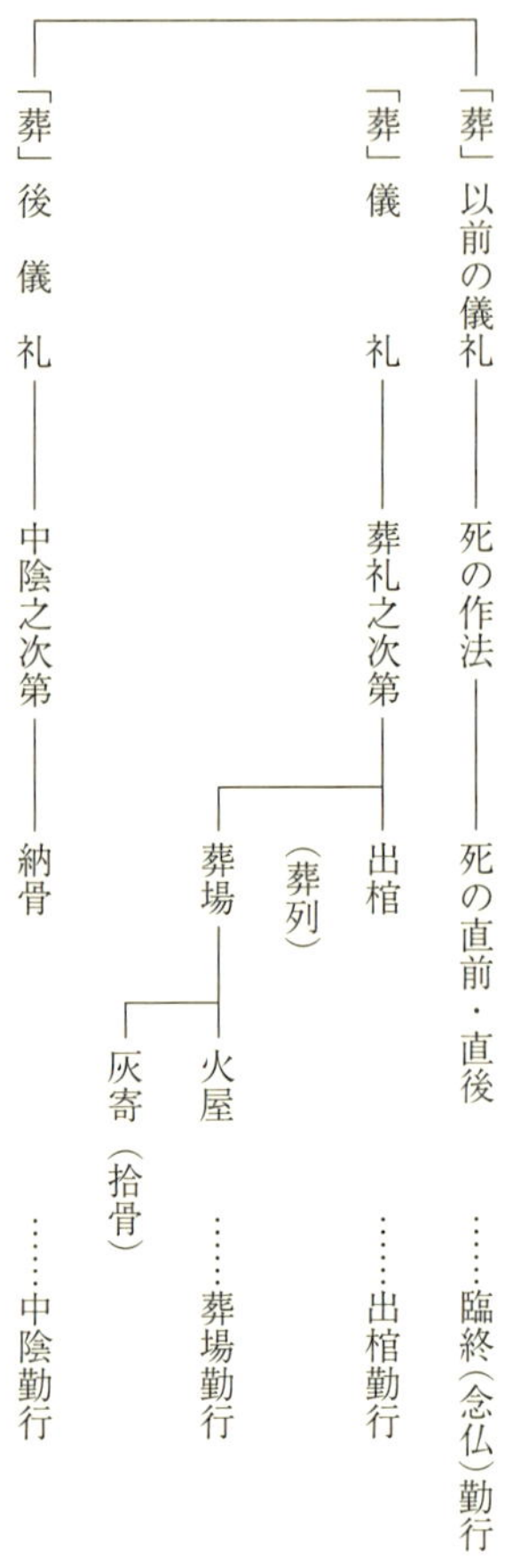

図3　真宗の葬送儀礼

「御葬礼之次第」「御灰寄之次第」「中陰之次第」とわざわざ中見出しで記されていることが注目される。「御葬礼之次第」以前のものについては、見出しを付けないで書き始められている。すなわち「葬送儀礼」とは、広くは死の直前・直後の儀礼から荼毘・拾骨、そして中陰儀礼まで、あるいは納骨・墓造立までの一連の儀礼を指すが、狭義的には「御葬礼之次第」が「葬送」という意味であったということである[9]。遺体を安置してあった御亭から出して、御影堂と阿弥陀堂において勤行、さらに葬列を組んで葬場に赴き火葬にするまで、つまり遺骸を送り出し処理するまでの行為・儀礼である。「御葬礼」とは正しく「葬（＝はふり）」の意味であり[10]、史料に何も記されていない「御葬礼之次第」以前の儀礼は、「葬」ではなく死の直前・直後の儀礼であって死の作法＝臨終儀礼である。また、「御灰寄之次第」「中陰之次第」は「葬」後の儀礼ということになる。ただし、「御灰寄之次第」は火葬にともなう拾骨儀礼であって、時間はずれているものの葬送と同じ場所（＝葬場）で行われる。したがって、「葬」と「葬後」の中間儀礼ということになり、中陰儀礼の「葬後」よりも「葬」に連続する儀礼としてみた方がよいであろう。すると、真宗の葬送儀礼は図3のような構成をとっていると捉えることができる。いささか厳密に葬送儀礼を規定したようにもみえるが、真宗の葬送儀礼とは何か、どこに真宗の葬送儀礼の特質があるのかを考えるときに必要な手続きとなる。「勤行」ということから儀礼をみてみよう。表3をながめると、ほとんど正信偈と念仏・和讃ばかりの勤行である。正信偈の「セ、」「ハカセ」というのは、現在まで伝えられている「舌々」「真読」という読み方である。念仏は「短念仏五十反」「短念仏百反」とあって、繰り返し行われていた。和讃は、葬場勤行での「如来大悲ノ恩徳ハ」という恩徳讃に代表されるように、本願寺の葬送儀礼をもっとも特徴づけるものであったが、これについては後でもう一度触れたい。勤行は、御葬礼以前の遺骸を安置した直後に臨終仏の前で始まり、それからは御堂の朝勤・逮夜後に御亭の朝勤・逮夜勤が行われた。御葬礼や御灰寄でも正信偈・念仏・和讃であるが、阿弥陀堂における勤行のみ十四行偈の偈文があげられ、「経」が読誦されるのは中陰儀礼になってからである。それでも中心は正信偈・念仏・和讃であった。真宗の葬送儀礼は、基本的には「出棺勤行」と「葬場勤行」の二つから構成されている。出棺勤行で偈文が読まれるのは阿弥陀堂の本尊に対するお別れ勤行であるからという(11)。一方、葬場勤行では本尊はなく遺骸中心の儀礼であった。御葬礼以前にも臨終仏の本尊があって勤行がなされているが、この本尊は死者が往生を迎えるために用意された死の作法としてのものであり、遺骸に対する本尊であった。臨終仏は火屋から帰った直後に外され、以後は御寿像とその裏に安置された拾骨の前で勤行となっている。このように勤行次第から儀礼をみてくると、出棺に際して本尊を中心とするものもあるものの、真宗の葬送儀礼は遺骸中心に執り行われていることが分かる。それは阿弥陀如来を中心とする信仰や教義からすると、普段の法要儀礼とは異なる特殊な一座法要ということができよう(12)。その背景には、真宗の阿弥陀如来を讃嘆するという通常の法要儀礼には位置づけられない遺骸に対する観念、つまり遺骸は「葬（はふり）」されるものという、前代からの一般的葬送習俗の観念が潜んでいる(13)。『改邪鈔』の、往生ノ信心ノ沙汰ヲハ手ガケモセスシテ没後葬礼ノ助成扶持ノ一段ヲ当流ノ肝要トスルヤウニ談合スルニヨリテ祖師ノ御己証モアラハレス。道俗男女往生浄土ノミチヲモシラス。世間浅近ノ無常講トカヤノヤウニ諸人オモヒナスコトコ、ロウキコトナリ。カツハ本師聖人ノオホセニイハク某《親鸞》閉眼セハ賀茂河ニイレテウホニアタフヘシト云云。コレスナハチコノ肉身ヲカロンシテ仏法ノ信心ヲ本トスヘキヨシヲアラハシマシマスユヘナリ。コレヲモテオモフニ、イヨ〱喪《ソウ》葬ヲ一大事トスヘキニアラス。モトモ停止スヘシ。

という文は有名である。近世の『真宗帯佩記』（一七六四）では、この言葉を引用しながら

ソノ後ハタ、諸宗ノ通式ニ準シテ、葬処ニ至テ一家ノ作法ヲ以テ焼香勤行シテカヘルマデノ無味ナルガ一家ノ意ナリ。古老ノ鈔物ニ「蓮如上人ノ仰ニ、今生死骸ノナコリナレハ正信偈一遍ヨミテサラバ〱トイフテカヘル意ナリ」トマコトニ今家ノココロエカクノコトクナルヘシ。（中略）他流ノ中ニハ葬処ヘ本尊ヲ函《ハコ》ニオサメテ安スルモアレトモ、葬処ノ屋壁モナキ処ニ本尊ヲ持シテ、ヤウアリゲニスルニハ及ハス。心ニ如来ヲ念シテ空位ヲ拝スルトコ、ロウヘシ。（中略）コレニ准知スルニ本尊ニ向ハズハ心ニ本尊ニ向フ想ヲナシテ拝スルニ何ノ過カアラン。

と述べている。[14]『改邪鈔』や「古老ノ鈔物ニ蓮如上人ノ仰ニ、今生死骸ノナコリナレハ正信偈一遍ヨミテサラバ〱トイフテカヘル意ナリ」という表現の中には、遺骸は葬（はふり）されるべきものという観念を読み取ることができる。しかし、近世になって本尊のない葬処での勤行に疑問を起こし、心で本尊に向かう想いで拝むものと解釈す

るとき、そこには遺骸は葬すべきという観念が稀薄になって遺骸尊重観念が生じた姿と、一方で真宗の法要儀式として位置づけられないという矛盾が表出されている。

2　禅宗葬送儀礼との比較

真宗の葬送儀礼がどのような特質を持っているのか、このことを禅宗葬送儀礼との比較を通して考えてみよう。

禅宗葬法は宋代の『禅苑清規』巻七「亡僧」および「尊宿遷化」に始まり、元代の『勅修百丈清規』に受け継がれ、日本における禅宗葬送儀礼も基本的にはこれらの儀礼が援用された。十四世紀の足利三代将軍の葬送儀礼は禅宗葬法で行われており、実如往生（一五二五）の四十一年後にあたる永禄九年（一五六六）には、在家葬法が記載されている『諸回向清規』が成立している。禅宗は十三世紀ころから葬祭儀礼を整え、蓮如の活躍する十五世紀中葉ころには葬祭儀礼を中心にして庶民階層まで展開していたという(15)。

禅宗僧侶の葬送儀礼を定めたものに、『瑩山和尚清規』（元亨四年＝一三二四）中の「尊宿遷化」があって、「仏事次序」として次の次第が掲げられている(16)。

入龕　移龕　鎖龕　法堂掛真　挙哀奠茶湯　対霊小参　奠茶湯　起龕　山門首亭掛真　奠茶湯　秉炬　安骨

提衣　起骨　入塔　入祖堂　全身入塔　撤土

禅宗的儀式表現なので内容が分かりにくいが、①入龕は入棺［入龕念誦］、②移龕は遺骸を寝堂から法堂へ移す、③鎖龕は棺の蓋を閉じる、④法堂掛真は尊宿の肖像を須弥壇上に掛ける、⑤挙哀奠茶湯は龕前に茶・湯を献ずる、

⑥対霊小参は尊宿尊儀の前夜に龕前で行われる生死の問題を中心とした問答儀式［龕前念誦］、⑦奠茶湯は茶・湯を献ずる、⑧起龕は棺を葬所へ移す出棺［挙龕念誦］、⑨山門首真亭掛真は山門（葬場）に棺を安置し真亭（龕前堂）に肖像を掛ける、⑩奠茶湯は茶・湯を献ずる、⑪秉炬は導師が遺骸に点ずる意で松明に火をつける［壇上念誦］、⑫安骨は拾骨して壇上に安置、⑬提衣は競売する亡僧の衣鉢を提示すること、⑭起骨は遺骨を墓所へ移す、⑮入塔は遺骨を塔中へ収める、⑯入祖堂は尊宿の位牌を祖師堂に安置する、⑰全身入塔は棺を墓穴に入れる（土葬の場合）、⑱撒土は棺を埋葬するとき鍬で土をかける、という意味である。(17) 儀礼の構成は①入龕から⑦奠茶湯までが葬以前の儀礼、⑧起龕が出棺、⑨山門首真亭掛真から⑪秉炬までが葬場儀礼、⑫安骨以後が葬後の儀礼と捉えることができよう。⑰・⑱は土葬の場合を示している。

いまひとつ、『諸回向清規』の「諸葬礼法式之部」の内容をみておきたい。次第を整理して示すと次のようになっている。(18)

亡者剃髪偈
亡者授戒願文
亡者授戒法―三帰戒・三聚浄戒・十重禁戒
亡者授戒回向
入龕調経
七仏事
　龕前

掛真
鎖龕
起龕
奠湯
奠茶
下火

ここには『瑩山和尚清規』の「尊宿遷化」と異なって、入棺の前に亡者剃髪偈・亡者授戒願文・亡者授戒法・亡者授戒回向という出家得度儀礼が加わっている。すなわち、在家者を死後に出家させる「没後作僧」の儀式で、この没後作僧と引導・下火の二つが禅宗における葬送儀礼の中心的儀礼である。

こうした禅宗の葬送儀礼を真宗の葬送儀礼と較べるとき、どこに大きな違いがあるのか。葬送儀礼とは、基本的には遺骸をいかに処理して葬送する＝葬（はふる）か、ということであった。これに仏教が関わって禅宗の葬送儀礼・真宗の葬送儀礼がなされたのであった。両者の一番の違いは、死者観とそこから導き出されてくる遺骸に対する観念の相違であろう。このことを端的に示すものが、真宗の和讃と禅宗の念誦にみられる内容である。蓮如や実如が火葬された葬場の火屋勤行では、「無始流転ノ苦ヲステテ　無上涅槃ヲ期スルコト　如来二種ノ廻向ノ　恩徳マコトニ謝シカタシ」「南無阿弥陀仏ノ廻向ノ　恩徳広大不思議ニテ　往相廻向ノ利益ニハ　還相廻向ニ廻入セリ」「如来大悲ノ恩徳ハ　身ヲ粉ニシテモ報スヘシ　師主知識ノ恩徳モ　骨ヲ砕モ謝スヘシ」という三首の和讃が唱えられた。どこまでも、阿弥陀如来に対する報恩謝徳の表現であり、それは遺骸に代わって葬儀参列者が唱えているものとも解することができる。禅宗の念誦には、入龕念誦・龕前念誦・挙龕念誦・壇上念誦などがあって、葬送儀礼全体での位置づけは真宗の和讃に対応するものといえる。導師が遺骸に対して行う⑪秉炬では、

壇上念誦下（火は続松の長さ三尺二寸なり。）


この日、即ち東堂和尚あって、化縁すでに畢わり、遂に真常に返る。霊龕は遍ねく梠樹を遶り、定光は忽ち性火に和す。仰いで大衆を憑んで、尊霊を資助す。

清浄法身、云々。

上来、聖号を称揚し、恭しく化儀を賛ず。体、先宗の峻機を極め、仏祖を容れず。用って後学の悲心を開き、乃ち人天を撫し、変幻化の百骸は、火光三昧に入る。茶、三奠を傾むけ、香、一炉に爇き、頂戴奉行して、聖衆を和南す。

大悲咒　回向。

上来、念誦諷経する功徳は、東堂和尚の為にし奉り、茶毘の次で、品位を増崇せんことを。十方三世、云々。(19)


と誦せられる。尊霊の有徳をたたえながら涅槃の世界に入ったことを述べ、仏菩薩の名号を唱えた功徳を死者である前住職（東堂和尚）にふりむけて、尊霊がより功徳力を発揮するようにと恭しく供養する、という内容である。他の念誦にあっても、表現は異なるものの同じ内容とみてよい。真宗の葬送儀礼も禅宗の葬送儀礼も、ともに儀礼としては遺骸中心に行われるもので共通しているが、遺骸に対しての意味づけが異なり、それは教義の違いから表出されてくるものである。禅宗では死者を成仏させる儀礼（成仏儀礼）、真宗では往生した儀礼（往生儀礼）である。

『諸回向清規』の在家葬法で剃髪・受戒儀礼の没後作僧が必要であったのもこの理由による。

真宗と禅宗の葬送儀礼や死者観の類似と相違は、肖像画である御影と掛真にも表れている。実如往生に際しては直前に寿像が作られ、往生直後も御影が写された。しかし、葬送においては掛けられておらず、拾骨後に御亭の臨終仏に代わって掛けられ、その背後には骨桶が安置されて中陰の中心となった。この間、御堂の親鸞御影（木像）の御戸が五十日にわたって開扉され、納骨時に寿像が御堂押板に掛けられた。禅宗の掛真は常に葬送儀礼の中心的役割をしていて、住持が仏に代わって法を説法するという法堂に掛けられて⑥対霊小参の儀式がなされ、葬場にあってもわざわざ掛真を安置する真亭が設けられ、龕前堂の儀式が行われた。往生儀礼である真宗にあっては遺骸を葬送することが主であって、葬後になって親鸞に連なる法脈伝灯者であったことが儀礼的になされるのである。これに対して成仏儀礼を行う禅宗では、遺骸中心とはいいながらも、壇上念誦の内容でも分かるように死者その人が対象であって、死者の真儀（真相威儀）を示す掛真が中心となったのである。法が「師」「人」から伝法される禅宗にあっては、葬送において師の姿を描いた掛真が安置され中心になったのは当然といえよう。死者を葬（はふる）という葬送儀礼を、禅宗はその教義や信仰体系の中に位置づけるのに矛盾はなかったのである。真宗で葬場に御影（寿像）をもし安置したとすれば、死者を直接対象とする儀礼になってしまう。かといって、臨終仏の阿弥陀如来絵像が本尊として安置されもしなかった。葬送儀礼は遺骸を葬（はふる）ものという観念が底流にあって、通常の仏を讃嘆する法要儀式ではないと認識していたからである。しかし、こうした葬送儀礼における相違はあるものの、肖像画が死者祭祀において重要な意味を持っていたことは同じといえよう。[20]

3　往生儀礼・成仏儀礼・民俗儀礼

真宗の葬送儀礼を往生儀礼、禅宗葬送儀礼を成仏儀礼として捉えてきた。しかし、繰り返すがもともと葬送儀礼とは一人の人間が死をどのようにして迎えるか、死の直後にどのように遺骸が処理され、いかに葬送されるのか、ということである。これら一連の行為や儀礼の中に、その時代社会における「死の意味」や教義・教団との関係が表出されてくる。さらに真宗における葬送儀礼の特質を、宗主以外の史料もあわせて具体的にみてみる。

死の作法としては、臨終仏と入棺作法がある。実如の臨終仏についてはすでに述べたが、本願寺第十代証如は、

> 一於御亭南小座敷奥御往生、仍西方ニ本尊ヲ懸申、頭北面西ニシテ、御病中ノマ、ニテ上ニ白御帷メサセラル、三具足ニ青磁ノ香炉御堂南一間押板也ヲキテ、暫アリテ臨終ノ念仏有之、正信偈セ、短念仏百返回向如常、調声順興寺実従、各出立白小袖絹袈裟木珠数扇持也[21]

とある。往生後に臨終仏が掛けられているが、間に合わなかったのであろうか。臨終念仏の調声をした順興寺実従は永禄七年（一五六四）六月一日に往生しているが、「本尊ハ往生ノ前ヨリ枕モトニ懸ラル」とあるので[22]、やはり死の直前に掛けるのが作法であった。臨終仏は真宗の平生業成・臨終不来迎の教義と明らかに矛盾した「往生する儀礼」である。しかし、それは当時の社会における一般的な往生を迎えるための死の作法であり、臨終仏が『法然上人絵伝』に描かれた多くの浄土系聖の往生場面と類似していることは、これまで指摘されている通りである。また、遺骸拝礼は往生したことの死の作法で、蓮如以後の各法主が同様に行って本願寺の葬送儀礼を特色づけるものとなった。しかし、たとえば『一向上人臨終絵』（南北朝期作）に描かれている端坐往生や野辺送りの姿をみると[23]、

人々は遺骸を拝礼したり善の綱を引きながら葬列に加わっている。蓮如が遺骸を拝礼させたことも、こうした先行儀があって生まれてきたものであり、当時の社会において往生した高僧に対して行われていたものであった。入棺作法の剃髪・沐浴・帽子・石枕については、

・一未明ニ沐浴アリ、御頭ヲハ御堂衆ソリヲトス也、白帷袈裟衣ヲメサセ、念珠ヲモ持セ申サル、石ヲ枕ニ筵ヲシキ、頭北面西ニ置申也、(24)

・石ノ枕ヲ□□畳一帖ヲアケテ、ウヘニムシロ井ムシロ也一枚シキ、□ハシ枕ニカケテサセ申、頭北面西ニ置申也、(25)

・一沐浴午ノ刻已前也、沐浴巳□白帷子キセ申シ、スミ帽子サセ候、(26)

・一往生巳後、沐浴候て、カミソリ申候、予剃刀アテ候て、正願ニソラセ候、白帷子キセ、角帽子サセ申候、(27)

などとある。生前中に法名を受けることのなかった在家者の剃髪などは、禅宗の出家授戒儀礼の意味ではなく「仏弟子」にするということになるが、(28)真宗僧侶などの場合は本来不必要であろう。ところが実際になされているのは、やはり一般的な死の作法であったからである。こうした剃髪・沐浴・石枕・帽子などは、真宗特有なものではなく民俗儀礼と捉える事ができる。(29)これに対して、入棺作法の中で棺蓋名号は真宗的なものである。

・一御棺ノ蓋ノ上ノ名号ハ、御方ノ手ヲ取テ順興寺アソバサセ被申、三返中高ク脇ヒキシ、何レモ草字也、(30)

・一同入夜、入棺アリテモトノ所ニヲカル、也、棺ノ外ヲハ紙ニテハル、蓋ノ上ニ名号三行中タカク、脇ヒキシ、ワラ縄ヲ紙ニテ裹《ツヽミ》、二所ヨコニユイ、又タテニ一筋カラク、中ヲ布ニテ一重ユフ也、(31)

・藁ノ上ヲ白紙ニテツヽミ、二ツクリナイテ十文字ニカラクル、又布ニテ其間ヲモ十文字ニカラクル也○同処ニヲク○頭北面西ノ心ニヲク也、蓋ニハウヘニ名号ヲ三反カク、中一行ハ真ニ、脇ハ一字ホトツヽサケテ草ノ名号也、(32)

「南無阿弥陀仏」の名号を「蓋ノ上」に三行書き、中央は高くして両脇は低く記された。この棺蓋名号は真宗的な入棺作法としての往生儀礼であるが、『諸回向清規』巻四に、

棺 異本棺之上書文曰十方薄伽梵一路涅槃門

（梵字・ア・バン・ウン） 棺底可レ書二此梵字一。或光明真言可レ記二于棺一。随求陀羅尼亦可矣

卍 或本云。或棺蓋二左字一也。書レ表則右字。書レ裏則左字歟。骨桶亦效レ之矣。

（図） 棺文曰迷故三界城（以下略）

とあり、(33) また『小叢林略清規』（承応二年＝一六五三）巻中にも「封定興亡僧同認二面前一棺外書二大円相一。棺蓋或傍書レ偈云出離生死。入住涅槃。寂静無為。究竟安楽 以二句句一配二書四方一」とある。(34) 棺底や棺蓋、あるいは棺の四方に梵字・光明真言・随求陀羅尼・偈文などを記すこととなっていて、遺骸に対する呪術的意味や成仏儀礼としての作法である。棺蓋に名号を書くことは真宗の作法であったが、これは禅宗などの入棺作法を真宗的にしたものであろう。

真宗葬送儀礼の性格をもっともよく表しているものに、四門儀礼の問題がある。『諸回向清規』巻四には、次のようにある。(35)

四方門額　東発心門　南修行門
　　　　　西菩提門　北涅槃門
出入非㆓発心門㆒。可㆑通㆓涅槃門㆒。但可㆑憑㆓火屋構㆒。至㆓火屋㆒大衆役者悉持㆓表花㆒龕三匝捨㆑之。或云㆓雪柳㆒

火屋に鳥居型の四門を設けて、龕前堂から火屋にいたると「龕は東より入り、南を経て西に向い、北に到る。是の如く三匝し北涅槃門に到って之を税く」（『小叢林略清規』）。この四門儀礼は、禅宗にあっては『諸回向清規』に初めて出てくるもので、それ以前にはなかったという。もともとは密教からの儀礼ともされるが、修験道の葬送儀礼にも用いられ、当時かなり一般的に行われていたと推察される[36]。耶蘇会パードレ・ルイス・フロイス書簡（一五六五年三月六日付都発）には、

墓即ち焼き場の構造は次の如し。大なる家の広さの地所を長き棒を以て囲ひ、厚き布を巻きて四壁を作り、北、南、東、西、に四門を設く、此中に薪の充満せる穴あり、穴の前に三箇の高き机あり、無花果、蜜柑、菓子其他食物を多く供へあり。但し肉又は魚なし。此等食物は人の貧富に応じ四十クルサドの価にも上るべし。一の机の上には香炉に火を入れ、又皿に香を入れたるものもあり。死者此処に着けば長き縄を以て之を納めたる輿を縛し、諸人皆縄を持ち尊崇する偶像の名を唱へ、囲の中を三回廻り、終りて薪の満ちたる穴の上に輿を据う。穴の上には甚だ美麗なる楓板を以て造りたる新なる屋根あり、行列終り儀式を行ふ為め美麗なる衣服を着けたる坊主前に述べたる燃え松明を手に取り、高声に数語を唱ふれども、周囲に在る者は之を解せず。言終りて手に持てる燃え松明を三度頭上に振りて之を投ぐ。円の始なく終なきが如く死者も亦始なく終なしと云ふ意なり[37]

と当時の葬場の様子が述べられている。「北、南、東、西、に四門」が設けられ、その中には薪を充満した穴、その上には「楓板を以て造りたる新なる屋根」の火屋があった。四門儀礼が成仏儀礼であることは明らかであるが、真宗の葬送儀礼では用いられていない。往生したものとして葬送する真宗の儀礼にとっては、ただ遺骸は荼毘にして葬するのみであった。実如の『闍維中陰録』には詳しく記されてないが、証如の場合は「御輿ヲハスクニカキ、前ヨリ火屋へカキ入、竈ニスヘテ、後内ヨリ戸ヲタテ、続松ノ役人御入之時、内ヨリ戸ヲ又アケラル、也」とある。また、「蓮能葬中陰之儀式之事」にも「輿ヲハスクニヲモテヨリ火屋ノ内ニカキ入テ戸ヲ立ル也肩ヲ入ス」とあって、三匝したり特別な儀式は何もされていない。なお、火屋についてであるが、蓮如は新規造立を禁止して「常ノ葬所」で荼毘され、実如も「惣ノ火屋」であった。証如もこれにならったが、

火屋ハ惣ノ火屋也、但白壁アタラシク塗改、竈モ白壁ニ塗改也、少大ニタカクヌル、是ハ少脇へ堂ヲモカキ寄テ、別所ニ竈ヲセラルヘキ事也、不断各雑人共ヲ焼タル所ニテ、竈ヲ塗間アフラ地ヨリ出テ塗カネタルト也、且ハ柳爾ニ覚ル也

蓮如上人御時、御遺言ニテ惣ノ無常堂ニテ可葬之由被仰置ニヨリテ、惣ノ葬所ニテ焼申サルト云ヘトモ、無常堂ヲ少一二間ワキヘカキノケテ、雑人焼タル所ニテハ焼申サレスト也[38]

とあって、惣の葬所であったが「無常堂」を少し脇へ移動させた。火屋の構造は、白壁を塗り替えたりしているので、前後に戸を立ててあとは壁土で囲まれていた。しかし、飯貝本善寺の『親鸞絵伝』（永正十一年＝一五一四）に描かれている火屋は、四方に壁がない柱だけの建物である。（写真4）「元和五《四》稔（一六一九）林鐘中旬」と奥書の

写真４　火屋　「親鸞絵伝」部分（本善寺蔵・奈良県吉野郡）

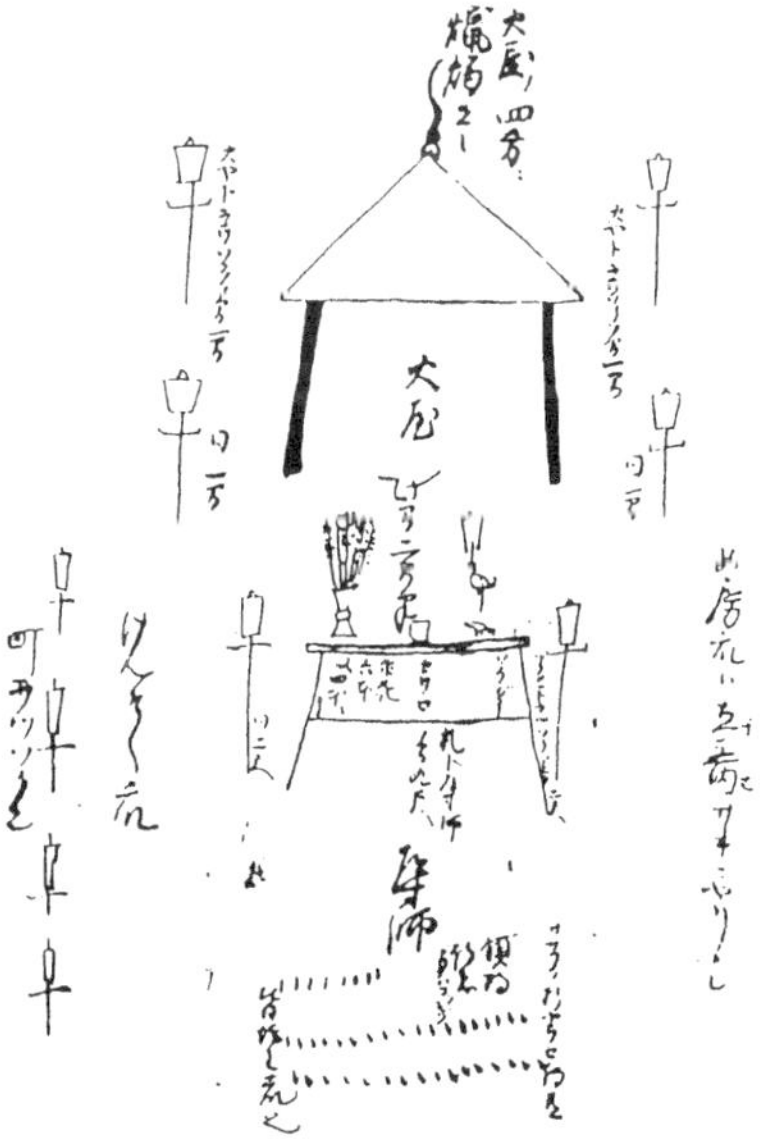

図４　葬場の火屋（浄照寺記録より）

ある浄照寺（滋賀県高島市）の葬送記録に描かれた火屋も同形態であった[39]（図４）。こうしたものは新規に建てられたものであり、蓮如が禁止したという新規造立の火屋もこうしたものを指したかと推定される。

真宗の葬送儀礼は、宗派に関係のない遺骸処理にともなう民俗儀礼の上に、すでに蓮如期に葬送儀礼を確立させていた禅宗などの儀礼を真宗的に変容させて成立した。そのとき、四門のような成仏儀礼は否定したのであった。

二　門徒の葬送儀礼

1　地方寺院と葬送儀礼

宗主をはじめ本願寺教団に近い人々の葬送儀礼は、かなり詳しく判明する。しかし、中世末期から近世初期にかけて、一般の地方門徒がどのような葬送儀礼を行っていたのか、となると記録された史料はほとんど残っておらず分からない。

地方門徒ではないが、龍谷大学に残っている葬送記録の中に、「久宝寺治兵衛往生之記」というものがある[40]。慶長十七年（一六一二）十月二十八日、大坂久宝寺善海の子安井治兵衛が四十三歳で往生した記録である。出棺勤行は内（持仏堂）で十四行偈が読まれ、続いて大坂御坊の御番衆が鈴役で時(路)念仏、葬列は①竹の杖の衆五十人ばかり、②調声人他坊主衆、③提灯、④位牌、⑤輿刀、⑥輿、⑦近付其外供衆であった。火屋に近づいて時念仏二返が始まり、墓処の勤行は「正信偈セ、ノ行、念仏」で、焼香後に「三重アケ、和讃・弥陀観音大勢師(至)、次ニ安楽浄土ニイタルヒト」と和讃が読まれた。拾骨時にも「正信偈セ、、念仏十返バカリ」に和讃の勤行があり、家に帰って持仏堂で「正信偈クリ引、和讃、五ノ不思議ヲトクナカニ、三首引」とある。これなどをみると、ほぼ葬儀式が整っているが、葬列の記載に「四番位牌　白絹袋ニ入テ也、御一流ノ葬礼ニハ珍キ義也」とみえ、位牌袋の被った位牌が加わっている。元和五年（一六一九）の前出浄照寺の記録にも、「此外、御一流ニ無益ハ天蓋・幡《タ》・下火《アコ》・イハイなと一切無用」とあるので、この頃、一般的に用いられていた位牌や禅宗的な天蓋・幡・下火などの儀礼葬具を、真宗では用いないことが指導されていたようである。

地方門徒には、宗主や一門寺族の葬送儀礼の法式が、地方寺院を介して広まっていったに違いない。文禄元年（一五九二）の願慶寺（滋賀県マキノ町海津、現・高島市）蔵「末寺衆年中行事」には、次のように記されている。(41)

葬礼之儀式

沐浴して入棺、持仏堂ノ前なれハ其前ニテ蠟燭たて、勤舌々短念仏ニテ、回向願以此功徳、仏前別之間ナレハ、屏風ヲ死人の前ニタテ、臨終仏を其屏風ニ掛之勤申候、勤過てから本尊ノ脇ニ屏風絵を外へしてまわして置へし、

一　入棺之時、髪をそりてから手ニ珠数をかけさせ、合掌させて、こよりにておやゆひの左右を取合て、かたくゆひ、ゆかたひらの上ニとうなわをかけ、頭ニすミほうしをかふらせ候、

一　葬の出立、上中下有へし、丁蠟燭上百丁分、中五十丁、下八丁分、

一　蠟燭たてやう、町はつれから、たとひ遠近候ハん見合て立候、

火屋のたてやうハ如此

火屋立様如此

（図）

導師、坊主衆

こしハ、正面の扉よりかたニかけたる人々也、まつ火を入候、堂僧二ツノ松明を一ツニ取合火を付、両人

へ渡ス、両人火わたし候持有、
一　桶ノ蓋ヲハリ名号
　　三通リ真行草也、書様
　　　南無阿弥陀仏（行）
　　　南無阿弥陀仏（真）
　　　南無阿弥陀仏（草）
一　女房輿ハ、出立ノ勤ヨリ先ニ葬所へ遣、
一　鈴ウツ人、持者、下知三人、宿ニテキハ□へシ、又墓ニテヒクヘキ和讃ノ事、坊主衆へ兼て申渡スへシ、
一　仏前ニ死人ヲ置、坊主ナレハ桶ニ衣ヲキセ候、善門なりとも衣御免ノ人ニハ同前、女ナラハネリ不叶ハ、
女ニハ、ヲイヌノ引かけ候、
一　大松明次ニ坊主衆次ニ
　（図）　　此あと諸人
　　　　灯籠ハ六も可有
一　堂僧火屋ヨリ案内次第ニ焼香スル也、ソレヨリ先ニスルハ導師ノ越度也、
一　拾骨ノ時ハ机ニモリ物ナシ、三具足ニ蠟燭ト榼斗也、骨置ト少キ足付ト、ツ、ミキヌト、箸二揃持候、
一　火屋から骨ヲ持来テ、机ニスへテから焼香スルモヨク候、先ニスルハ導師ノ恥辱也、
一　勤申ハテ拾骨ヲ先へ遣、坊主衆其跡ニ引、然宿ニテハ勤かる〳〵と和讃三首也、廻向願以此功徳也、
　　右ノ書者、従常楽寺

河内慈願寺ェ被遣候也、
文禄元年二月二日

これなどは、京都の常楽寺から河内の慈願寺へ遣わされたものを写して伝えられた葬礼記録であり、沐浴・剃髪・すミほうし（角帽子）・入棺・棺蓋名号・正信偈・短念仏・臨終仏・葬出立（出棺）・町蠟燭・火屋の建て方・火屋での作法・拾骨と、真宗葬送儀礼の法式が行われている。しかし、京・大坂から離れて地方にいくと、葬儀をどのように執り行うか細かな点で定まってはいなかった。先にみた元和五年（一六一九）の浄照寺記録奥書には、御堂衆である泉龍寺が関東へ出掛けたとき、鎌倉において諸坊主衆に望まれたので書き授けたものを習学として写した、という旨が記されている。近世初期の段階では、まだまだ教団としては真宗の葬送儀礼法式を確立できてはいなかった。一方、この時期の禅宗はすでに地方寺院において、「没後授戒之作法」（永禄十年＝一五六七）をはじめ作僧儀式・入棺作法切紙・四門三匝大事（四門切紙）・下炬大事・下火切紙・続松之切紙・十三仏・十界関係切紙・畜生授戒・先師取骨之事・鎮墓切紙・亡霊授戒切紙・変化授戒之作法・畜生授戒切紙・国王授戒作法・非人幷天痓切紙・居士授戒の切紙・龍天授戒之作法など、多様な切紙伝承が作成され伝授されていた(42)。

2　門徒の葬送儀礼とオソウブツ

地方の真宗門徒はどのように葬送儀礼を行っていたか。禅宗では、十六世紀半ばには『諸回向清規』が成立して在家葬法も定まり、「〇僧俗男女位牌之上頭文字」「〇僧俗男女位牌之中文字」「〇僧俗男女位牌之下文字」とあるように(43)、庶民階層の位牌戒名の規定まで出来上がっていた。武士階層の場合には、すでに足利尊氏（延文三年＝一三五八）・義詮（貞治六年＝一三八七）が禅宗の葬儀式で執り行い、以後、応永十五年（一四〇八）没の義満は「鹿苑院殿薨葬記」、長享三年（一四八九）没の義尚は「将軍義尚公薨逝記」、天文十九年（一五五〇）没の義晴は「万松院殿穴太記」などにその儀礼の様子をみることができる。[44] いずれも禅宗の葬送儀礼式であった。こうした流れの中で、蓮如の活躍した十五世紀半ば以降には、『諸回向清規』に記されているような葬儀式が庶民にまで浸透していた。ところが、真宗では本願寺教団が形成されて地方発展をする段階であり、十五世紀半ばから、とくに十六世紀はちょうど法主から下付された阿弥陀如来の絵像本尊を中心にして地方道場が成立していた時期にあたる。この道場が寺院化するのは、近世に入ってからであった。村の中には毛坊主や道場、そして道場本尊の阿弥陀絵像を中心に信仰生活や「寄り合い」「談合」していた状況であった。こうした中で、村の中の「門徒の死」はどのように受け止められ、どのようにして葬送されていたのか。この問題を考えるとき、参考になるのが門徒地帯で行われているオソウブツ習俗である。

オソウブツ習俗については、次の本章第二節で詳しく報告して論究するが、門徒の葬儀になると寺院が所蔵している阿弥陀如来の絵像本尊を貸し出して葬儀の本尊とする習俗のことである。この絵像本尊のことをオソウブツ（お惣仏）とかリンジュウブツ（臨終仏）、あるいはダイホン（代本尊）・ムジョウブツ（無常仏）とか呼んでいる。滋賀県の湖北地方で貸し出されている絵像本尊を調査すると、この阿弥陀如来の絵像は道場が寺院化する以前の道場本尊であった。したがって、阿弥陀如来の絵像本尊は道場に結集する門徒の信仰対象であったが、村の「門徒の死」に際しては臨終仏の機能を果たしていたのではないかと考えられる。[45]

本願寺葬送儀礼の構成は、死の作法・葬礼之次第（出棺勤行・葬場勤行）・中陰之次第であった。勤行は、正信偈と念仏と和讃の繰り返しであった。中世末期の地方真宗門徒の葬送を直接知る史料は残されていないが、入棺など遺骸に対する死の作法は民俗儀礼として伝承されていたはずであり、この上に、すくなくとも臨終仏と正信偈と念仏があれば、真宗的な葬送儀礼ができたはずである。ただし、当時の門徒が本当に正信偈を読んでいたのか、葬送に際して法名がつけられたのか、という問題は残る。蓮如が正信偈を開版したことは周知の通りであるが、この版本のものがどれだけ門徒間に流布したかは疑問である。また、門徒が使用したと思われる近世以前の正信偈書写本も残されていない。しかし、このころは、正信偈や和讃が暗読されていたとすれば解決できる。『本願寺作法之次第』に「実如の御時、あまりに「正信偈」ながく御入候時、助音衆こと〴〵く次の句を忘れ候て」とあって(46)、暗読されていたようである。近世のものになるが、『真宗故実伝来鈔』に「元ハ御法事ノ砌ハ和讃卓ナシ、タ、暗読ナリシカ暗読ニテハ失念モ有之候故(47)」、『御寺法随聞記』には「「正信偈」「和讃」は暗誦ゆへ、前後にいたゞき給はず」とある(48)。法名については、これまた一五〇〇年代の地方門徒のものはほとんど分からないが、滋賀県蒲生郡竜王町川上にある佛光寺派光明寺の絵系図には一村単位で門徒の法名が記されている。また坂田郡米原町樋口（現・米原市）の明照寺にも、この時代の門徒法名が系図になって残されている。近江における佛光寺派系の門徒が、十六世紀に法名を持っていたことは判明するので、本願寺門徒の場合も同様であったと考えられる。生前に法名を持たず、葬送時に法名が付けられなかったとしても、俗名のままで葬送された後に法名が与えられたであろう。葬送儀礼とは、遺骸を葬（はふる）ことであったから、葬儀ができないことはなかった。

おわりに

以上、真宗の葬送儀礼ということで「儀礼」を中心にして「葬送」を考えてきた。これまでの葬送・墓制史研究では、まだまだ不明な点が多いので、具体的な実態を捉えようとしながら述べた。真宗の葬送儀礼は、一般的な死の作法の上に往生儀礼として成立しており、禅宗の成仏儀礼とは異なって遺骸（死者）に対する基本的な観念が相違していた。このことは、和讃と念誦・御影と掛真という対比の中に表れていた。儀礼論の立場からすると、真宗の葬送儀礼は特殊な法要であり、遺骸を葬（はふる）ことであった。それは、遺骸に象徴される死者を礼拝しないということであり、遺骸は葬すべきものという観念が底流にあったからである。こうした真宗の葬送観念は、教義に拠るものでもあるが、また一方で日本人の遺骸に対する伝統的な心意を結果的に踏襲したともいえよう。墓制については触れることができなかったが、「無墓制」といわれるような「墓をつくらない習俗」が門徒地帯に多くみられたことは、このことと深く関係している(49)。

蓮如をはじめ、歴代本願寺宗主や一門の葬送儀礼法式が次第に広まっていったが、歴史的にみると禅宗が十六世紀半ばには庶民階層まで含めて葬儀式を完成させていたのに対し、真宗はそのころが出発点であった。地方寺院や門徒の真宗的な葬送儀礼が行われるようになるのは、近世に入ってからである。和讃も唱えられていたかもしれないが、臨終仏と正信偈と念仏、これが中世末期真宗門徒の葬送方式であった。

註

（1） 水藤真『中世の葬送・墓制』（吉川弘文館、一九九一年）、同「戦国時代初期の一貴族の死者儀礼――「宣胤卿記」の葬送・追善の記事から」（帝京大学山梨文化財研究所シンポジウム報告書『中世社会と墳墓』名著出版、一九九三年）、千々和到「仕草と作法――死と往生をめぐって」（『日本の社会史』八巻、岩波書店、一九八七年）、西口順子『女の力』第二章「骨のゆくえ」（平凡社選書、一九八七年）、大石雅章「顕密体制内における禅・律・念仏の位置――王家の葬祭を通じて」（中世寺院史研究会編『中世寺院史の研究』上、法藏館、一九八八年）。勝田至『日本中世の墓と葬送』（吉川弘文館、二〇〇六年）、木下光生『近世三昧聖と葬送文化』（塙書房、二〇一〇年）。これらの研究成果は真宗の葬送儀礼を中世・近世社会史の中に位置づけるのに役立つ。真宗の葬送儀礼について論じたものは、以下にとりあげる佐々木・遠藤論文の他に、新行紀一「一向一揆と民衆」（『日本史研究』二六六、一九八四年）、西川宗一「戦国時代本願寺の葬礼」（『真宗研究』三五輯、一九九一年）、荘厳作法の立場から仁科和志「儀式における荘厳と衣体」（『真宗大谷派の荘厳全書』四季社、一九九四年）などがある。葬送・墓制の問題を宗教民俗の立場から体系化したものには、五来重『葬と供養』（東方出版、一九九二年）、仏教教団側からの葬祭儀礼研究としては、皆川広義他共同研究「わが国における葬祭の歩みとその問題点」（『教化研修』一二、駒沢大学・曹洞宗教化研修所、一九六九年）、同「各教団における葬送儀則」（『教化研修』一三、同前、一九七〇年）などがある。

（2）佐々木孝正『仏教民俗史の研究』（名著出版、一九八七年）所収。

（3）遠藤一『戦国期真宗の歴史像』第一部第一章～第三章（永田文昌堂、一九九一年）。

（4）本願寺の葬送関係史料は、『真宗史料集成』二巻（同朋舎、一九七七年）、本願寺史料集成『慶長日記』（同朋舎、一九八〇年）、同『元和日記』（同朋舎、一九八六年）、同『西光寺古記』（同朋舎、一九八八年）などに翻刻されている。未翻刻のものまで含めた目録として、首藤善樹「本願寺諸事記目録稿」（『高田短期大学紀要』五、一九八七年）がある。

（5）前掲註（2）（3）。

（6）前掲註（2）。

（7）前掲註（4）『真宗史料集成』二巻所収。

（8）同右、解題八六頁。

（9）水藤真は「多くの記録に「今日葬送」とあるのは、火葬・土葬の行われる当日に限っており、当初「葬送」の語は、遺体の処理そのものを指す行為・亡骸との最後の別れであったと考えられる。後十四世紀程からは、死体の処理のみでなく前後の行為を含めた一連の行為を指すようになる」と述べている（前掲註(1)『中世の葬送・墓制』一五七頁）。禅宗などの関与によって葬送が儀礼化されてきても、火葬・土葬する当日が「葬送」という認識は伝承されていたであろう。

(10)「葬」は「はぶり」「はふり」と訓み、「棄」の意の「はぶる」の転義、あるいは「放」の意の「はふる」と関係している。いずれにしても同源であったという。勝田至は「中世民衆の葬制と死穢――特に死体遺棄について」（『史林』七〇―三、一九八七年、後に前掲同『日本中世の墓と葬送』に収録）の中で、中世説話にみられる死体を「棄つ」という表現を分析して、「葬《はぶり》スル」「葬送（スル）」の意味と、死体遺棄または風葬にあたる「取リ棄ツ」「棄ツ」「棄置ク」「置ク」の意味のあったことを述べている。遺棄葬について勝田は、「村落の墓制と家族」（峰岸純夫編『中世を考える　家族と女性』吉川弘文館、一九九二年）でも論じている。こうした遺骸は遺棄されるものであったという観念は、死穢の問題と深く関係する。

(11)『真宗大谷派寺院葬儀の手引き』（名古屋教区准堂衆会、一九九三年）等参照。遺体の安置されている書院などでの「お別れ勤行」を加えると三つの勤行構成となる。

(12)教化研究所編『大谷派儀式概要』（法藏館、一九七八年）にも儀式としての記述はされていない。

(13)前掲註(10)。

(14)『真宗史料集成』九巻（同朋舎、一九七一年）七〇三～四頁。

(15)禅宗の葬送儀礼に関するものとしては、石川力山の一連の研究成果がある。とくに、以下の論文を参照した。「禅の葬送」（『日本学』一〇、名著刊行会、一九八九年）、「中世曹洞宗における授戒儀礼について――種々の授戒儀礼指南書の発生とその社会的機能」（『仏教史学研究』三二―一、一九八九年）、「中世曹洞宗切紙の分類試論（八）――追善・葬送供養関係を中心として（上）」（『駒沢大学仏教学部論集』一七、一九八六年）、「中世曹洞宗切紙の分類試論（九）――追善・葬送供養関係を中心として（中）」（『駒沢大学仏教学部研究紀要』四五、一九八七年）、「中世曹洞宗切紙の分類試論（十）――追善・葬送供養関係を中心として（下）」（『駒沢大学仏教学部研究紀要』四六、一九八八年）。

(16)『大正新修大蔵経』八二、四三〇頁。
(17)『瑩山禅』六巻瑩山清規講解（上）（山喜房佛書林、一九八八年）、『新版禅学大辞典』（大修館、一九九一年）、赤田光男「禅宗と供養――葬送儀礼のはじまり」（図説日本仏教の世界⑥『禅と無の境地』集英社、一九八九年）参照。とくに赤田論文を参考とした。
(18)『大正新修大蔵経』八一、六二五頁。松浦秀光『修訂禅家の葬法と追善供養の研究』（山喜房佛書林、一九六九年）九頁。
(19)『大正新修大蔵経』八二、四三〇頁。読みは『瑩山禅』六巻に従った。
(20)拙著『真宗と民俗信仰』第一章第一節「真宗の民俗性と反民俗性――位牌と御影にみる祖先崇拝観」（吉川弘文館、一九九二年）参照のこと。
(21)龍谷大学図書館蔵「信受院殿記御葬送中陰事」。
(22)龍谷大学図書館蔵「順興寺実従葬礼并中陰記」。
(23)図録『一遍――神と仏との出会い』（佐野美術館、一九九二年）。
(24)龍谷大学図書館蔵「蓮如様実如様御遷化之記」中に併載の「蓮能葬中陰之儀式之事」。
(25)前掲註(22)。
(26)本願寺史料研究所保管西本願寺文書「寛永十二乙亥季八月九日超願寺賢智往生葬礼并中陰仏事ノ記」。
(27)『西光寺古記』（同朋舎、一九八八年）一三五頁。
(28)近世の「考信録」には、「送葬ノ節ニ遺骸ヲ沐浴セシメ俗人ハ剃髪セシメ法名ヲ授ルコト京都近国ノ風ミナ然リ。他国ニハタヽ法名ヲ授ルノミニシテ剃髪セシメサル処モアレトモソレハ略ナルノミ。コノ式ハ他国ニ同様ナルニヤ、コレハ已ニ仏弟子タル上ハ康存ノ日ヨリ剃染スヘキ身ナレトモソレニ及ハスシテ厭世セサル故ニ没後ニソノ事ヲ遂シム。是入仏法ノ軌則タリ。忽カセニスヘカラス」とある（『真宗史料集成』九巻、同朋舎、一九七六年、四七三～四頁）。
(29)死の作法としての遺骸に対する諸儀礼の多くは、仏教宗派に関係なく行われてきた。それは習俗としての儀礼であり、石枕などはそのよい例である。土井卓治「葬りの源流」（日本民俗文化大系二『太陽と月』小学館、一九八三年、二六四～八頁）参照のこと。

(30) 前掲註(21)。

(31) 前掲註(24)。

(32) 前掲註(22)。

(33) 『大正新修大蔵経』八一、六六七～八頁。

(34) 『大正新修大蔵経』八一、七一〇頁。

(35) 『大正新修大蔵経』八一、六六三頁。

(36) 四門については、五来重『葬と供養』（東方出版、一九九二年）「四門と仮門」五七一～六〇二頁参照のこと。

(37) 異国叢書『耶蘇会日本通信　上』（雄松堂書店、一九七五年）一九六～七頁。

(38) 前掲註(21)。

(39) 草野顕之氏からの史料提供による。

(40) 龍谷大学図書館蔵「久宝寺治兵衛往生之記」。

(41) 前掲註(39)。草野顕之『戦国期本願寺教団史の研究』（法藏館、二〇〇四年）四五七～九頁に翻刻がある。

(42) 前掲註(15)。

(43) 『大正新修大蔵経』八一、六六八頁。

(44) 『群書類従』二九輯所収。および前掲註(17)赤田光男「禅宗と供養――葬送儀礼のはじまり」参照のこと。

(45) 前掲註(20)拙著『真宗と民俗信仰』第一章第三節「真宗門徒の葬送儀礼――オソーブツ考」。

(46) 『真宗聖教全書』三列祖部、九〇九頁。

(47) 『真宗史料集成』九巻（前掲註(28)に同じ）、六八五頁。

（48）『続真宗大系』一六巻（真宗典籍刊行会、一九三六年）五七頁。山口昭彦氏の御教示による。
（49）前掲註（20）拙著『真宗と民俗信仰』第一章第二節「「無墓制」と真宗の墓制」参照のこと。

第二節「惣仏」としての絵像本尊――湖北地方のオソウブツ――

はじめに

方便法身尊像すなわち阿弥陀如来の絵像本尊は、本願寺教団の場合、蓮如をはじめ順如・実如・証如・顕如・教如・准如・宣如・良如とわたり門徒に多数下付された。どれだけの点数が下されたのかつかみきれていないが、時代的には一四〇〇年代後期から一六〇〇年代中期にかけてである。もちろん近世になっても下付されることがあったが、道場は寺院化して木仏本尊を安置するようになり、絵像「本尊」としての役割と機能はひとまず終わったようで、下付点数は極端に少なくなっている(1)。では、中世末期以降、これほど多量に下付された絵像本尊はどのように使用され機能していたのか。門徒は、下付されたこの絵像本尊をどのように受容したのであろうか。

このような問題について、かつてオソウブツと呼ばれる習俗儀礼を通して論じたことがある。オソウブツとは真宗門徒の村などで、葬儀になると手次寺から臨時的に貸し出される阿弥陀如来の絵像のことであり、こうした習俗と絵像本尊を指す。旧稿においては限られた事例や資料から比較類型化して次のように結論した。呼称はオソウブツの他にホトケサン・オクリボトケ（写真5）・ムカエボトケ・ニョライサン・ダイホンサン・リンジュウブツ・リンジボトケなどと呼ばれているが、本来は「惣仏」という意味であって、それは近世寺院として成立する以前の

写真5　オクリボトケ（岐阜県関ヶ原町玉）

道場本尊ではなかったのか。また、引導仏としての性格も背景にあることを指摘した[2]。こうしたオソウブツ習俗は、三重県・岐阜県・滋賀県から北陸地方にかけて分布しているが、具体的な調査や報告は少ない[3]。

本節では、湖北地方が現在でもオソウブツ習俗が盛んな地域であることから、前論考で推定した結論を検証する形で、この地方のオソウブツについて次の三つの視点から述べてみたい。まず、「一　習俗の実態と分布」では、湖北ではリンジュウブツ（臨終仏）などと多く呼称されていて、法事や葬儀の際に一定の儀礼をともなって送り迎えされていることを報告し、伊香郡・東浅井郡（二郡とも現・長浜市）・坂田郡（現・米原市）の地域に集中して分布していることを示す。「二　道場とオソウブツ」では、これらの阿弥陀如来の絵像本尊は一五〇〇年代から一六〇〇年代初期にかけて下付されたものが多く、中には裏書に「惣仏」「想仏」と書かれているものもあった。また、かつての道場本尊であったことを調査資料や『三郡寺院鏡』の記事から確認する。そして、湖北においてはオソウブツ（惣仏）からリンジュウブツ（臨終仏）へと性格が変化したことを指摘する。「三『惣』について」では、裏書に記載される「惣」の意味について若干の考察を試みたい。湖北のオソウブツの場合は、限定された村単位の中での「惣仏」という意味しかないが、はたしてそうなのか、湖北以外の「惣仏」関係資料を提示して考えてみることとする。

一　習俗の実態と分布

オソウブツ習俗は、基本的には葬儀もしくは法事などの際に、手次寺に保管されている絵像本尊が貸し出されて門徒家に出かけ、終わると再び手次寺に帰されるというものであるが、所によってその儀礼内容に違いがある。次第に簡略化されてきているが、比較的当地方における古態を残存させていると思われる東浅井郡浅井町郷野（現・長浜市）の仏縁寺（真宗佛光寺派）では、次のように行われている(4)。

葬式や法事のときに、ホトケサンと呼ばれている光明本尊と、リンジュウブツと呼ばれる阿弥陀如来絵像が寺から貸し出される。葬式のときのホトケサンムカエ（仏さん迎え）の仕方は、施主が袴、妻が白喪服で前帯姿、そして裸足という格好で寺へホトケサンを迎えにいく。そして寺から喪家へ行列を成していく。順序は、①サンバソウ（道を開けていく、鉄棒で鉦を打ち鳴らす）②香炉（香をたきながらいく）③光明本尊④朱傘⑤リンジュウブツ⑥住職⑦衣⑧お経⑨オドウグ（お道具）である。袴を着た親類代表が奉仕することになっており、「仏さんを申した人」の後ろに白喪服を着た奥さんが続く。家に到着するとホトケサンを住職が床の間に掛けるが、葬式のときにはリンジュウブツを中心に奉懸し、法事のときは光明本尊を中心にして掛ける。「ホトケサン

（光明本尊）はおとまりにはならない」という。「リンジュウブツだけが、遺体の側でとまる」という。灰葬から帰るとアゲヅトメを行い、これが済むと住職が絵像を持って帰る。ホトケサンヲモウス（仏さんを申す）と必ず「入仏法要」をするという。三回忌、七回忌、五十回忌などの法事でも、親鸞絵像だけでなく四幅絵伝・太子絵像・リンジュウブツ・光明本尊が門徒の家へ貸し出され、ヨンシャクダン（四尺壇）といわれる八畳の四部屋に各絵像が掛けられる。太子絵像は、金婚式、銀婚式、還暦などのときに貸し出される。

こうした姿をみると、かなり厳格な意識をもって一定の儀式をともないながら絵像の送り迎えがなされている。同郡浅井町大字鍛治屋（現・長浜市）にある西証寺（佛光寺派）では、阿弥陀如来の絵像をホトケサンと呼んでいて、「ホトケサンがサガラレル」という。施主が一時間前に寺にお迎えに来ると住職は外陣で施主にホトケサンを渡し、ホトケサンが寺をデラレル時には、伴で付いてきたものが六〜七つ鐘をつく。ホトケサンがサガラレル時に、「坊守は縁側で拝むものだ」と姑から教えられたという。「女性はホトケサンに触ってはいけないものだ」ともいわれた。施主の家に着くとホトケサンは床の間に掛けられる。ホトケサンは住職と一緒に帰ってくるが、昔は葬式が済んで御飯が済んでから寺へ返却された。ノカザリ（野飾り）・輪灯なども貸し出され、トナリシンルイの六・七人が必要な道具を寺から持っていくことになっているという。この他、湖北町馬渡（現・長浜市）では「足袋、裸足で本堂に駆け込んでリンジュウブツをいただいて床の間に掛けるもの」といわれている。また、足袋・裸足で喪主が寺へ迎えに来るので、住職が一緒について持っていく、枕経のときにゴエンサン（住職）が持っていくところなどもある。絵像本尊は喪家の床の間に掛けられ、輪灯・菊灯・三具足などで荘厳され、この前で葬儀が執り行われることになる。佛光寺派の寺院の中には、阿弥陀如来の絵像本尊だけでなく光明本尊を所蔵しているところがあるが、その場合、光明本尊までオソウブツとして貸し出されている。郷野の仏縁寺では、ホトケサン（光明本尊）・リンジュウブツ（阿弥陀如来絵像）と区別されていたが、浅井町野瀬（現・長浜市）の光福寺も同様であった。現在は新しい写しの光明本尊が貸し出されているが、以前は室町期のものが実際に貸し出されていたという。

このようなオソウブツの習俗は、湖北地方にあってはどこの村でも行われているものである。当地域は真宗の大谷派寺院と佛光寺派寺院が多く分布していて、真宗門徒の村が多いが、宗派に関係なく行われている。図5「オソウブツ分布図」は、湖北のすべての村落寺院を調査したものではないが、実際に調査確認できたものと、後に触れる『三郡寺院鏡』という史料に「想仏」と記載されているものを地図上に落としたものである(5)。習俗の分布状況をみると、高月町や浅井町近辺に集中しているが、未確認なだけであって長浜や米原辺りでも同様に行われているとみて間違いないであろう。湖北地方にあっては、特別な習俗ではなく、ごくありふれた習俗といってよい。図5には、湖東地方で一部確認した結果も記してみたが、近江八幡市や竜王町辺りではほとんどオソウブツは行われていない。ただし、神崎郡能登川町（現・東近江市）の伊庭正厳寺では光明本尊がイットウボトケ（一斗仏）、阿弥陀如来の絵像がゴショウボトケ（五升仏）と呼称されていて、やはり葬儀や年忌法事に貸し出されている。リンジュウブツあるいはオソウブツという表現はされていないが、「ホトケさんのお迎え」などともいわれ、住職はオデマシニナルといっている。死者ができると明くる日に喪家の親戚などが借りに来て、以前は絵像の軸を風呂敷に包んで首から下げて持っていった。それが正式のお迎えの仕方であるという。ホトケさんは床の間に掛けられ、その前に三具足と菊灯、そして前にお棺を安置するのが以前の姿であった。現在は葬儀壇をしつらえるようになったので、この葬儀壇の後ろにホトケさんを掛けている。ホトケさんは初七日まで喪家に安置してあるので、住職は初七日まで毎日お勤めにいくという。また、近江八幡市南津田町の正覚寺では、葬儀や年忌法事などに貸し出されることは

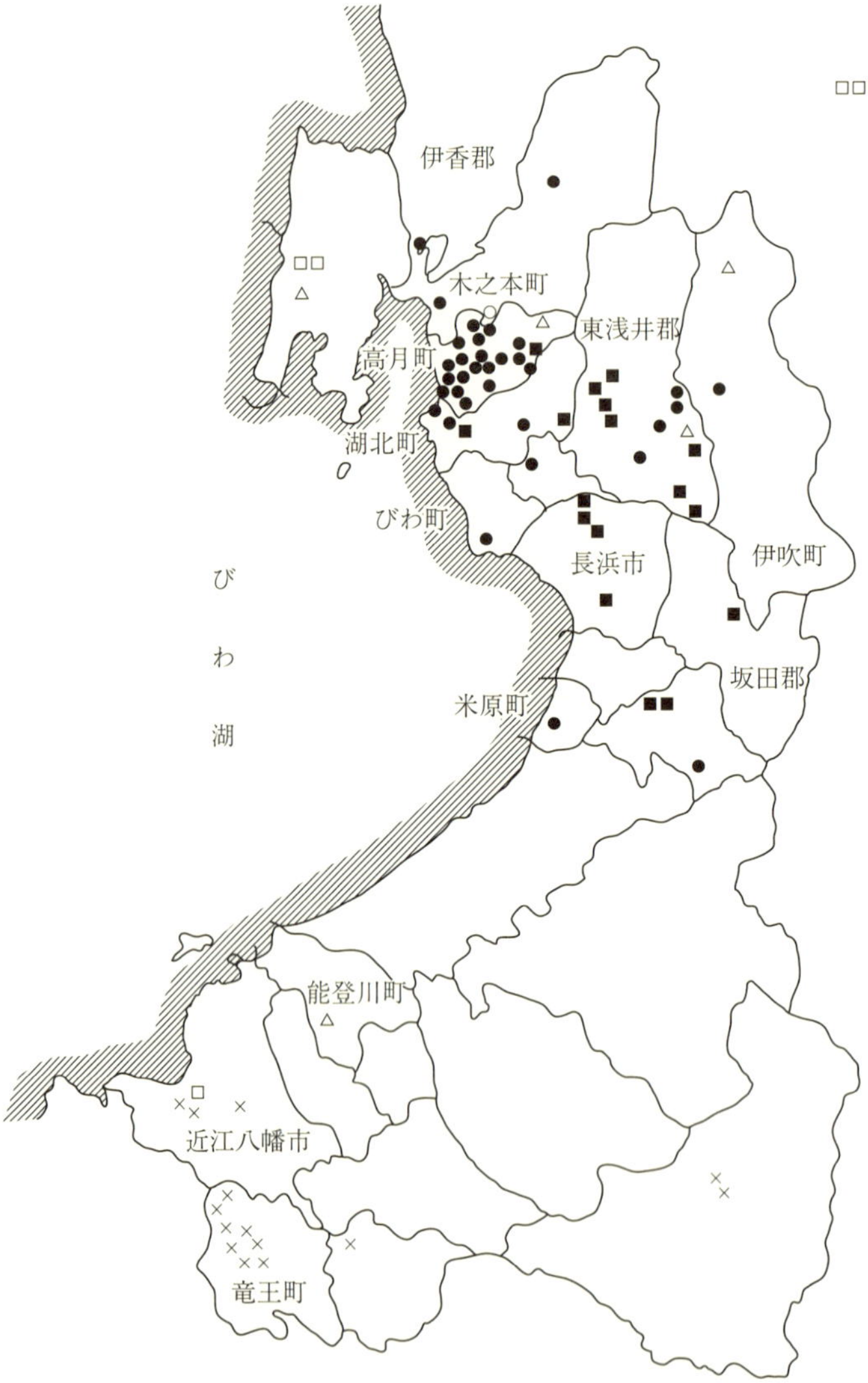

●リンジュウブツ　□ソウブツ　■三郡寺院鏡の想仏
△他呼称　○呼称なし　× 習俗なし

図５　オソウブツ分布図

なかったが、盆行事にオソウブツと呼ばれる阿弥陀如来の絵像がムラの門徒宅に寺から貸し出されて掛けられていた。住職は十五日の昼から当番の家のオソウブツにお参りにいったものだという。現在はこの行事もなくなり、本堂内陣にオソウブツを掛け、門徒の盆の挨拶を受けた後に一座のお勤めを行っている。こうしてみると、能登川町では湖北とまったく同じ形態のオソウブツが行われており、近江八幡市南津田では形態は変化しているがオソウブツという呼称が聞かれたので、湖北地方ばかりでなく湖東地方にあってもオソウブツ習俗は分布していたかもしれない。いずれにしても、現行では湖東にはほとんどみられず、湖北に集中しているのである。

呼称については、オソウブツやホトケサンといったものが一部に聞かれるが、多くのところでリンジュウブツ・リンジブッタン・リンジュウブツタンという表現である。軸の巻留や箱書に「臨終仏」などと記されているものもあった。『三郡寺院鏡』に「想仏」とあるところも、現在はリンジュウブツと呼称されていると推定できる。

二　道場とオソウブツ

オソウブツの習俗は湖北地方で現在も盛んに行われていて、阿弥陀如来の絵像はリンジュウブツなどと呼称されていた。では、次に問題となるのが、この絵像本尊はいつごろのものであり、はじめからリンジュウブツと呼ばれていたのか、ということであろう。この点を実際の絵像本尊裏書によってみてみる。次に掲げるのは、いずれも佛光寺派寺院の裏書の例である。

西証寺　東浅井郡浅井町大字鍛治屋（現・長浜市）

01

□長□（庚）　年十二月□

方便法身□形

□見筆（カ）

江州浅井郡西草野庄鍛治屋村

願主釈道円

02

釈寛如（花押）

寛延元年仲秋上浣

方便法（版）身尊形　南之坊下

江州浅井郡鍛治屋村

西証寺什物也

仏願寺　東浅井郡湖北町馬渡（現・長浜市）

03

慶長六辛亥年三月廿八日
方便法身尊形
画工加賀守勝筆
江州浅井郡速水南郷馬渡村
願主　釈光清

仏善寺　伊香郡高月町東物部（現・長浜市）

04

（花押・朱印）
寛永廿癸未年二月四日
方便法身尊形
江州伊香郡富永庄東物部村
惣仏　釈道祐
大善院下

（傍線筆者、以下同じ）

法光寺　伊香郡高月町磯野（現・長浜市）

05

方便法身尊形
経海（花押）
寛永四丁卯年九月十三日
画工藤衛門尉筆
江州伊香郡磯野村惣仏
願主釈西善

西証寺の01は「開基仏」といわれているもので慶長五年（一六〇〇）、いま一本の阿弥陀如来絵像02はホトケサンと呼称されていて寛延元年（一七四八）下付である。オソウブツとして貸し出されているのは、後者の絵像本尊である。仏願寺の03はリンジュウブツで慶長六年（一六〇一）、仏善寺の04はリンジブッツァンで寛永二十年（一六四三）、法光寺の05はリンジュウブッタンで寛永四年（一六二七）下付である。オソウブツとして貸し出されている絵像本尊の中には、もちろん右に掲げたものより年代の下がる新しいものもあるが、湖北地方にあっては非常に多くの場合、中世末期から近世初頭にかけてのものが実際にいまなお使用されている。大谷派寺院のオソウブツとしては、例えば伊香郡木之本町杉野上（現・長浜市）の長通寺は天文五年（一五三六）の裏書で証如下付、同杉野中の安覚寺は宣如下付、同石道の空観寺は慶長七年（一六〇二）で教如下付、同千田の来入寺は明応七年（一四九八）で実如下付、伊香郡高月町井口の宿善寺は天文七年（一五三七）で証如下付、同雨森の本光寺は宣如下付、同落川の真西寺は宣如下付、同馬上の行信寺・円照寺は宣如下付、同馬上の宝林寺は証如下付、同東高田の立円寺は実如下付、同西宇根の速満寺は文亀三年（一五〇三）で実如下付、同熊野の了覚寺は宣如下付、といったものである。(6) 佛光寺派関係のオソウブツと較べると、大谷派寺院関係のものの方がより古い下付年次の裏書がみられ、実如・証如・教如・宣如代のもの、つまり一五〇〇年代から一六〇〇年代初頭にかけての絵像本尊である。下付年代の差は、同じ真宗系とはいっても両派の湖北地方における展開過程の様子を表している。

こうした絵像本尊は、近世に寺院化する以前の道場本尊であったとみて間違いない。東浅井郡湖北町山本（現・長浜市）の浄通寺（佛光寺派）では、絵像本尊のことをホトケサン・オソウブツと呼称していて、裏書は次のようになっている。

06

> （花押　印）［経海］
> 寛永十七庚辰年八月五日
> 方便法身尊形
> 江州東浅井郡山本川原村道場想仏
> 願主　釈祐念

「願主　釈祐念」が、寛永十七年（一六四〇）に「川原村道場想仏」として絵像本尊を佛光寺本山から下付してもらったことが判明する。そして、延宝元年（一六七三）には木仏本尊が御免となっており、さらに「□号　浄通寺／江州浅井郡山本／河原村浄祐／元禄元年十二月十八日　釈随如（花押）」という寺号免許状があるので、この元禄元年（一六八八）に正式に寺院化したのであった。普通の場合、木仏本尊御免と寺号免許が同時であったりするが、浄通寺は木仏本尊御免から十五年後に寺号が免許されている。免許にともなう経済的な問題があったのかもしれない。佛光寺派の道場成立は大谷派の道場成立よりも遅く、また寺院化するのも年代的に後であったようであるが、先にも少し触れたように湖北地方における両者の展開状況と、本山における近世教団体制の確立時期の違いが反映しているのであろう。いずれにしても、絵像本尊は寺院前姿形態である道場時代の本尊であった。

阿弥陀如来の絵像本尊は、現在リンジュウブツなどと呼ばれているが、道場本尊時代のころからこのように呼称されていたのであろうか。前掲の仏善寺のものはリンジブッツァンと現在よばれているが、裏書04には「物仏」と記されていた。同じように法光寺のものもリンジュウブッタンであるが、裏書05には「物仏」と記されていた。浄通寺の裏書06には「想仏」とある。こうしてみると、当初はソウブツと呼ばれていたのであり、リンジュウブツとは呼称されていなかったのではないか。リンジュウブツとは臨終仏の意味であるが、近世になって道場が寺院化して絵像本尊が木仏本尊にとって代わられ、絵像本尊が専ら門徒の葬送儀礼にだけ関わるようになった中で、リンジュウブツという民俗語彙としての表現が生まれてきたと考えられる。そして、現在はリンジュウブツと呼ばれているが、もとはソウブツ（物仏）であった。

これまで調査資料に基づいて、絵像本尊の下付年代から道場時代の本尊ではなかったのか、また呼称が現在はリンジュウブツと呼ばれているがもとはソウブツではなかったか、ということを論じてきた。この二つの点について、今度は角度をかえて『三郡寺院鏡』という史料を通して検討し確認してみたい(7)。この史料は長浜市西上坂町にある授法寺（大谷派）蔵のもので、北坂田郡・南坂田郡・上浅井郡・下浅井郡・伊香郡ごとに大谷派寺院所蔵の法宝物が書き上げられている。末尾には、「浅井坂田両郡湯次方」「坂井浅井下寄方」など寺院間に結ばれている講や御書について、また五村御坊の末寺や「長浜御坊来由」「長浜御坊往昔」といった記載もなされている。寺院法宝物の書き上げ記載形式の一例を挙げると次の通りである。

07　往古福田寺下浄沢寺門徒也
保田　西光寺　自庵［毛坊主ニ而宗旨印済也］
御坊役　三軒半
御堂二間ニ三間
寺号木仏　真如上人御免
木仏　恵信御作
十字名号　一如上人御筆
九字名号　同　御筆
想仏　宣如上人御免

在所名・寺号・御坊役からはじまり、御堂の大きさ・寺号木仏から絵像類・名号と書き上げられている。各寺院ごとに必ず「御坊役○○軒」とあり、「長浜町々御坊役五百弐十七軒」「都合五百八十四軒」などとも記されている。また、各寺号の下には「自庵」「古自庵」などとともに「着坊」とも記載されているので、この史料は長浜御坊配下の寺院や門徒軒数を調べるために書き上げられたものであろう。成立年代は大谷派本願寺第十五代の従如（一七二〇〜一七六〇）御免とあるものがもっとも新しいので、一七〇〇年代中ごろから一八〇〇年にかけてのものと思われる。

『三郡寺院鏡』は、右のような性格の記録であるが、いま注目したいのは法宝物の中に07西光寺の「想仏　宣如上人御免」のように何点か「想仏」と記載されているものがあり、これがオソウブツ、つまり阿弥陀如来の絵像本尊を指していることである。07西光寺は寺号を公称しているが毛坊主の自庵形態であり、「想仏」はもっとも古い法宝物である。この宣如下付の想仏を道場本尊としていたが、一如によって両脇士の九字名号・十字名号が下付され、さらに真如代になってようやく木仏本尊と寺号が下付されて寺院化したのであった。とはいっても、寺院形態としては以前とさほど変わらぬ「自庵［毛坊主ニ而宗旨印済也］」という様子であった。07西光寺以外の注目できる関係記事を部分的ではあるが、列挙してみよう。

現寺号	所在地	関係記事
08 遍増寺	長浜市国友町	「往古ゟ上坂授法寺末寺」「想仏　実如上人御免」「自庵　元文四未年御免」
09 願海寺	長浜市国友町	「往古寺村順光寺下」「想仏　御浦ニ東坊門徒有　証如上人御免」
10 養善寺	長浜市永久寺町	「往古長沢福田寺下」「想仏福田寺下ト有　実如上人御免」
11 永源寺	坂田郡山東町長岡	「往古禅宗東複《ママ》寺門徒」「同所　永源寺自庵」「想仏　証如上人御免」
12 願久寺	東浅井郡浅井町相撲庭	「往古称名寺門徒也」「同村　願久寺古自庵蔵」「想仏　証如上人御免」

13 正覚寺	坂田郡米原町樋口	「往古佛光寺直参ニテ御本山直参」「樋口正覚寺　古自庵門」「想仏」
14 徳蔵寺	東浅井郡浅井町岡谷	「往古内保誓願寺下」「想仏　教如上人御免」
15 宗元寺	東浅井郡浅井町南郷	「往古内保誓願寺門徒吉槻光泉寺門徒也」「南郷　宗元　公儀ヘ不出」「想仏同行之壱人役廻リ持也」
16 南流寺	東浅井郡浅井町谷口	「往古天台宗証如上人御代開派金光寺門徒也」「谷口　南流寺　自庵」「想仏御浦　証如上人」
17 光現寺	東浅井郡浅井町	「寺号実如上人想仏御浦ニ御免　前卓宣如上人御免」「高畑　光現寺　古自庵」
18 （門徒）	東浅井郡浅井町瓜生	「往古ゟ順光寺門徒」「瓜生　彦右衛門想仏廻リ持公儀ヘ不出」
19 （門徒）	東浅井郡浅井町池奥	「往古ゟ飯田寺門徒」「池奥　浄念想廻リ持公儀ヘ不出壱人役」
20 （門徒）	東浅井郡湖北町沢	「真願寺下想仏モナシ道場元ニ非ス」「同村宗円　着坊　公儀ヘ不出」
21 圓照寺	伊香郡馬上	「想仏蓮如上人御免則寺号御免安養寺村ニ而教如上人御代引越木仏御浦ナシ」「往古福田寺下」「円照寺　自庵」

（現在、坂田郡は米原市、東浅井郡・伊香郡は長浜市）

No.18・19・20は門徒の想仏関係記事であるが、その他の寺院はいずれもほぼ07西光寺と同様な寺院化した形態であった。絵像本尊を実如や証如代に下付され、『三郡寺院鏡』成立のころには寺号を名乗っていたが、ほとんどが自庵形態であった。ただしNo.15は現在「宗元寺」と号しているが、この時点では「南郷　宗元　公儀ヘ不出」とのみあって寺号を公称していない。「往古内保誓願寺門徒吉槻光泉寺門徒也」という記述と併せて考えると、「宗元」という毛坊主による道場形態のままであったであろう。記載内容の中の本末関係に着目してみると、07西光寺は「往古福田寺下浄沢寺門徒也」とあり、福田寺（坂田郡近江町長沢、現・米原市）―浄沢寺（長浜市口分田町、現在単立）―西光寺という関係である。15宗元寺は内保誓願寺（東浅井郡浅井町内保、現・長浜市）―吉槻光泉寺（坂田郡伊吹町吉槻、現・米原市）―宗元という関係である。他には「授法寺末寺」「順光寺下」「称名寺門徒也」「飯田寺門徒」などとある。つまり湖北地方における有力寺院からみて末寺や孫末寺・門徒であった。『三郡寺院鏡』の中に「想仏」と出てくるのは、いずれもこうした階層の寺院などである。もちろん同じ階層の自庵形態の寺院でも「想仏」と書き上げられていないものが多い。それは絵像本尊を有していなかったとも考えられるが、所蔵していてもあえて書き上げなかった可能性もある。「真願寺下想仏モナシ道場元ニ非ス」（No.20）という表現には、「道場元」であれば想仏があるものという意識が読み取れるが、いずれにしても『三郡寺院鏡』書き上げの段階で寺号を公称しているものの実態が道場・自庵形態で、そうしたところが「想仏」と書き上げたのであった。

次に、列挙した記載記事から「想仏」のあり方、使われ方をみてみよう。No.15「想仏同行之壱人役廻リ持也」、No.18「瓜生　彦右衛門想仏廻リ持」、No.19「池奥　浄念想廻リ持」などとある。現行のオソウブツ習俗では、葬儀や法事に際して寺院から門徒へ貸し出される形態であるが、この三例では門徒の間を廻り持ちにされていた。道場が寺院化された村では、想仏がリンジュウブツとして門徒へ貸し出されていたであろうが、寺院化以前の絵像本尊の使われ方が推測できよう。

「想仏」はソウブツ（惣仏）であって、リンジュウブツ以前の呼称であり、また道場本尊であった。なお、「想仏」という表現についてであるが、絵像本尊の裏書に実際に記されているかは分からない。佛光寺派には、すでにみたように「惣仏」（No.04・05）と書かれていたり、文字通り「想仏」（06）と記載されているものがあったが、大谷派寺院の絵像本尊裏書には現在までこうした表現は確認できていない。『三郡寺院鏡』中では、「想仏　御浦ニ東坊門徒有　証如上人御免」（09）のように、すべて「御裏」（裏書）を「御浦」と表記しており、同様に「想仏」は「惣仏」の当て字であった。そして、裏書に「想仏」「惣仏」と書かれていないのに書き上げで「想仏」とあるとすれば、ソウブツという門徒が日常に使用している民俗語彙が記載された、と考えることができよう。

三　「惣」について

阿弥陀如来の絵像本尊がソウブツと呼ばれ「惣仏」であったとすれば、それはどのような意味を持っているのであろうか。湖北のオソウブツ習俗の場合は、限定された村単位の中での惣仏であった。現行習俗においても絵像本尊が貸し出されるのは、手次寺院とその門徒間の範囲である。もちろん、村の中の寺檀関係が何か寺かになっている場合は、同じ手次の門徒間である。はたして、「惣仏」は限られた村単位や手次寺院と門徒間だけのものという意味しかなかったのであろうか。

ここで少し湖北地方の事例から離れて、惣仏に関わるいくつかの管見資料を検討してみたい。まずとりあげるのは次の裏書きである。

大谷本願寺釈実如（花押）
永正六年己巳十一月廿八日
河州
茨田郡十七ヶ所普賢寺庄
古橋惣道場物也
方便法身尊像

これは、願得寺（大阪府門真市）周辺の一部有力門徒が結んでいる「古橋惣仏講」所有の絵像本尊裏書である。願得寺は周知のように蓮如の七男蓮悟が加賀鶴来に創立し、その後享禄の錯乱で退転したものを、蓮如十男の実悟が河内に古橋坊として再興した寺院である。永正六年（一五〇九）には古橋に惣道場が成立していたことが分かり、古橋坊（願得寺）の建立には古橋惣仏講の有力門徒が中心となったであろう(8)。一般末寺寺院のように、この「古橋惣道場」が寺院化し古橋坊とはならなかった。願得寺の由緒・来歴からして当然のことであろう。そして、古橋惣仏講は、古橋坊が建立されてからも別に、門徒のみで講を伝承して本尊や御書類を現在まで伝えているのである。裏書自体には「惣仏」と記されていないが「惣道場物」とあること、何よりも「古橋惣仏講」という講名が注目されよう。写しの裏書であるが、同じ永正頃のものとして「大谷本願寺親鸞聖人御影／釈実如／永正十年酉六月八日書之／常陸国奥郡／十二門徒惣物也」というものもある(9)。やはり「惣仏」とは表記されていないが、同音の「惣物」となっている。「惣仏」と記されている資料としては、「英賀御坊来由幷貞照院殿御帰参之事」（龍谷大学図書館蔵）がある(10)。

又按するに、明応八年英賀市場に惣仏を願ふ、是ハ飾万津細江光照寺の開基なり、其惣仏は五百体の御真向像なり、裏書ニ云、明応八年未十二月十三日、釈実如御判、方便法身尊形播州飾西郡東市場本徳寺門徒、願主釈浄珍、釈浄専とあり、今現に此本尊飾万津江光照寺に什物として奉持す、

同類資料である「姫路船場本徳寺開基略記」（龍谷大学図書館蔵）にも「明応五年より英賀其外近郷、専念一向宗広弘、帰依之人多しといふ、道場も数多建と見へたり、明応八年英賀市場に惣仏を請、是飾万郡細江光照寺開基云云、惣仏御裏書云」とあって、(11) 以下ほぼ同じ裏書記載内容を記している。明応八年（一四九九）、実如によって下付された五百代の大きさの絵像本尊が「惣仏」と呼ばれていたことが知られるが、裏書自体にはやはり「惣仏」とは記されていなかった。福井県勝山市にある尊光寺「由緒之事」にも、

一、拙寺儀者北袋五十三村、川南［四ヶ谷十二か村遅羽五か村］の惣坊と申来候事ハ、永禄年中北国騒乱之砌、北袋之郷村岡山之辺ニ郷民之会合所有之候処、北袋川南之廿五日講中申合、何卒此所を以而北袋川南之惣道場となし、以後迄茂寄集り永法義相続仕度條、御本山江御願申上候処、早速被為有御免、則御本尊一幅御授与被成下候故、各難有頂戴仕、北袋川南之惣仏と崇敬仕候、

とあって、(12)「御本尊」が「北袋川南之惣仏」として崇敬されていた。これは北袋川南の惣道場の本尊であったが、後にこの惣道場は勝山城下の袋田に移転され、天正二年（一五七四）には顕如によって「越前国大野郡北袋川南四か村惣道場物」の証如絵像が下付されているという。福井県南条郡河野村（現・同郡南越前町）にある金相寺の由

来縁起には、開基正善が蓮如に帰依して法名と名号を下付されたが、「尚此度は惣礼仏を願ひ申上度と述けれハ、実如上人始末聞召れ、正善に御書一通下し置れ、此方八十近キ長寿を賀正すと仰せられ、御感之上御杯迄頂きけり、即惣礼仏御免、九世実如上人之御染筆之御裏、永正十一年四月七日御免、願主正善と御座候、仍而当寺俗道場之元祖に御座候」とあって、「惣礼仏」という表現がみられる。(13) この実如下付の絵像本尊と実如証判の御書は、いまも金相寺に所蔵されているが、裏書に「惣礼仏」という表現は記されていない。(14)

このような管見史料から分かることは、まずソウブツという言い方はあったようである。ただし、これらの史料は近世の縁起類や伝承であって、裏書自体に「惣仏」とは出てこない。「惣道場物」とか「惣物」という表現はあって、それは「惣道場の物」「惣の物」という意味である。さらにいま少し史料中で着目したいことは、古橋惣道場本尊の裏書に「茨田郡十七ケ所」、永正十年に下付された親鸞絵像に「常陸国奥郡十二門徒惣物也」、尊光寺由緒には「北袋川南之惣仏」「北袋川南四か村惣道場物」とあることである。「惣物」の「惣」の意味は、ある一定地域内の門徒、ときには〇〇門徒と称される場合もあるが、いくつかの村にまたがる範囲の中の門徒共有の物、それが門徒共有の本尊であれば「仏」、すなわち「惣仏」あるいは「惣礼仏」となるのではないか。門徒の共有物であればこそ、門徒間を持ち回ることにもなる。ここで再び湖北にもどっていくが、現在伝承されているオソウブツ習俗は村の中の寺院と手次門徒だけの狭い範囲のものであった。佛光寺派の裏書に「東物部村惣仏」04、「磯野村惣仏」05、「川原村道場想仏」06、とあったように「〇〇村の惣仏」「道場の惣(想)仏」という意味である。先の「惣道場物(惣道場の物)」「十二門徒惣物(十二門徒の惣物)」という表記と比較するとき、「惣」の持っている歴史的意味や実際にさしている「惣」の範囲、また同じ「道場」とあっても「道場の惣(想)仏」と「惣道場の仏(物)」とでは道場のあり方が変わってきていると考えられる。湖北にあっても以前は、「惣仏」の「惣」はもう少し広い範囲を指していたのではないか。こうした観点で考えるとき、下寄方十三日講や十四日講といった講が問題となってくる。

下寄方十三日講は、坂田浅井下寄方の真願寺・誓伝寺・念相寺・覚応寺・西照寺・善照寺・浄願寺・安勝寺・宗念寺・明照寺・徳明寺・西空寺の十二か寺で結ばれている講で、『三郡寺院鏡』には講共有の法宝物として次のようにある。

祖師聖人御影三サマ　蓮実御両代御浦（裏）
　享禄四卯年御免
蓮如上人御影　実如上人御免
実如上人御影　証如上人御免
証如上人御影　御寿像
顕如上人御影　教如上人御免
十字名号　祖師御筆

これらの法宝物を「毎月十二ヶ寺御廻リ一月ッ、御番」をしていた。この下寄方十三日講は現在も伝承されて活動しており、右に掲げた法宝物以外に、教如上人御真影一幅・恵信僧都御筆方便法身尊形一幅・真如上人御消息一巻・御蓑一つ（教如上人御着用と伝えられる、桐箱付）・印子三ツ具足一組・古渡三ツ具足一組・堆主香盒一個（桐箱付）・青磁香炉三個（三個共それぞれに桐箱付）・紫磁香炉一個（桐箱付）・砂張りん一個・帳箱一個（箱蓋表に「帳

函　明治九年」の墨書あり）・高張提灯一対（木箱付）を講共有の物として伝来している。なお、『三郡寺院鏡』に記載されていた「宗祖聖人御真筆十字名号一幅　金紙紺泥論偈御讃付」「宗祖御真影一幅　浄賀法眼筆」、そして「寂如上人御裹六字名号一幅」は盗難にあって失われてしまった。いまは一年に一回の当番巡回になっているが、昭和三十八年までは教如上人の御影を毎月回していたという。

　下寄組の講はいつ始まったのか。書付の講記録によると、失われた親鸞絵像は「享禄四辛卯年（一五三一）六月廿六日」に下付されたとあり、蓮如絵像、実如絵像も「同右」とあって同時に下付されたとある。いま、蓮如絵像の裏書をみると「□□上人真影」「大谷本願寺釈□」「□郡下寄□」、また実如絵像の裏書も「実如上人真影」「大谷本願寺□」「六月廿六日」「□下寄□」とのみかろうじて判読できる程度であった。証如絵像裏書は、「本願寺釈証如（花押）」とあって寿像、顕如絵像裏書は、「顕如上人真影／本願寺釈教如（花押）／慶長六辛丑年（一六〇一）六月廿四日書之／江州坂田郡下□」とあった。表側の像容はしっかり残っているものの、裏書はいずれも判読しにくいほどになっている[15]。親鸞絵像は失われており、「享禄四辛卯年（一五三一）」の年次も確認できなかったが、蓮如・実如・証如絵像の三幅は、証如代に下付されたものとみてよかろう。『天文日記』の天文十三年（一五四四）五月十五日条、同十五年（一五四六）三月二十二日条、同十八年（一五四九）十一月十日条、同二十年（一五五一）一月二十一日条に「下寄衆西空」等の名前がみえる。後に、証如上人の命日にちなんで「十三日講」になったと思われる。また下寄組の由緒については、明治九年四月十四日付の「縁故」に次の通りある。

下寄方之由緒有増書付指上申候

一　往古江州北三郡ハ拾ヶ寺ノ門下ニ御座候、依之御本寺様諸事御馳走申上候処ニ、東西御分派之御時節別々

ニ罷成申候、下寄方ト申ハ右拾ヶ寺之随一ニテ御座候、御影様ハ下寄惣物ニ被為仰付、拾弐ヶ寺各番ニ安置仕候御事、

右之通、元禄四年正月廿日之記録ニ御座候問、此段上申仕候、（傍線筆者）

十四日講は、文禄四年（一五九五）ころあるいは慶長初年に長浜で結成された講といわれ、同じく『三郡寺院鏡』によれば、伊香郡の長浜御坊下十五か寺と五村別院下十八か寺の一グループで構成されていた。長浜御坊下十五か寺は、長照寺・明楽寺・本宗寺・存法寺・円長寺・頓念寺・西信寺・応因寺・浄法寺・祐(猶)存寺・妙徳寺・保念寺・報春寺・信西寺・徳恩寺である。五村別院下十八ヵ寺の寺院について、同史料中では「五村下法中」として勝徳寺・芳沢寺・西徳寺・覚念寺・誓海寺・向源寺・長応寺・空観寺・立専寺などを挙げている。そして十四日講には、「教如上人御寿像」と御書一通が下付されており、御書には「十月廿四日／教如印／江州伊香郡／惣坊主衆中／惣門徒衆中」とある。長浜御坊下十五か寺は、毎年年番の寺へ六月五日に集会して御影を掛け、御逮夜勤めと御書法談を行っていた。長浜御坊下の講会が終わると、五村下十八か寺の法中　人がやってきて御影が渡されたという。

下寄方十三日講の親鸞絵像が享禄四年（一五三一）に下付されたかは確認できなかったが、それでも証如のころ、一五〇〇年代のはやい時期に講が結成されていたようであり、十四日講は一六〇〇年前後に成立していたと推定される。いま下寄方十三日講と十四日講関係寺院を地図上に落としてみると図6のようになる。湖北にはこの二つの講の他に、やはり十四日講と同じころに結成された湯次方や上浅井十四日講が現在までも残っているので、地図上に一緒に関係寺院を落としてみた。

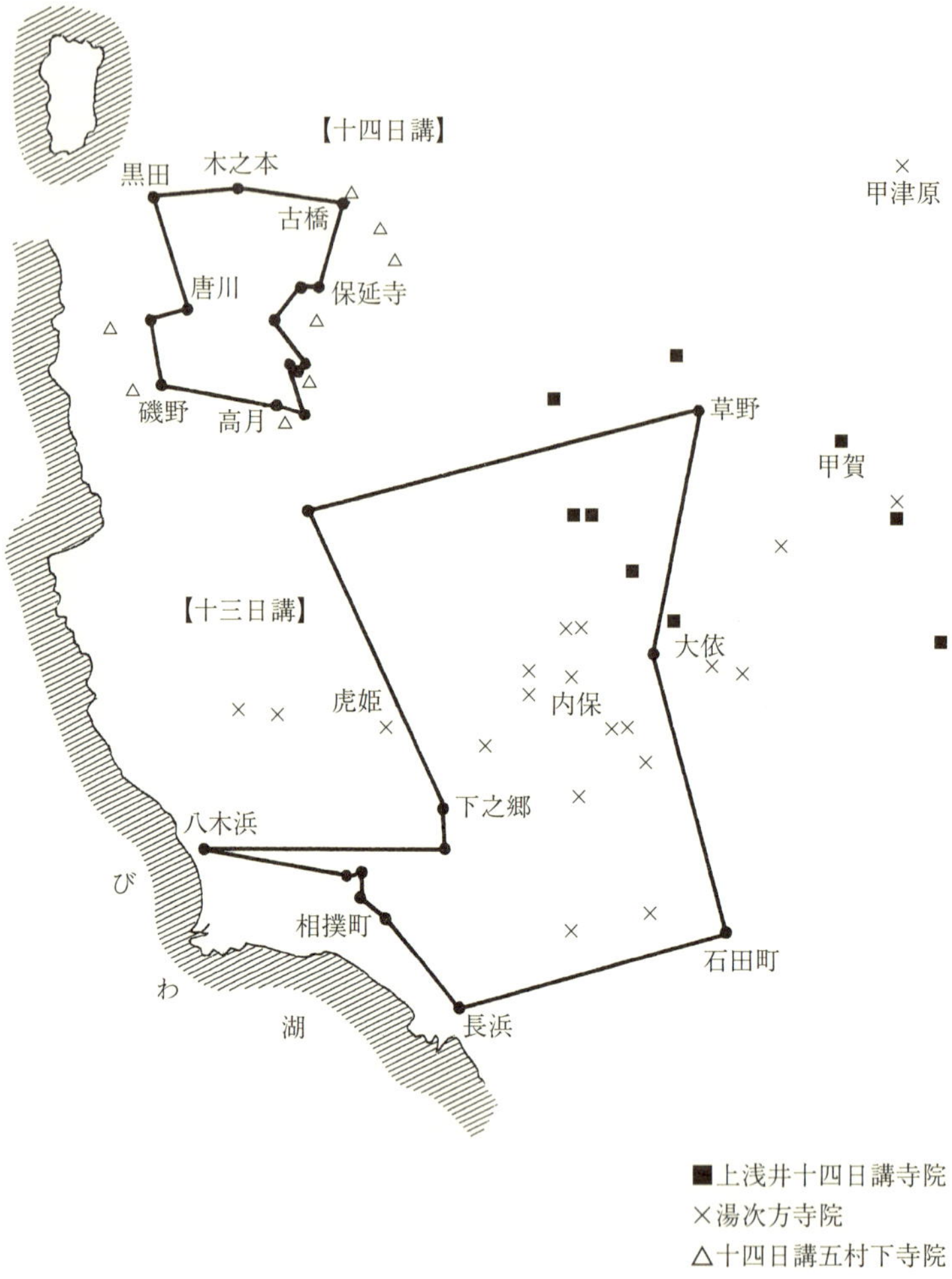
【十四日講】
黒田
木之本
古橋
唐川
保延寺
磯野
高月
甲津原
草野
甲賀
【十三日講】
大依
虎姫
内保
下之郷
八木浜
びわ湖
相撲町
石田町
長浜
■上浅井十四日講寺院
×湯次方寺院
△十四日講五村下寺院

図6　湖北地方の講

さて、下寄方十三日講や十四日講の様子と図6の分布をながめながら、改めて『惣仏』や『惣』の持つ意味について考えてみると、図6に示した範囲が近世以前の「惣」の実際的な範囲であり、「惣仏」「惣物」という門徒共有の姿ではなかったのか。近世になると講は寺院中心となってしまうが、慶長期ころまでの講は「惣坊主衆」と「惣門徒衆」によって結成されていたのであり、下寄方十三日講や十四日講の下付物は『惣の物』であった。図6には示さなかったが、当地方には湖北十か寺といわれる有力寺院があって、天文八年（一五三九）まで「十ヵ寺衆」・「十ヵ寺衆惣」・「十ヵ寺『惣』」などと呼ばれていた(16)。おそらくその下寄方として組織されたのが現在まで続いている「下寄方十三日講」の始まりであろう。こうした寺院や門徒の惣結合も、中世末期から近世初期にかけて次第に近世村が成立し、また道場が寺院化していったとき、「惣」の範囲も狭められて村の中の寺院と門徒、あるいは手次寺と門徒という関係だけになっていく。かつての道場本尊であった絵像本尊がオソウブツ化していったのは、正にこうした歴史的変遷過程の中でのことであった。そして、さらに葬送儀礼における臨終仏と性格が変化して、呼称もリンジュウブツへと変わったのであった。

おわりに——惣と講——

これまで湖北地方で行われているオソウブツについて論じてきた。結論は繰り返し述べてきたので、いまここでまとめる必要はないであろう。それよりも、残された課題として、「惣」と「講」の問題についていま少し述べておきたい。千葉乗隆は真宗における惣について、佛光寺派の絵系図や『名帳』にみられる門徒結合を門徒惣として捉え、これは「農民・漁夫が荘園の所属関係をこえた、つまり惣庄とか惣村の範囲をこえた結合」であったが、

「中期教団における強力な伝播によって、超地域的門徒惣が地域惣へと、すなわち惣村への一致という形に近づいていくのであった」と述べている。[17] この「中期教団」はもちろん蓮如教団をさす。一般的に蓮如は「惣村」に「講」を組織して真宗教団を形成したと説かれ、事実、蓮如時代に北陸の四講・六日講・河原講等があって御文も下付されている。これに対して、藤木久志は「はたして、通説のような実質を備えた講が、広く中世村落を捉えて一般的に成立し展開をとげていたのかどうか根本的に疑ってみるべきではないか」と一向一揆と絡めながら問題提起をされた。[18] いまこうしたことについて十分に論ずる用意もないが、例えば蓮如が河野門徒に下付した文明二年（一四七〇）の親鸞絵伝裏書には「尾張国葉栗郡本庄郷河野惣門徒中安置物也」、文明十八年（一四八六）下付の方便方身尊像には「尾張国葉栗郡上津間庄本庄郷河野惣道場」とある。それぞれ願主が「釈善性」と記されているものの、「河野惣門徒中」「河野惣道場」に下されたものであった。この場合、惣門徒の居住は葉栗郡本庄郷内のムラであって、一つの惣村内における組織ではなかった。河野九門徒などと称されるように、毛坊主形態の有力門徒が本庄郷内にいて、惣結合による組織であっただろう。後にそれぞれは寺院化していくことになるが、現在でもこの親鸞絵伝と方便方身尊像は河野門徒の共有物であって、毎年持ち回りながら蓮如忌を行っている。近江では寛正五年（一四六四）に下付された赤野井別院蔵の親鸞絵伝に「江州野洲南郡赤野井惣門徒中常住物也」、長禄四年（一四六〇）下付の善立寺蔵の方便方身尊号には「江州野洲南郡金森惣道場本尊也」などとある。[19] これらは「講」組織とみるよりも、「惣」による結合（門徒惣）と捉えた方がよいのではないか。つまり、地方によって状況は異なったであろうが、惣村と門徒惣とは必ずしも一致していなかったのではないか、ということである。実如代の一五〇〇年代になるといろいろな講も形成されるが、それでも顕如・教如代ころまでの講は惣坊主衆と惣門徒衆が一体の性格であったと思われる。いまに残存している多くの講は、近世に入って宣如代以降のものがほとんどである。

近世村が村切りによって成立し、道場は寺院成り（寺院化）していく中で、中世的な「惣仏」「惣物」というものは、一般的には「惣」という表現がなくなって、近世的な講や講仏へと受け継がれていったのではないか。「惣」から「講」へという流れであり、絵像本尊も「惣仏」から「講仏」へと性格と機能が変化したのであった。

本稿の執筆に際しては、金龍静・脊古真哉・左右田昌幸の各氏から多大なご教示と資料提供をいただいた。厚くお礼申し上げる。

註

（1）拙稿「名号の祭祀形態と機能――道場から寺院へ」（同朋大学仏教文化研究所研究叢書Ⅰ『蓮如名号の研究』、法藏館、一九九八年）。本書第三章第一節。

（2）拙著『真宗と民俗信仰』第一章第三節「真宗門徒の葬送儀礼――オソーブツ考」吉川弘文館、一九九三年。

（3）新潟県ではムジョウブツとかオタカラ・ホンゾンなどと呼ばれている。その後に調査した事例を付記に掲げておく。

（4）一九九三年調査。本稿におけるオソウブツと佛光寺派寺院に関する資料は、西口順子・神田千里・草野顕之・遠藤一・岡村喜史との共同調査によるものである。

（5）木之本町と高月町の大谷派寺院に関するオソウブツについては、脊古真哉・吉田一彦・林淳・小島惠昭・津田豊彦の調査資料による。

（6）同右。

（7）本願寺史料研究所撮影の資料を使用した。

（8）『門真市史』第二巻の口絵および三四九・三七五～九頁参照。

（9）註（7）に同じ。「惣物」という表記について、但馬の「福成寺文書」に「大谷本願寺親鸞聖人御影、天文八己亥八月二十六日、興正寺門徒但馬国惣物也、釈証如御花押」という裏書の写しがあるという。この御影を光妙寺・福成寺と金蔵寺の三か寺が、一か月の内十日間ずつ給仕していた。(『本願寺史料集成』丹波国諸記・丹後国諸記・但馬国諸記・佐渡国諸記、五一六頁)。

(10)『兵庫県史　史料編』中世四、三七九頁。

(11)同右、三七三頁。

(12)『越前若狭一向一揆関係資料集成』五九一頁。

(13)同右、七一三頁。「惣礼仏」ではないが「惣礼」という表記は、岐阜県旧徳山村の道場本尊裏書に「方便法身尊形／誠照寺釈秀(花押)／濃州大野郡徳山荘／山手村惣礼／元禄三壬子年十二月十七日」とみられる(千葉乗隆『中部山村社会の真宗』四一頁)。

(14)金相寺蔵の絵像本尊裏書は、「方便法身尊像／大谷本願寺釈実如(花押)／永正十一年甲戌四月七日／願主釈正善」とある。

(15)一九九六年調査。

(16)柏原祐泉『日本近代仏教史の研究』第一篇「近世における真宗末寺の性格――近江江北十ヵ寺教団の近世的変容について」平楽寺書店、一九六九年。

(17)千葉乗隆『真宗教団の組織と制度』同朋舎出版、一九七八年、三二六頁。

(18)藤木久志「一向一揆論」(『講座日本歴史』四・中世二、東京大学出版会、一九八五年)。金龍静は、惣国衆について「大和一国＝惣国とは、国郡制下の公的領域たる一国ではなく、吉野郡を中心とした国中《くんなか》に点在する門末の人的結集体(現地教団の総体)」と述べ、一向一揆における「惣」を「一向衆の人的結集体」と捉えている(金龍静「宗教一揆論」『岩波講座日本通史』第10巻、一九九四年、七七頁)。

(19)真宗大谷派教学研究所編『蓮如上人行実』「蓮如上人裏書集」参照。

付記1

本文中で取りあげた以外の事例、その後の調査などで判明した事例をあげておく。

1　ダイホンサン（岐阜県不破郡関ヶ原町・円立寺）

ダイホンサンと呼んでいる。大きさは一六五・五×五七・〇、裏書なし。普段は本堂の本尊左側に安置している。葬儀で使う三具足などはオドウグと呼び、本堂右余間にある花部屋に置いている。亡くなった連絡があると、ダイホンサンとオドウグを本堂外陣に出す。喪家の親類もしくは近所の者が取りに来るのは通夜の日である。したがって、枕勤めは喪家の仏壇前で行う。二人で迎えに来る。ダイホンサンは箱を袋に入れ、首からさげて持っていった。一人はオドウグを持っていく。喪家の床の間に掛け、その前に台を組み立てて打敷をかけ三具足を置く。通夜から還骨までダイホンサンの前で勤行する。還骨勤行が終わるとダイホンサンは寺へ戻る。親類か近所の者が寺へ持っていく。礼金や供米はなし。四十九日法要でダイホンサンを使うときがあった。サンカジショウタイ（三か寺招待）といって、三か寺が四十九日法要に参勤した場合である。手次寺はダイホンサンの前で読経し、残り二か寺の住職は仏壇の前で読経した。正月にダイホンサンを本堂内陣の右余間に掛ける。

この地域の呼称はダイホンサマ（安八郡安八町）、ゴダイホンサマ（不破郡関ヶ原町）、ダイホンインサマ（不破郡垂井町）、ダイホンサン（海津市海津町・南濃町）などである。

（円立寺住職調査）

2　オソウブツ（滋賀県長浜市西浅井町大字山門・善隆寺）

阿弥陀如来の絵像は二幅あり、一幅は鎌倉後期カ、もう一幅は江戸時代。同行へは新しいオソウブツを貸し出している。葬儀で通夜から葬儀終了まで使用する。年忌法要の時にも貸し出すという。輪袈裟を着用してお迎えが来ると、住職は玄関までお見送りをする。オソウブツへの御礼仏供は、親戚中が米一升とお供え（五千円～一万円）を付けて寺へ返しに来る。米は翌日に炊いてお供えする。葬儀以外では正月一日から七日まで本堂余間に懸けて仏供を供える。同行の家で報恩講のとき御開山御影像を貸し出しする。

（一九九三年、西口順子調査）

3　オソウブツ（滋賀県長浜市西浅井町大字山門・長縁寺）

阿弥陀如来絵像一幅、裏書あり。元は本尊であった。喪主が輪袈裟をつけて「お迎えに来ました」と迎えに来る。葬儀では長縁寺と善隆寺が一緒に参るので、長縁寺はオソウブツの前、善隆寺は内仏でお参りする。喪家から寺へ返す「お送り」では、喪主と親戚が一緒に寺へ参る。お供えとして、喪主および親戚各自が仏供米一升を持ってくる。盆と彼岸の法要では本堂右余間に懸ける。年忌の一周忌、三十三年忌、五十回忌のときなどにも貸し出しているという。

（箱書）

「此御臨終仏之御裏書ハ佛光寺第拾八世経海上人ノ御筆ナリ、上人ハ明暦弐年丙申七月十八日ノ御遷化ナレハ今ヲ去ル三百凡ソ十年ナリ、又御影筆者ハ藤右衛門尉トアリ、去ル文化九壬申極月十九日本堂焼失ノ際灰燼中ニワスカニ表装御縁ノ一部ヲ焼失シタノミニテ焼残リシ御影ニシテ其後仮表装ヲホトコシタマフ。今ニ及ヒシカ、此度門徒中懇志ニヨリ改装セシモノナリ、

昭和四年四月壱日　　　十三世円龍記」

（一九九三年、西口順子調査）

4　ドボキッツァン（滋賀県長浜市西浅井町庄・光隆寺）

阿弥陀如来絵像が二幅あり、室町時代と文政九年（裏書）。

昔信心深い人が毎日寺に参ってから、西茶屋・東茶屋の先の奥山に山仕事に行っていたが、川に落ちて死んで木にひっかかっていたという。その人の名を付けてドボキッツァンと呼んでいる。

（一九九三年、西口順子調査）

5　リンジブツ、ライゴウブツ、ゴショウ（五升）ボトケ（滋賀県長浜市上野町・西通寺）

光明本尊と阿弥陀如来絵像二幅あり。光明本尊は室町時代、もとは奈良県磯城郡川端氏の所蔵、これを貰い受けたものだという。阿弥陀如来の一幅は室町時代後期、光明部分は後補で痛みがはげしい。卍繋ぎ、截金、絹目が粗い、背はすらりとしている。いま一幅は江戸時代末期。葬式の時は光明本尊とリンジブツを貸し出しするが、光明本尊は信心の篤い門徒のみに貸し出しするいう。親戚代表が受取りに来るので、住職が持参し、また受取りに行く。昔は門徒（施主）が裃、白足袋、朱傘で受取りにきたとのこと。

（一九九三年、西口順子調査）

6　オタカラサン（新潟県阿賀野市下条・無為信寺）

オタカラサンと呼んでいる阿弥陀如来絵像が二幅ある。二幅とも平成七年の裏書で、六四・四×三〇・一、絹本である。喪家の親類が二人で取りに来る。一人はオタカラサン、もう一人はカンカケ（棺掛）を持っていく。自宅では床の間にオタカラサンを安置する。三具足など他の仏具は葬儀社が用意する。勤行はオタカラサンの前でする。棺もその前に安置する。

前住職が、葬儀が重なると「古いものは出さない」といっていたという。寺法物の中に阿弥陀如来絵像が六幅あり、三幅は室町時代のものである。この辺りは四六か寺中七か寺が真宗で、禅宗が多い地域である。

（二〇〇九年、筆者調査）

7　オタカラサン（新潟市・勝楽寺）

オタカラサンと呼んでいる。葬式になると二人で来て、「オタカラサマのお迎えをお願いします」という。「オトモをする」といって、住職は玄関までお送りする。オタカラサマは、漆塗りの桐箱に入っている。カンカケ（七条の布と修多羅）も持っていく。喪家の床の間に掛けるが、オタカラサマは錦織の布上に奉懸する。初七日のときに別のオタカラサンを持っていく。六七日でマキオサメをする。四十九院（四十九日のこと）はお寺で行う。西蒲原郡では、こうした習俗が残っているという。

（二〇〇九年、筆者調査）

8　ムジョウブツ（新潟市西蒲区巻町河井・長善寺）

葬式になると喪主が取りに来た。主人がタビハダシで迎えに来て、本堂から出るときは、本尊を首から掛けて持っていった。葬式だけでなく、法事の時にも貸し出され、三人で迎えにきて、一人が本尊を首から掛ける、一人が朱傘をさす、一人が装束を持っていくというものであった。ムジョウブツは一週間経ってから返しにくる。火葬場へは、本尊を厨子に入れて持っていった。絵像はもともとは両度講の講仏であったものである。両度講は二十年前まで機能していたが止めになり、講仏を当寺で管理するようになった。これをムジョウブツとしている。ムジョウブツに対してお金を包んで持ってくるようなことはない。通夜に貸し出される絵像は、普段は須弥壇下に保管している。

（一九九一年、筆者調査）

9　オタカラ・ホンゾン（新潟県三条市栄町鬼木・智正寺）

阿弥陀如来の絵像を通夜の時に持っていく。絵像のことを門徒はオタカラと呼んでいる。寺ではゴホンゾンといっている。法事のときにも貸し出され、床の間に掛ける。葬儀・法事は仏壇の前で行われず、すべてオタカラの前で読経される。仏壇は後で偈文が読まれる程度である。絵像はオレイマイリの時に寺へ返される。地鎮祭のときなどは、阿弥陀如来の絵像（二百代）と必ず太子絵像が貸し出される。ゴエイサマといわれる蓮如・厳如など歴代宗主の絵像も貸し出される。貸し出される絵像は、本堂に掛けてあるものであり、時には本堂の中に絵像がなくなってしまうときもあるという。

（一九九一年、筆者調査）

10　ムジョウブツ（新潟県上越市・光源寺）

通夜のときに喪家へ住職が持っていく。かつてはオムカエがあった。絵像は二百代ほどの大きさである。還骨勤行と初七日もムジョウブツの前で行い、中陰中はムジョウブツを中陰壇に安置し、これをオダンといっている。七日ごとのお参りをオダンマイリという。一七日までは住職が毎日喪家のオダンにお経を読みにいき、以後は七日ごとにいく。昔、オダン中は毎日住職がお経を読みに通っていたという。五七日をダンバライといって、中陰壇を取り去りムジョウブツが寺へ戻ってくる。

（一九九八年、筆者調査）

11　ムジョウブッァン（富山県氷見市懸札・安専寺）

葬式になると阿弥陀如来の絵像（近代のもの）を貸し出す。普段は御堂裏にムジョウブッァンを安置している。死者が出ると、法中の世話役二名が決められ、通夜当日の午後、寺へムジョウブッァンをお迎えに来る。本尊前の前卓手前に台を置き、その上に絵像をおいて勤行する。その後、世話役が首にかけて葬式宅へ向かい、床の間に掛ける。現在は阿弥陀如来絵像のみ貸し出すが、以前は前住上人の影像と二幅貸し出していた。そのときは、仏壇側（上座）にムジョウブッァンを掛けた。翌日の葬式・骨上げ・お斎が終わると、住職が帰る時にムジョウブッァンもお帰りになる。世話役も含めて四、五名のお供がついて来るので、御堂で勤行が行われる。

（二〇一二年、松金直美調査）

付記2

愛知県三河地方では、在家報恩講のことをオソウブツと呼称している。同族組織であるイットウ単位や村組の組単位などで行われている。葬儀とは関係していないが、「惣仏」事という本来の意味から考えればおかしくなく、これも一つの形態である。詳しくは拙稿「信仰と社会」（『新編安城市史9資料編民俗』、二〇〇三年）で紹介した。また、本書第四章第二節を参照のこと。

第三節　門徒もの知らず――脱落した習俗――

一　門徒物忌みせず

村落社会における真宗門徒のあり方を言い当てたものに、「門徒もの知らず」という表現がある。今日では村落社会の崩壊と都市化現象によって、また真宗門徒自身の民俗化によってあまり聞かれなくなってしまったが、かつては禅宗や浄土宗檀家などの村人から門徒はこのようにいわれてきた。伝統的民俗儀礼や信仰に対して否定的であったからである。例えば、『旅と伝説――誕生と葬礼号』において滋賀県高島郡西庄村（現・高島市）の報告には「門徒もの知らずと云うて真宗の人は、他宗に比して葬式其他の事でも忌み事をあまり云ひませんので私もあまり知りません」と述べられている。「門徒もの知らず」とは「門徒物忌みせず」ということである。古来日本人が祭礼・神事にのぞむにあたって清浄たらんと潔斎精進し、あるいは死や出産による穢・ケガレからイミ慎みの生活と対抗手段としてさまざまな儀礼を行ってきたのに、門徒は真宗信仰からこうした物忌み・穢という観念や禁忌について頓着しなかったことをあらわしている。真宗が日本人のケガレ・穢の観念について否定的であったことは、端的に親鸞絵伝における平太郎熊野参詣の一段にみられることであり、中世においても同様な一面を有していた。真宗教義から民俗儀礼について論じている近世の『叢林集』（一六九八）巻七には、

物忌祭祀　第五十六　附鬼門、雷地震、符

此事ハ当家殊ニ嫌ヒ捨テ、曾無㆓沙汰㆒サレハ其ノ道ヲ聞知ル人モ無㆑之、或不㆑知故不㆑能㆑制㆑之事アリ、是故

普為レ令二廃捨一世俗ノ常ニイフ者ヲ挙テ其不実タル事ヲ知シム、マツ物忌者、迦毘羅衛国中有二桃林一、其下有二一丈鬼一名二物忌《フチキ》一、他鬼不レ得レ近二此鬼王辺一、此鬼誓曰、物怪有現二悪夢一、凶害欲レ来時書二我名一立二其門一、他鬼不レ令二来入一、我常護二其家一云云、壒嚢抄ニ出ツ今俗ニ時ト処ト事ト人トニ於テ各忌《イ》ム事アリ、是ヲ総テ物忌ト云歟、年頭ニ死ノ声ヲ嫌ル類也、神事ニハ殊ニイム事多シ、禁延社頭ナラハ最モ可レ守レ所レ忌、仏法ハ出世ナレハ不レ可レ一二同於彼一

などとある。(1)

ところで、こうした真宗の民俗否定・習俗否定はどこまで可能であったろうか。「門徒もの知らず」と村人からいわれたということは、真宗信仰に基づく門徒生活様式がそれなりにみられたということであろう。しかし、真宗門徒が日本人である限り常民性は保持していたのであり、したがって習俗やその背後にある信仰観念をすべて俗信として否定したわけではない。このような問題について、本節では葬送儀礼における真宗の否定的要素について考え、具体的に何を否定したのか、どんな習俗が脱落したのか指摘してみたい。そして、どうして真宗はその習俗を否定しようとしたのかということから、真宗における葬送儀礼の意味について論及してみよう。

二　葬儀における脱落した習俗

これまでの民俗学研究において、採訪された葬送儀礼関係資料はかなりな量になっている。しかし、いまここで問題にしようとしている真宗門徒の葬送儀礼ということからすると、こうした資料は必ずしも有効とはいえない。というのは、調査報告者に仏教と民俗の関係をみようとする問題意識がなかったために、一つの村の詳しい報告が

あってもその村にどんな寺院があり、村人がどの宗派に属しているのかほとんど述べられていない。また、報告には行われていることのみ記されていて、反対に行われていないものについては明確でない。それは、いままでの葬送儀礼に関する民俗調査が、儀礼を通して日本人の霊魂観や他界観といった信仰を究明しようとする目的であったために仕方のないことであろう。そこで、ここでは二つの資料をとりあげてみる。ひとつは先に触れた『旅と伝説――誕生と葬礼号』（一九三三年）である。現在からみるとすでに聞き取りできないような葬送儀礼伝承が集められている。全国各県からの報告で、中には略図まであって内容が豊富である。そして、なによりも報告者の一部に宗派意識がみられる。いまひとつは滋賀県教育委員会による『琵琶湖総合開発地域民俗文化財特別調査報告書』で、昭和五十三年から五十七年にかけての報告書である。『旅と伝説』のものに較べると年代も下がるが、調査報告者に宗派意識がみられ、真宗門徒村落の多い滋賀県で、門徒を意識しながら調査報告された内容になっている。

さて、門徒の葬送儀礼における否定的儀礼、脱落した習俗にはどのようなものがあるのであろうか。いくつか事例を掲げてみると、次のようなものがある。

〔事例1〕

枕経　死後直ちに枕経をあげ、北枕の西向きにする。親鸞上人が没した際の北枕、西向きにちなんでのことであるという。魔除けとしてカミソリを紙に巻いて枕元におく家もあるが、この在所では少ない。すぐさま神棚に紙を貼り、門口には忌の紙を貼る。

湯灌　（略）死者の服装は、門徒は白のユカタに裸足、禅宗では手甲、脚半、三角布、杖、笠と巡礼の格好をし、六文銭（現在では紙に書いたもの）を入れる。ただし薩摩で禅宗の家は余宗とよばれ一〇軒ぐらいしかない。

棺　（略）禅宗の家では茶碗をわった。今では放るか、浜に流すくらいのことである。(2)

（滋賀県彦根市柳川・薩摩）

〔事例2〕

死人の枕元へ猫の来るのを他所では、非常に嫌がる様ですが、私の家では何とも云ひません。死人の室へ猫の来る事を、あまり忌まぬと書いたのは自分の疎漏で、私の家では別に何も云うて居ないが、禅宗の人なんかは、矢張忌みます。理由は、海津のエゲタ屋の婆さんを、其家の赤猫が喰って婆さんに化けて居たと云ふ。人狼伝説が起因して居ると云ふのです。(3)

（滋賀県高島郡西庄村、現・高島市）

〔事例3〕

枕飯　海津では死者を北枕西向にし、枕元に一合炊きの枕飯を供える。真宗以外はこれに一本箸を上から刺す。そのほか小麦粉で作った枕団子、一本花、線香、ローソク、水を供え、刃物を布団の上に置く。(4)

（滋賀県マキノ町・今津町、現・高島市）

〔事例4〕

七　入棺（略）其の他の持参品としてはその宗旨によって相違するも、当地方に多く行はれている真宗にては以上の他に何も持たさず、一般に色々の埋葬物を入れてはならぬと称する。(5)（熊本県宮地町地方、現・八代市）

〔事例５〕

デダチの時間からいって、ここでは他所のような食い別れのトキ（斎）はない。一把藁の門火とか、死者が使った茶碗を割るといった儀礼もない。(6)

（滋賀県安曇川町、現・高島市）

事例１から３までは、いわゆる死の直後に行われる儀礼で、遺骸の側に剃刀を置くことや猫を近づけないとする禁忌、そして枕飯に関するものである。死の直後で肉体と霊魂が不安定な状態にあるとき、魔除けとして剃刀をおいたり猫を遠ざけるということは、仏教宗派に関係なく全国的にみられるものであるが、これを気にしていない様子である。枕飯について触れている事例３では、真宗門徒も枕飯を供えているようであるが一本箸を刺さないという。事例として挙げなかったが、滋賀県滋賀郡滋賀町（現・大津市）では「枕飯は禅宗はするが門徒はしない」といっている。(7)事例１と４は、入棺するときに死者に何を着せるのか、棺の中にどういったものを入れるのかという儀礼であるが、冥土への旅姿をとらず「一般に色々の埋葬物を入れてはならぬ」とある。また事例１と５は、出棺の際に藁火・門火を焚かず茶碗破りといったことをしないという。このように門徒の葬送儀礼の中には、門徒以外の村人が行っているのに意識的に行わないとするものがあり、脱落させた習俗があった。一つの村の中で禅宗檀家と門徒であった場合、門徒だからということで禅宗の家でしていることをあえて行わない儀礼があったのである。もちろん、それは葬送儀礼全体が異なっているということではない。儀礼全体としてはほとんど変わらないのであるが、その一部に脱落させているものがあるということである。また、当然、門徒でも剃刀を置いたり枕飯と一本箸を供えたりしている所もあった。ただ、比較してみた場合に真宗門徒だからということで、こうした儀礼を行わないとする所があったということである。

〔事例6〕
野辺送り　出棺は玄関からして茶碗を割るのが両地区とも共通。浜分では「追い出し火」といって藁火をたく風習が曹洞の家でみられる。（略）
浜分では①先火（麻木のタイマツで一人が持つ。現在は線香となる。先火持が後をふり返ると、友を引くといって忌まれる。前田一統では本家の戸主が先火を持つ）②木墓標③菊の花④ハス⑤死花⑥香炉⑦鶴亀⑧僧侶⑨婿提燈（娘婿がもつ。孫がもつ場合もある）⑩位牌（孫の最年長の者がもつ。曹洞のみで、真宗はない）（以下略、弁当・棺・天蓋・提燈・身内の会葬者と続く[8]）（滋賀県マキノ町・今津町、現・高島市）

これなどは、葬列について曹洞宗檀家と門徒ではほとんど同じながら、位牌のみ門徒にはないことを報告している。滋賀県には普段でも仏壇の中に位牌を祀らないところが多い。

脱落した習俗として、剃刀・枕飯・入棺するもの・藁火・茶碗わり・位牌といったもののあったことを指摘した。これは後に述べるように、真宗という教義・教団・僧侶による規制によるものと考えられるが、この点についてみる前に、どの程度こうした習俗否定が実際に行われたのかということを確認してみよう。剃刀・枕飯・入棺するもの・藁火・茶碗わりといったものについては全国的に比較し得る資料がないが、位牌については西本願寺が実施した「宗勢実態基本調査」が参考になる。これは一九八三年三月に実施したアンケート調査で、位牌の祭祀有無について全国各地にある西本願寺一般寺院に関わる門徒代表一四〇七名を対象にしたものであった（回収率六九・九％[9]）。行政的な県単位でなく、西本願寺寺院の分布にあわせて設定されている教区単位となっている。これによると仏壇内に位牌を祀っているものは全体の六一・四％、位牌を祀っていないというものを教区別にみてみると、兵庫七五・〇%、安芸七三・一%、奈良六九・二%、東北六〇・〇%と高率であり、「位牌をまつる率の高い教区は、総じて九州、東海、四国や北陸の一部地域に多く、とりわけ国府教区、福岡教区、東海教区が顕著である」となっている。報告書では位牌を祀っているという六一・四%という数字について、「指導と現実の間の著しい差異が目立つ」といっているが、これは三八・六%のものが位牌を祀っていないということになり、民俗の立場からいうと予想外に高い数字である。そして、仏壇内に位牌を祀らないということは、当然、葬送儀礼においても白木の位牌を用いていないことが推定できよう。民俗にあっては位牌は先祖祭祀の対象であり、葬送儀礼においては死者霊の依代である(10)。また、葬列でのイハイモチは、家の相続人が誰かということを社会的に示す役であった。こうした重要な祭具が否定されているのである。

三　葬儀の改変と簡略化

どうして、このような習俗が脱落したのか、村落社会でゴエンサンと呼ばれる真宗僧侶による指導・教化あるいは改変があったと思われるが、残念ながらその事を示す具体的資料はあまりない。そこで近世真宗教団側の資料から検討してみよう。

死の直後に遺体の側に剃刀をおいたり、猫が近づくことを忌まないということであったが、『叢林集』巻七に、

一屍体ヲ物ニトラル、ト云事京辺ニハ不ㇾ聞、遠国ニハ今モアル事トソ、鎮西家ニ火車脱去土塔不出ノ相伝トテ秘スル事アリ、然ニ種々ノ怪相アリ、雲中ヨリ火車来ルアリ、又家内ニ来テ葬前ニトルアリ、路次ニテトルアリ、又葬所ニ黒雲下テ光迸ルアリ、又電雷棺ヲ撃アリ、又奇瑞ノ相ニ似セテイツノホドニカ骸ヲ盗ミ失フモ

アリ、変怪不レ一、タマ〳〵ハ仏陀示現ノ方便モアルヘシトイヘトモ多クハ自業ノ所レ致神天ノ所レ罰也、若シハ蜘狸ノ類ノ妖変、屍ヲ貧ル横災モアリトソ、若横妖ノ所為ナラハ勇力猛心ヲ以テ可レ遁、明鏡ヲカケ名劔ヲ持ツナント云ヘリ、今ノ俗棺ノ上ニ刀ヲ置クコトアルハ此義也、若シ自業天罰ナラハ不レ可レ有レ所レ遁歟、（略）当家ニハ伝受アリト云事不レ聞、タトヒ骸ヲ失ヒタリトモ土ニ埋ミ火ニ滅シタルニ不レ可レ異歟、トテモ加持引導ノ義ナキ上ハ仮災来ルトモ不レ可レ動、タ、信仏ノ因縁ニアルベシ

とある[11]。猫が死人をまたぐと猫の魂が入って死人が起き上がるとか、遺体を火車にとられたり、葬式のとき俄かに大風雨・雷電・黒雲となって棺を取られたという話は、いろいろな近世記録類に載っているし民間にも伝承されてきた。ここにも「屍体ヲ物ニトラル、ト云」う話が巷間に広まっていることをとりあげ「俗棺ノ上ニ刀ヲ置クコト」などが行われている。しかし、真宗においては「伝受アリト云フ事ヲ聞カズ」であり、たとえ遺体を失ったとしても火葬したり土葬したりするのとどれだけ異なっているのであろうか、という。こうした類いの話は俗信であり遺体を取られようが取られまいが、仏の信心をいただいた身は動じないというのであるが、ここには遺体や霊魂に対する観念の違いが認められる。遺体の取扱いについては、民俗において死者は死出の旅路に出発するのだから入棺の時に手甲・脚半・三角布・杖・笠といった巡礼の格好をさせたり、三途の川の渡し賃として六文銭を入れたりする。ところが真宗においては「六道銭ヲ棺ニ入ル、コト事物紀原九二十二云。漢葬者有二寓銭一。謂昏晩埋二於壙中一。為二死者之用一。至唐王岐。乃於葬祭焚二紙銭一。以代レ之文。コノ類ト同シ。是モマタ迷倒ノ態ナリ。寛保二年壬戌三月二十七日、公府ヨリ諸寺ニ命シテ云。棺中ノ金銀銭ヲ入ル、ハ無益ノ事ナル間タソノ旨ヲ説聞セ止メシムヘシト」というのであった[12]。また、寛永四年（一六二七）正月十四日に往生した西光寺祐従という僧侶の場合である

が、「一死人ニハ本式ニハ小袖にても、袷にても、其時〳〵之衣装きせ候へく候よし候、是も白帷子ニ直綴・布ケサ・念数にて略之、扇もたせす候」、同九壬申年卯月三日に葬礼が行われた横田内膳正という者の場合には、「一入棺ノ時、曝布ノ帷子着セ候ト也、下ニハ抹香ナト入候ト也」とのみあって、納棺するものはいたって簡略であった。葬所の四方に鳥居を立てることなども「是ハ他家ニアリ」「当家ニハ無キ事也」としている(13)。

門徒の葬送儀礼で指摘したように、真宗だから門徒だからということですべての儀礼・習俗を否定したわけではない。遺体に石枕をさせたり、「挑灯ノ竹モ左巻ニ銀箔にてオク《マ》」とあるように通常とは逆の左巻にする、また野帰り作法として草鞋を脱ぎ捨てて帰ることも行われていた(14)。

一ワランチヲ門前ノ河原ニテヌキステ、ハタシニテ帰ル。此儀同前未決スクニ御堂ヘマイリ、湯ニテ足ヲソ、ト洗テ勤行アリ。

拾骨に際しても「一骨箸二膳、木カタ、竹カタ、ツ、、長サ一尺九寸、本ヲ六寸計カミニテ包」とあって(15)、一般民俗と同様に木と竹で骨を拾っている。真宗的に改めたものもある。入棺儀礼で血脈を入れることがあるが、この血脈に代えて棺蓋に六字名号を書くことが案出され行われている。

棺ノ蓋ニハ六字ノ仏名ヲ真・艸・行ノ三体ニ書シ。或ハ十字ノ名号ヲ一行ヲ真書ス或ハ紙ニ書シテ棺内ヘ入ル、事ハ経帷子ナトニ倣テ結縁ノ益ヲトルノ意ナルカ。経帷子ノ事。追薦要訣資講鈔三十八。密教ノ随求経ノ意ヲ借テ文字触屍ナトヨリナストミヘタレトモ旧俗ノ弊ニシテ不可ナリ(16)。

これなどは真宗葬送儀礼の特徴の一つといえるであろう。このように真宗は教義的立場から民俗的葬送儀礼に対し、あるものは「迷倒ノ態ナリ」と断じて簡略化して脱落させ、あるものは一般的儀礼に準じ、また一部には改変したのであったのである。

四　真宗の葬送儀礼観

真宗の葬送儀礼観や葬儀式そのものが、他の宗派とは基本的に異なっている。少し長い引用になるが、この点について『考信録』（一七七四）巻二は次のように述べている。(17)

葬時ノ諷誦當宗ニハ門下一統ニ正信偈念仏和賛ノ定ル式ニシテ、仏門平等ノ儀ナリト云ツヘシ。他門ハ喪主ノ貧富施財ノ多寡ニ由テ葬式及法名マテ差降アルハ鄙陋ノ甚ニ非スヤ。他門ニハ葬ノ方角日時ノ吉凶ヲ論シ、龕堂方規棺中ノ用度、或ハ引導・鎖龕・起龕・奠湯・奠茶・念誦・下炬等。種々ノ儀式アレトモミナ後世ノ私創ニシテ明拠ヲ詳ニセス。

破邪顕抄中四十七云。田舎等ニ道ヲ教フト称シテ用ヰル所ノ無常導師ノ作法ハ六道ノ方角ヲ教ヘ極楽ノ方所ヲ示ス歟。乃至　亡者ノ死後ニ六道ノ巷ヲ教ユヘキ条イマタ経論解釈ノ説ヲ聞ス。「百通切紙三四右云。引導ハ黄檗禅師、亡母ヲ引導スルヨリ始レリト云云。百丈清規六十八亡僧ノ条ニ秉炬・鎖龕・起龕・入塔、或添奠・茶奠・転龕・転骨等ノ名目アリ。維那合龕念誦ノ文。全ク今世ノ引導ノ言ニ類セリ。可レ見。又山中一夕話ニ火媚誦アリ。マタ仏門ノ式ニモ模セルモノナリ。」タ、後ノ人ノ愚カナル巧ヲ以テ用ヰ始メタルトコロカ云云。ソレ引導ト云ハ生平（平生）ニ善悪因果ノ理ヲ示シ、善業ニ因テ後生ハ超昇セシムルノ義ナリ。然ルニ平日ハ息災延命・家門繁昌ノ福寿ヲ祈ルハカリヲ本トシテ菩提ノ道ヲ諭サス。死屍トナリテ後ニ方テ来世ノ道ヲ教フトモ識神已ニ去テ空舎蕭索タリ。賊去テ門ヲ関スニ同シ。何ノ益カアラン。鎖龕起龕等ノ瑣々タル。殆ント児戯ニ近ラスヤ。宗徒ノ好事ナルハ他門ノ式ヲ依倣スルモアリ。何ソ自家ノ簡便ナルヲ珍重セサルヤ。

一般仏教における葬儀式の目的は、俗体であった死者（新亡）に導師が剃髪から戒名を授けて仏弟子となし、その上で引導を渡して浄土へ導こうとするものである。そのために、香を焚き、仏・法・僧の三宝に敬礼しながら仏・菩薩を式場に来臨を請い、さらに誦経・念仏をして功徳を死者に回向し往生極楽を願うものである。ところが、真宗ではこのような形式をとらない。真宗の教えは「不回向」「不来迎」「平生業成」「現生正定聚」であって、人間の立場から功徳を回施するのは自力の行為であり、回向はどこまでも弥陀による回向である。死に臨んでは仏・菩薩の来迎によって摂取され往生を遂げるというのではなく、平生に弥陀他力の回向によって信心をたまわり、現世にあっては死と同時に必ず往生を遂げることができるという現生正定聚の立場に住することである。したがって、死者を引導するとか功徳を回向するということを説かないし、その儀礼も否定している。そこで『考信録』の著者玄智は、平日に息災延命や家門繁昌ばかりを祈っていて仏の教えを諭さない者が、死んでから遺骸に道を教えても何の利益があろうかと批判しているのである。比喩をもちいて、盗賊に入られた家が賊が去った後に門をするようなものだという。『叢林集』巻七にも「当家平生業成ノ宗何ソ臨終ノ引導ト云事アランヤ」とみえている。他宗で行う鎖龕・起龕・奠湯・奠茶なども典拠の曖昧なもので、「殆ント児戯ニ」に等しいものだと痛烈である。

このような真宗教義から導きだされる葬送儀礼観は、葬儀式後の死者に対する儀礼にも認められる。普通、中陰儀礼として生者から死者に追善供養が行われるのであるが、「当流ニハ通仏法ノ式ノ如クニ所作ノ善ヲ亡霊ニ廻向シ、冥苦ヲ薦抜セント作意スルニ及ハス」という。しかし、現実には行っていることからその意味について「夕、何事モソレソレノ縁ニタヨリテ、マフクル仏恩報謝ノ営トコ、ロエテ、修忌スル故ニ追善等ト名ケス、タ、報謝ト称ス。ソノ亡霊ニ益アルト否トハ、仏力ノ計ニ一任スルノミ」と述べている(18)。

五　習俗否定と再解釈

真宗門徒の葬送儀礼において、剃刀・枕飯・入棺するもの・藁火・茶碗わり・位牌といった習俗が脱落していた。それは、これまでみてきたように真宗教義から導きだされた葬送儀礼観から僧侶等によって否定された習俗、ということができよう。剃刀や猫を近付けないという禁忌は、遺骸に対する俗信として否定された。枕飯などは仏飯と考えればよさそうなものであるが、民俗においては臨時の竈を設けたりして急いで作られたものであり、忌のかかった飯である。これを死者に供えることは呪的色彩の濃いもので、本来は魂呼び呪法の一つではなかったかとも解釈されている(19)。飯に突き刺す一本箸は、この供物が死者の飯であることを示すと同時に、死者霊の依代的意味もあったろう。藁火・茶碗わりは、出棺させる際に死者の霊魂を追い出し戻ってこないようにするものである。位牌は死者霊の象徴的依代であり、葬式後には供養祭祀の対象となるものである。

さまざまな葬送儀礼全体は、①蘇生儀礼、②絶縁儀礼、③成仏儀礼、④追善儀礼と捉えられ、死の直後に招魂儀礼、これがかなわないと分かると死者との絶縁をはかる鎮魂儀礼、そして早くあの世へ行って成仏させる送魂の儀礼、葬後には霊魂に対して供養を続ける浄魂の儀礼が行われる(20)。こうした一連の儀礼の中で、日本人は遺体に対して愛惜と恐怖の観念を錯綜させつつ、肉体と分離した霊魂を送り祀る儀礼を行ってきたのであった。遺体への恐怖観は、ケガレ・穢の観念やいろいろな禁忌を発生させ、肉体を離れた霊魂は荒魂で鎮魂供養しなければ生者に災いをもたらすとも考えた。真宗は、こうした習俗とその背後にある日本人の信仰を否定しようとしたのである。島根県江津市波子町付近で、

〔事例7〕

死を見ると帰するが如しといふ信念は真宗に多いので、「お招きに預りましてありがたう存じます」といふ。三尊来迎弥陀のお声を聞いて、喜んであの世へ行くのはこの信徒に多い。随って葬儀も頗る簡単で、お経も短い。石見地方では禅宗、真宗が一番多く、法華、真言は比較的少い[21]。

と報告されているのは一つの姿であろう。しかし、ここで注意すべきは、真宗の習俗否定といっても積極的に行われたとは言い難いことである。民俗における葬送儀礼の全体を改変したのではなく、その一部の習俗を脱落させたにとどまっている。それは簡略化したのであって、門徒に対して個々の習俗を再解釈することから新しい真宗的意味づけを行ったとはいえない。

最後に、葬送儀礼において門徒自身が従来の習俗を再解釈して、真宗的に行っている例をあげておきたい。葬式の時に赤飯を出す習俗は宗派に関係なく全国的にみられるものであるが[22]、愛知県尾西市阿古井戸（現・一宮市）では出立ちの食事に茶碗で赤飯を出す。なぜ赤飯を出すかについて、「浄土へお嫁入り」だからだという。また、同八開村（現・愛西市）では「三日の強飯」といって拾骨後に出され、「新しい門出だから祝って出す」のだと説明している。これは、葬式のときになぜ赤飯を出すのかという意味が忘れられ、それでも習俗として行うところから真宗的に新しく門徒自身が再解釈したものであった。葬式に赤飯を出すのは、もともとは贈答慣行の一つで、嫁の

実家がホカイとかダイカイと呼ばれる容器に入れて持ってくるものであった。嫁入りの時にも三日の赤飯を納めると在所元の儀礼は一区切りとなる。そして葬式の時に三日のオコワイを持ってくると付合いは終わる、というものであった。八開村の古老は「赤飯で始まって赤飯で終わる」「三日の骨上げの赤飯でオサマル」ものであったという。凶事にも赤飯を出すことの意味が忘れられたとき、門徒は死は往生であり浄土へ行くのだからということで、習俗の意味を換骨奪胎させて伝承しているのである。真宗の教えによって脱落させたものもあれば、こうした赤飯のような習俗もあり、正に「門徒もの知らず」であった。

註

(1)『真宗史料集成』第八巻、同朋舎、一九七四年、二六五頁。
(2)『琵琶湖総合開発地域民俗文化財特別調査報告書』五、滋賀県教育委員会・一九八二年、五四二～三頁。以下、『報告書』と略す。
(3)『旅と伝説――誕生と葬礼号』一九三三年、八四八頁。
(4)『報告書』四、一八一頁。
(5)前掲『旅と伝説』九二三頁。
(6)『報告書』四、三八五頁。
(7)『報告書』五、四四六頁。
(8)『報告書』四、一八二頁。
(9)浄土真宗本願寺派『宗報』一九八六年三月。
(10)真宗における位牌否定と民俗との関係については、拙著『真宗と民俗信仰』第一章第一節「真宗の民俗性と反民俗性

――位牌と御影にみる祖先崇拝観」（吉川弘文館、一九九三年）を参照のこと。

(11) 註(1)二五六～七頁。

(12)『真宗史料集成』第九巻、四七六頁。

(13) 本願寺史料集成『西光寺古記』、同朋舎、一九八八年、一一九・一二三頁、および註(1)二五五頁。

(14)『西光寺古記』一一七頁、『真宗史料集成』第二巻、七七八頁。

(15)『西光寺古記』一一二頁、同記録の中には他にもいくつか見える。

(16)『真宗史料集成』第九巻、四七四頁。

(17) 同右書、四七六頁。

(18) 同右書、五一一頁。

(19) 井之口章次『日本の葬式』、早川書房、一九六五年、六五～七四頁。

(20) 赤田光男「葬送習俗にみえる蘇生・絶縁・成仏・追善の諸儀礼」（『東アジアにおける民俗と宗教』吉川弘文館、一九八一年）、後に同『祖霊信仰と他界観』に収録。

(21) 註(3)八八五頁。

(22) かつて真宗門徒が葬式に赤飯を出している習俗が紹介されて、これこそが真宗門徒独自の習俗であるかのように論じられたことがある（『ポスト・モダンの親鸞』、同朋舎、一九九〇年）。しかし、宗派に関係なく全国的にあった習俗であったことを知らずに述べられたものであった。葬式に赤飯が出されたことは『旅と伝説――誕生と葬礼』にいくつか報告されている。また小川直之が「贈答の容器」（『民具マンスリー』第二二巻六号、一九八九年）で神奈川県の事例を贈答慣行の問題として述べている。

第三章　名号と御文の民俗

第一節　名号の祭祀形態と機能——道場から寺院へ——

はじめに

「南無阿弥陀仏」という六字名号は、どのように記され、門徒に下付されたのか。そして、門徒はこの名号をどこに祭祀したのか。真宗寺院の調査をすると、名号は本堂余間に掛けられている場合もあるが、その多くは法宝物として巻かれたままの状態で後堂や納戸奥に蔵せられている。一方、門徒の仏壇では阿弥陀如来の絵像本尊の脇掛けとして祭祀されている。一般的に真宗寺院の多くは道場形態から出発し、近世初期から中期にかけて寺院化した。道場が寺院成りし、門徒家にも仏壇が成立してくるという過程の中に、名号祭祀形態の変遷と意味・機能を概観してみよう。なお、ここでは蓮如以前の名号については言及しないことを最初に断っておきたい。

一　蓮如言行録にみる名号と道場

1　蓮如の名号下付

蓮如が生涯においてどれだけの名号を書き、門徒に下付したのか、その数をつかむことはできないであろう。本願寺第九代実如もまた、蓮如に劣らぬ相当量の名号を書き下付したものと推定される。蓮如がどれだけの名号を書いたのか語るエピソードが伝わっているが、『第八祖御物語空善聞書』の、

アル時仰ニ、オレホド名号カキタル人ハ、日本ニアルマシキソ、ト仰候キ。トキニ美濃殿、三国ニモマレニアルヘク候、ト申上タマヘハ、サヤウニアルヘシト仰候キ。マコトニ不思議ナル御事也。（集成二巻四二三頁）(1)

という記録は、蓮如自身が語った言葉として事実であろう。同様な内容が『蓮如上人一語記』にもあって「一又仰ニ、我ホト名号書タル者ハ日本ニ有間敷ソト仰ラレケル」とあるが、三国にもまれであると返答したのは「美濃殿」ではなく「慶聞坊」になっている。いまひとつ、よく知られている話として『本願寺作法之次第』に次のものがある。

一蓮如上人の御時ハ廿五日にハ御精心（進）にて候とみえ候。法然聖人の御命日にて候間、廿四日に太夜、廿五日に日中も御入候歟、御斎まへと被注候事共候。廿五日の御斎前に必名号を、各申されしを、一度に三百幅あそハされたる、と被注候事候。（五八〇頁）

この条文とほとんど同じ内容のものが『本願寺作法之次第』にはいま一か所あって、そこには「然ハ廿八日十八日御斎前にも百幅二百幅名号を被遊たる事ニ候間、実如の御時又同前ニ御入候き」（五六八頁）と加わっている。はたして、御斎前に百幅・二百幅・三百幅と一度に書けたものなのか疑問も残るが、御命日の逮夜あるいは当日に精力的に名号が書かれ、実如も同様であったものと思われる。蓮如の下付した名号の「幅数」については、門徒側の記録として『本福寺跡書』に「无导光ノ御本尊、ウツホ字ハカリ本福寺門徒ニ、明応五年ノ日記ニ十九幅《フク》オハシマス也。墨字ノ御真筆ニ百幅モコソハオハスラン」（六三四頁）とある。本福寺門徒に限ってではあるが、蓮如の名号下付状況を伝えるものであろう。

　本福寺の「方便法身尊号」は上下に『無量寿経』第十八願文や『浄土論』の賛銘を記し、「ウツホ字」と呼ばれた籠文字の十字を中心にして四十八本の光明が描かれている十字名号の代表作である。法量が縦一五六・七×横八六・七センチあって、通常のものよりも縦が三〇センチ、横が四八センチほども大きい。長禄四年（一四六〇）下付であるが、同年のもので滋賀県守山市荒見の聞光寺の十字名号は一二七・〇×四〇・三センチ、同市山賀の慶先寺のものは一二八・六×四〇・五センチ、また寛正五年（一四六四）下付の新潟県佐渡の本龍寺のものは一〇三・六×三八・三センチ、文明九年（一四七七）下付の奈良県吉野町の本善寺のものは一〇六・六×三八・〇センチである。ウツホ字の十字ではないが、上下賛銘付墨書のものでも、本覚寺（福井県吉田郡）のものが一一四・三×三七・四センチ、上宮寺（愛知県岡崎市）のものが一一五・四×三五・六センチである。こうした形態の十字名号は、その裏書に「江州志賀郡堅田馬場之／道場本尊也」（本福寺）、「江州野洲南郡阿伽井性賢門徒／同郡荒見道場本尊也」（聞光寺）などとあるように、間違いなく「道場」の「本尊」であった(2)。大きさ、上下賛銘付、絹本着色、金泥あるいは切箔の名号、蓮台、放光と本尊にふさわしい形態であった。『本福寺跡書』の中で、本福寺の無碍光本尊について「シル谷《タニ》ノ光明ホンヨリハ、ヒロニ、ヲタケナカクアメカシタニ大《ヲホ》キサタクイナクコソハオハシケルナル」（六三四頁）と記しているのをみると、こうした十字名号を下付され本尊として祭祀することがいかに誇らしいことであったか、その一端を知ることができよう。無碍光本尊の下付については、次の話がその下付状況を語っている。

一京都東山大谷殿様ニテ、法住ト大夫ト参テ、祗候申スニ、上様、大夫ニ、无㝵光ノ本尊ホシイカト仰ケルニ、大夫ソノ御事テヲリヤアリ候。御本尊ノ御ワキニ、御カヽリアリタルカ、ノソミテヲリヤアリ候ト申ス。ヤスキ事ヨト、ホエ〳〵ト御ワライアリテ、スナハチ御ウラカキヲアソハサレテ、御付属《コフソク》アリ。于今案置申候ナリ。カノ大夫ハ、坂本シヤウケンシトイフ社人ノ子ヲ、法覚ヤシナイテアルヲ、大夫トイフナリ。ソレヨリカノ子トモヲ、官途ニハ大夫トイフハ、コノイハレナリ。

（『本福寺由来記』六七〇頁）

これによると、「御本尊ノ御ワキニ」に掛かっていた無碍光本尊に裏書をして大夫に付属している。あらかじめ用意したものが何本かあって、望みがあると裏書をして下付する、ということであったのであろうか。しかし、墨書の六字名号と較べるとき、門徒の所望に対する即応性ということでは問題にならなかったことは明らかである。『蓮如上人一語記』に「同堺御坊ニテ、前々住上人夜更テ、蝋燭ヲトホサレ、名号ヲアソハサレ候。其トキ、仰ラレ候。御老体ニテ御手モ振ヒ、御目モカスミ候ヘトモ、明日越中ヘクタリ候ト申候ホトニ、カヤウニアソハサレ候、一日モ堪忍失墜ニテ候間、御辛労ヲカヘリミラレスアソハサレ候」（四六〇頁）とあって、堺御坊にあった蓮如が越中へ下る門徒のために老体にむち打ち夜更けまで名号を書いている。こうした墨書の六字名号の大きさは、普通一貫代といわれるもので、縦が八五センチ前後から九〇センチ前後、横が三五センチ前後のものが多い。中には二俣本泉寺蔵の「つぶらごの名号」のように小幅のものもあり、『蓮如上人仰条々』や『蓮如上人一語記』に兼縁（本泉寺蓮悟）が「アマタ小名号ヲ申シ入シトキ、信心ヲヤルソ〳〵ト仰ラレ候」（四四四頁）と蓮如が言ったという話が載せられている。なお、六字の名号は最初から軸装になったものに書かれたのか、あるいは紙に書かれたものを後から軸装にしたのか、この点については、次の話が参考になる。

一蓮如上人善従ニ御カケ字ヲアソハサレ候テクタサレ候。其後、善ニ御尋候。已前カキツカハシ候物ヲハナニトシタルト仰ラレ候。善申サレ候。表補衣（絵カ）仕候テ、箱ニ入ヲキ申候由申サレ候。其時仰ラレ候。ソレハワケモナキコトヲシタルコト、不断カケヲキテソノコトクニコ、ロネヲナセヨト云ヿトニテコソアレト仰候シト云々。

（『蓮如上人一語記』四六五～六六頁）

無碍光本尊のように最初から用意されていたものに裏書して下付するのではなく、唐紙をいくつかに切ったものに書いて下付したといってよいであろう。『拾塵記』にある名号不思議の話の中で「蓮―上人（永正十年ハカリノ事也）アソハシタリシ四切ノ名号ヲ或人安置シテ」（六〇七頁）とあるが、「四切」とは三百代の大きさのことである。近世初期のころでも「六切之六字」「八切之六字」「六切之十字」という言い方がなされている。

蓮如がどれほど名号を書き門徒に与えたのか、これを物語るいまひとつの有名な話が『拾塵記』の、

一蓮―上人御往生ノ後、大坂御坊アル女房（姓）ノ夢ニ、御坊中ニ南無阿弥陀仏ノ名号ヲカケラル、事充満シテ幾千

万トモナク侍ルトミル。夜明テ是蓮能禅尼ヘカタリ申サル、時、禅尼ノ仰ケルハ、此夢ケニモト知レタリ。蓮―上人ノ御物語アリシハ、自余ノ坊ハ惣門徒ノ志ニテ作ラル、也、此大坂ノ坊ハ蓮―《如》名号ヲ人ノ申サル人ノ御礼ノツモリシヲ以テ御建立ノ御坊也、然ハ今ノ夢尤コトハリ也トソ仰ケル。蓮―上人常ニ此子細御物語アリシヲ、夢ニ付テ蓮能禅尼ノ御物カタリアリシト也。

（六〇七頁）

というものである。大坂御坊は蓮如が門徒に与えた名号の御礼懇志によって建立されたものである、それだけ多くの名号を書いたものだ、ということを述べているが、『本願寺作法之次第』に「一実如の御時ハ、本尊御影の御礼名号御文の御礼中候代物をは別にをかせられ、不弁疲労《ヒラウ》の人を御扶助候し事也。難有事にて候。又よくほとこすへし〱よくたもつへし〱とは経文也、常に蓮如の仰ありし文也」（五七六頁）とある。蓮如は「南無阿弥陀仏」のいわれを説き、信心をやるぞといって名号を門徒に下付したが、その御礼の代物は特別に保管され、施しのために使用されるべきものであったと考えていたのではないか。大坂御坊建立の話は、蓮如の書いた名号の数の多さとともに、また一方でこのことを語っているとも読みとれる。

2 『拾塵記』にみる道場と名号

門徒に下付された名号は、どこに、どのように掛けられ祭祀されたのか。また、六字名号は「本尊」として祭祀されたのであろうか。

『蓮如上人一語記』の「一蓮如上人仰ラレ候。本尊ハ掛ヤフレ聖教ハ読破レト対句ニ仰ラレ候」（四四四頁）という言葉からは、先述した善従（金森道西）のように名号が表装され大事に箱に納められたままの状態ではなく、常に掛けられたり巻かれたりして使用されたことが推察できる。ある一定の場所に『掛けられたまま』でなく、講会など「寄り合い」「談合」の際に名号は持ち運ばれ、その都度、掛けられたり巻かれたりしたのではないか。また、同書の「一他流ニハ、名号ヨリハ木像ト云ナリ。当流ニハ木像ヨリハ絵像、絵像ヨリハ名号ト云ナリ」（四四四頁）という言葉は、真宗における「本尊」形態の変化、つまり名号↓絵像↓木仏という変遷を端的に表現して示している。墨書の六字名号は、どのように祭祀されたのか、文献史料と道場の残存形態の両面から具体的に追ってみよう。

まず、『拾塵記』の次の話をとりあげる。

大永七年十二月廿五夜能登国鳳生《(至カ)》郡ニ鈍打村之内多羅村ト云所一ノ道場ノ主タル入道侍リキ。道慶ト云モノアリ。是モ志フカキ事限ナシ。乱後ナリシカバ常住ノ屋半カコヒ道場トス。或時ノ夢ニ是モ又老上人ヲ見奉。大永七年十二月廿五日夜ノ夢ニ此屋へ光臨カタシケナシト申処、事ノ外ニケムシトソ被仰。尤サコソ御座候覧。柴薪ヲ常ニタク山中為屋ナレハ仰尤ト思テ、本尊以下巻奉ニヲキタルニ、其夜火事出来テ屋悉ク焼也。折節入道ハ隣屋へ行テ侍シカハ、マキ奉本尊名号取出サントスルモ不成シテ悉焼タリケリ。入道歎カナシム所ニ、焼ハテ、ニ跡ヲ見、箱ニ入タル本尊名号ヤケスシテ残、其内ニ大福《(マヽ)》ノ名号一フク別ニ置タルカコト〳〵クヤケニケリ。カナシミテソノ灰斗ヲ取テ箱ニ入置タリシニ、其夜悉小仏トナル。カネハ唐金ノコトシ、五百余ニナル。大ナルハ廿体ハカリ也。タカサ七八分九分ハカリナルモ侍り。其外ハ二分三分一分斗ナルモアリ。皆御頭ノ形アリ。悉前後ノ形座侍り。不思議ノ事ナリ。干今所々へ安置ストイヘトモイマニ小仏悉マシマス也。

（六〇六〜七頁）

『拾塵記』は蓮如の十男である実悟（一四九二～一五八四）の著述にして、正確な成立年代は未詳といわれる。しかし、一応、弘治年間（一五五五～五八）以降で元亀年間（一五七〇～七三）までの間に成立したと考えられている。話の内容は名号奇瑞伝説の一つであるが、ここでは大永七年（一五二七）ころの地方道場の姿と本尊などの祭祀形態の一部が知られる箇所に着目したい。道場主は道慶という人物で、「入道」とあるから地侍的な階層の人であろう。「乱後ナリシカハ」とあるが、四年後には享禄の錯乱といわれる一揆が起こる状況であり、また本山においては大永五年（一五二五）二月に実如が没し、同七年四月には証如が得度をして本願寺の新体制が動き出した情勢であった。道慶の道場は柴薪を常に焚くような山中にあったが、「常住ノ屋半カコヒ道場トス」とあるから、自分の住居半分に本尊を祭祀した道場作りであった(3)。したがって、ムラの惣道場ではなく個人的な家道場形態であったとみられる。「本尊以下巻奉ニヲキタルニ」「マキ奉本尊名号取出サントスルモ」とあることから、おそらく押板形式のところに複数の軸が奉懸されていた。「本尊名号」が「本尊である名号」なのか「本尊と名号」であるのか分かりかねるが、「箱ニ入タル本尊名号ヤケスシテ残」という表現からすれば名号を本尊としていたと解したい。しかし、焼けてしまったが小仏に化したという「大福(マヽ)ノ名号」一幅も別にあり、これは籠文字の十字・九字名号などが考えられるが詳しくは分からない。

『拾塵記』には、名号奇瑞と道場のことについての興味ある話がまだ載録されている。大永七年よりも少し前、永正二年（一五〇五）のこととして、

永正二年ノ春ノ比、賀加(マヽ)国石川郡ハリノ木カクチト云所ニ入道ノ侍リシカ、志フカクシテ道場ヲ年来持タリヲ(シ脱カ)、麁相ナルモイカヽト思、作ナヲシテ尊老上人御筆ノ六字ノ名号ヲ安置シテ、朝暮信仰申シテ懸奉シヲ、仏壇ヲ

モ能シテカケント思志アリ。柱立ヲシテ侍ル夜ノ夢ニ尊老上人ヲ見奉リケル。ソノ夢想ニ云、此道場ヲ作直ン
(ト脱カ)思フ志神妙也、然ハ内ノ作事如此スヘシトヲシヘサセ給フト覚テ夢覚了。
（六〇六頁）

とある。話はこの後、夢告のごとく作事して、ある夜仏前に灯明を上げようとしたところ光明が輝いていた。翌日みると光が名号に付いたままとなっており、二・三日もすると南無阿弥陀仏の六字のうち、「阿弥陀仏」の左方に座像の本尊があらわれ、さらに「阿弥陀仏」の四字を刺し通して右方に光が放たれたという。「南」の字にも別の光が付き、続いて「无」の字にも光が出た。あまりに不思議なことであったので、この名号を本泉寺へ送り、明年には実如へ送った、というものである。ここでは「尊老上人御筆ノ六字ノ名号」、すなわち蓮如の墨書六字名号を道場に安置している。道場は「麁相ナルモイカ、ト思」とあるからそれほど立派なものではなく、「仏檀（壇）」を設けて祭祀しようと柱立てまでしたところに、この夢告と奇瑞が顕れたのであった。この他、『蓮如上人仰条々』にも「一蓮如上人御存生ノ砌、越前国豊原寺ノ麓ニ小黒歟在所名忘候中在所ニ志ノ人蓮如上人御筆ノ名号ヲ所持ス。然ルニ不慮ニ火事ニ屋ヲ焼侍レハ名号モ焼タリ」（四八四頁）の話がある。

いったい、当時の道場がどの程度のものであったのか。能登鳳至郡（現・鳳珠郡）の道慶のように地侍クラスの場合は、屋敷の住居の一部を道場にするかなり大きなものもあったであろうが、普通は二間三間程度の建物であった。堅田の道円が相承した「本福寺門徒真野《マノ》今宿《イマシユク》南ノ道場」は「ハシメハ二間三間ノクスヤ、二三年ノ間風呂ノヤシキニアリツル也」（六八〇頁）であった。『本福寺跡書』には、文明九年（一四七七）ころ、法住が土地を寄進して堅田新在家に御坊を造立したとあるが、最初はやはり「二間三間ノクスヤニ」であり、後に明顕が北郡福勝寺の堂を七十貫文で買って建てたという。本福寺の前姿形態である馬場道場はどうかといえば、「〇馬場道場建立セ

ント思ヒ、明応元年二月ニ、谷口大恩庵ヲ買得セントスルニ、料足不足ニテ不二求一レ得メ其事蓮如上人様御耳ニ入レ申候。為御奉加二十貫文被下ケル。難有拝領ス」（『本福寺由来記』六七三頁）とあり、谷口大恩庵の堂を買得するまではそれほど大きな建物ではなかったであろう。(4)

二　道場と名号

1　穴馬と五箇山の道場

写真６　五箇山相倉の相念寺（富山県南砺市）

さて、次に今日まで残存している道場から名号祭祀の様子をみてみたい。一口に道場といってもさまざまな形態があって、名称は道場・惣道場・立合（寄合）道場・表裏立合道場・毛坊道場・別当道場・辻本道場・下道場・兼帯道場・内道場・家道場・講道場・自庵・看坊・法名元・本尊元等があり、門徒の総意によって成立したものが惣道場、毛坊主が道場主であるものが毛坊道場、民家の一部にあるものが内道場・家道場である。辻元は厨子元の転訛と考えられ、名号や絵像本尊を安置する厨子のある家を意味する。このような道場は、いずれも真宗寺院の前姿形態として捉えられるものであり、消滅しつつあるがいまなお山間の真宗門徒の村に残されている。名号や絵像本尊を祭祀して、道場役・毛坊主・ボンサマ・オ坊サマなどと呼ばれる在俗の宗教者

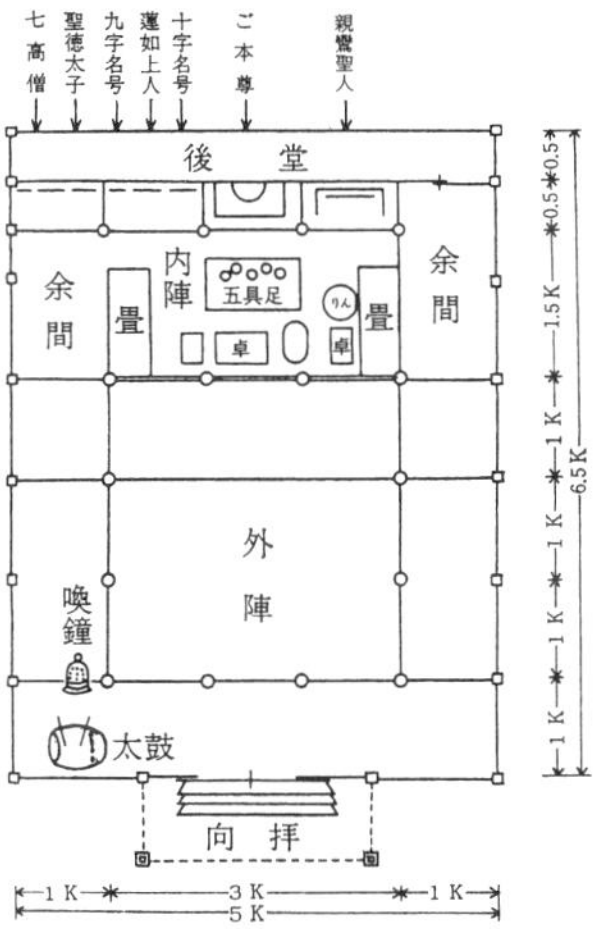

図８　寿川道場配置見取図（『平村史』上巻より）

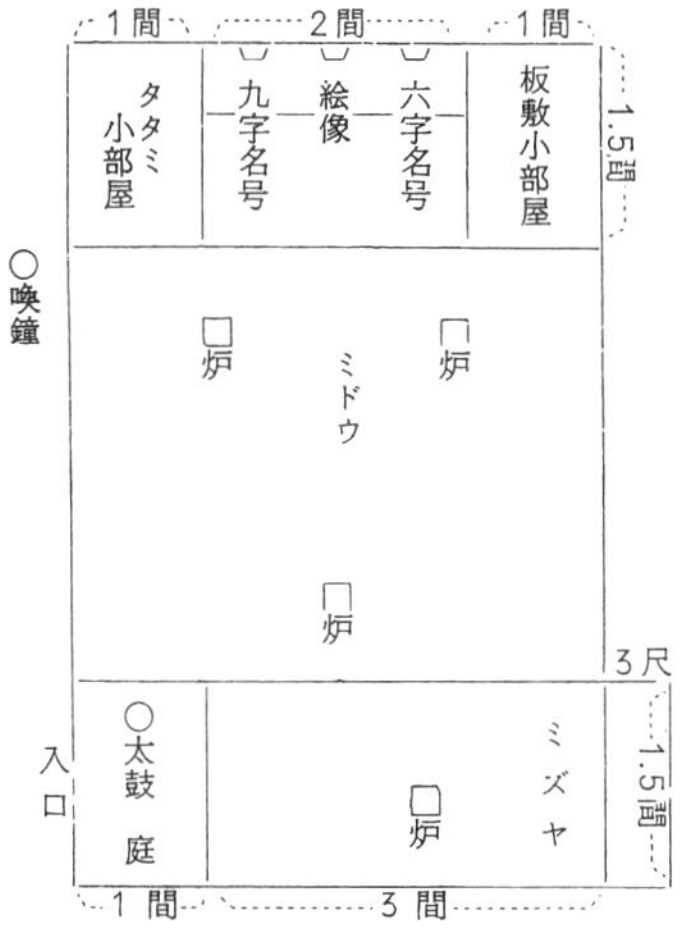

図７　野尻道場平面見取図（『穴馬の民俗』より）

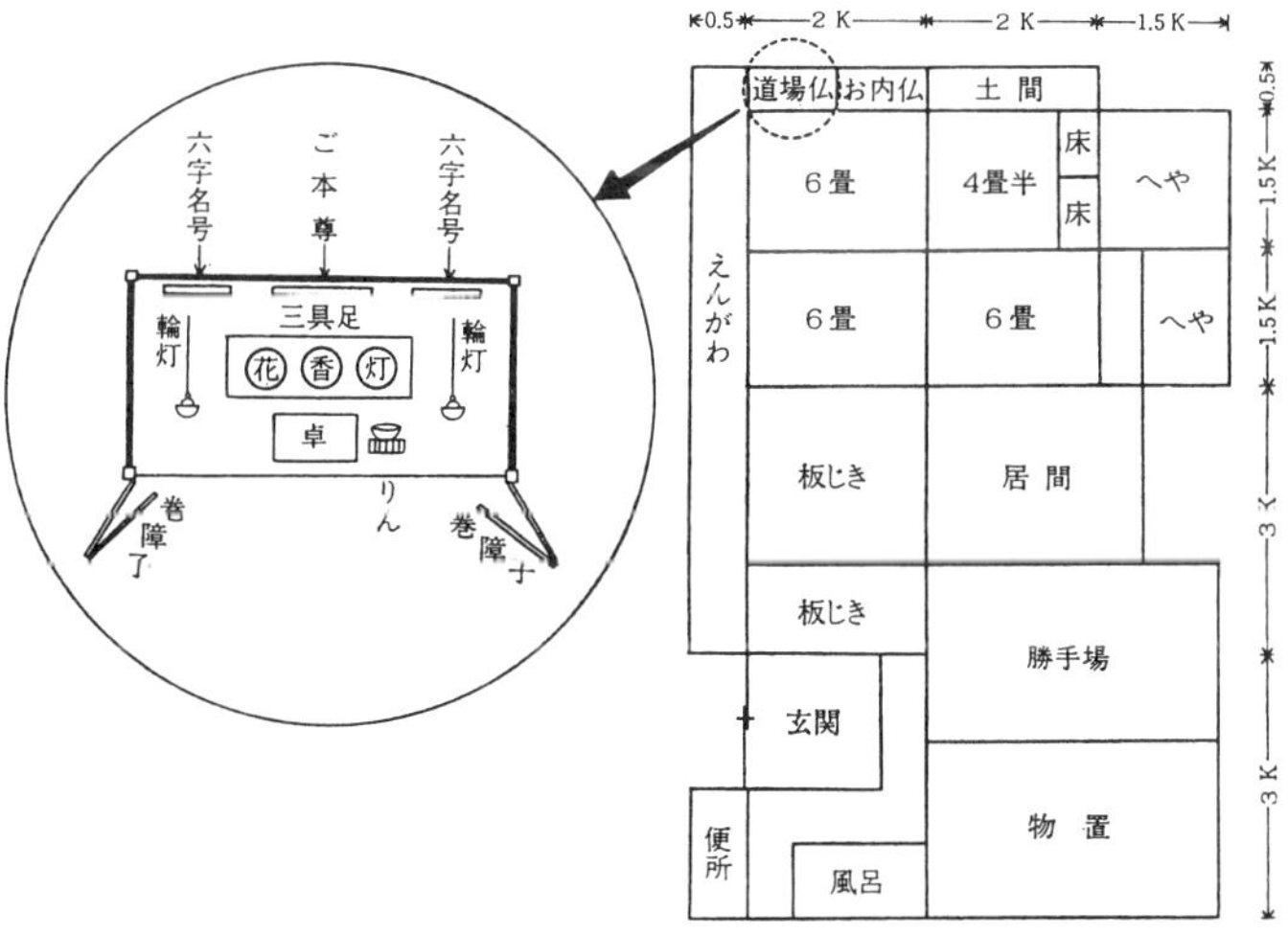

図９　夏焼内道場、北村弥一郎居宅見取図（『平村史』上巻より）

が主宰・管理してきた。(5)

表4は、穴馬(現・福井県大野市)同行の各村道場における本尊祭祀の形態である。ただし、この中の約半分ほどの村と道場は九頭竜ダム建設のために離散・消滅して現在はない。この表の内容は、千葉乗隆が昭和三十六年に調査した貴重な資料に基づいている。(6)道場の本尊祭祀形態をながめると、一部木仏になっているものもあるが、基本的には阿弥陀如来の絵像本尊を中心に安置し、左右に六字名号と十字もしくは九字名号を脇掛けとしていた。参考までに明和九年に再建された野尻道場や五箇山の道場略図(図7・8・9)を掲げておく。これらの名号は、調査時の千葉の判定によれば、その多くが蓮如・実如筆のものであったという。名号の比較研究が進んだ現段階からみると、あるいは異なってくるものもあるかもしれないが、いまは調査時の判定に従っておきたい。絵像本尊は、実如二・証如四・顕如一・達如一、裏書がなかったりして確定はできなかったようであるが「蓮如カ」一・「実如カ」二・「証如カ」一・不明二、という具合である。この中で、市布道場の裏書を示すと次の通りである。

大谷本願寺釈実如(花押)
明応七年戊午後十月十八日
方便法身尊像　野津俣長勝寺門徒
越前国大野郡穴馬一野
願主釈法善

板倉道場	絵像	証如
	九字名号	厳如
	十字名号	厳如
角野道場	絵像	証如
	六字名号	蓮如
	六字名号	実如
朝日道場	木像	達如
	六字名号	蓮如
	六字名号	実如
長野道場	絵像	実如カ
影路道場	木像	達如
	六字名号	蓮如
	九字名号	実如
野尻道場	絵像	証如
	六字名号	証如カ
	九字名号	蓮如
箱ケ瀬道場	絵像	達如
	六字名号	蓮如
	六字名号	実如
持穴道場	絵像	江戸時代
	六字名号	蓮如
	十字名号	江戸時代
上半原道場	絵像	江戸時代
	六字名号	蓮如
	十字名号	一如
市布道場	絵像	実如
	六字名号	蓮如
	九字名号	実如
荷暮道場	絵像	実如
	六字名号	蓮如
	十字名号	顕如カ
下伊勢道場	絵像	証如（天文六年八月）
中伊勢道場	絵像	蓮如カ
	十字名号	室町時代
	六字名号	蓮如
上伊勢道場	木像	
	十字名号	実如
久沢道場	絵像	証如カ
	六字名号	
	十字名号	
貝皿道場	木像	天保十年
	六字名号	蓮如
	六字名号	達如
川合道場	絵像	実如カ
	六字名号	蓮如
上大納道場	光明本尊	室町時代初期
秋生道場	絵像	顕如
	六字名号	実如
	九字名号	実如カ

表4　穴馬各道場の本尊一覧
（千葉乗隆『中部山村社会の真宗』より作成）

越前和田本覚寺門徒越中国利波郡□□保□□願主□□ 越前国和田本覚寺門徒　願主□□	赤尾・山本家
	新屋・道善寺
	漆谷道場 漆谷道場
	夏焼道場 夏焼道場
	皆葎・皆蓮寺
	相倉・相念寺
	相倉・万法寺道場
本覚寺門徒篠塚□□越中国利波郡赤尾椿村願主釈道珍 本覚寺門徒篠塚二郎越中利波郡赤尾椿村願主道珍	椿・聖光寺
本覚寺門徒越中国利波郡上梨内小原村願主釈空了 本覚寺門徒越中国利波郡上梨内小原村願主釈空了	細島・生田家
本願寺門徒飛州白川椿原願主釈□□	小原・高桑家
越中国利波郡西赤尾村□□常住物也願主釈□□ 越中国利波郡西赤尾村□□寺常住物也願主釈□□	赤尾・行徳寺
本泉寺門徒越中国利波郡赤尾之内葛村願主釈□□ 本泉寺門徒越中国利波郡赤尾之内葛村願主釈□□	桂・山田家
本覚寺門徒越中国利波郡五ケ山荒山村願主釈了願 本覚寺門徒越中国利波郡五箇山荒山願主釈了願	細島・生田家
本覚寺門徒越中国利波郡上梨村願主釈円西 本覚寺門徒越中国利波郡上梨村願主釈円西	上梨・円浄寺
越中国利波郡五ケ山内上梨田向村願主釈明善 越中国利波郡五ケ山内上梨田向村願主釈明善	漆谷・石川家
本覚寺門徒越中国五箇山上梨内猪谷村願主釈□□ 本覚寺門徒越中国利波郡五箇山上□□猪谷村願主釈□	猪谷・酒井家
本覚寺門徒越中国利波郡五ケ山利賀谷願主釈□□ 本覚寺門徒越中国利波郡五箇山利賀谷願主釈□□	城端・猪谷家
越中国利波郡利賀村願主釈□□	東中江・平本家
本覚寺門徒〔　　〕願主釈□□	小瀬・山崎家
本覚寺門徒越中国利波郡五ケ山上梨村願主釈□□ 越中利波郡五箇山上梨村願主釈□□	猪谷・図所家

上記の他、『平村史』によれば、永正10年12月５日（婦中町高田家）・永承15年５月28日（平村荒井家）・天文６年４月30日（上平村木本家）・天正２年11月17日（平村地端家）・同年？（平村石谷家）下付の絵像本尊があるという。（千葉乗隆『中部山村社会の真宗』と『越中五箇山三村の民俗』より作成）　＊印は『越中五箇山三村の民俗』の記載

絵　　像　蓮如	延徳元年９月25日 ＊延徳元年９月25日
絵　　像　蓮如頃カ 絵　　像　室町末期 絵　　像　実如カ 六字名号　蓮如 十字名号　蓮如 六字名号　実如	（二幅）
六字名号　蓮如 十字名号　実如	
六字名号　蓮如 六字名号　実如	
六字名号　蓮如	
六字名号　蓮如 六字名号　実如	
絵　　像　実如カ 六字名号　蓮如	
絵　　像　実如	永正６年６月５日 ＊永正６年己巳６月５日
絵　　像　実如	永正９年３月28日 ＊永正９年壬申３月28日
絵　　像　実如	＊永正10年癸酉４月25日
絵　　像　実如 十字名号　蓮如 六字名号　蓮如 六字名号　蓮如	永正10年閏11月27日 ＊永正10年癸酉11月27日 楷書体 草書体
絵　　像　実如	永正14年５月22日 ＊永正14年丁丑５月25日
絵　　像　実如	永正15年５月 ＊永正15年戊寅５月□日
絵　　像　実如	永正 ＊永正　年　月　日
絵　　像　証如	享禄５年４月１日 ＊享禄５年庚辰４月１日
絵　　像　証如	天文５年 ＊
絵　　像　証如	天文６年10月４日 ＊天文６年丁酉10月４日
絵　　像　証如	＊天文６年丁酉10月４日
絵　　像　証如	
絵　　像　証如カ	 ＊天文□□12月□日

表５　五箇山の絵像本尊と名号

実如下付のものであるが、明応七年（一四九八）は蓮如八十四歳のときである。蓮如の六字名号、実如の九字名号が市布道場には伝来祭祀していたので、六字名号が最初に下付されて本尊として祭祀されたとしても、それほど時間を経ることなく絵像本尊と九字名号が実如から下付されたことになる。つまり、六字名号軸だけを本尊として祭祀していた期間は短かったことになる。しかし、旧穴馬の十九道場の中で、蓮如もしくは実如下付の絵像本尊は二本（推定のものも入れると五本）である。[7]やはり穴馬の場合、蓮如・実如期に絵像本尊を下付されたのは一部の道場であり、阿弥陀如来の絵像を本尊とし六字・九字を脇掛けとして祭祀する形態になったのは証如期からといえるであろう。

道場形態がいまなおよく残存している五箇山の場合はどうであろうか。道場ごとにはなっていないが、表5は同じく千葉乗隆や『平村史』『越中五箇山三村の民俗』などから作成したものである。[8]六字・十字名号が蓮如・実如下付、これに対して最古の絵像本尊として蓮如下付の延徳元年（赤尾・山本家蔵）のものがあるが、その他は永正期の実如下付、天文期の証如下付のものとなる。[9]穴馬と較べて実如下付のものが多いのは、「本覚寺門徒」としての展開があったこと、および赤尾道宗との関係からであろう。道宗の遺跡寺院として行徳寺と道善寺があり、もちろん道場から寺院化したのであった。道場時代の法物をみると、行徳寺には実如下付の絵像本尊一幅、蓮如筆といわれる十字名号一幅、六字名号（楷書体）一幅、六字名号（草書体）二幅、正信偈文、道善寺には絵像本尊三幅（室町末期一幅・蓮如頃カ一幅・実如頃カ一幅）、蓮如筆といわれる六字名号二幅と十字名号一幅、そして実如筆の六字名号一幅がそれぞれ所蔵されている。蓮如に直接師事した道宗遺跡寺院でも、確実な蓮如下付の絵像本尊はなく実如下付のものとなる。蓮如筆の六字名号→実如下付の絵像本尊という順であった。六字名号が当初本尊として祭祀されていたとしても、道場の形態が整い本尊と脇掛けという祭祀形態になるのは実如期になってからであり、五箇山の他の道場にあっても実如期から証如期にかけてであった。

穴馬の道場は村の有力者の家に設けられたりして、道場役もその家の主人がなっていたというが、現在ではムラの惣道場として寺院化することなくいたっている。五箇山でも村の有力者が道場役（ボンサマ）になり、相念寺の住職である圖書家は天文二十一年（一五五二）の五箇山十日講連判状以来の系譜を持っている。現在の相念寺本堂は安政六年（一八五九）建立のものであるが、同じ村にある西道場の内陣がそれ以前の圖書家道場のものであるという。有力者の家道場からムラの惣道場へと性格が変化し、同じ「道場」といっても建物も変遷している。穴馬や五箇山などで残存している道場は、古い様式のものでも近世期に再建されたものである。

2　道場の寺院化――照蓮寺と西徳寺――

現在の寺院の中で道場遺構を残しているものとして、最古のものが永正元年（一五〇四）の照蓮寺本堂（岐阜県高山市城山）である。富山県西礪波郡福光町（現・南砺市）の願成寺、滋賀県伊香郡木之本町（現・長浜市）の西徳寺なども古い建築構造を伝えている。(10) 照蓮寺本堂の荘厳は一直線の押板に木仏本尊、左に親鸞御影、右に蓮如絵像、続いて太子七高僧絵像が祭祀されている。親鸞御影は、裏書が「大谷本願寺親鸞聖人御影／釈実如（花押）／明応七年戊午二月十五日／飛驒国白河／照蓮寺門徒牧野常住物也／願主釈明心」とあるものである。太子七高僧絵像の掛かっているところは「絵伝の間」、本堂向かって右の部屋は外陣と同じ高さで「法名の間」と呼ばれている。ところが、照蓮寺法宝物にはこの他、六字名号（草体・蓮如筆）、方便法身尊形・裏書「方便法身尊像／大谷本願寺釈実如（花押）／大永元年辛巳十二月十日／飛州白川郷中野／照蓮寺常住物也／願主釈明心」、正信偈文（蓮如筆）、実如御文一巻などがある。(11) また、中野照蓮寺が天正十六年（一五八八）に高山に引地されて高山別院照蓮寺となって

写真7　西徳寺・正徳3年の復元本堂（滋賀県長浜市木之本）

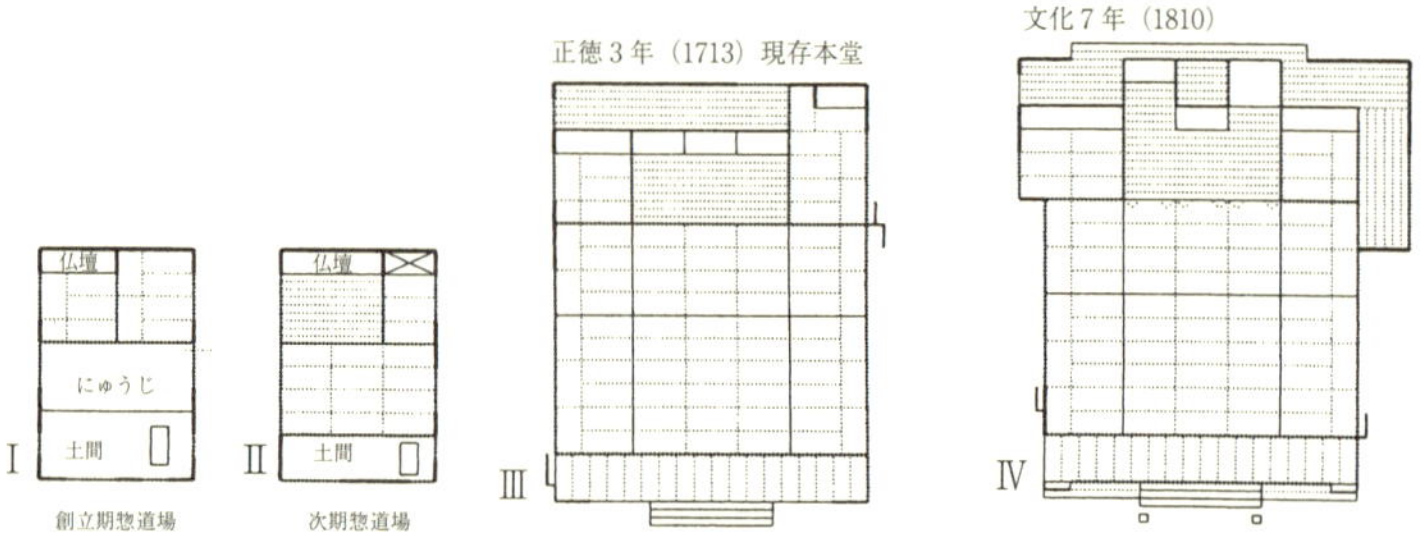

図10　西徳寺道場変遷図（「惣道場西徳寺概要」より）

いるので、現在別院に所蔵されている金泥十字名号（室町初期）・金泥九字名号（もと光明本尊の一部）・六字名号（草書体）・御文（蓮如筆）・正信偈文二幅も、もとは城山照蓮寺所蔵の法物と一具のものであったといえよう。永正元年の城山照蓮寺本堂は、文明七年（一四七五）、内ケ島氏によって焼き討ちにあい廃絶した照蓮寺を再興したものであった。文亀元年（一五〇一）には、十代を継いだ明心が下白川郷飯島から上白川郷中野へ寺基を移し、実如から六字名号を下付されたともいわれている。つまり、伝来してきた法物の中で永正元年以前のものが中野照蓮寺時代のもので、親鸞絵像・六字名号二幅（蓮如筆）・金泥十字名号（金泥九字名号）・御文（蓮如筆）・正信偈文ということになる。金泥十字名号を本尊として、脇に親鸞絵像や六字名号が掛けられていたのではないかということになるが、金泥十字名号や金泥九字名号は流入品の可能性もあり、親鸞絵像も裏書に明心が願主になっているものの「照蓮寺門徒牧野常住物也」とあるように、中野照蓮寺の内陣に掛けられたものか疑問がある。やはり本尊は蓮如下付の方便法身尊形であったのではないか。というのは、ちょうど中野照蓮寺が廃絶していた文明七年から永正元年までの間、飛騨に蓮如・実如が下付した方便法身尊形が二十三幅もあるからである。当然、中野照蓮寺にも下付されていたはずであり、六字名号と一緒に祭祀されていたと考えられる。大永元年（一五二一）の実如裏書絵像本尊は、永正元年（一五〇四）に再建した本堂のために再度下付されたものではないか。いずれにしても照蓮寺の現本堂は再建されたものであった。はやくに「寺院」となり、道場と寺院の中間形態が照蓮寺なのであろう。

道場が寺院化し、名号や絵像本尊中心から現在のような木仏本尊を中心とするような祭祀形態の変化を西徳寺を事例にしてみてみよう。西徳寺をとりあげるのは、建物の変遷や法宝物の下付年代、史資料がよく残されていることによる[12]。西徳寺には現在、正徳三年（一七一三）の茅葺き本堂が建っている（図10Ⅲ）。桁行九間、梁間六間、入母屋造、妻入りである。昭和六十一年に、湖北地方の惣道場形式の遺構を残す真宗本堂建築の代表として重要文化財に指定された。正徳三年に建立された後、元文五年（一七四〇）に向拝の新設、文化七年（一八一〇）に出仏壇型式・内外陣境の障子引違を双折金障子にするなど四度の改造がなされたが（図10Ⅳ）、それをいま一度もとの復元本堂にしたのであった。道場の特徴を示すものとして、内陣と西余間が上段で拭板張と畳敷であるのに、東余間は上段でなく外陣と同高の畳敷となっていることが挙げられる。また、内陣後方に二つ並んだ仏壇と、西余間に間口一間半の仏壇が設けられていることも道場時代の跡である。こうした建物の変遷の中で、本尊などの祭祀形態はどのように変化したのか。西徳寺の法宝物には次のものがある。

①六字名号　一幅　八八・八×三三・八　草体　蓮如筆
②方便法身尊形　一〇三・三×四四・三　総高七四・五　像高五五・七　肩幅一六・三　裏書「方便法身尊形／本願寺釈教如（花押）／江州伊香郡赤尾村／願主釈教善」
③方便法身尊形　一幅　惣仏　裏書なし　教如下付といわれている　総高四四・二　像高三二・四　肩幅一〇・二
④阿弥陀如来絵像　一幅　恵信仏　総高四六・〇　像高三五・七　肩幅九・三
⑤木仏寺号御免書　「寛永六年三月廿八日　松尾左近」
⑥木仏裏書　「木仏尊像／釈宣如（花押）／寛永六己巳暦暮春廿八日／江州伊香郡赤尾村／西徳寺惣道場物」
⑦親鸞絵像　寛永十六年（一六三九）下付　宣如
⑧蓮如絵像　正保二年（一六四五）下付　宣如
⑨太子・七高僧絵像　太子判読不可　七高僧・承応三年（一六五四）下付　琢如
⑩絵伝裏書　一如　御免書には貞享四年（一六八七）五月十六日

こうした法物記録から、西徳寺は寛永六年（一六二九）に木仏本尊と寺号免許となって道場から寺院化したことが分かる。以後、寛永十六年（一六三九）に親鸞絵像、正保二年（一六四五）に蓮如絵像、承応三年（一六五四）に太子・七高僧絵像と下付されて五尊仏が揃い、貞享四年（一六八七）には御絵伝まで下付された。そして、木仏本尊をはじめとする内陣荘厳の諸絵像が完備したところで、現在の復元本堂の建立となったのであった。では、この正徳三年以前の道場はどのようなもので、本尊祭祀形態はどうであったのか。所蔵文書の中に宝永六年（一七〇九）の「定」という記録があり、その添付図に「三間ニ五間道場」とある。この文書は、旧来の居宅が手狭になったので惣中が相談して、もと天台宗寺院があったという養泉寺屋敷（阿弥陀堂屋敷）を西徳寺に寄進したものである。つまり、この「三間ニ五間道場」の建物が正徳三年以前の道場であり（図10Ⅱ）、寄進された養泉寺屋敷に建てられたものであった。なお、旧地は現在地よりも五〇メートル西南の位置である。なお、図10Ⅰは、Ⅱ以前の民家様式初期と考えられる推定図である。

寺の伝承によれば西徳寺の草創は、文明五年（一四七三）、蓮如北国下向に際して磯野種秀が帰依して道場を開いたという。法物①の六字名号はこのときに下付されたものと伝える。阿弥陀如来の絵像は三幅（②③④）伝来しているが、この中④は真宗系のものではない。②の絵像本尊には教如の裏書があって石山合戦の論功により下付されたといわれている。表の阿弥陀如来像の像高が五五・七センチ、肩幅が一六センチもあって教如期のものと較べると像容が大きく、あるいは裏書のない③方便法身尊形の裏書が②に間違って貼り付けられているのかもしれない。しかし、石山合戦における恩賞として下付された特別な絵像本尊としてみれば、こうした形態は他にもあるので寺の伝承の通りと考えることができよう。つまり①の六字名号が流入品でないかぎり、「三間ニ五間」の道場には、この六字名号と方便法身尊形が掛けられ祭祀されていたはずである。しかし、寛永六年に木仏が下付され、続いて親鸞・蓮如・太子七高僧絵像が下付されると、名号と絵像本尊の掛ける場所はなくなってしまったに違いない。それから、法宝物一覧には掲げなかったが、西徳寺住職家「お内仏」の九字・十字名号が宣如染筆のものである。木仏本尊や親鸞・蓮如絵像も宣如下付であるので、この時期が家道場から惣道場へと変化した分岐と捉えることができる。

三　寺院化と名号

道場はいつごろ寺院化していったのか、その中で、名号はどうなっていったのか。すでに前項において照蓮寺や西徳寺の具体的事例を追ってみたが、ここでは近世初期における教団全体の動静の中に確認してみたい。

『申物帳』の分析によれば、寺号免許の全般的動向は、元和（一六一五～一六二四）末期に一度ピークになり、そして寛永（一六二四～一六四四）期に次第に減少しながら正保・慶安年間（一六四四～一六五二）に最低となる。しかし、承応（一六五二～一六五五）からまた増加しだし、寛文（一六六一～一六七三）中期には元和期のピークをしのぐ増加となったという。大桑斉は、この理由について次のように説明している。寛永期は中世土豪の系譜を持つ大百姓が分解・没落し始めた時期で、それまで一族一門の菩提所として屋敷内にあった辻本看坊形態の道場が自立して寺院化した。それは幕藩制成立による小農民自立策と関係しており、寛永期のきびしい収奪は坊主と百姓という未分化の状態であった道場と道場主が、寺院化して坊主一本になるか百姓になるかという選択を迫られたのであった。この時期、まだ「檀家」は成立していない。寛永期の寺号免許が頭打ちになったのは、こうした辻本看坊道場の自立化がピークを超えたことを意味している。これに対して、承応以降の増加は新たに成立してきた小農民を経済的基盤として、近世の平均的本百姓群が精神的紐帯として開創した惣道場が寺院化をはかった時期であったという。また、寛永時は大百姓的様相の寺院と小百姓的道場が併存し、大百姓の自庵としての寺院が村の惣百姓持ちの村惣堂＝惣道場に転換することもあった(13)。こうした指摘は、近江湖北の一寺院である西徳寺の道場が寺院化していく姿を重ね合わせると、よく理解できるところであろう。

道場が集中して寺院化していく一六〇〇年から一六五〇年ころまでの半世紀は、「名号」にとっては内陣に掛けられることもなくなり、次第にその宗教的役割・機能を終えて忘れられていく分岐点であった。図11は、尾張の真宗寺院四四〇か寺の中、阿弥陀如来の絵像と木仏本尊の下付年代をまとめたものである(14)。方便法身尊形は、蓮如一四・実如五四・証如三五・顕如一九・教如一六・宣如二一で、以後は下付されることが少なくなっている。

これに対して、木仏本尊は顕如二・教如六・宣如一五七・琢如一五・常如九六・一如二八で、以後減少している。「御木像よりは絵像、絵像よりは名号」といわれるように、道場から寺院へという真宗寺院の一般的成立形態がこの表の中に見て取れる。図11には表していないが、蓮如下付とされている六字名号が四八本ある。蓮如・実如・証如・顕如といった十五世紀後半から十六世紀にかけて創建された道場が、宣如（一六〇四～一六五八）から常如（一六四一～一六九四）にかけてのころに木仏・寺号許可となって寺院化したと推定できよう。宣如による木仏本尊下付が一五七と一番多く、琢如（一六二五～一六七一）になって急減してまた常如で増えている。これはいろいろな理由が考えられるが、一つに琢如の在職年数が少なかったこと、そしていまひとつ大きな理由として常如代の延宝五年（一六七七）に七六点もまとまって下付されていることである。本山側における何らか

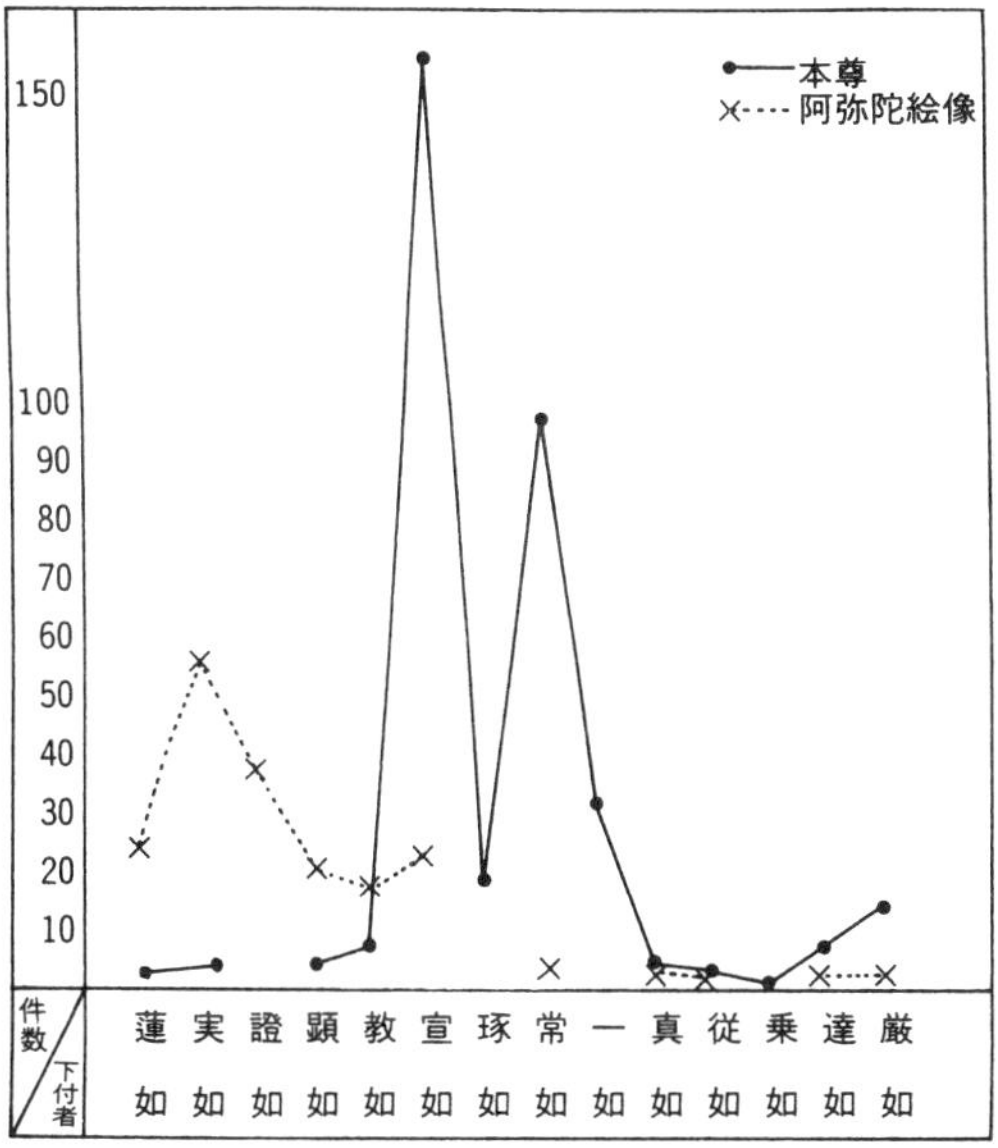

図11　阿弥陀絵像と本尊の下付

の事情から、琢如代に下付されるはずであったものが、遅れて下付されたのであろう。したがって、宣如の時代が寺院化の最高ということには変わりがないが、それ以後、常如あるいは一如のころまでなだらかな減少推移をとったものと図11のグラフを見るのが正しい。そして、このような尾張における道場の寺院化という状況は、『申物帳』の分析とほぼ一致しているといえよう。「名号」からいえば、絵像本尊が下付されてくる中で脇掛けとなり、木仏本尊下付と寺号免許という近世真宗寺院の成立過程の中で祭祀する場所さえなくなってしまったのであった。もちろん、一部の寺院においては余間などに掛けられているところもあるが、全体的にみればごくわずかである。

近世において名号は下付されることがなかったのか。確かに一般末寺寺院に下付されることはほとんどなくなってしまったが、今度は門徒に対して盛んに下付されていった。門徒家の「仏壇」祭祀に対しての名号下付である。一般的な仏壇や真宗仏壇の成立過程については、まだよく分かってないが、愛知県一宮市の正福寺所蔵『門徒本尊控帳』を分析すると次のことが知られる。この史料は正福寺住職が門徒宅の本尊を調べて寛永二年（一六二五）に書き上げたもので、年代的には大永四年（一五二四）から元禄十五年（一七〇二）までの絵像本尊を中心とした裏書が記録されている。記載型式は、

本願寺釈教如
上宮寺下
正福寺門徒
願主道和
方便法身尊形
御文廿九通

教如判
六字一幅　　　イチエ
善兵

という書き方で、方便法身尊形九三点、親鸞絵像二点、蓮如絵像二点、教如絵像二点、木仏本尊一点、名号一点、持仏堂祝三点、合計一〇六点が記録されている。この中で、方便法身尊形九三点の下付をみると実如一、証如八、顕如三、教如一三、宣如三〇、琢如四、常如一一、一如二二、真如一である。宣如代（一六一四～一六五三）に本尊下付されたものが多く、ついで一如代（一六七九～一七〇〇）下付となっている。寺院の場合は宣如から常如代にかけて木仏本尊が下付されていたが、門徒にあっては仏壇の本尊は絵像であった。そして、史料記載における件数としての名号は一点であるが、方便法身尊形などの注記には同時に祭祀されていた名号のことが記されている。例えば、宣如下付の絵像本尊には宣如判の御文二九通、六字名号が備わっていた。注記には「新門様ノ　御名号二幅寛永廿暦未九月十八日岩井　六字ニハ蓮華有、一幅ハ九字　コセ　勝右衛門」とある。六字名号二幅が脇掛けであったり、「八切之六字一幅」とあって片方のみの脇掛け、あるいは名号を本尊としているものもあったことが判明する[15]。このように、近世寺院成立の中で、名号は門徒の仏壇脇掛けとして祭祀されることになるのであった。

おわりに

以上、蓮如による名号下付の様子を言行録を手がかりに探り、門徒に下付された名号が道場に祭祀される形態を絵像本尊との関係から確認した。さらに、この道場が寺院化していく過程の中で名号が祭祀されなくなっていき、ついには近世の門徒仏壇脇掛けとなったことを指摘した。全国各地に六字名号を中心として多くの名号が伝えられてきた。しかし、考えてみると単独で名号が本尊として祭祀されていた「名号の時代」は、意外に短かったのではなかろうか。名号と同じように大量に下付された方便法身尊形の比較研究を待たねばならないが、蓮如在世中すでに絵像本尊は下付されだしているし、実如代にはさらに増え、証如・顕如へと続いていった。すると「道場の本尊」は、すぐに名号から阿弥陀如来の絵像にとって代わられたはずである。実如下付の六字名号や九字・十字名号もその脇掛けとしての意味であったろう。いい換えるならば、本尊としての名号下付と意味は、蓮如その人と非常に強く結びついていて、蓮如在世中こそが「名号の時代」ではなかったのか。各種の名号奇瑞伝説が生まれたのも蓮如その人に関わってのことであり、また実如が下付した名号まで「蓮如筆」といい伝えられてきた理由もここにあるのであろう。

註

（1）『真宗史料集成』第二巻（同朋舎、一九七七年）。当史料集からの引用は、以下本文中に頁数のみを記して省略する。
（2）同朋大学仏教文化研究所編『蓮如名号の研究』（法藏館、一九九八年）「十字名号」の章、および『真宗重宝聚英』第一巻「名号本尊」（同朋舎、一九八八年）参照のこと。
（3）国立歴史民俗博物館に随照寺（石川県鳳珠郡穴水町）の復元模型が展示されている。桁行九間、梁行六間、茅葺き、平入りで建物内部の半分が道場型式になっている。
（4）明応元年（一四九二）に大谷大恩庵を買得した道場は、五間四方の堂で、本尊を祀る二間押板の間、御開山御影を祀る二間押板の間、そして一間の御簾の間であったと推定されている。櫻井敏雄「浄土真宗本堂の成立過程」上・下（『仏教芸術』一〇二・一〇四号、毎日新聞社、一九七五年）、および同『浄土真宗寺院の建築史的研究』（法政大学出版局、一九九七年、四一頁）に「堅田御坊推定平面図」があり参照のこと。

（5）千葉乗隆『中部山村社会の真宗』（吉川弘文館、一九七一年）、同『真宗教団の組織と制度』（同朋舎、一九七八年）、同「毛坊主の村」（『日本宗教史論集』下巻、吉川弘文館、一九七六年）、森岡清美『真宗教団における家の構造』「一『辻本』考――近世真宗寺院の存在形態」（御茶の水書房、一九七八年）、同「毛坊主と村の道場」（『聖と民衆』仏教民俗学大系二、名著出版、一九八六年）。

（6）前掲註（4）千葉乗隆『中部山村社会の真宗』第三章「越前穴馬同行」、他に『穴馬の民俗』（福井教育委員会、一九六六年）参照。

（7）川合道場を一九九六年十二月に調査した。絵像本尊を中心にして向かって左に九字名号（厳如）と蓮如絵像、右に十字名号（厳如）と顕如絵像（客仏）が祭祀されていた。絵像本尊には裏書がなく、かなり補修がされていたが、阿弥陀如来像の像容からは実如下付のものではないかと判断された。このように、他の道場絵像本尊もはっきりと年代確定できないようである。

（8）『平村史』上下巻（平村、一九八五年）、越中五箇山民俗資料緊急調査報告書『越中五箇三村の民俗』（富山県教育委員会、一九七一年）。

（9）五箇山の絵像本尊裏書には、傷んでいて判読が困難なものがいくつかある。行徳寺の裏書も実見したが、表に掲げたようにはなかなか読みとれなかった。行徳寺などのように寺院化したところは別にして、個人蔵の絵像本尊はかつて移動があったものと思われる。

（10）前掲註（4）櫻井敏雄「浄土真宗本堂の成立過程」上・下、同「建築史からみた真宗道場」（週刊朝日百科『日本の歴史』二六・一向一揆と石山合戦、一九八六年）、前掲同『浄土真宗寺院の建築史的研究』。草野顕之・西田真因・仁科和志

『大谷派の荘厳全書』（四季社、一九九四年）参照のこと。

（11） 同朋大学仏教文化研究所調査史料による。照蓮寺の歴史について詳しくは『高山別院史』、『重要文化財照蓮寺本堂移築修理工事報告書』を参照のこと、『高山別院史』には飛驒の真宗道場についても整理されて掲載されている。三本昌之氏の御教示をうけた。

（12） 『重要文化財西徳寺本堂修理報告書』（滋賀県教育委員会、一九九三年）参照のこと、一九九五年十一月調査。

（13） 大桑斉『寺檀の思想』（教育社、一九七九年）五七〜九六頁。

（14） 拙稿『名古屋別院史』第三章第三節「末寺の発展と動向」（真宗大谷派名古屋別院、一九九〇年）。

（15） 詳しくは拙著『真宗と民俗信仰』第一章第四節「オソーブツと真宗仏壇の成立」（吉川弘文館、一九九三年）を参照されたい。

第二節　御文と門徒伝承――御文から御消息へ――

はじめに

「御文拝読」ということは、真宗にとって、また門徒にとってすぐれて類型的かつ強力な行為伝承であり言語伝承である。全国各地のごく普通の門徒家の仏壇に必ず御文が備えられ、その御文が中世末から近世初期に本願寺法主から下付されたものであったりすることも珍しくない。門徒の村々を調査していると、現在の仏壇よりも古い御文が残っていたりすることが多く、門徒は「御文」とはいわず「御文様」と呼んでいる。真宗以外の人々にとってなかなか理解しがたいが、門徒は朝夕の勤行後に御文を四百年近くも家々で読み続けているのであり、勤行と御文拝読が済まなければ食事をとることができなかったというところもあった。真宗門徒の宗教生活において、正信偈とともに御文のはたした役割は、今日のわれわれが考える以上に大きい。それでは、門徒は御文をどのように読んできたのであろうか。「拝読」という行為が時代を超えて繰り返し受け伝えられてきたとすれば、それを伝承させた力は何であったのか。

本節では、御文を製作した蓮如から後、つまり実如・証如・顕如そして近世における御文と御消息「拝読」の流れを概括的ではあるが追ってみる。『五帖御文』が編纂され、開版されて門徒に下付されていったが、巻子装御文の下付と拝読聴聞ということは、近世における御消息下付と拝読聴聞ということに変化し受け継がれていったのではないか、ということを考えてみたい。「御文と御消息拝読の民俗」にも触れてみよう。その中に、「拝読」「聞く」「声」という伝承の力と宗教的意味の一端を捉えてみたいのである。

一　巻子装御文と五帖御文

蓮如による御文製作は歴史的事実として誰しも認めることであるが、『五帖御文』の成立に関しては諸説ある。(1) 本證寺本『五帖御文』によって実如編纂説が再び有力となったが、ここで着目したいのは実如・証如・顕如による巻子装御文である。実如によって『五帖御文』が編纂されたとしても、また証如によって『五帖御文』が開版されたとしても、教如あるいは准如によって本願寺が近世教団として出発するまでは巻子装などの「証判御文」が主流であり、門徒の前で実際に拝読されていたのではなかろうか。

真宗寺院を調査していると、御文の残存形態は一様ではない。次に掲げるのは、現在の真宗寺院の中に伝来されている御文残存形態の事例である。(2)

●聖徳寺（愛知県名古屋市）
1御文　袋綴四帖　二六・四×二〇・九　実如証判　①三九②三九③四八④四五丁
2御文　巻子装一巻　二六・二×一八・〇（一紙）　六紙　実如証判　極書一紙有
3御文・御俗姓　巻子装一巻　縦二四・六　別筆朱書入有　巻末に朱「実如上人真筆也」とある
4御文四通　巻子装一巻　縦二四・五　八紙
5御文　袋綴五帖　二六・七×一九・〇　常如判　①四三②五一③四六④五三⑤四〇丁　朱点入　「延宝五極月三日／柳洞院／律師頼元（花押）」
＊他に教如書状（巻子装一巻）、宣如書状四通（掛幅、もとは折状や竪紙）、琢如上人書状二通（掛軸、もとは折状）、達如上人御消息（仮袋綴一冊）、厳如上人消息（巻子装一巻、七紙継）

●専福寺（愛知県岡崎市）
6御文三通　写本一軸　巻子装　縦一行二〇字前後（第四帖第九通　第五帖第五通　第四帖一一通）末尾に実如証判
7御文一通　写本一軸　巻子装　縦一行一八字前後（第四帖第九通）末尾ニ実如証判
8御文一帖目　写本一冊　墨付四四丁　二七・六×二一・六　一面七行一九字前後　外・内・尾題ナシ　巻末ニ証如判
9御文抜書　写本一冊　袋綴　墨付五七丁　遊紙二丁　二七・三×二一・三　一面七行一九字前後　外・内・尾題ナシ　本文末ニ「釈実如（花押）」ノ貼紙アリ　遊紙一丁目ウニ「御文抜書一帖　教如上人御

筆」遊紙末丁オニ「未二月廿七日五十五丁」等トスル極札アリ　同ウニ「三州額田郡岡崎専福寺
常物也」ト直筆

＊抜書とある如く、御文一帖目第六、七、一〇、一三、一二通、第二帖目の第一〇通、第三帖目の第二、三、五、九通、第四帖目の第二、四、五、六通、第五帖目の第二二通の一五通が書かれてある。第一帖目の第一三通と第一二通とは配列が逆転している。

●光徳寺（岩手県花巻市）

10実如証判御文　袋綴一冊　二六・七×二〇・七　五一丁　二四通　布表紙　「六ケ条」「毎年不欠」「当時世上」「夫中興以来」「秋去リ春去リ」「末代無智」「夫八万」「在家尼女房」「男子モ女人モ」「信心獲得」「五濁悪世」「五劫思惟」「当流ノ安心」「聖人一流」「御正忌ノウチ」「当流ノ安心」「南無阿弥陀仏」「弥陀如来ノ本願」「白骨」「当流聖人」「一切ノ女人」「当流ノ安心」「当流勧化」の内容

11証如証判御文　巻子装一巻　縦二五・六　継紙九紙　六通　「他力信心ノヲモムキ」「末代無智」「夫八万」「信心獲得」「聖人一流」「白骨」の内容

●称念寺（宮城県仙台市）

12帖外御文　巻子装一巻　縦三五・四　「証如上人御筆跡」下絵料紙　界線銀（界高三一・四）　全一一通を収む、最初明応六年十一月廿五日、最後文明九年十一月初比　料紙（三五・四×四八・五）一一枚を継ぐ

13実如証判御文　巻子装一巻　縦二五・九　全五通　もと袋綴本を広げて貼る

これまで御文の調査に関しては、それほど注意がはらわれてこなかった。書誌の取り方が統一しておらず、写真撮影においても簡略にされていたといってよかろう。いま掲げた事例は比較的詳しく調査したものであるが、検討するとなると御文の内容・筆跡など分からないものがある。それでも、いくつかの問題が指摘できる。まずあげられるのは、一寺院だけをとってみても何種類かの御文が伝来されてきたことである。聖徳寺には実如証判の袋綴四帖、実如証判の巻子装一巻、御俗姓一巻、御文四通の巻子装一巻、そして常如判の袋綴『五帖御文』という五種類の御文が存在している。専福寺には実如証判の巻子装御文が三巻、証如証判のある『五帖御文』の中の一帖目一冊、そして袋綴の御文抜書写本一冊である。光徳寺には実如証判の袋綴一冊と証如証判の巻子装一巻、称念寺には「証如上人御筆跡」という帖外御文一巻と実如証判の巻子装一巻、という具合である。もちろん、こうした寺院は由緒来歴があって他にも注目すべき法物を伝来している地方有力寺院であり、他の一般末寺寺院が同様に御文を何種類か伝来しているとはいえない。また、五種類の御文を蔵する聖徳寺にしても、実如証判のある袋綴四帖（No.1）は『五帖御文』の内二帖目を欠く四帖本で、本来一部のものでなく寄せ集め本の可能性があり、ある時期に流入した御文とも考えられる。(3) したがって、寺院に現在何種類かの御文が所蔵されていても、それらがすべてその寺院に下付されたものともいい切れない。しかし、いってみればこうしたさまざまな形態・内容の御文残存の仕方が、『五帖御文』以前の御文普及のあり方を物語っているのではなかろうか。

実如・証如証判御文の形態には、袋綴と巻子装が多く、粘葉綴のものも一部にある。例えば次の通りである。(4)

●真楽寺（神奈川県小田原市）

14御文　粘葉綴一冊　二六・五×二一・一　布表紙　第二帖六より　証如証判

●万福寺（山梨県山梨市下栗原）

15御文五帖　粘葉綴　鳥の子　第一帖（二七・六×二一・五）第二帖（二七・六×二一・四）は証如上人直筆、第三帖（二七・七×二一・二）第四帖（二六・九×二一・一）第五帖（二七・八×二一・二）は実如直筆

●福正寺（山梨県大月市）

16御文五帖目　粘葉綴一冊　写本　二五・九×二〇・八　三四丁　実如証判「ソレ在家ノ女房タラン」「抑男子モ女人モ罪」「信心獲得ストイフハ」他

寺院調査の中で御文をみていくと、実如・証如・顕如証判の『五帖御文』一部のものはまず末寺寺院には残っておらず、あっても『五帖御文』中の一冊が袋綴あるいは粘葉綴で伝来している状況であり、こうした冊子装の多くは「取り混ぜ」御文の内容が多い。本證寺本の実如判『五帖御文』があり、また大谷大学蔵や鷺森別院蔵の証如判『五帖御文』が存在しているとしても、一般的にはまだ普及していなかったとみるべきであろう。こうした中で、巻子装御文のはたした役割が大きく、門徒の前で実際に拝読されたのはこれではなかったかと推測される。巻子装のものは縦二五センチ前後の紙を六紙・八紙・九紙と継いで二・三・四・五・六通などと収載している。そして例えば専福寺の実如証判御文（№6）には第四帖第九通・第五帖第五通・第四帖第一一通の三通、光徳寺の証如証判の巻子装御文（№11）には第二帖六・第五帖一・二・五・一〇・一六通といったように内容的にも読みやすいものが採録されている。もちろん一通の巻子装（№7）もある。事例に掲げていないが、八尾慈願寺蔵の証如証判巻子

装の御文は「女人」ばかりのもの五通（第五帖七・一四・一七・二〇、第四帖一〇）が採録されている。そして第四帖一〇通は切断されたのか途中までで終わっているが、その他のものの末尾にはそれぞれ証如の証判がある。[5]もとは一通ごとにあったものをこのような巻子装にしてつなげたものであろう。ここには御文を拝読させていこうとする目論見と、聴聞対象者を限定した意図がみてとれる。一般的には、末寺坊主などの所望によって下付されたとみられる。

ところで、こうした冊子装や巻子装の御文は、どのように書写されどんな体裁で下付されたのであろうか。蓮如の場合には自筆が六〇通残っており、その中には反故紙や不統一な料紙を使用した手控え的な性格のものや、掛軸用の料紙を使用したものがある。[6]実如以降になると、証判はあっても本文自筆のものはなかなか確定できず、筆跡を比較すると何人かの手があって「本願寺書所」で書写製作されたようである。[7]そのとき、料紙に書写し、

一実如上人仰ラレ候。皆御文ヲ聴聞申ニ感シ申サヌハウカ〳〵ト聴聞申カ、ト御不審ニ思召候。マタ御免ナサレ候御文ノ料紙モ表紙モヤフレ候ヲエマイラセテ、又アタラシク望ミ申人モヲリナケレハ細々御文ヲ聴聞申コトモナキカト、コレモ御コ、ロモトナク思召候、ト仰ラレ候キ。

（『栄玄聞書』五九一頁）[8]

などとあることからすると、装丁がなされて下付されたと思われる。冊子装なども多くの場合料紙に書いてから綴じられたのであろう。詳しい点数は未定であるが、当時大量に下付された絵像本尊と同じく、冊子装や巻子装の御文もかなりな数下付されており、「書所」における専門職がいなければ対応できなかったはずである。御免された御文は、料紙も表紙も破れるまで読まれるもの、とされていた。残存する巻子装御文を調査すると、多くのものに

手垢と磨耗が確認でき、繰り返し拝読されていたことを示している。

二　御文と御消息

蓮如によって製作された御文は、実如代には『五帖御文』として編纂され、さらに証如によって開版された。しかし、『五帖御文』にとって実如・証如・顕如期は過渡期であって、編纂成立はしたが　般末寺や門徒にはいまだ普及しておらず、単帖の冊子御文や巻子装の御文が内容不統一と併せて混在していた。そして、近世になって御文は『五帖御文』に収斂され門末に普及していくが、ここで忘れてならないのが「御消息」であり、御文→御消息へという流れである。御消息とは、真宗内にあっては歴代宗主が在職期間中に発給する「書状様の法語文書」であり、「仏教の教義や信仰のあり方について、発給者が仮名混じりの文体で簡明に表現した書状様の法語文書総体」のことである。[9]「御書」あるいは「御勧章」などとも呼ばれてきた。御消息そのものの書誌学的検討と定義については、御文の書誌学的問題と同じくその性格と相俟って論じられなければならないが[10]、いまその用意はない。ここでは御文と御消息の関わりの中で「法語消息」の内容に限ってみることにしたい。

御消息は近世になって大量に発給されている。いったいどれだけの数が、どの地域に、どんな内容をもって発給され現在伝来しているのか一部しか分かっていないが、表6Ⅰと表6Ⅱは大谷派能登教区と名古屋教区についての概要である。表6Ⅰは寺院に所蔵されているものの悉皆調査結果[11]、表6Ⅱは申物帳（大谷大学図書館蔵）・『真宗史料集成』第六巻・真宗大谷派宗史編集所編の歴代御消息集などから抽出したものである[12]。能登教区の場合、一如代になって御消息の発給が急増し、以後、両堂の焼失と再建などもあって近世末期まで続く。これに対して、名古屋教区・表6Ⅱの場合は一如以前の宣如・琢如・常如代の発給数が多い。この理由は、表6Ⅱが文献史料から抽出し

		能登教区（表Ⅰ）			名古屋教区（表Ⅱ）
法主名	在職期間	数	御文御書数	率％	数
証如	1525～1554	1			
顕如	1554～1592	6			
教如	1592～1593 1602～1614	26			2
宣如	1614～1653	39	（1）	2.5	80
琢如	1653～1664	1			49
常如	1664～1679	34			68
一如	1679～1700	86	（71）	82.6	12
真如	1700～1744	79	（79）	100	2
従如	1744～1760	14	（11）	78.6	4
乗如	1760～1792	48	（42）	87.5	19
達如	1792～1846	231	（49）	21.2	23
厳如	1846～1889	131	（39）	29.8	44
現如	1889～1908	90	（23）	25.6	55
彰如	1908～1925	147	（28）	19.0	5
闡如	1925～1992	322	（25）	7.8	
真宗本廟		4	（4）	100	
計		1259	（372）	29.5	363

表6 Ⅰ・Ⅱ　能登教区・名古屋教区の御消息

＊能登教区御消息調査報告『御消息集』をもとに集計
＊『名古屋別院史』史料編「尾張国下付物一覧表」を集計

たもので、とくに宣如・琢如・常如代の消息は「申物帳」から拾ったことによる。尾張に下付された消息数について、表6Ⅱの点数は一部にすぎず、実際はこの五倍から六倍の点数が下されたのではないかと推測できよう。したがって、表6Ⅱからは全体的な消息発給傾向をつかむことはできない。しかし、表6Ⅱの宣如・琢如・常如代の消息数から考えると、この時期における能登の消息数は実際よりも少ないのではないかとも思われる。それは、能登でも尾張でも消息の発給宛はほとんど講であり、この講は在地寺院に付属する形態ではなく、村単位の「講中」であった。中には一四か村にまたがる広域のものもあった。能登教区の御消息調査は、主として寺院に現在残っているものの数であって、失われたり忘れられている寺院外の御消息が存在していたはずである。御文との関係でいえば一如代から「御文御書」と呼ばれる御消息が発給され始める。この点は表6Ⅰにはっきりと指摘できる(13)。「一如上人御消息」の一例をあげると次の通りである(14)。

まつ、当流の安心のおもむきハ、あなかちに、わかこゝろのわろきをも、また忘念妄執のこゝろのおこるをも、とゝめよといふにもあらす、たゝあきなひをもし、奉公をもせよ、猟・すなとりをもせよ、かゝるあさましき罪業にのミ、朝夕まとひぬる我等ことときのいたつらものを、たすけんとちかひまします弥陀如来の本願にてましますそとふかく信して、一心にふたこゝろなく、弥陀一仏の悲願にすかりて、たすけましませとおもふこゝろの一念の信まことなれハ、かならす如来の御たすけにあつかるものなり、このうへにハ、なにとこゝろえて念仏まうすへきそなれハ、往生ハいまの信力によりて、御たすけありつるかたしけなき御恩報謝のために、わかいのちあらんかきりハ、報謝のためとおもひて、念仏まうすへきなり、これを当流の安心決定したる、信心の行者とはまうすへきなり、あなかしこ〳〵、

右、如蓮如人文○第一帖第三通、可有信心決定事肝要也、

弥生六日一如（印）

能州能登郡

七尾

廿五日講中

内容的には、『五帖御文』の中から選ばれたまったく同文のもので、末尾に「右、如蓮如上人文○第一帖第三通、可有信心決定事肝要也」と記され、その後に日付と法主名（印）・宛所が記載されている。こうした「御文御書」が成立し盛行していく背景には、法主の御文に対する安心書としての扱い、門徒間における『五帖御文』の浸透普及が考えられるが、より具体的には御消息が発給される各種講からの所望でもあった。年代は下るが例えば次のようである。(15)

一　御書願　　　祐竹新田

長三郎新田　　五日講

奉願候御事

当所ニおいて毎月五日講を取結ひ、御法儀相続仕候、夫ニ付御書無御座候故、今般奉願上度奉存候、御慈悲を以御免被成下候ハヽ、難有奉存候、右御書御文之義ハ

五帖目之内

抑男子モ女人モ罪ノフカ、ラントモカラハ
同
一念ニ弥陀ヲタノミタテマツル行者ニハ
右之内壱通、御免被下候様奉願候
御宛所之義ハ
尾州愛知郡　祐竹新田
長三郎新田
本證寺下　西福寺
五日講中　と
奉願候、尤此儀ニ付、何方ニ少しも故障無御座候間、願之通御免被成下候様被仰上被下候ハ難有可奉存候、
以上
尾州愛知郡熱田
西福寺　印
安永八年亥十一月　高御堂所
祐竹新田物代
喜惣次　印
長三郎新田惣代
長次郎　印

御坊
御輪番所
右願書、十一月五日書状相添、京都浄林坊殿迄指登、書状次ニ留有之

これは安永八年（一七七九）ころに西福寺を手次寺とする祐竹新田・長三郎新田の門徒が講を結び、毎月五日に講を開いていたが御消息がないので下付を願い出たのであった。このとき、『五帖御文』五帖目の四通か六通を講側から指定しているのである。全国的にこのような形式の「御書願」が多かったとみられるが、とくに注目したいのは、一六〇〇年代後半にいたって再び御文は御消息という巻子装の体裁で復活し普及することである。

御文が御消息へ接近していくのは、一如になって突然出てくるわけではなく、すでに実如から始まっている。蓮如以後、御文はどのように受け継がれ取り扱われていたのであろうか。実如や証如・顕如などの消息に関しては、堀大慈の研究以外にいまだ詳しく調査されまとめられていないが、(16)「蓮如上人御遺言にて善鎮へくだされ候御骨のこと」には、

わが先君おほせられて曰く《のたまはく》、正闡坊は一流の法義をよく信受せる念仏の行者にさふらふ。しかるに越前の国の門徒はひさしく辟事《ひじ》法門にそみ、真実の信心を得る人いたりて希なるやうに見はんべり、なきあとまでも深く悲みおもふ所にさらふ。されば我をおもひ出させ給はゞ、かね〴〵示しまうすとほり、本願他力のをもむきを以てこれを教へて信ぜしむる、これ愚老が本懐なり。其ため形見に予が骨をゆづり候と、いと有がたきおぼしめし、一家も多き其なかに比類もなくおぼゑ候。

然ば当流の一義は別の子細はこれなく候。たゞ一念皈命の信心決定のうゑには、往生の一大事をかやうにやすく御たすけありつるあめ山の御恩なれば、うれしや南無阿弥陀仏、かたじけなや南無阿弥陀仏と、ねてもさめても報謝の念仏すべきばかりに候。この外には、もはや何かもいらず、さだめ置るゝところの掟を能くまもらせ給ふまでに候。この趣きを以て教化あるべきこと肝要にさふらふ。あなかしこ〳〵。

明応八年四月八日　実如（花押）

とあって、後半部が御文に基づいて文章が記されている。[17] 一見すると御文そのもののようであるが、まったく同文の御文はない。特徴的な用語である「あめ山の御恩」を御文の中での用例でみれば、文明六年八月六日付のものに「弥陀如来ノワレラヲヤスクタスケタマヘルトコロノ、雨山ノ御恩ヲ報シタテマツランカタメノ念仏ナリトオモフヘキモノナリ」（二〇一頁）、また文明六年八月一八日付に「アラタフトヤ、アラアリカタノ阿弥陀如来ヤ、カヤウノ雨山ノ御恩ヲハイカ、シテ報シタテマツルヘキソヤ」（二〇三頁）などとある。証如の御消息では、例えば次の通りである。[18]

加州石河郡所々より各志を以て四十貫九百文、かの孫三郎より七月十三日に請取候、用之折節一入志難有候。みな〳〵仏法の心がけ肝要に候。就夫信心決定と申は、一念弥陀仏に帰命したてまつれば御助一定なり。其上に申念仏は多にもよらず少にもよらず、仏恩を報じたてまつる念仏にて候ほどに、安心治定の上には昼夜朝暮に称名念仏申され候へかし。惣中へ披露候べく候。あなかしこ〳〵。

七月十四日　　証如御判

加州石河郡所々衆中へ

懇志請取の後に法語が記される形となっており、「昼夜朝暮に称名念仏」が特徴的な用語である。御文には、「昼夜朝暮ハ如来大悲ノ恩徳」（文明六年二月十五日・一八七頁）、「昼夜朝暮ニトナフルトコロノ名号ヲモテ」（文明六年三月三日・一八九頁）など六例が認められるが、やはりまったく同文はない。このように御文そのままではないが、さりとて実如や証如の文章とは言い難く、明らかに御文の類似的表現であって独創性はない。顕如の場合も同様である。

態染レ筆候。仍信長公與和平之儀、為三禁裏被二仰出一、互之旨趣種々及二其沙汰一候き。彼憤大坂退出之儀に相極候間、此段新門主令二直談一候。其後禁裏へ進上之墨付にも被レ加二判形一。此和平之儀者、大坂幷出城所々……（中略）……此以来諸国門徒之輩、遠近によらず、難路をしのぎても開山聖人御座所へ参詣をいたさるべき事、可レ為二報謝一候。抑人間は老少不定之界にて候。世間は一旦の浮生、後生は永生の楽果なれば、今生はひさしくあるべき事にもあらず候間、急々雑行雑修のこゝろをすてゝ、阿弥陀如来後世たすけ給へと頼申人々は、必々極楽に往生すべき事、不レ可レ有レ疑候。さてこのうへには行住坐臥に報謝の念仏申され候べく候。如レ此決定せられ候はゞ、今度の往生極楽は一定にてあるべく候。弥無二由（油）断一法義嗜肝要候。猶刑部卿法眼可レ申候也。穴賢々々。

四月十五日　　顕如（花押）

江州中郡番方惣中へ

天正八年の大坂退城に関わるものであるが、前半部がまったく同文で法語部分のみ入れ替えたものが能登の坊主衆・門徒中へ宛てて発給されていたりする。[19] 堀大慈の「本願寺歴代御消息年表——実如から広如まで」によれば、証如・顕如期のものはほとんどが請取消息と一揆関係の御消息である。准如代も請取消息が圧倒的に多い。[20] 石山合戦下にあって、「世間は一旦の浮生、後生は永生の楽果」あるいは「阿弥陀如来後世たすけ給へと頼申人々は、必々極楽に往生すべき事」などという御文に基づく言葉は、大きな現実的意味を与えたことであろう。

近世になっても、東西分派と御堂建立の中で懇志請取＋法語形式の御消息がみられるが、次第に寂如や琢如のころに法語消息を中心とした様式が定着してくるという。[21] 准如や宣如などは自分の文体で述べるようになり、常如消息なども御文の用語がみられるものの、文体としては独立している。ところが、本願寺派でいえば寂如、大谷派でいえば一如の元禄期にいたって、再び御文が御消息として発給されるようになったのである。

どうして「御文御書」は元禄期になって成立したのか。教団の問題からみれば、寛文から元禄期にかけて学寮が制度化され御文を中心とした宗意が発達したことや、近世門末体制の完備と法主権能の集権化といったことが指摘されている。[22] 重要な視点であるが、いまひとつ門徒家における仏壇の成立と『五帖御文』の普及からも考えることができるのではないか。ただし、この『五帖御文』は一部のものではなく、五帖の内一冊であったり「取り混ぜ」本の御文である。門徒家の仏壇と御文の普及は、尾張の場合であるが、すでに証如代から方便法身尊像が下付されており、仏壇に付属する御文も教如のころから下付されている。本尊や脇掛け絵像は、教如・宣如代から一如代にかけて増加し、また御文も同様であった。[23] 三河では証如・顕如期からすでに御文が門徒家に下付されていた。[24] このように、『五帖御文』は門徒家の仏壇成立過程の中で普及し、日常勤行の後で拝読される儀式化への道を進んだのであった。これに対して、「御文御書」という御消息が、近世の講を対象として成立普及したのである。

三　御文のコトバ

御文＝『五帖御文』として定着し、勤行後に御文を拝読するという儀式化以前、「御文を読む」「御文の言葉を聞く」ということを門徒はどのように受け止めていたのか。蓮如の製作した御文を当時の門徒はどのように聞いていたのか、あるいは道場において御文がどのように拝読され受け止められていたか。こうした問題に対して答えてくれる一つの史料が、赤尾道宗に関する明応五年後二月廿八日付の御文である。

チカコロノ事ニテユヤアリケン。コヽニ越中国赤尾ノ浄徳トイフシ（マヽ）モノ、ヲイニ、弥七トイ、シヲトコアリケルカ、年ハイマタ卅ニタラサリシモノナリケルカ、後生ヲ大事ト思テ、仏法ニ心ヲカケタルモノナリ。然レハ此六年ノサキヨリ当年マテ、毎年ニ上洛セシメテ其内ニ年ヲトル事六年ナリ。カノ男ノイハク、当流ノ安心ノヤウ、カタノコトク聴聞仕リ候トイヘトモ、国ヘクタリテ人ヲスヽメケルニ、サラニ人々承引セサルアヒタ、一筆安心ノヲモムキヲフミニシルシテタマハルヘキ由シキリニ所望セシメテ、田舎ヘマカリクタリテ人々ニマフシキカシメント申スアヒタ、コレヲカキクタスモノナリ。夫当流ノ安心ト申スハナニノワツラヒモナク、モロ〳〵ノ雑行ヲナケステヽ、一心ニ弥陀如来後生御タスケ候ヘトマフサン人々ハ、タトヘハ十人モ百人モコト〳〵ク浄土ニ往生スヘキ事サラニウタカヒアルヘカラサルモノナリ。コレヲ当流ノ安心トハ申スナリ。コノオモムキヲトカクサマタケンモノハアサマシキモノナリトオモフヘキモノナリ。アナカシコ〳〵。

明応五年後二月廿八日　　花押

（道善寺真本、二六五頁）

五箇山に生きた道宗と蓮如との関係については述べるまでもなく、また道宗の安心については「道宗心得廿一箇条」に明らかである。遺跡である行徳寺や道善寺には蓮如の御文が伝えられている。晩年の蓮如に出会って聴聞し、深く真宗の教えに帰依した道宗であっても、いざ五箇山に帰って教えを語ったとき人々は承引しなかったのであった。そこで道宗は蓮如に「一筆安心ノヲモムキヲフミニシルシテ」もらうことを所望し、蓮如は「田舎ヘマカリクタリテ人々ニマフシキカシメント申スアヒタ、コレヲカキクタ」したのであった。つまり、道宗のコトバでは人々は納得し受け取ることができなかったのであり、蓮如のコトバでなければならなかったのである。では、「夫当流ノ安心ト申スハナニノワツラヒモナク、モロ〳〵ノ雑行ヲナケステ、……」という「フミ（文）」によって人々は安心を領解したのであろうか。

御文について蓮如は、「一御文ハコレ凡夫往生ノ鏡也」（『蓮如上人一語記』四五三頁）といい、聖教は読み違いもあるが「御文ハ、ヨミチカヘモアルマシキ」（『昔物語記』六一一頁）という。また親鸞聖人の教えは「一念ノトコロ肝要」であるが、代々の祖師の教化によって詳しく人々が領解することもなかった。しかし「先師上人御文ト申物ニアソハシヲカル、仰ニ、後生タスケ給ヘト一念ニ弥陀ヲタノメトノ仰ニテ、各アキラカニ心ヲ得タリ」（『蓮如上人御一期記』五一三頁、『蓮如上人仰条々』四八七頁）とある。あるいは、「毎日〳〵ニ御文ノ御金言ヲ聴聞サセラレ候事ハ、宝ヲ御譲リ候コトニ候ト云々」（『蓮如上人一語記』四六六頁）とある。すなわち、聖人一流の安心の要が簡明に記されたものであり、蓮如の『安心決定鈔』に対する表現でいえば、「金をほりだしたような」ものであった。御文はまた「如来の御直説」であるとも述べられている。『蓮如上人御一期記』や『蓮如上人御物語次第』に「御文ヲハ如来ノ御直説ト存スヘキヨシ候。カタチヲミレハ法然カト、コトハヲキケハ弥陀ノ直説トイヘリ」（四四〇、五一三頁）とみえ、『蓮如上人一語記』にも「御文ハ如来ノ直説ト存スヘキノ由候。形ヲミレハ法然、詞ヲキケハ弥陀ノ直説ト云ヘリ」「聖人ノ御流ハ、阿弥陀如来ノ御流也。サレハ御文ニハ、阿弥陀如来ノ仰ラレケルト云々」（四四四、四四九頁）とある。蓮如は「カヤウニミナ〳〵申言葉マテモミナ弥陀ノイハセラル、事チヤソ」（『栄玄聞書』五九〇頁）とも語っていたという。御文の言葉が如来の直説＝言葉と説くからこそ、蓮如は法敬坊や慶聞坊に自ら製作した御文を「十通ハカリ」「御堂御建立ノ御文ヲ次第ニ三通」（『空善聞書』四三四、四三六頁）あるいは「三通ヲ二返ツ、六返ヨマセ」（『蓮如上人一語記』四四九頁）たりして、「オレカツクリタルモノナレトモマツハ殊勝ナルヨナト御ラレ候。オレカ聞様ニ門徒ノ者カ聞クコトナラハミナ信ヲエラレウツルソ」（『栄玄聞書』五九〇頁）などと語ったのであった。ここには蓮如の、ある意味での「演技」があったかもしれない[25]。だからこそ、御文を読んで人に聴聞させたとき報謝と受け取るべきだというのであった。

『蓮如上人遺徳記』に、御文について蓮如が「聖教トナヅクベシトイヘトモ、其憚アリトテ文ト号」（七九八頁）したという一文がある。『遺徳記』は近世の蓮如伝であるので、本当にそのように語ったかどうか分からないが、御文は明らかに「聖教」と位置づけされていた。明応八年二月十八日、蓮如は病中をおして大坂御坊より上洛したとき実如に対面して「一流ノ肝要ハ御文ニ委クアソハシト、メラレ候間、イマハ申マキラカス者モ有間敷候。此分ヲ能々御心得アリテ門徒中ヘモ被仰聞候ヘト」遺言した後、「然者実如上人ノ御安心モ御文ノ如ク御覚悟也」（『蓮如上人仰条々』四九一頁）とある。これより先、実如が蓮如から家督を譲られたときの話として、実如が「一向御身体モ御文盲ノ義ニテ候アヒタ、天下ノ御門徒ノモノヲナニトシテ御勧化アラウスルト仰ラレ候」と辞退したところ、御文盲については斟酌の必要はなく、「蓮如上人五帖ノ御文被レ遊候テ実如上人ヘマイラレ、コレニ御判ヲ居《スエ》ラレテ天下ノ尼入道ヘ御免アラレ候ヘ」と語ったという（『栄玄聞書』五九〇頁）。この話などは、御文を拝聴させることによって、当時文字も知らなかった門徒が安心領解を得るということを暗に示そうとしているが、その前提として御文が聖教であるという認識がなければならない。すくなくとも、実如は御文を聖教として認識していたし、実如代に成立していた『五帖御文』は、聖教化としての編纂に他ならない。証如の御消息に、

一、於㆓所々㆒『五帖の書』の外に深義候之由、申扱旨其聞候。其外次第、一流のみだれ不㆑過㆑之候。抑彼文は経釈の勘文をやはらげ為㆓愚鈍之輩㆒令㆓撰集㆒給ふ也。當流の儀は雑行雑善をさしおき、只一念無疑に阿弥陀仏をたのみ、往生治定のうへには報謝の念仏申計にて候。更に別の子細あるまじく候。

とあって[26]、『五帖の書』つまり『五帖御文』の他に教えの深義はなく、その他のものは一流の教えを乱すものという。また顕如の御消息にも次のものがある[27]。

態一筆とりむかひ候。其地門徒衆、小児往生と申名目をたてられ役人共より取次を以て聞に達し候処、言語道断の族ら、みな自身往生の不足、法義不沙汰のあらはれと歎入ばかりに候。夫に付、小児往生と申名目は、宗旨往古より依憑無㆑之候なり。三経・一論、五祖の御釈、先徳の御意にも見へ不㆑申候。蓮如公の勧章にも諸事法義に付て名目立申事、堅停止の段承りつたへ候。右の名目立られ候人の有㆑之候はゞ祖敵たるべきやうに存る事に候。

有名な「小児往生」に関わる文章であるが、この名目が「三経・一論、五祖の御釈」にないだけでなく、「蓮如公の勧章」にもこうした名目を立てることが停止されているという。たとえ蓮如自身が御文を聖教でなく「文」と

名付けたのだとしても、一方で「御文は如来の直説」と語り、自らが製作したものであるにもかかわらず自らが拝聴して「殊勝なるよ」と述べたとき、御文が聖教であったことは当然であった。

ここでいま一度道宗と御文の話に戻るが、五箇山の人々は道宗の語るコトバでは安心領解できず、道宗が蓮如に「安心のをもむきを文にしるして」もらったのであった。教えだけの問題でみれば、「道宗心得廿一箇条」にみられる安心領解の深さには眼をみはるものがあり、道宗のコトバだけでも充分であったに違いにない。にもかかわらず御文が求められた。御文は一流の肝要が述べられた如来の直説であり、門徒中へ読み聞かせられるようにと製作された聖教であった。では、この御文を拝聴した門徒は安心領解して報謝の念仏を称えることができたのであろうか。(28)「御文とは何か」ということについて、ここにもう一つ重要な問題がある。つまり、五箇山の人々が求めたのは、道宗のコトバによる教えではなく、蓮如のコトバによる教えであった。御文は蓮如の製作にもかかわらず内容は如来の弥陀の直説であり、それは如来のコトバであった。ということは、弥陀の直説・コトバ＝蓮如のコトバということになる。御文は確かに「経釈の勘文をやはらげ愚鈍の輩のために撰集せしめ」られたものであり、教えの内容が平易な言葉で表現されている。しかし、拝読して聞いて安心が領解できるか、ということになると疑問もある。それは、分かりやすい理解しやすい言葉というよりは、「受け取りやすい言葉」といった方が適切ではないのか。そのためには道宗のコトバではなく、蓮如のコトバでなければならなかった。蓮如は「代々善知識ハ御開山ノ御名代ニテ御座候」といい、御文第一帖第一通において親鸞の仰せとして如来の教法を説き聞かしめる者は「如来の代官」である、と述べている。門徒にとって蓮如こそ如来の代官であり、蓮如のコトバは如来のコトバとして受容されたであろう。吉崎時代の文明六年（一四七四）正月二十日付御文に「予ニ対面シテ、手ヲアハセオカメルコト、モテノホカナケキオモフトコロナリ」（一八五頁）という箇所がある。どんなに蓮如自らが否定しようが、門徒の信仰内容には蓮如を「生き仏」的に捉える一面を持っていたに違いない。こうした立場から改めて御文を考えると、平易ではあるが繰り返しの類似的表現の多い内容は、門徒にとっては内容を理解するというよりも、コトバを丸ごと受け取る聴聞の仕方で、読み上げられるコトバはまさしく「蓮如の声」であった。そして、御文は拝読という「読む行為」そのものにまず宗教的意味があったということがいえよう。

四　御文と御消息拝読の民俗

「御文拝読」という読む行為にまず意味があり、それは如来の代官である蓮如の声を聞くことであった。実は「御消息拝読」も同じであった。御文が聖教として扱われ、一方で御消息に接近して「御文御書」が盛んに発給されたことはすでに述べたが、近世教団体制の中で御消息の持つ一つの意味は、如来の代官である法主の声を門徒一人一人が聞く、ということであった。御文を「拝読」「聞く」という行為の伝承と意味が、「御消息拝読」儀礼の中に流れている。こうしたことをよく示しているのが、(1) 夏の御文 (2) 御越年と御崇敬という二つの民俗伝承である。

(1) 夏の御文

七月二日から十日まで、滋賀県長浜市にある長浜別院大通寺において夏中法要が行われる。地元である旧湖北三郡の門徒は、ゲチュウサンといって親しみを込めて呼んできた。

午前七時から晨朝勤行が始まり、午前中は暁天講座をはじめ二十八日講や因講・女人講などの法話が行われる。午後一時から夏の御文拝読と法話二席、八・九・十日には相続講追弔会や酬徳会なども行われる。夏の御文拝読の仕方は、二日に第一通目、三日に第二通目、四日に第三通目、五日に第四通目、六日に第一通目、七日に第二通目、八日に第三通目、九日に第四通目、十日に第一通目と繰り返し拝読されている。湖北地方では、かつて田植えが六月中かかり、ノヤスミ（農休み）が六月二十九・三十日であった。この後に人々は「夏中さん」に参詣した。それは夜店まで出て大変な賑わいをみせた行事で、子供たちは「夏中に連れていってやる」といわれると、十キロの距離でも歩いてお参りしたものであったという。この時期になると雨がよく降り、これをゲチュウブリなどと呼んでいた。

午後一時ちょうどに喚鐘が鳴ると、本堂いっぱいの門徒たちは一斉に頭を下げ、読み上げられる御文の声に聞き入る。(29)

夏の御文は「明応七年（一四九八）五月下旬」「明応七年五月下旬」「明応七年六月中旬」「明応七年七月中旬」の四通あり、蓮如が八十四歳の時の夏に書いたものである。『五帖御文』八十通とは別になっており、かつて本山においては五月十五日から八月十二日までの夏中に特別な作法で拝読されてきた。昭和三十八年ころまではおよそ三か月間にわたって四通を順次連日拝読していたが、始まりの四日間である初夏と終わり四日間の終夏だけの拝読となり、そして昭和六十三年に廃止になったという。この行事は正午御控過ぎに始まり、御文を後門に荘り付け、拝読者が祖師前の撚香をしたり、拝読後にはとくに御真影の御戸開扉・拝礼が行われた。大谷派では四通を四軸の巻物としているが、本願寺派では第四通の後半を法如代に別軸としたため五軸となっており、青色青光、黄色黄光、赤色赤光、白色白光にちなんで五軸の金襴衣装が青、黄、赤、白、黒になっているという。(30)

夏の御文四通には次のような箇所があって、御文以前に聖教を拝読していたことが分かる。

・抑今日ノ聖教ヲ聴聞ノタメニトテ皆々コレヘ御ヨリ候コトハ、信心ノ謂レヲヨク〳〵コ、ロエラレ候テ、今日ヨリハ御コ、ロヲウカ〳〵ト御モチ候ハテ、キ、ワケラレ候ハテハ、ナニノ所用モナキコトニテアルヘク候。ソノイハレヲタ、イママフスヘク候。御耳ヲスマシテヨク〳〵キコシメシ候ヘシ。（一通目・二七九頁）

・抑今日御影前へ御マイリ候面々ハ、聖教ヲヨミ候ヲ御聴聞ノタメニテソ御入候ラン。……夫聖教ヲヨミ候コトモ、他力ノ信心ヲトラシメンカタメニコソヨミ候コトニテ候ニ、更ニソノ謂レヲキ、ワケ候テ、……（二通目・二八〇頁）

・抑今月ハ既ニ前住上人ノ御正忌ニテワタラセヲハシマスアヒタ、未安心ノ人々ハ信心ヲヨク〳〵トラセタマヒ候ハ、、スナハチ今月前住ノ報謝トモナルヘク候。サレハコノ去ヌル夏比ヨリコノ間ニイタルマテ、毎日ニ如形耳チカナル聖教ノヌキカキナントヲエラヒイタシテ、アラ〳〵ヨミ申スヤウニサフラフトイヘトモ、……（三通目・二八一頁）

・毎日ニヲヒテ随分勘文ヲヨミ申候ソノ甲斐モアルヘカラス、……又上来モ毎日聖教ノ勘文ヲエラヒヨミ申候ヘトモ、タレニテモ一人トシテ、今日ノ聖教ニナニト申シタルコトノタフトキト七又不審ナルトモ、オホセラレ候人数一人モ御入候ハス、……コレホトニ毎日耳チカニ聖教ノ中ヲエラヒイタシ申候ヘトモ、……此聖教ヲヨミ申候ハンモ、今卅日ノ内ノコトニテ候。（四通目・二八二頁）

御文を拝読する以前に、聖教の抜き書きなどを選び出し、仏前において読んでいた。「聖教の勘文」とある。禿氏祐祥は「御文を読誦する風習の次第に採用せらる、共に聖教を仏前にて読誦すること遂に廃絶に帰せり」[31]「かくて儀式的に御文を読誦することは、この夏御文及び御正忌に読まるる御俗姓にその端を発せり」と指摘している。

夏の御文四通は特別な作法で拝読され、長浜別院の「夏中さん」は湖北門徒の生活と結びついて伝承されてきた。夏の御文は、はやくに独立して儀式の中で拝読されてきたが、なによりも巻子装御文が参詣者の前で拝読される光景に、『五帖御文』普及以前の姿を彷彿とさせる。

(2) 御越年と御崇敬

湖北門徒の「御越年」、また能登の鹿島郡・羽咋郡・七尾市・羽咋市を中心に行われている「御崇敬」については、すでに本書第一章第一節で述べた。ともに寛政度の本山再建に関わる伝承を伝え、東本願寺第十九代乗如(歓喜光院)絵像を巡回させるものであった。この行事の中で御消息が必ず拝読されている。本山再建に尽力した湖北門徒や能登門徒に対して法主から下付された乗如絵像を奉懸し、その前で「御小屋詰諸国御門徒江」という内容の御消息を二百年間にわたって拝読し続けている。

御消息は単なる文書ではなく、絵像の前で読み上げられ披露されることによって、まぎれもなく「法主の声」となって門徒たちに聞かれたのである。それは一人の門徒が如来の代官である本願寺法主と直に結びつくことでもあった。いまここでとりあげた乗如絵像と御消息は、近世末期における典型的な姿の一事例であるが、考えてみれば蓮如以降の教団は方便法身尊像や親鸞、蓮如をはじめとする歴代宗主の絵像を大量に下付してきた。併行して御文と御消息も下付され、門徒は道場・寺院・仏壇・講といった場所で繰り返し読み続け伝承してきたのである。その伝承させた力は、「蓮如の声」「法主の声」を聞くことであり、いい換えれば門徒の蓮如信仰・法主信仰ではなかったろうか。

おわりに

これまで御文と御消息における「拝読」「聞く」「声」ということに着目しながら、巻子装御文と『五帖御文』普及の問題、御文のコトバの意味、そして御文と御消息拝読の民俗事例をみてきた。『五帖御文』が編纂されても実如・証如・顕如のころはいまだ普及しておらず、巻子装御文と単帖御文が主流であった。近世になって『五帖御文』が門徒間に普及していくが、巻子装御文の形態と拝読聴聞は御消息下付と拝読ということに受け継がれたのではないか。「拝読」「読む」という行為は「蓮如の声」「法主の声」を聞くことであり、まず「読む」という行為そのものに宗教的意味があった。真宗内にあって、これほどまでに御文や御消息が繰り返し読み継がれてきた「伝承の力」は、門徒の蓮如信仰・法主信仰ではなかったろうか。蓮如が自ら製作した御文を如来の直説として弟子に読ませ拝聴したという態度は、その後の「拝読」「聞く」「声」の伝承を形成し、法主信仰の宗教的基盤を形成した一因ともいえよう。

註

（1）『五帖御文』の編纂者については、蓮如説・実如説・円如説がある。小山正文「実如判『五帖御文』」（『実如判五帖御文の研究――影印篇』解題、法藏館、一九九九年）において、三説が問題点の指摘と同時に簡潔にまとめられている。出雲路修「五帖御文の成立をめぐって」（『教化研究』一〇三、一九九〇年）、同『御ふみ』（東洋文庫三四五、一九七八年）、細川行信「円如上人考」（『真宗研究』四一、一九九七年）他。

(2) 同朋学園仏教文化研究所『尾張聖徳寺資料の研究』一九九二年、『三河専福寺資料の研究』一九八四年、『真宗初期遺跡寺院資料の研究』一九八六年など同研究所の調査史料を参照。
(3) 前掲註(1)小山前掲論文。
(4) 前掲註(2)に同じ。
(5) 本願史料研究所調査撮影の写真を参照した。
(6) 岡村喜史「蓮如自筆御文と御文流布の意義」(『講座蓮如』第二巻、平凡社、一九九七年)。
(7) 前掲註(1)小山前掲論文、五〇八頁。渡辺信和の教示によれば、中世における聖教書写の方法について、『道成寺縁起』と『稚児観音縁起』に法華経を書写する僧が描かれている。折り畳んだ料紙を片手に持って書写している。終わると書写した料紙を束にして「写経供養」が営まれた。
(8) 『真宗史料集成』第二巻(同朋舎、一九七七年)。当史料集からの引用は、以下本文中に頁数のみを記して省略する。
(9) 『真宗史料集成』第六巻(同朋舎、一九八三年)解説七頁。
(10) 同右、七～二〇頁。
(11) 能登教区御消息調査報告『御消息集』一六冊(真宗大谷派能登教務所、一九九七年)。
(12) 『名古屋別院史』史料編「尾張国下付物一覧表」(真宗大谷派名古屋別院、一九九〇年)。
(13) 木越祐馨「御文御書について」(『蓮如上人研究会会誌』第六号、一九九二年)。
(14) 前掲註(11)、報告Ⅳ二〇頁、改観寺(七尾市松本町)蔵。
(15) 拙稿「文化・文政の御堂改築」(『名古屋別院史』通史編、一九九〇年)。
(16) 堀大慈「本願寺歴代御消息年表——実如から広如まで」(京都女子大学史学会『史窓』第二九号、一九七一年)、『国文東方仏教叢書　消息部』には、顕如と教如消息が集められている。
(17) 『真宗聖教全書』五、七三七頁(大八木興文堂、一九七〇年)。

(18) 同右、七三九頁。
(19) 同右、七四二頁。註(11) 調査報告Ⅳ二二頁、調査報告Ⅸ八九頁。
(20) 前掲註(16)。
(21) 前掲註(9) 一九頁。
(22) 同右、二〇頁。
(23) 拙著『真宗と民俗信仰』第一章第四節「オソーブツと真宗仏壇の成立」(吉川弘文館、一九九三年)。
(24) 青木馨「御文調査より見た近世本願寺教団の特質」(『真宗教学研究』第一四号、一九九〇年)。
(25) 藤原正巳「〈語る〉蓮如と〈語られた〉蓮如——戦国期真宗信仰のコスモロジー」(『講座蓮如』第一巻、平凡社、一九九六年)。
(26) 前掲註(17) 七三九～四〇頁。
(27) 同右、七四三～四頁。
(28) 大喜直彦は、「御文は本当に平易であったのか」という問題を指摘している。同「蓮如の書状・御文・裏書考える——中世後期の文書の世界」(『講座蓮如』第二巻、平凡社、一九九七年)。
(29) 長浜別院「夏の御文」は一九九五年七月調査、詳しくは拙稿「蓮如上人と伝承の土壌」(『真宗』一九九七年六月号) 参照のこと。
(30) 川島真量『大谷派本願寺　伝統行事　裏話と風物詩』(法藏館、一九七六年)、経谷芳隆『本願寺風物詩』(永田文昌堂、一九五七年) など参照。
(31) 禿氏祐祥『蓮如上人御文全集』「研究及御生涯」、平楽寺書店、一九二二年、一五頁。

第四章　真宗門徒の村と民俗

第一節　尾張の寺檀関係と複檀家

はじめに

木曽川流域に位置する八開村（現・愛西市）や弥富町（現・弥富市）・十四山村（現・弥富市）・蟹江町・津島市などのムラには、コウシタ（講下）・ハイカ（配下）・ダイハン（代判）制度といった寺檀関係が慣習的に形成されてきた。ここにいう「寺檀関係」とは、寺檀制度に基づく家と檀那寺という関係だけでなく、「ムラと家と寺院」という三者の関係をも含むものとする。また、一部には男女別に檀那寺を異にする複檀家も残っている。「複檀家」とは、一家が複数の寺院と寺檀関係を有している形態をさして使用することとする。

こうした問題については、かつて調査事例として報告したことがあるが(1)、本節では改めてその特徴を述べながら、男女別に檀那寺を持つ複檀家がどうして成立したのかという問題を、講下制度・配下制度というムラと家と寺院との関係から考えてみたい。また、複檀家を含めてこのような寺檀関係が成立した背景には、近世における新田開発とムラの成立という問題があったのではないかと提起する。方法論としては、民俗学のフィールド調査による資料を基本とするが、宗門改帳の残っているところでは分析して民俗資料とともに検討する。そして、尾張における複檀家や寺檀関係を研究史の中に位置づけるため、最初に従来の複檀家（半檀家）研究における問題の所在と論点について若干まとめることから始めたい。

一　複檀家と一家一寺制——問題の所在と論点——

近世寺檀制度の研究の中で、一家一寺の形態とは別に一家が複数の寺院と寺檀関係を有している事例が問題になり、昭和三十年代から研究が積み重ねられてきた(2)。これを複檀家あるいは半檀家などと呼んでいるが、術語としての概念規定の問題もあって研究者によって使い方は一定していない(3)。昭和五十年代から六十年代にかけて主に民俗学や歴史学の立場から盛んに事例が報告されたり論じられたが、近年においても越後における複檀家の分布や社会背景、あるいは一家一寺に関する幕府法令や藩法の検討を通して寺檀関係の実態的事例研究などがみられる(4)。

いったい複檀家の何が問題となっているのであろうか。いま、研究史をふり返って論点を細かく抽出するだけの余裕もないが、民俗学の分野からこの問題を論究した福田アジオの研究(5)と、歴史学の立場によって寺檀制度の成立から福田説を批判した大桑斉の研究の中に(6)、問題の所在と論点が集約されているように思われる。そこで、福田・大桑両氏の所説と論点を確認しておきたい。

福田アジオは、幕府による寺請制度と宗門改帳の成立過程を史料的に追いながら寺檀制度の成立について述べ、「寺檀制度は幕藩権力による上からの制度化であることは間違いない」としながらも、「寺と檀那の関係は当事者の問題」であって幕藩権力が一家一寺を強制したり、離檀を禁止することは原則としてなかったという(7)。その理由の一つとして、現在まで伝承されてきた寺檀関係の形態をみると、寺檀関係の多くが近世の支配単位であった村の内

	変　更　型 A	変　更　型 B
父　系　帰　属 X	AX	BX
並　行　帰　属 Y	AY	BY
選　択　帰　属 Z	AZ	BZ

表７　寺檀関係の諸類型
（福田アジオ「近世寺檀制度と複檀家」より）

部で完結しておらず、村からみると一つの寺と寺檀関係が完結している場合が少ないという実態を指摘している。寺院側から檀家をみると、一つの村内に檀家がまとまって完結しておらず、いくつもの村にまたがる「散りがかり的寺檀関係」になっていること、また家の側からみれば「一家複数寺的寺檀関係」（半檀家・複檀家）の存在があることの意味をいっているのである。つまり、寺檀関係というのは「寺と家（檀家）」の関係ではなく、「寺と檀那（個人）」の関係が基本であって、「寺請を通じて寺檀関係が制度化される前提として人々の間に一定の寺との間に何らかの関係があった」、「寺請制度を全国的制度とする以前に、各地において個別的に寺檀関係が形成されつつあった」というのである[8]。そして、福田は全国各地にみられるさまざまな寺檀関係を類型化して、表７のように結論した。この類型化の意味するところについて詳しくは福田論文を参照していただきたいが、結婚などによって家の成員権に変更があったとき、それまで形成していた寺檀関係が変更されるのか継続されるのか、そのとき寺院への帰属方式が父系帰属なのか、夫婦男女による並行帰属なのか、それとも選択的な帰属なのかという指標によっている。具体的な寺檀関係の形態として、ＡＸ型は家成員が同一な檀那寺である一家一寺、ＡＹ型は現行の複檀家で男寺と女寺と固定しているもの、ＢＸ型は檀那寺が夫婦別であるが子供の檀那寺は男女とも父親の寺に帰属、ＢＹ型は夫婦別で男子は父親の寺・女子は母親の寺に帰属、ＡＺ型とＢＺ型は家の中に複数の寺檀関係があり夫婦・男女によって帰属がきまっていないものである。福田の複檀家・寺檀関係に関する研究の目的と結論は、次の箇所に端的に示されている。

日本社会にはX（父系帰属）とY（男女並行帰属）の二つがあったことにも注目する必要があろう。半檀家とか複檀家と呼ばれる一家複数寺的寺檀関係は、寺請制度確立過程の過渡的な形態であるという見解は、…（中略）…それはB→Aという変化が歴史的にあったという点で正しいが、もう一つのXとYが近世以降現在まで併存していることを忘れている点で問題であろう。量的には寺檀関係は圧倒的にAX型であっても、それと併存してAY型が各地に散在的に見られることを無視してはならないであろう。そして、近世寺檀制度は、これらの諸類型を含みうるものとして成立したのであり、その諸類型のなかでの歴史的変化は、その変化をもたらした近世の家の変化を示しているのである。(9)

父子関係のみを強調する「家」のみが日本の家ではなく、それとは異なる父親・男子の関係と母親・女子の関係を並行的に認める家をも存在させてきたことを教えてくれたのである。そして、その彼方にはそのような並行的な先祖観が見えてくるものと予想している。(10)

こうした福田説に対して、大桑斉は「半檀家の歴史的展開」という論文において、次のように批判して自説を展開した。福田説は、一家一寺制が幕府の政策によって成立したものであったという通説を否定したが、これは「幕府法と藩法の法制史的関係を考慮することなく、また諸藩の一家一寺令を特殊事情とすることだけで、幕法のあり方から『幕藩領主』一般を論ずるのは無理といわざるを得ない」という。(11)このように批判する前提には、大桑が元禄九年（一六九六）六月に加賀藩が出した一家一寺の布達や正徳元年（一七一一）三月の布達という史料などを分析して、加賀藩が政策として一家一寺の寺檀関係を強制したこと、その社会的背景には切高仕法を中核とする近世小農民の家としての自立推進政策があったということを論じた「寺檀制度の成立過程」という論文があった。寺檀関係の主軸はどこまでも一家一寺制であって、「多くの半檀家の事例とても、それらが一家一寺制に収斂しあるいはそれが変化してゆく過程の多様性を示すものでしかない」と捉える。[12] 夫婦男女別などの複檀家（半檀家）については、

男女別形態の寺檀関係というものは、一家の内で何故男と女が別々の寺の旦那になるのかという原理を、その形態の内から説明することが出来ないものである。福田アジオ氏は、前述の形態分類の指標として、父系帰属と共に「男女並行帰属」をあげているが、父系帰属という概念は族制なり家制度なりにおいて、それ自体明確な原理性をもつものであるが、「男女並行帰属」はそのような原理性を含むものではない。いままで見てきたところからいえば、寺檀関係は、家付、親付、など、「家」や血縁などの原理によっているのであるが、男女別形態は、家付でも親付でもないのである。従って、男女別形態の寺檀関係は、これらとはまったく別の原理によって形成されたものであり、右の大浜村のケースからいえば、それは村の寺へ女子を旦那として付けるということ、つまりは地縁的寺檀関係の原理によるといいうるのである。ここに、寺檀関係に、家結合を越えた新しい原理としての村という共同体の意志が介入してきたといわざるをえない。[13]

という。大桑は一貫して「半檀家」という術語を使用して、福田が寺檀関係の「檀」を檀那という個人の意味と規

定しながら、一方で複檀「家」と呼んでいることは矛盾していると批判する。寺檀関係は、半檀家の「半」にしろ、複檀家の「複」にしろ「檀家」という家単位の関係が前提であるというのである。家単位としての寺檀関係が形成される原理を、右の引用では「家付」と表現しているが別のところでは「家筋」とも述べていて、これが一家一寺の論理である。「親付」というのは嫁が実家の檀那寺との関係を婚家に持ち込む血縁の論理＝半檀家の論理であるという。そして、男女別形態の寺檀関係は、村という共同体による地縁の論理であると主張している。歴史的な時間の中では、「近世初期には『親付』の男女別半檀家が多かったが、やがて『家付』原理の優越化によって一家一寺に収斂してゆく。しかるに近世中期以降、再び男女別半檀家の事例が多くなってくるのである。それは『親付』の復活であるよりは、ムラ付とでもいうべき原理によるもので、女子がムラの寺の旦那となるケースが圧倒的に多い。…（中略）…したがって、『家付』男女別形態は、さらにムラ付男女別形態へと転化したというべきであろう」と位置づけた(14)。また半檀家成立の背景には、「江州高嶋郡海津福善寺」と「同国白谷村正通寺」による檀家争論などの史料を通して、地縁的な村内寺院の僧侶による檀那確保という要因が、いかに大きく働いていたかを論じている。

福田・大桑の主張する結論的な記述部分を要約してながめてみた。両者とも非常に明快な論旨であり、それぞれに首肯しうる論理と結論内容といえよう。しかし、比較してみると決定的な違いがある。福田が夫婦男女別の複檀家をどこまでも六類型に分けた寺檀関係の中の一つと捉えているのに対して、大桑の寺檀関係はあくまでも一家一寺が主軸であって、複檀家は一家一寺制に収斂されていく過渡的なものであったと捉えている。この見解の相違は、寺檀関係を「寺と檀那」の関係とみるか、あるいは「寺と家」の関係とみるかという立論の出発点が異なっていたことに起因している。福田は、一家一寺が全国的にみたとき圧倒的に多いことを認めながらも、なぜ一家一寺が六類型の一つにすぎないと主張したのであろうか。それは一家一寺（AX型）という寺檀関係を「相対化」すること、つまり日本の社会において父系関係の家だけでなく、父親と男子・母親と女子を並行的に認める家の形態も存在したことを強調するためであった[15]。とりわけ、近世初期の寺檀関係形成時期には、権力によって一方的に寺檀関係が制度化されたのではなく、在地において個別的に形成された寺檀関係があって、個人の意志や男女による多様な寺檀関係形成・家形成の可能性があったことを提起したかったのであろう。そのために、寺檀関係を六つに類型化し、並列的に捉えて意味づけしたのであった。

大桑は、こうした福田の寺檀関係類型論を「静態的類型論」とも批判している[16]。実は、ここに歴史学と民俗学による寺檀関係に対する歴史認識の違い、問題意識と視角の相違が表出されているのではないか。福田のとった問題視角と方法論は、幕府法令や宗門改帳の史料を使いながらも、民俗学における事象の類型化と類型間の比較によって変遷と意味を捉えようとするためのものであった。それは一家一寺制の寺檀関係が、歴史学において幕藩権力の宗教統制によって制度化され成立したのだという通説に一石を投じ、村に生活してきた人々の寺院に対する多様な関係と、寺檀制度が強固に確立されるまでに存した社会的可能性を求めた、民俗学的アプローチであった。絶対化されていた一家一寺制の寺檀関係を相対化し、複檀家という一家複数寺的寺檀関係の中に、権力によって制度化された家でなくもう一つの別な家形態をみたのであった。したがって、福田の結論が六類型にまとめられて「静態的」になったのは当然であったといえよう。これに対して大桑は、一家一寺の寺檀関係を主軸に男女別寺檀関係をみて、「相互連関や、その『内在的契機』、『社会的基盤』をこそ問題」にしたのであった[17]。両氏の論点と結論は、同じ寺檀関係・複檀家（半檀家）という問題を研究対象にしながら、かみ合っているようでいてかみ合っていない。ちなみに、大桑は福田説を批判したが福田は大桑を批判せず、論争にはいたらなかった。

さて、次節において尾張の寺檀関係や複檀家をとりあげるが、右にみた福田論文と大桑論文の論点を踏まえて、以下の問題視角からながめてみよう。まず、近世中期以降にみられ、現行民俗の中にも残存している男寺・女寺と固定されている複檀家（半檀家）の形態、つまり福田のＡＹ型はどうして成立したのか、という基本的な問題である。これまでの研究では、宗門改帳の分析整理や民俗事例の報告が中心になされてきたが、やはり「どのようにしてムラの寺檀関係は成立したのか」「複檀家はどうして成立したのか」という問題は残されたままである。幕府法や藩法による村落レベルでの研究、越後における檀家争論防止のために出された文政令などの研究は推進されているが[18]、こうした法令とは別な要因もあったのではなかろうか。「寺と檀那」「寺と家」の関係だけでなく、「ムラと家と寺」という関係、大桑が主張した地縁的原理である。この点を、民俗調査による資料から具体的に検討して考えてみよう。

二　八開村の複檀家と寺檀関係

1　川北ムラの複檀家と講下制度

八開村（現・愛西市）は愛知県のほぼ最西端、木曽川に沿いに位置しており、世帯数一三五四、人口五二〇五人（平成十一年現在）の村である。村の中は上東川・下東川・鵜多須・二子・川北・藤ヶ瀬・給父・高畑・江西・元赤目・赤目・立石・下大牧・塩田という十四の大字から成立している。この大字が近世村に相当するが、大字二子は小判山・上丸島・丸島・新田・定納と分かれているので、生活伝承共同体としてのムラは一八と捉えることができる。村内にある寺院は一〇か寺が真宗大谷派、二か寺が曹洞宗、一か寺が浄土宗西山派寺院であり、村人のほとんどが真宗門徒という真宗優勢地域である。

ムラ	家No.	男寺	男寺の所在地	女寺	女寺の所在地
川北	1家	栄通寺	岐阜県海津町福江	長念寺	八開村給父
	2家	栄通寺	岐阜県海津町福江	長念寺	給父
	3家	栄通寺	岐阜県海津町福江	長念寺	給父
	4家	栄通寺	岐阜県海津町福江	長念寺	給父
	5家	光耀寺	八開村赤目	長念寺	給父
	6家	光耀寺	赤目	長念寺	給父
	7家	光耀寺	赤目	長念寺	給父
	8家	光耀寺	赤目	長念寺	給父
	9家	光耀寺	赤目	長念寺	給父
	10家	光耀寺	赤目	長念寺	給父
	11家	光耀寺	赤目	長念寺	給父
	12家	光耀寺	赤目	長念寺	給父
	13家	光耀寺	赤目	長念寺	給父
	14家	光耀寺	赤目	長念寺	給父
	15家	光耀寺	赤目	長念寺	給父
	16家	長念寺	給父	西光寺	藤ケ瀬
	17家	長念寺	給父	西光寺	藤ケ瀬
	18家	長念寺	給父	西光寺	藤ケ瀬
	19家	長念寺	給父	西光寺	藤ケ瀬
	20家	長念寺	給父	西光寺	藤ケ瀬
	21家	長念寺	給父	西光寺	藤ケ瀬
	22家	長念寺	給父	西光寺	藤ケ瀬
	23家	西覚寺	祖父江町西鶴之本	西光寺	藤ケ瀬
	24家	西覚寺	祖父江町西鶴之本	西光寺	藤ケ瀬
	25家	了正寺	平和町法立	西光寺	藤ケ瀬
	26家	了正寺	平和町法立	西光寺	藤ケ瀬
	27家	了正寺	平和町法立	西光寺	藤ケ瀬
	28家	了正寺	平和町法立	西光寺	藤ケ瀬
	29家	了正寺	平和町法立	西光寺	藤ケ瀬
	30家	了正寺	平和町法立	西光寺	藤ケ瀬
	31家	長然寺	岐阜県輪之内町中郷新田	西導寺	江西
	32家	長然寺	輪之内町中郷新田	西導寺	江西
	33家	長然寺	輪之内町中郷新田	西導寺	江西
	34家	長然寺	輪之内町中郷新田	西導寺	江西
	35家	長念寺	八開村給父	西導寺	江西
	36家	成信寺	津島市	良満寺	祖父江町神明津
	37家	祐専寺	祖父江町山崎字柳野	良満寺	祖父江町神明津
	38家	祐専寺	祖父江町山崎字柳野	良満寺	祖父江町神明津
給父	39家	正琳寺	祖父江町森上	長念寺	八開村給父
藤ケ瀬	40家	問源寺	立田村	西光寺	八開村藤ケ瀬
	41家	即願寺	祖父江町島本	西光寺	藤ケ瀬
	42家	万瑞寺	佐屋町	西光寺	藤ケ瀬
	43家	中島寺	岐阜県南濃町	西光寺	藤ケ瀬
	44家	明光寺	八開村下大牧	西光寺	藤ケ瀬
元赤目	45家	良源寺	岐阜県海津町	西光寺	藤ケ瀬
鵜多須	46家	永竜寺	祖父江町	了慶寺	八開村鵜多須
	47家	蓮徳寺	佐屁町	永竜寺	祖父江町
	48家	了正寺	平和町	了慶寺	八開村鵜多須
	49家	円養寺	岐阜県羽島市	了慶寺	鵜多須
	50家	地泉院	祖父江町	了慶寺	鵜多須
	51家	明壽寺	平和町	了慶寺	鵜多須
下大牧	52家	安養寺	三重県桑名市	明光寺	八開村下大牧
	53家	法泉寺	三重県多度町	明光寺	下大牧
下東川	54家	明光寺	八開村下大牧	了慶寺	八開村鵜多須

＊ No. 38までは川北で伝承されている家の戸数、以下は男寺と女寺の組み合わせを示す。

表8　旧八開村の男女別複檀家

村内の寺檀関係は実に複雑な形態になっているが、表8に示したように男女別という複檀家の寺檀関係が現在も続けられている。この形態をオトコ寺、オンナ寺、あるいはオトコダンカ（男檀家）、オンナ（オナゴ）ダンカ（女檀家）、オトコダンポウ（男檀方）、オンナダンポウ（女檀方）と呼んでいる。家と寺院の関係で、夫と妻が別な檀那寺を有しており、子供も男女によって帰属が分かれるという複檀家（ＡＹ型）である。夫が死亡すれば夫の檀那寺が導師になり、妻が亡くなれば妻の檀那寺が導師をすることになっている。年忌法事の場合などは、両檀那寺が来るが導師関係は葬儀のときと同じであるという。川北の36家はオトコ檀家が成信坊（津島市）・オナゴ檀家が良満寺（祖父江町、現・稲沢市）となっていて、仏壇の位牌祭祀も男女別になっている。現当主で六代目になるといわれ、二基の繰り出し位牌を男女別に分けて次のホトケを祀っている。

男

釈妙遠童子（天保九・六・一七）
釈政順（安政四・一〇・一八）
釈一幢童子（慶応元・一二・五）
釈静雲童子（明治三〇・一二・一三）
釈清雲童子（明治三一・一・二四）
釈妙信童子（明治三七・一〇・九）
釈妙教童子（明治三七・一〇・一三）
釈慶信（明治四〇・一一・三〇）

女

釈尼貞亮（安政三・一一・八）
釈尼妙観（安政四・一二・二五）
釈尼妙蓮（万延二・二・八）
釈妙教童女（文久二・一・一五）
釈尼智真（明治四・八・二〇）
釈妙順童女（明治一〇・一〇・四）
釈妙鏡童女（明治一八・八・一二）
釈遊林・妙西童女（大正六・四・一八）

釈西信童子　（大正四・一・四）
釈映徹童子　（大正一四・七・六）
釈西源　（昭和二・七・一）
法蓮院釈憲遵　（昭和三三・二・五）
釈浄信童子　（昭和三六・七・三）
蓮開院釈遠慶　（昭和六一・七・二四）
釈尼誓受　（大正六・八・一〇）
釈妙西童女　（大正七・一二・二七）
釈尼自影　（大正一五・一一・二）
釈尼妙華　（昭和六〇・六・一〇）

男女別に檀那寺が異なり、葬儀の導師はもちろん法事まで別になっていることから、位牌祭祀を形式的にも区別する必要が生じたのであろう。

八開村のどのムラにも、この男女別複檀家が残っているわけではない。表8に掲げた川北（三八軒）・給父（三軒）・藤ヶ瀬（七軒）・元赤目（三軒）・鵜多須（二八軒）・下大牧（二軒）・下東川（二軒）で、これ以外のムラにはみられなかった。とりわけ川北と鵜多須に集中している。以下、川北を事例になぜ男女別複檀家の形態がみられるのか、どのような原理によって成立したのか考察してみたい。

川北にはムラ内に寺院がなく、どの家もムラ外の寺院と寺檀関係を結んでいる。男女別複檀家三八軒のうち、表9のように男寺はばらばらであるが、女寺は長念寺と西光寺が多い。なぜ長念寺が女寺になったのかという理由については、八開村におけるムラと寺院の慣習的な関係である講下制度との関連が考えられる。図12のように、ムラ内に寺院のない川北は給父の長念寺と講下関係、下東川と元赤目は鵜多須の了慶寺と講下関係、上丸島・丸島・定納・新田は小判山の長楽寺と講下関係を形成している。ムラ内に寺院のあるところは、当然そのムラが講下関係に

	男寺	女寺	
光耀寺	11		八開村内
長念寺	7	15	〃
西光寺		15	〃
西導寺		5	〃
栄通寺	4		村　外
長然寺	5		〃
西覚寺	2		〃
良満寺		3	〃
祐専寺	2		〃
了正寺	6		〃
成信坊	1		〃

表9　川北の男寺と女寺

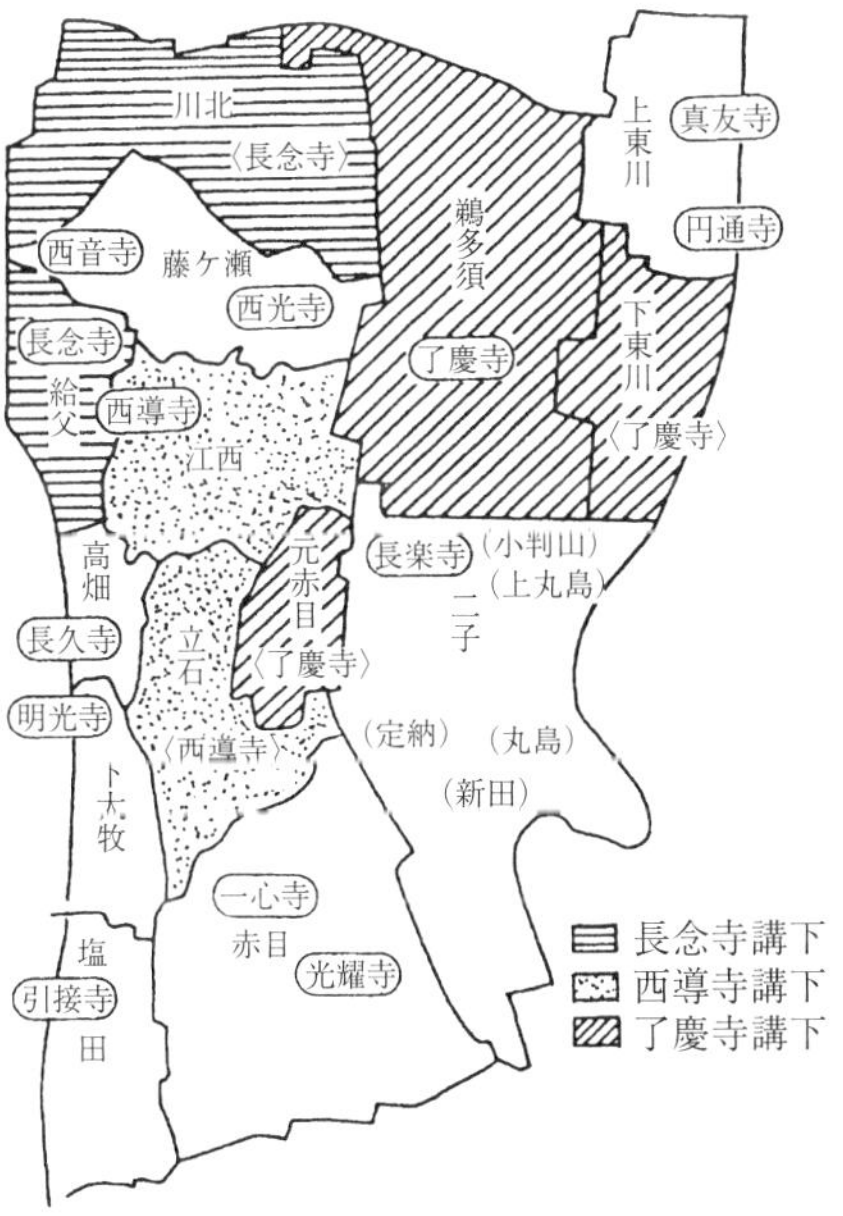

図12　旧八開村の講下制度

なっている。講下関係とは、寺院がムラに対して慣習的な権利を有しているものであり、葬儀になれば檀那寺でなくても講下関係にある寺院が喪家へ通夜や三日のお経（骨上げのお経）に行く。日常的なジョウハン（常飯）といわれる月命日のお経を勤めるのも檀那寺ではなく講下関係にある寺院であり、下東川などでは鵜多須の了慶寺講下ということで、檀那寺であるかは関係なくムラが墓掃除や報恩講の年番役を果たしている。つまり、講下というのは各家の寺檀関係に関係なく、ムラがトリモチ（取り持ち）をする寺院が決まっている制度といえる。この関係からみると、川北の講下寺院は給父の長念寺となっているので、嫁いできた女性や女子が長念寺のオンナ檀家になることがムラの慣習として行われてきたのではないか、と考えられる。川北以外では、表8のNo.39家からNo.44家、No.46家、No.47家からNo.54家が、講下関係にある寺院が女寺になるという原則が当てはまっている。しかし、この原則が必ずしも貫徹しているとは限らない。川北のNo.16家から30家は藤ヶ瀬の西光寺、No.31家から35家は江西の西導寺、No.37と38家は祖父江の良満寺になっている。これらは川北に隣接するムラと寺院であるが講下にはなっていない。とくに西光寺が、なぜ川北の女寺として関与しているのか不明である。なんらかの歴史的経緯があったのかもしれない。江西の西導寺や祖父江の良満寺が女寺になっているのは、かつて嫁が実家の寺檀関係を持ち込んだものが後に固定化されたのではないか、ともみられよう。No.45家やNo.47家も同様である。

川北の男女別複檀家を女寺の側からながめてきたが、今度は男寺の檀那寺に着目してみると栄通寺・光耀寺・長念寺・西覚寺・了正寺・長然寺・成信坊・祐専寺と檀那寺がばらばらであった。ムラの中に寺院がないことにもよるが、どのように川北の男寺が成立したのか考える時、例えば「水谷イットウ（五軒）は岐阜県安八郡輪之内町の長然寺檀家、服部イットウ（三軒）は津島市の成信坊檀家、吉川イットウ（三軒）は祖父江町（現・稲沢市）の西覚寺檀家」といわれていることが注目される。男寺の寺檀関係成立の要因は、川北という村の成立と関連していることが考えられるので、この点をみてみよう。

図13は天保十二年（一八四二）の川北村絵図であるが[19]、川北という村がどのように形成されてきたかを教えてくれる。この村はもと神明津輪中に属し、南を東西に旧間之川、東を佐屋川が流れていた。旧間之川は木曽川と佐屋川を結ぶ川幅九〇間（あるいは一三一間）といわれた川で、神明津村（祖父江町）・川北と給父村・藤ヶ瀬村との間を流れていたが、文政九年（一八二六）に川底が砂高となったために締め切られて廃川となっている。佐屋川は川幅二〇〇間の川であったが、やはり明治三十三年頃木曽川の改修工事で締め切りとなり、廃川となってしまった。

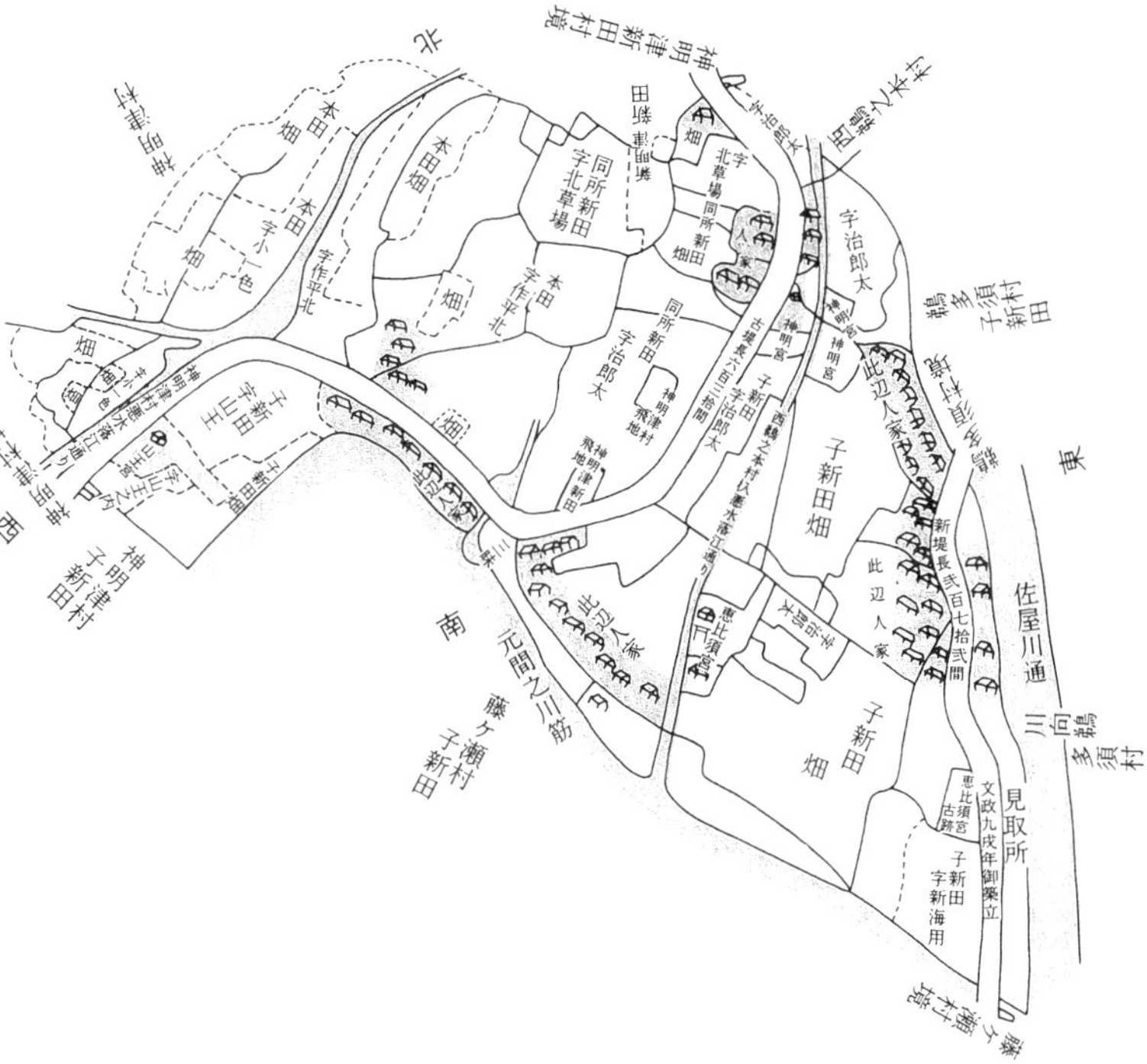

図13　川北村絵図・天保12年

近世において川北は神明津輪中の最南端にあり、間之川と佐屋川にはさまれた村であった。尾張藩によって作成された『寛文村々覚書』（一六七三年までに成立）によれば、川北は近世村として成立していて石高三〇六石五斗九升四合、戸数三〇、人口一六一とある。文政五年（一八二二）成立の『尾張徇行記』では一七六石五斗二升一合、五八戸、二七一人、そして天保十二年（一八四二）の村絵図では、二四一石九斗九升五合、六八戸、二九三人となっている。約一七〇年間に戸数は二倍以上、人口は二倍弱に増加したが、石高は増減を繰り返している。減少した理由は、間之川と佐屋川に挟まれた川筋に土地があるので、地形の変動や水害の影響を受けたことによる。慶安三年（一六五〇）には大洪水によって佐屋川堤防が決壊し、川北だけでなく各村が大きな被害を受けている。その一方、新田開発も行われた。絵図をみると、人家は「古堤」とある神明津輪中堤沿いと、「文政九年戌年御築立」とある佐屋川堤(新堤)沿いにあり、「本田」「本田畑」は古堤の西側(内側)、古堤と新堤の間に「子新田畑」「子新田字新海用」が描かれている。絵図に記載されている石高などの記録によれば、西側の神明津村との境近くにある「子新田字山王」は「慶安元年御縄入」、東側の「子新田畑」「子新田字新海用」は文政十一年(一八二八)に検地されて成立したものであった。三昧が間之川河川敷にあることなどから、古堤と新堤の間にある人家は、近世中後期以降の新田開発にともなって成立した集落であろう。間之川南に「藤ヶ瀬子新田」、佐屋川東にも「鵜多須村子新田」とあるように、この付近は新田開発された土地であった。イットウごとに寺檀関係がなっていることから推して、現在の八開村赤目や給父(現・愛西市)、川北の北側にある祖父江町西鵜之本(現・稲沢市)、あるいは岐阜県海津町福江(現・海津市)や輪之内町中郷の人たちが入植して新田開発したものと考えられる。そうした入植者たちは出身村にある寺院との寺檀関係を持ったまま、この川北ムラに居着いたのであろう。こうした点については、次節の木曽川下流域の新田開発と寺檀関係の成立で詳しく触れる。

2　ムラと寺院の成立

このように川北がムラとして成立してくる過程は、八開村の各ムラでも事情が類似していた。男女別の複檀家がみられないところでも、ムラの中の寺檀関係が複雑であり、ムラ内に寺院があっても家の檀那寺がばらばらであるところが多い。ムラの中には何か寺かの寺院が関与しており、ムラ内にある寺院の檀家が少ないという、いわゆる入会的な寺檀関係ともいえる状態である。寺院の側からみれば檀家がムラ内に少なく、村内のムラや村外にとんでいるという「散りがかり的寺檀関係」である。どうしてこのような寺檀関係が成立したのか。八開村の寺院について由緒書や法物裏書などを調べると、近世初期から中期にかけて現在地のムラに移転してきているものが多い[20]。いくつかの例を挙げると、長久寺は寛永年中に木曽川掘割りで高畑村に引き移る、西導寺は寛文年中に江西村に移転、西光寺も寛永年中に藤ヶ村に移転と伝える。下大牧の明光寺は、慶長二年（一五九七）の顕如上人真影裏書に「尾州海西郡秋江郷中島□（村）」とあって木曽川中にあった中島村にあった。現在地の「尾州海西郡下大牧村」の地名が記載されるのは、宝暦十一年（一七六一）に下付された親鸞絵伝裏書になってからであった。二子村小判山の長楽寺はもと佐屋町西保（現・愛西市）にあり、宝暦三年（一七五三）六月、村内に寺がなかったことから二子村の要請によって移転してきた寺院である。下東川の真友寺も、旧海西郡市江島西保村の佐藤某が帰依して一宇が建立され、元禄二年（一六八九）六月現在地へ移ってきたという。ムラ内の入会的な寺檀関係、「散りがかり的寺檀関係」の成立過程には、各寺院のムラへの定着時期とムラの開発と成立といった問題が関係している。それは、近世村の成立する段階で寄り合い的に集まった人々がムラを開発形成し、ここに寺院が移転してきて定着したのではないか、ということを考えさせるのである。こうした歴史的経緯が、複雑な寺檀関係を生じさせたのである。

3　寺檀関係の類型化

八開村における「ムラと寺院と講下関係」「家と寺院の寺檀関係」を整理すると図14のように七つの型に分けてみることができる。Ⅰ～Ⅳは複檀家以外の一般的な寺檀関係で、まずⅠ型はムラの中に寺院があって、ムラ内にある家もこの寺院と寺檀関係にあるものである。寺院は、所在するムラが講下となり、家は檀那寺をトリモツという関係になる。この関係をジキダン（直檀）とも呼んでいる。Ⅱ型は、同じくムラ内に寺院があっても、家はムラ外に檀那寺を持っていて寺檀関係を結んでおり、その家はまたジゲ寺（ムラ内寺院）と講下関係にあってトリモチを

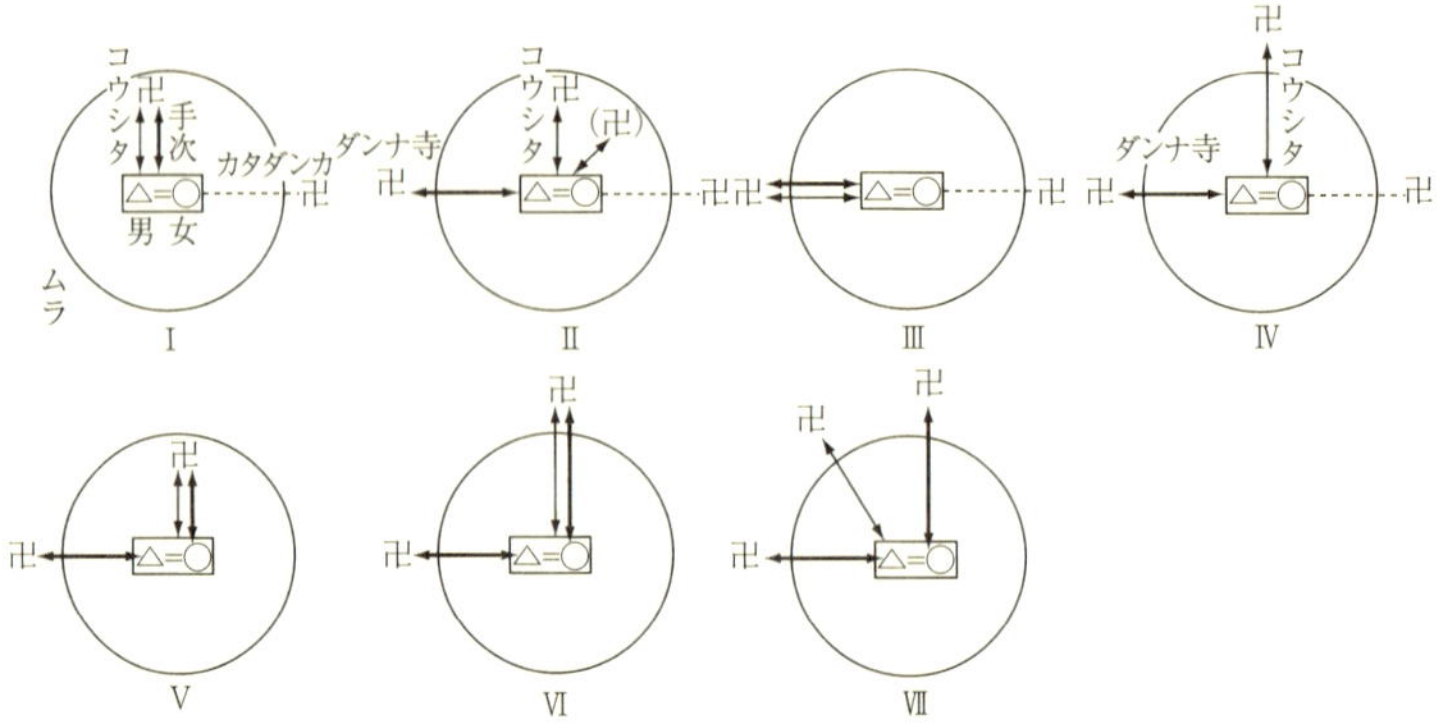

図14　ムラと家と寺の関係

することになる。Ⅲ型はムラの中に寺院がなく、講下寺院がそのまま檀那寺になっているものである。そして、同じくムラ内に寺院がなく、講下寺院と檀那寺の異なっているものがⅣ型である。Ⅳ型の檀那寺はムラを講下とはしていないが、檀那寺ということで強く家と結びつき、ムラ内に檀家を何軒か有している場合は講下寺院と同様に大きな影響力を持つことになる。Ⅴ～Ⅶ型は男寺・女寺の複檀家である。Ⅴ型はムラ内のジゲ寺と妻が寺檀関係にあり、夫がまた別にムラ外に寺檀関係を持っているものである。この型は夫の寺院が「家」代々の檀那寺であるが、ムラ内のジゲ寺との講下関係が強いため「嫁にきたものはジゲ寺の檀家になってもらう」ということなのであろう。Ⅵ型は、ムラ内に寺院がなく妻がムラ外の講下寺院と寺檀関係、夫が別に寺檀関係を持っている。Ⅶ型は、夫と妻がそれぞれムラ外に檀那寺を持っており、講下寺院もまた別であるというものである。

この他、Ⅰ～Ⅳに点線で示したカタダンカ（片檀家）と呼ばれる関係がある。これはどの家でもあるものではないが、葬儀になると妻の実家の檀那寺が客僧として参列し、費用は実家持ちになる関係である。葬儀における片檀家の慣習は、嫁と実家の檀那寺が関わるもので複檀家とのつながりが考えられる[21]。図14に示さなかったが、二〇年前までダイハン（代判）という寺檀関係もあった。ムラに寺院のない元赤目の家で、

男寺　良源寺（岐阜県海津郡海津町日原、現・海津市）
女寺　西光寺（八開村藤ヶ瀬、現・愛西市）
講下　了慶寺（八開村鵜多須、現・愛西市）
代判　光耀寺（八開村赤目、現・愛西市）

という関係であった。代判は講下寺院である了慶寺がなってもよかったのであるが、鵜多須と元赤目の間には佐屋川が流れていた。そこで同じ輪中であり近くの光耀寺が代判になったのであろう。代判については後に詳しく述べる。

現行の旧八開村に展開している、「ムラと家と寺院」の寺檀関係は右の通りである。ほぼこの七類型に位置づけることができよう。これまで詳しくみてきた川北の複檀家は、Ⅵ・Ⅶ型になる。川北と講下関係にある長念寺が女寺であるのがⅥ型、西光寺や西導寺・良満寺が女寺になっているのがⅦ型である。西光寺などが講下関係ではないのに女寺になっている理由が分からなかったが、講下制度がムラと寺院との間に生まれた相互依存的な「共同体の意志」という地縁の論理によるものだとすれば、Ⅵ・Ⅶ型双方から講下寺院の関係を除くとⅥ型とⅦ型は同じ型になってしまう。つまり、川北において女寺としての西光寺の方が長念寺よりも講下関係成立以前の姿を残しているとみられる。もちろん、長念寺も講下関係が成立する前から女寺であったとも考えられよう。そして、講下関係という地縁の論理からは、なぜ男女別複檀家の寺檀関係が生まれたのか説明できない。男女別複檀家は講下制度とは原理的に関係ない理由によるものであり、「家と寺院」という関係よりも「檀那と寺院」という関係の中で生まれたもので、ムラの新田開発にともない入植した者が夫婦別々に出身地の寺檀関係を持ち込んだことに起因しているのではなかろうか。このことを次項においてみてみよう。

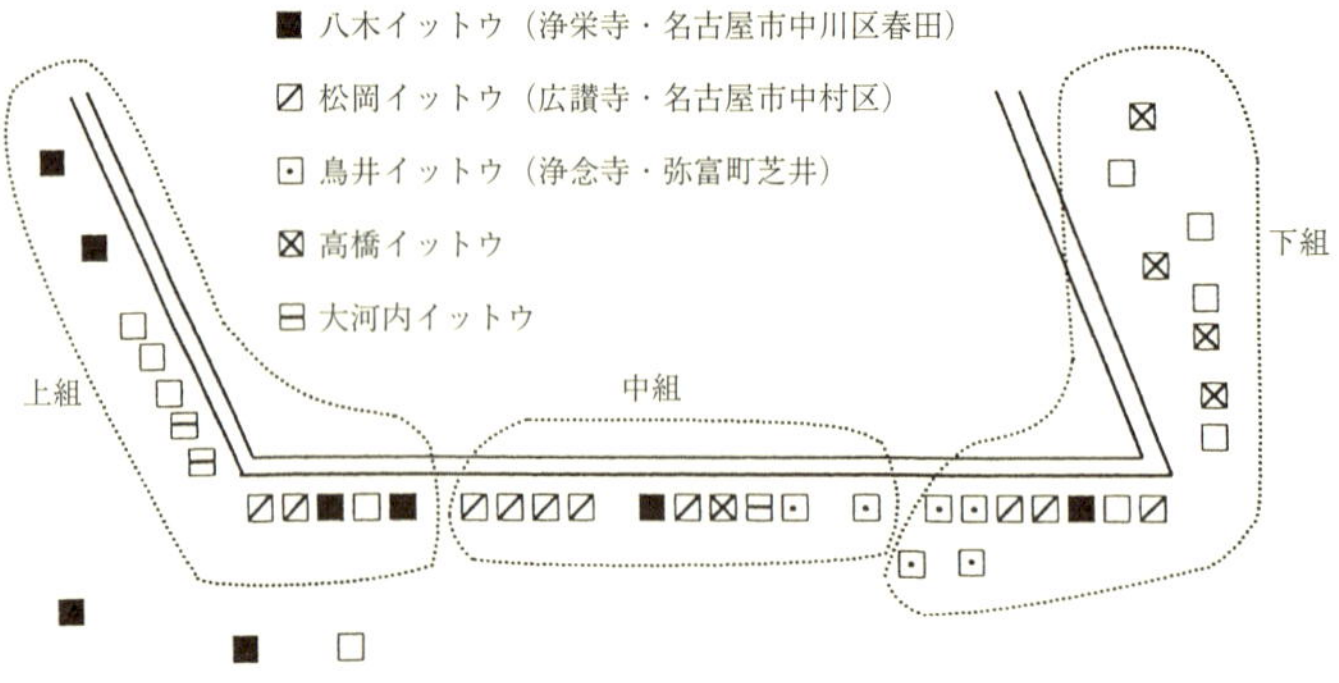

図15　弥富町寛延の寺檀関係と講組

三　木曽川下流域の寺檀関係と複檀家

木曽川最下流域のムラは、「ムラと寺院」の関係でハイカ（配下）と呼ばれる制度を形成している。ムラの中の「家と寺院」の関係をみれば寺檀関係が複雑であり、近世には複檀家や代判制度・預り旦方があった。まず、配下制度と寺檀関係の実態からみてみよう。

1　新田開発と配下制度のムラ

図15は弥富町寛延（現・弥富市）の寺檀関係と講組を示したものである。このムラは、東に木曽川の派流である筏川、西に鍋田川にはさまれた小さなムラである。『尾張徇行記』（文政五年成立、一八二二）によれば、村高は一七〇石余ですべて蔵入地であったという。ムラの名前である「寛延」が示すように、寛延四年（一七五一）に新田開発の願が申請されてから「寛延新田」と通称されるようになり、開田は宝暦二年（一七五二）、検地は明和四年（一七六七）であった[22]。ムラの氏神として神明社を祀っているが、ムラ人は神明社が建立された旧一月二十九日を記念して行われる春祭りをゴタンジョウ（ご誕生）といって語り伝えている。神明社を勧請して氏神のできたときが、「ムラの誕生」であった。ムラの中に寺院はない。ムラの戸数は、

天保四年（一八三三）の宗門御改帳には高持百姓が一三軒となっている。昭和二ー年ころは三二戸、現在は七〇戸ほどである。昭和三十四年の伊勢湾台風までは、ムラの中を二間あるいは五、六間の水路が縦横に走っていて、刈り取った稲などはこの水路を使って家まで運んでいたという。水路と舟は生活に不可欠であった。家々はかつての堤防上に並んで建てられている。

このように寛延は新田開発されたムラであったが、図16のようにこの地域一帯のムラは一六〇〇年から一六五〇年に新田開発され、その後中断しながら再び一八〇〇年前後から近世末期にかけて開発されている(23)。地域の八割が海抜〇メートル以下である。近世の豪農や富商などが資金を出し、近在の貧農家の二、三男が労働力となって干拓地に杭を打ち込み、堤防を築いては耕作地を形成した。そして、ここに「居付百姓」が定着し、寺院や神社も創建されてムラが成立したのであった(24)。

寺檀関係をみると図15に示したように、ムラの中には八木イットウ、松岡イットウ、鳥居イットウなどと呼ばれる血縁集団があり、檀那寺はイットウごとに分かれている。イットウはホンヤ（本家）とシンヤ（新家）の関係であり、現在、ホンヤといわれる家は七軒である。この中、名古屋市中川区春田の浄栄寺（真宗大谷派）を檀那寺とする八木イットウの本分家関係をみると、一部ではあるが次の通りである。

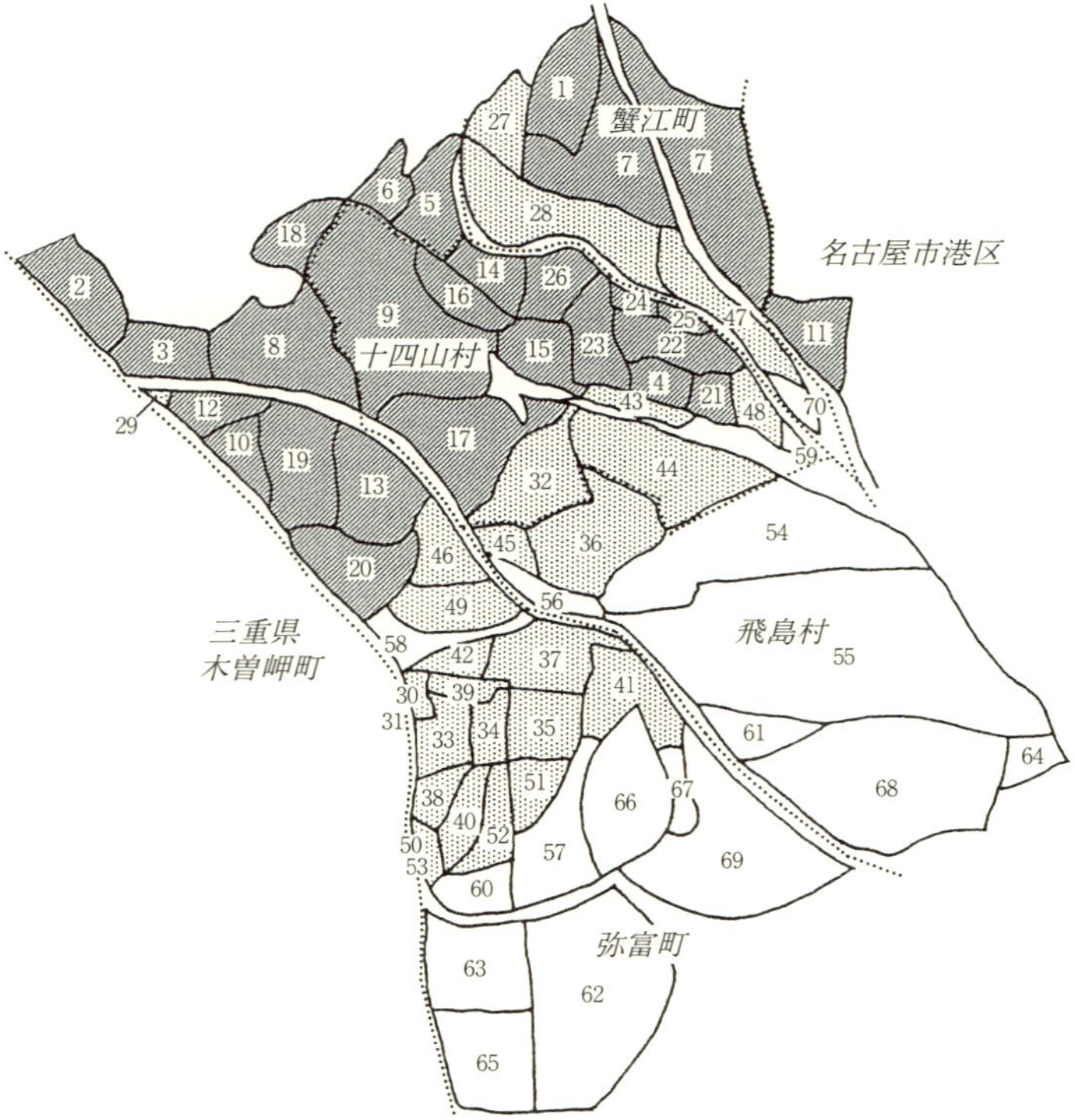

	No	村名
一六五〇年以前の開発	1	大野
	2	五明
	3	前ヶ須
	4	東蜆
	5	佐古木
	6	又八
	7	蟹江
	8	平島
	9	六条
	10	川原次
	11	福田前
	12	中山
	13	鎌島
	14	鮫ヶ地
	15	子宝
	16	坂中地
	17	鳥ヶ地
	18	鎌倉
	19	森津
	20	芝井
	21	亀ヶ地
	22	竹田
	23	西蜆
	24	上押萩
	25	下押萩
	26	馬ヶ地
	27	鰯江
	28	善太
	29	中川原
	30	加稲
	31	加稲付
	32	桴場
	33	富島
	34	三好
	35	狐地

	No	村名
一六五〇～一八〇〇年の開発	36	大宝
	37	稲本
	38	富島付
	39	加稲九郎次
	40	稲荷崎
	41	稲荷
	42	稲吉
	43	四郎兵衛
	44	神戸
	45	八島
	46	松名
	47	鍋蓋
	48	海屋
	49	寛延
	50	稲荷崎付
	51	稲狐
	52	富崎
	53	加稲山
一八〇〇年以降の開発	54	服岡
	55	飛島
	56	重宝
	57	三稲
	58	間崎
	59	潤屋
	60	境
	61	政成
	62	八徳
	63	六野
	64	朝日
	65	上野
	66	繰出
	67	大谷
	68	新政成
	69	末広
	70	服部

図16　近世の新田開発（『十四山村史　民俗編』所蔵の図を元に作成）

ホンヤは名古屋に転出していまはない。八木イットウは寛延に八軒あり、毎年五月第二日曜日に檀那寺である浄栄寺まで出向いて「先祖のお参り」を行っているという。名古屋市中村区の広讃寺（真宗大谷派）を檀那寺とする松岡イットウは九軒、弥富町芝井（現・弥富市）にある浄念寺（真宗大谷派）を檀那寺とする鳥居イットウは七軒、高橋イットウは四軒、大河内イットウは三軒である。講組はイットウとは関係なく、上組・中組、下組という三組である。したがって、檀那寺に関係なく地縁的に構成されている。上組の中には禅宗檀家の一軒も含まれている。

寛延のムラは、家々の寺檀関係とは別に、ムラとして芝井の浄念寺と一定の関係を結んでいる。ゴカショといって森津・鎌島・芝井・松名・寛延の五つのムラが、浄念寺のトリモチ（取り持ち）をすることになっている。組やムラで行う行事には、檀那寺ではなく浄念寺との関係になる。例えば、先に述べた講組のオトリコシでは浄念寺が関わっていた。オマイリといって説教が行われるときなども、浄念寺へ依頼することになる。浄念寺の寺役として年番があり、現在では講組単位の交替で五名が出ているが、かつては寛延からソウダイ（総代）として二名が出ていた。昭和三十四年までは、田が三反以上あるシンショウの良い家しかネンバンができなかったという。また、青年会に入った若者はゴカショ全部のムラの青年団とともに、かつて十二月十五日頃に行われていた浄念寺報恩講の助音につかねばならなかった。ゴカショとしての浄念寺をトリモチする関係はいまでも慣習として生きていて、これを配下制度という。

葬儀になると、例えば八木イットウのある家では、導師が春田の浄栄寺、他に芝井浄念寺、稲元明信寺（真宗大谷派）、稲元本浄寺（曹洞宗）が出席している。稲元のお寺は、故人の出身地であったことから招待されていた。故人が、オマイリとかオザ（御座）と呼ばれる説教をよく聞いていたりすると、説教師も列席したりする。家々によって異なるが、必ず檀那寺が導師となり、トリモチ関係になる浄念寺も出席して、喪家から三か寺は依頼することになるという。法事の場合なども、檀那寺以外に浄念寺や他の寺をそれぞれの関係から依頼している。「葬式と法事は檀那寺からのがれられん」という。つまり、檀那寺は葬儀と法事には必ず訪れており、他にはオトリコシ（お取り越し）に来たりしている。八木イットウでは、春田の浄栄寺が十月頃に一日かけて八軒をオトリコシにやってくる。松岡イットウの檀那寺である広讃寺も同様である。ムラ人にとっては「檀那寺とトリモチ（寺）は別」であった。

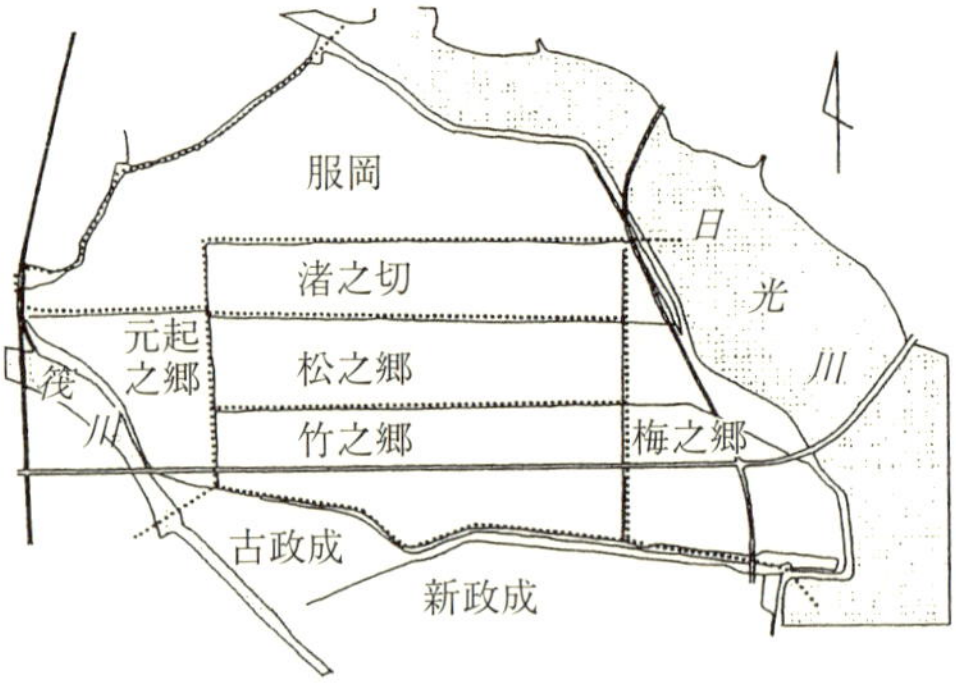

図17　飛島新田のムラ

飛島村元起之郷の寺檀関係も、寛延のムラと同じ実態である。元起之郷は飛島新田の一郷で享和元年（一八〇一）に新田工事が完成した。干拓された新田は元起之郷・松之郷・竹之郷・梅之郷・長尾之郷・山田之郷・三福之郷・古台之郷・泉之郷・笹之郷の一〇郷に分けられ、文化二年（一八〇六）には三福之郷・古台之郷・泉之郷・笹之郷の四郷が服岡新田となっている。[25] 現在の戸数は、約一二〇から一三〇戸という。元起之郷のムラの中には、善光寺（天台宗）・無量寺（真宗大谷派）・長昌院（曹洞宗）の三か寺がありながら、各家の檀那寺はムラ外にあってばらばらである。その理由は、三か寺がトリモチ寺であることによる。善光寺は、明治三十二年に本尊を迎えて成立した寺院で、飛島だけでなく鍋田・木曽岬までの範囲で人々がオトリモチして維持されている。長昌院は、新田開発者であった佐野周平の菩提寺で、戒名「長昌院椿嶺道寿居士」から寺院名が付けられている。飛島村中の各ブラクから代表が出てトリモチをしているという。そして、無量寺は天保年間に信仰道場として開設され、明治初年に寺院化している。[26] したがって無量寺にはもともと檀家はなく、松之郷・元起之郷・竹之郷の三郷（図17）でオトリモチする形態で維持されている。お寺ネンバン（年番）といって、元起之郷（大用水一名、中江一名、汐除一名）、松之郷（北枕江一名、南枕江一名）、竹之郷（北竹之郷一名、南竹之郷一名）から七名が出て、無量寺の二十八日講・報恩講・永代経などの行事をオトリモチする。年番の任期はムラによって異なっているが、半年と一年任期がある。中江では一年任期で家順に役が回っており、大用水と汐除は半年任期となっている。また、お寺ドウギョウといって、三郷で一名ずつ計三名の者が三年任期で選出されるが、これは総代役のことである。

近世における開発新田地域の事例として、寛延と元起之郷を取りあげた。この他、十四山村六条新田（現・弥富市）では、三百島・鍋平が三忍寺（真宗大谷派）の配下、五斗山・堤蛇ケ江・大山が聖徳寺（真宗大谷派）の配下、飛島村では中用水・上用水・梅之郷が正念寺（真宗大谷派）の配下、三福・笹之郷・泉之郷・古代が誓願寺（真宗大谷派）の配下、大宝西・大宝東・重宝・八島が大宝寺（真宗大谷派）の配下、北古政・南古政が宝珠寺（真宗大谷派）の配下、西新政・東新政・北新政が本正寺（真宗大谷派）の配下となっている[27]。

弥富町（現・弥富市）や飛島村・十四山村（現・弥富市）・蟹江町よりも北に位置する津島市や佐屋町（現・愛西市）のムラでも配下制度は行われている。津島市高台寺というムラの寺檀関係をみてみよう。『寛文村々覚書』の戸数は二三戸、一二一人、その約一五〇年後の『尾張徇行記』では六七戸、二六六人となっている。石高は備前新田まで含めて五四〇石余、その内の五〇三石余が藩士一四人の給知で、佐屋代官支配のムラであった。現在の戸数は一〇八戸となっているが、旧戸は約五〇戸であり、昭和初期からほとんど移動がないという。

ムラの中に真言宗の薬師堂があり、また浄土宗の金蔵寺がありながら、高台寺は九九％が真宗門徒のムラである。図18は、主な寺檀関係にある円盛寺（名古屋市中川区前田西町）、蓮光寺（津島市白浜町）、光照寺（海部郡三和町花

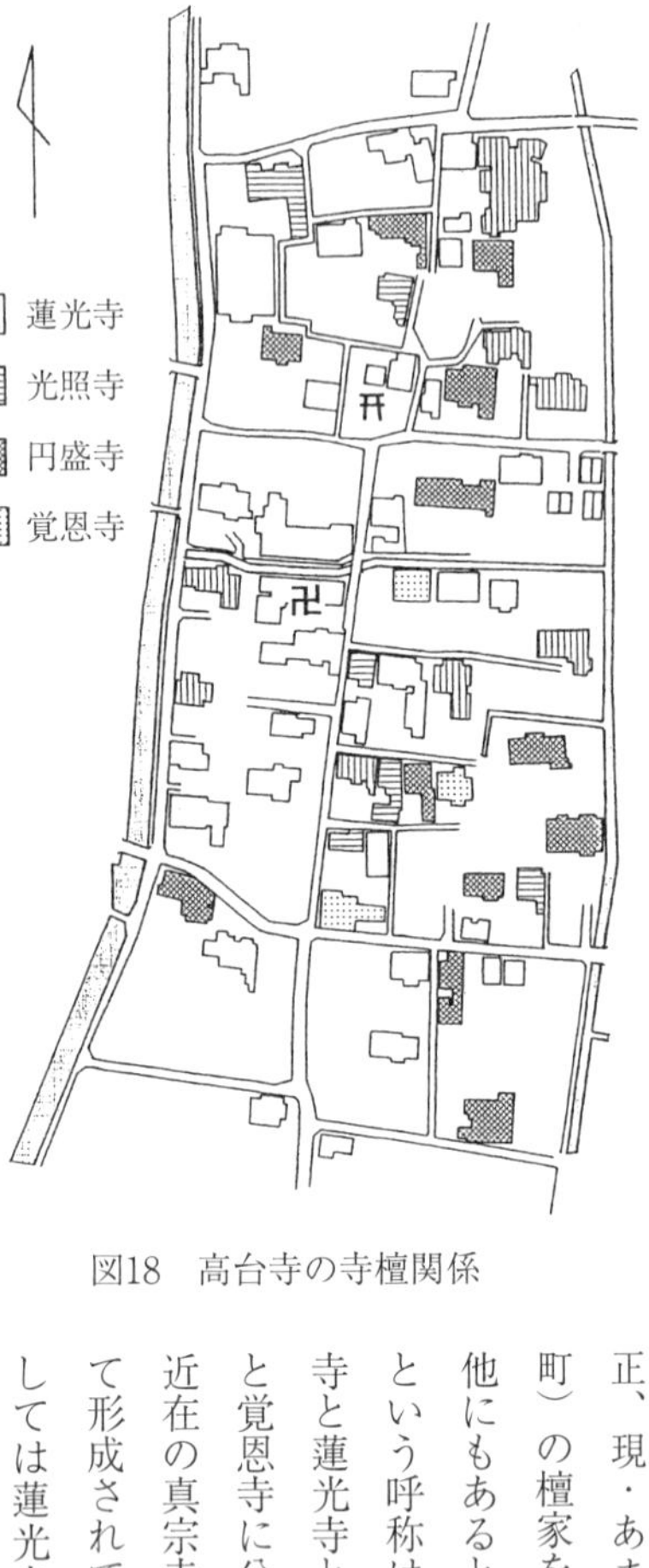

図18　高台寺の寺檀関係

正、現・あま市）、覚恩寺（津島市蛭間町）の檀家を示したものであるが、この他にもあるという。高台寺ではイットウという呼称はないが、那須姓の家は円盛寺と蓮光寺とに分かれ、猪飼姓は光照寺と覚恩寺に分かれている。寺檀関係は、近在の真宗寺院である五か寺を中心にして形成されているが、この中でもムラとしては蓮光寺との関係が強い。「高台寺は白浜蓮光寺のカタダンカ」といわれ、「カタダンカとは、高台寺がハイカということ」という。カタダンカとは片檀家の意味であろうが、ハイカ（配下）と同義的に使用されている。ムラの行事に関わることは、寺檀関係に関係なくカタダンカ（ハイカ）として蓮光寺が関与している。ムラからも蓮光寺の寺役として毎年五名のネンギョウジ（年行司）を出している。選出の仕方は講組単位ではなく、ブラク全部で籤を引いて十年間くらいの役を決めているという。ただし、蓮光寺檀家だけでソウダイ（総代）役を選出しているが、ムラとしては年行司役だけとなっている。なお、蓮光寺の年行司は、金蔵寺の年行司も兼ねている。ムラの中で円盛寺檀家に不幸があると、導師は円盛寺、脇には蓮光寺と金蔵寺が列席する。中陰の七七日は「檀那寺が遠いから」ということでジゲ（地下）の金蔵寺に依頼しており、ツキギョウ（月経）もジゲのお寺を頼む。「宗派は違っ

 てもお経は一緒だから」という。蓮光寺や光照寺は比較的近距離にあることから、毎月の月経に訪れている。

こうした配下制度は、第一節にみた八開村の講下制度とまったく同じ慣習的な制度といってよい。津島市近辺から北にかけて、ハイカという呼称からコウシタという呼称に変わっているようで、立田村山路（現・愛西市）や八開村（現・愛西市）ではコウシタ（講下）といっている。「配下」という用語は、もともと寺院間の関係を示す教団用語である。三河佐々木の上宮寺に所蔵されていた「末寺配下覚」（嘉永元年、一八四八）に「右配下ト申者本山之直末ナレトモ本山用幷中山用惣而廻状順達致ス触下ニ候本山江諸願事之節者末寺同様添状出ス大方者末寺同様ニ候」とある。[28] 寺院の本末関係ではないが、上寺は配下寺院へ廻状などを触れたりした。あるいは配下寺院が下付物など願事の節には、上寺へ申請して添状が必要であった。木曽川下流域のムラでは、この教団・寺院用語が民俗化してハイカとなり、「ムラと寺院」の関係を示す慣習的な制度として行われているのである。一つのムラは、何か寺にもおよぶ複雑な寺檀関係を有している。家々は個別に葬式や法事などでは檀那寺を優先している。しかし、ムラに関わる行事となるとトリモチ関係にある寺院に依頼する。寺院からみると、ムラに対して寺檀関係とは別な配下としての権利を持っていることになるのである。こうした「ムラと寺院」の配下制度は、尾張西部とくに木曽川流域のムラに広くみられる一つの特質といってよい。

2　ムラと寺院の成立

配下制度が形成された要因の一つは、「ムラの成立」と「寺院の成立」形態に求めることができるのではないか。そして、この「ムラの成立」と「寺院の成立」に関わる問題を探るには、ムラの寺檀関係が糸口になる。配下制度のムラは、実に複雑な寺檀関係になっていた。どうしてこのような寺檀関係が形成されたかは、弥富町や十四山村

（ともに現・弥富市）、飛島村といった新田開発によって成立したムラの事例が参考になる。事例としてとりあげた弥富町寛延には、『海西郡寛延新田宗門御改帳／天保四年巳三月／春勝　控』という宗門改帳が残っている。[29] 新田開発に加わり、ムラに居着いた小作農民の宗門改は、次のように出身村で行われていた。

一当村右同断　年五十六　金四郎
　女房　　年四十九
　男子順吉　年十二
　女子つゆ　年二十四
　金四郎姉たよ　年六十四
右男女〆五人代々浄土真宗　旦那寺は
海東郡春田村
　　浄栄寺

新田開発の小作農民は、旧出身村での寺檀関係を引きずっていた。ムラの中が複雑な寺檀関係になっているのは、こうした理由による。もちろん、長い時間の中で家の盛衰もあって農民は入れ代わっているが、現在でも寛延の八木イットウは、春田浄栄寺との寺檀関係を維持しているのである。弥富町や十四山村、飛島村のムラは、海東郡・海西郡・知多郡など周辺地域からの出身者によって開発され、ムラとして成立したのであった。そのとき、個々には出身村寺院との寺檀関係を有していたが、ムラの中に寺院は成立していなかった。

この地域の寺院宗派は、弥富町（現・弥富市）には真宗八・曹洞宗九、天台宗一・真言宗一、十四山村が真宗七・曹洞宗三・真言宗一、飛島村が真宗六・曹洞宗一・天台一となっている。曹洞宗も寺院数としてかなり展開しているが、これらのほとんどは開拓者やその一族が建立し菩提寺院であり、尼寺も多い。十四山村（現・弥富市）の神戸新田に曹洞宗檀家がかたまっていたりするものの、教勢としては圧倒的に真宗卓越地域であり、新田農民の生活と信仰は「門徒」によって代表される。一方、この地域の真宗寺院は、そのほとんどが明治以降に寺院化したのであって、それまでは道場（説教場）などの形態であった。飛島村元起之郷の無量寺は、天保年間に信仰道場が創建されたと伝え、正式な寺院に成ったのは明治初年という。それまでの道場を「お講部屋」といっていたという話も残っている。ムラ人はオタイヤ（お逮夜）を講組で勤めた翌日に「お講部屋」に集まって「寄り合い」の「お講さま」を勤めたともいう。その他の真宗寺院もこうした形態であったが、その中で弥富町寛延（現・弥富市）のトリモチ寺であった浄念寺は、もと津島にあって元禄四年（一六九一）に移ってきたと伝承している。[30]

このように「ムラが成立」しても、個々には寺檀関係を持っているものの、ムラの中に信仰の紐帯となる寺院はなかった。そこで、ムラは寺院の代わりに道場（説教場）を設け、道場は明治になって寺院化したが、檀那寺との寺檀関係は強固に存在していた。「ムラの寺院」を維持していくためには、この寺檀関係とは別な制度、すなわちトリモチ寺という配下制度が自然に形成されたのであろう。それは道場形態であったころからの関係であり、「ムラと寺院」の慣習的な契約として定着したのであった。さらにいえば、佐屋町（現・愛西市）や津島市、あるいは立田村・八開村（ともに現・愛西市）・祖父江町（現・稲沢市）など木曽川流域のムラに配下（講下）制度がみられることは、時代は違っても「ムラの成立」や「寺院の成立」が同形態であったことを推測させるのである。

3　「代判」と「預り旦方」と複檀家

寛延の『海西郡寛延新田宗門御改帳』（天保四年・一八三三）をみると、[31] 入植者の出身村寺院が宗門改を行っていたが、その中に「代判」が行われていたり、男女別複檀家の形態がある。また、『海西郡森津新田宗門御改帳』（天保五年・一八三四）には、「預り旦方」という記載があって檀那寺以外の寺が宗門改を代行していた。[32] 代判と預り旦方と複檀家の内容を、みてみよう。

表10は、寛延ムラの宗門改帳に記載されている内容をまとめたものである。家数は一三家で、旦那の総人数は七五人、男が四一人、女が三四人である。家単位での寺檀関係の形態をみると、完全な一家一寺が八家、檀那寺がありながら他の寺院が代判している一家二寺が三家、男女別の一家二寺が一家、男女別で代判のある一家三寺が一家となる。

まず代判の事例を挙げてみると次のようである。

（イ）

一当村右同断　　年五十一　万蔵事　唯助
　　　　　　　　女房　　　　年四十七
　　　　　　　　男子末蔵　　年三十一
　　　　　　　　末蔵女房　　年二十四
　　　　　　　　同人女子みか　年二ツ
　　　　　　　　唯助　母　　年七十

所　在	宗　派	寺院名	旦那	代判	男寺	女寺	計
広井中野町	禅　宗	永林寺	6				6
熱田須賀町	浄土真宗	興徳寺	4				4
愛知郡稲葉地村	浄土真宗	広讃寺	(13)				(13)
海東郡春田村	浄土真宗	浄栄寺	12		7		19
海東郡須成村	浄土真宗	善敬寺	4			3	7
海東郡花正村	浄土真宗	法光寺	7		(3)		7 (3)
海東郡蟹江本町村	浄土真宗	盛泉寺		3			3
海東郡西福田新田	浄土真宗	浄忍寺		13			13
海西郡芝井新田	浄土真宗	浄念寺	7	1	3		11
海西郡西保村	浄土真宗	善定坊	(1)				(1)
海西郡戸田村	浄土真宗	宝泉寺	5				5
計			45 (14)	17	10 (3)	3	75 (17)

＊実際に宗門改した寺院を実数、それ以外を（　）

表10　天保4年・寛延の宗門改帳

右男女〆六人代々浄土真宗、旦那寺は愛知郡稲葉地村広讃寺に
候処、代判
海東郡西福田新田　浄忍寺

唯助一家の旦那寺は広讃寺であるが、実際は浄忍(恩)寺が代判した[33]、というものである。どのような関係から浄忍(恩)寺が広讃寺に代わって宗門改を行ったのか分からない。現在の住所から寺院の位置関係をみると、広讃寺は名古屋市中村区稲葉地にあり、浄忍(恩)寺は名古屋市港区西福田で、弥富町の寛延とは少し距離が離れている。広讃寺と浄忍(恩)寺の間に何らかの関係があったと推測されるが、広讃寺の旦那一三人を浄忍(恩)寺が代判していた。表10の数字は、実際に宗門改した寺院の旦那数を示し、旦那寺であっても宗門改できずに代判を依頼した場合の旦那数は（　）で示している。善定坊の旦那一人は寛延を配下とする地元の浄念寺が代判している。浄忍(恩)寺が寛延に旦那がなくても広讃寺の旦那を代判しているように、盛泉寺も寛延に旦那がなくて法光寺の男三人を代判している。この例は、次のようになっている。

(ロ)

一当村右同断　　年五十一　利左衛門
　　　　　　　　　男子初三郎　年二十五
　　　　　　　　　同　喜四郎　年十六
右男〆三人代々浄土真宗、旦那寺は海東郡花正村法光寺候処　代判
　同郡蟹江本町村　盛泉寺
　　　　　　　　　利左衛門女房　　年四十五
　　　　　　　　　同人　　母　　　年七十五
　　　　　　　　　懸り人　勇太郎　年四十二
右男女〆三人代々浄土真宗、旦那寺は
海東郡須成村　善敬寺

四二歳の勇太郎は戸主利左衛門の弟で、七五歳の母親や戸主の妻と一緒に善敬寺旦那となっている。「懸り人」というのは、身障などの理由によって独立することができず生家に寄留して生活する者を意味するから、母親に付いたのであろう。戸主利左衛門と男子二人は法光寺の旦那であるが、盛泉寺が代判している。「懸り人　勇太郎」が付いていているものの、戸主の女房と母親が別に宗門改されていることからすると、この家は男女別の複檀家であったとみてよかろう。完全な男女別複檀家を挙げると次の家がある。

（八）

一当村右同断

年六十　竹吉
男子廣吉　年二十六
同　三之助　年二十三
同　倉吉　年十八
同　力松　年十三
廣吉男子　藤三郎　年六ッ
去巳八月出生仕候　同人男子　安太郎　年二ッ
右男〆七人代々浄土真宗、旦那寺は
海東郡春田村　浄栄寺
竹吉女房　年五十
廣吉女房　年二十八
竹吉女子　とせ　年十ヲ
右女〆三人代々浄土真宗、旦那寺は
海西郡芝井新田　浄念寺

おそらく竹吉は春田村出身の入植者か二代目で浄栄寺との寺檀関係を維持しており、男子を浄栄寺の旦那とし、女房・嫁・孫娘を地元の浄念寺檀那（旦那）に付けたものと考えられる。

寛延の宗門改帳をみると、寛延を配下とする浄念寺の檀那は必ずしも多くない。しかし、寺のない寛延ムラを配下とする浄念寺が次第に影響力を持って檀那を取り込んでいったであろうことが次の例から分かる。

（二）

一当村右同断　　　　　　　年四十八　勘右衛門
右男子一人　代々浄土真宗、旦那寺は
海西郡西保村　善定坊候処　代判
同郡芝井新田　浄念寺
　　　　　　勘右衛門女房　年三十九
　　　　　　男子勘次郎　年十二
　　　　　　同　松次郎　年十ヲ
去巳十月出生仕候　同　吉　年ニツ
　　　　　　女子みわ　年九ツ
　　　　　　同　まさ　年七ツ
　　　　　　同　まき　年五ツ
右男女〆七人代々浄土真宗、旦那寺は
海西郡芝井新田　浄念寺

所　在		寺院名	旦那	代判	預り旦方
海西郡平嶋新田	浄土真宗	安法寺	194	(51)	(85)
同郡　芝井新田	浄土真宗	浄念寺	81	(11)	(85)
同郡　二子村	浄土真宗	長楽寺	93	(26)	
同郡　東条村	浄土真宗	成満寺	46		
同郡　西条村	浄土真宗	林證寺	3		
同郡　鯏浦村	浄土真宗	専念寺	1		
同郡　荷之上村	浄土真宗	光蓮寺	6		
海東郡春田村	浄土真宗	浄栄寺	44		
同郡　戸田村	浄土真宗	浄賢寺	1		
勢州長嶋坂手村	浄土真宗	仁了寺	11		
同国同所平方村	浄土真宗	源盛寺	7		
同国同所殿名村	浄土真宗	深行寺	9		
同国同所本町	浄土真宗	西敬寺	2		
同国同所又木村	浄土真宗	願證寺	13		
名古屋橘町裏町	浄土真宗	崇覚寺	7	(5)	
計			518	(93)	(170)

表11　天保5年・海西郡森津新田宗門御改帳

戸主勘右衛門だけが海西郡西保村の善定坊旦那として関係を維持しているものの浄念寺が代判、残りの女房や子供は全員男女に関係なく浄念寺旦那になっている。檀那寺が善定坊から浄念寺へと移行する中間的な形態であろう。

表11は、『海西郡森津新田宗門御改帳』をまとめたものである。依拠した史料が『蟹江町誌　資料編二』に一部しか翻刻されておらず省略されていたので、家単位の内容を集計することができなかった。そこで、宗門改のときに作成された「差出申一札之事」に、

海西郡森津新田　　海西郡平嶋新田浄土真宗
一　旦那百九十四人　　安法寺
内八十五人　預り旦方
五十一人　代判

というように集計されていたものを表化した。これをみると安法寺や浄念寺・長楽寺が代判を行っており、とくに地元の安法寺と浄念寺が預り旦方として宗門改をしていたことが判

明する。浄念寺の預り旦方で（85）という数字は誤りかと思われるが、翻刻文書記載のままである。寛延の宗門改帳にはなかった預り旦方があるが、その事例を示すと次の通りである。

（ホ）

一同村同断　　年三十四　源六
　　　　　　　　女房　年二十五
　　　　　　男子伝次郎　年六ツ
　　　　　　同断廣次郎　年三ツ
　　　　　　同人姉すミ　年三十九
右男女五人代々浄土真宗旦那寺
海西郡山路随順寺候処　預り旦方
海西郡平嶋新田　安法寺
　　　　　　源六母　　年七十二
右女一人代々浄土真宗旦那寺
海西郡西条村　林證寺候処　代判
海西郡平嶋新田　安法寺

源六家は戸主と女房・子供が随順寺の檀那であったが、これを安法寺が預り旦方として宗判している。戸主の母

所　在	宗　派	寺院名	旦那	男寺	女寺	代判聖覚寺	代判源空寺
海東郡唐臼村	浄土真宗	安宅寺	2			2	
海東郡鹿伏兎村	浄土真宗	光徳寺	13		2	15	
海東郡大野新田	浄土真宗	広覚寺	19			19	
海東郡千音村	浄土真宗	行雲寺	1			1	
海東郡春田村	浄土真宗	浄栄寺	12			12	
海東郡津嶋村	浄土真宗	成信坊	15		*2	17	
海東郡津嶋村	浄土宗	西方寺	21				21
海東郡稲葉村	浄土真宗	西光寺	41		1	42	
海東郡神尾村	浄土真宗	伝往寺	4			4	
海西郡平嶋新田	浄土真宗	安法寺	1			1	
海西郡西条村	浄土真宗	慶正寺	1			1	
海西郡東条村	浄土真宗	成満寺			1	1	
海西郡鯏浦村	浄土真宗	専念寺			1	1	
海西郡二子村	浄土真宗	長楽寺		*1	1	2	
（小　計）			130	1	8	118	21
計			139			139	

表12　嘉永4年・海西郡佐古木新田宗門御改帳

親は、おそらく実家の寺檀関係を継続していて林證寺檀那となっており、安法寺が代判したのであった。「預り旦方」とはどのようなことか、いまひとつ実態的に分からないが、地元の安法寺は実質的に檀那として見なしていたであろう。

地元の寺院が代判を通して檀那を実質的に取り込んでいったであろうことを、いま少し表12にみてみよう。これは『海西郡佐古木新田宗門御改』（嘉永四年・一八五一）をまとめたものである。[34] 家数は二八家、総人数一三九人、男六五人、女七四人である。男女別複檀家の形態は一家のみ、二九歳の戸主が長楽寺旦那、一六歳の女房と戸主の母親四七歳が成信坊の檀那で、ともに地元の聖覚寺が代判している。これ以外の女寺に示した数字は、嫁が実家の寺檀関係を継続しているもので、戸主の母親の場合が五家、女房の場合が一家であった。表12で注目できることは、佐古木新田ムラの各戸寺檀関係はばらばらであるが、寛延や森津新田とは異なってすべての檀那を地元の聖覚寺（浄土真宗）と源空寺（浄土宗）が代判している点であろう。各家では出身村の寺檀関係を維持しているものの、実質的には地元の寺院が代判を通して「ムラの檀那」としている姿が読みとれる。

四　寺檀関係と複檀家の成立

八開村の川北ムラでは、現在も男女別の複檀家が顕著にみられ、村の寺檀関係は複雑で「ムラと寺院」の関係では講下制度が形成されていた。一方、木曽川最下流域の新田開発されたムラにも、現行の民俗として「ムラと寺院」の関係から配下制度が慣習的にみられた。近世末期の宗門改帳からは「家と寺院」の関係、すなわち檀那寺がばらばらである様子と、一部に男女別複檀家の形態があったことが分かった。そして、宗門改では地元寺院などによる代判が行われ、預り旦方として代判される場合もあった。

本節の最初に、問題の所在を明らかにするため従来の複檀家（半檀家）研究における福田アジオと大桑斉の論説を比較しながらながめたが、これを踏まえながら改めて尾張西部の木曽川流域に展開した寺檀関係と男女別複檀家はどうして成立したのか、という問題をまとめておく。

まず、特徴的な講下制度と配下制度であるが、これはともに「ムラと寺院」の間で慣習的に形成されたものであった。講下制度と配下制度の実態は同じものであり、大桑のいう「地縁の論理」を地域に具体化した制度・慣習と捉えられる。これに対して代判とはどのようなものであったのか、次の史料をみてみよう。

旦那寺遠方等ニ而為模寄之寺院江預り旦方又ハ代判等致来候分右之訳是迄宗門改帳面ニ認無之候付以来御領分中一統認かへ候筈寺社奉行より申越候付而ハ町々之儀も以来左之雛形之通認かへ可申事

一　何郡何村　　高持　　年幾ツ　誰
　　　　　　　無高　　女房　年幾ツ
　　　　　　　　　　　男子誰　年幾ツ
　　　　　　　　　　　女子誰　年幾ツ
右男女〆何人代々何宗旦那寺ハ何郡何村何寺ニ候処［預り旦方／代判］同郡何村何寺判
　但預り旦方又ハ代判之分右之通認メ
寺院・指出候一札書面之内
　寺号判之所
一　何村旦那何人　　　何郡何村宗
　　内何人預り旦方　　　何寺判
　　　何人代判

文政八年（一八二五）九月に尾張藩が出した触である[35]。これまで檀那寺が遠方などの理由から、もよりの寺院へ檀那を預けたり代判などをしても宗門改帳に記載がなかったので、以後きちんと区別して雛形のように認めることを寺社奉行から触があった、というものである。寛延や森津新田・佐古木新田の宗門改帳は、この触の通りに記載されたものであった。代判というのは、檀那寺が宗門改の宗判権を地元の寺院に代替してもらっただけのもので檀那の帰属は従来からの檀那寺にある、預り旦方というのは檀那寺と地元の寺院との間に宗判権だけでなく宗教的儀式執行権の一部（帰属の一部）まで預けたことを意味している。触が出された背景には、檀那寺の側からみると、地元の寺院に代判だけを依頼したり檀那を預けただけなのに、檀那の帰属について問題が生じたのであろう。つまり、地縁的寺檀関係が強くなり、檀那寺がこれに対抗するため藩に求めた制度が宗門改における代判制度の明確化ということであった。それはまた、地縁的なジゲ寺に代判権という一定の権利を藩が認めたことでもあったといえるし、逆に檀那寺からいえば代判制度によって、檀那の帰属が保護されたということである。

それでは男女別複檀家は、こうした配下権や代判権を持つ地縁的な寺院の影響化で成立したのであろうか。ここにいう男女別複檀家とは、福田の類型ではＡＹ型のこと、大桑の表現でいえば「ムラ付男女別形態」である。川北ムラの男女別複檀家は、一家の中で男の寺と女の寺と固定されており、ＡＹ型の典型であった。どうして長念寺や西光寺などが女寺になったのか考えた時、ムラとの講下関係を理由に挙げることができたが、必ずしも一様ではなかった。川北では、講下関係という地縁の論理から男女別複檀家が成立したというよりは、ムラの新田開発にともない入植した者が夫婦別々に出身村の寺檀関係を持ち込み、それが一家の中に男寺と女寺というように檀那寺が固定されたのではなかろうか。福田の六類型の中でみれば、夫婦別で男子は父親の寺、女子は母親の寺に付くというＢＹ型からの変化と考えられる。「ムラと寺院」という地縁の力、配下という関係が強くなると、木曽川最下流域の寛延では事例ハや事例ニのように家としての対応が迫られた。事例ハでは男子を出身村の寺院を檀那寺とし、女子はムラを配下とする地縁の寺院を檀那寺としていた。しかし、事例ニでは、戸主のみが元の檀那寺、男女に関係なく戸主以外の家族が地縁の寺院を檀那寺としていた。つまり、事例ハのような女子のみを地縁の寺へ旦那として付けるのは、家としての「一つの選択」ではなかったろうか。もちろん、寛延一三家の中で八家が出身村の寺檀関係を維持していたように、地縁の寺院へ旦那を付けようとしなくてもよかったのである。一家の中を男女に分けたりして檀那寺を別にするかどうかは、たしかに「共同体の意志」という地縁の力が介入してきたことによるが、それでも決定的なものではなく、あくまでも「家の選択」であった。さらにこの点を補足すれば、寺檀関係の基本は依然として、「寺と檀那」であったということである。近世末期の佐古木新田において、戸主の母親や女房が実家の寺檀関係を持ち込んでいたのも、そのためであった。新田開発のムラでは、嫁いできた女性が実家の檀那寺を離れ、婚家の寺檀関係に入るという家意識が希薄であったのではなかろうか。「家」が確立されておらず未成立であったと考えられる。

おわりに

以上、尾張における寺檀関係と複檀家の問題について、民俗調査によって得られた資料と一部の宗門改帳などを分析して述べてきた。

尾張西部の木曽川流域にみられるムラの複雑な寺檀関係は、近世における村（ムラ）の成立と寺院の成立（定着）という関係から形成されたものである。とりわけ複檀家のみられた村は、近世になって「開拓された村」であり、寺檀制度が強固になった十七世紀半ば以降に出身地の寺檀関係を持ちながら入植して開発された村であった。最後に、複檀家の残存していたところが新田開発の地域ではなかったかということについて、尾張以外の事例を一、二挙げておきたい。愛知県の男女別複檀家については、これまで三河の福釜村や榎前村（安城市）の事例が研究報告されていた[36]。しかし、福釜村の男女別複檀家は村の本郷ではなくて「五十石」と呼ばれた村境の組であり、榎前も福釜村の出郷として成立した村であった。また、最近安城市史編纂調査の中で、矢作川流域に開拓された東小川村や西小川村などにも複檀家のあったことが確認されている[37]。いずれも近世村（ムラ）としての成立が遅れ、寺院も村の中になかったり成立が遅れたところであった。愛知県以外では、近世越後における複檀家の分布が蒲原郡に集中していることが関連しよう。[38] この地域は真宗門徒が蒲原平野の低湿地の開発を進めて成立した村が多く、[39] 尾張の八開村や木曽川最下流域の村と類似した「ムラと家と寺」の関係であったと思われる。

その他、三河の尾崎村（安城市）などの複檀家は、[40] この村が新田開発によるものではないが東海道筋に人々が寄り集まって形成されたものであり、寺院は明治期に道場から寺院化している。久留米藩城下における複檀家（半檀家）は、周辺地域からの住民が移住によって成立したのではないか、という草野顕之の指摘とともに考えると、[41] 移住によって村や町が形成されたところにも一家一寺でない寺檀関係が現出したのではなかろうか。

註

（1）拙著『真宗と民俗信仰』第二章第二節（吉川弘文館、一九九三年）、同「寺院と檀家」（『八開村史』民俗編第八章第二節、一九九四年）、同「木曽川下流域のムラと寺院――寺檀関係・配下制度・講組」（『愛知県史民俗調査報告書四　津島・尾張西部』、二〇〇一年）。

（2）社会伝承研究会『祖先祭祀の展開と社会構造』（社会伝承研究Ⅴ、一九七六年）が複檀家と寺檀関係等の特集号で「複檀家制事例一覧」「祖先祭祀・檀家制度に関する文献目録（一九四五～一六七六）」を掲載している。また、近世仏教研究会『近世仏教　史料と研究』（第六巻第三・四号　通巻二〇号、一九八六年）が寺檀制度特集で関係論文と史料紹介をまとまって載せている。石川利夫・藤井正雄・森岡清美編『生者と死者――祖先祭祀』（三省堂、一九八八年）にも「祖先祭祀に関する文献目録」として「半檀家制」の項目がある。

（3）半檀家・複檀家・一家複数寺制・並列的寺檀関係・重層的寺檀関係等さまざまな術語が使われている。吉原睦が「複檀家制の述語設定について」（『常民文化』第一八号、一九九五年）において整理を試みようとしている。本節においては複檀家の術語を基本的に使用するが、大桑斉は一貫して半檀家の術語を使用しているので、大桑の所説に関わるところでは複檀家（半檀家）のように並列して表記した。

（4）朴澤直秀「近世後期における寺檀関係と檀家組織――下越後真宗優勢地帯を事例として」（『史学雑誌』第一〇四編第六号、一九九五年六月）、同「幕藩権力と寺檀関係――一家一寺制をめぐって」（『史学雑誌』第一一〇編第四号、二〇〇一年四月）など。後に同『幕藩権力と寺檀制度』（吉川弘文館、二〇〇四年）に収録。

（5）福田アジオ「近世寺檀制度の成立と複檀家」（社会伝承研究会『祖先祭祀の展開と社会構造』社会伝承研究V、一九七六年）。同「近世前期美濃の宗門改帳と複檀家」（『社会伝承研究』七、一九八三年）。同「寺檀関係と祖先祭祠」（『生者と死者――祖先祭祀』、三省堂、一九八八年）。同「近世寺檀制度と複檀家」（仏教民俗学大系七『寺と地域社会』名著出版、一九九二年）。

（6）大桑斉「寺檀制度の成立過程上・下」（『日本歴史』第二四二・二四三号、一九六八年七・八月）。同『寺檀の思想』（教育社、一九七九年）。同「半檀家の歴史的展開」（近世仏教研究会『近世仏教』第六巻三・四号、通巻第二〇号、一九八六年）。同「墓・寺・先祖」（日本村落史講座七『生活二〔近世〕』雄山閣出版、一九九〇年）。

（7）福田「寺檀関係と祖先祭祀」一七七頁。

（8）福田「近世寺檀制度の成立と複檀家」五六頁。

（9）同右、六六頁。

（10）福田「寺檀関係と祖先祭祀」一九四頁。

（11）大桑「半檀家の歴史的展開」五頁。

（12）大桑「墓・寺・先祖」二〇二頁。

（13）大桑「半檀家の歴史的展開」二二頁。

（14）大桑「墓・寺・先祖」二〇一頁。

(15) 民俗学において「位牌分け」慣行が研究されるのも、長男相続による直系的な家だけで死者祭祀が行われるのではなく、兄弟子供に位牌が分与されて祭祀されるという並行的な祭祀形態に意味を見出していることで、複檀家研究と同じ志向である。

(16) 大桑「半檀家の歴史的展開」五~六頁。

(17) 大桑「半檀家の歴史的展開」三頁。

(18) 前掲註(4)朴澤論文。森本一彦「複檀家制の社会背景と展開――近世越後における檀論と法令」(伊藤唯真編『宗教民俗論の展開と課題』法藏館、二〇〇二年)。

(19) 『八開村史』資料編一・村絵図集、八開村役場、一九九〇年。川北については同書「村絵図集解説」を参照した。

(20) 前掲註(1)『真宗と民俗信仰』一六二~五頁。同「寺院と檀家」五三三~五三六頁。

(21) 片檀家は、尾張西部・中部から北部地域にかけて広くみられる慣行である。

(22) 日本歴史地名体系二三『愛知県の地名』「寛延新田村」平凡社、一九八一年。

(23) 『十四山村史』民俗編(十四山村史編纂委員会編、一九九九年、二五六頁)。新田開発の年代については異説が多い。ここでは『十四山村史』に加え、『弥冨町誌』(弥富町誌編纂委員会編、一九九四年)、『愛知の地名』(日本歴史地名体系二三、平凡社、一九八一年)を参考にした。開発年代がはっきりしないものの中には、検地を実施した年代に基づいたものもある。作図は服部誠氏によるものである。

(24) 『十四山村史』民俗編、「第七章　新田の人々とくらし」。愛知県教育委員会編『木曽川下流低湿地地域民俗資料調査報告二』、一九七三年、一~三頁。

(25) 飛島村郷土資料室編『飛島村の歴史と暮らし』二~三頁。

(26) 『飛島村史』通史編、二〇〇〇年、四七七~九頁。

(27) 『木曽川下流低湿地地域民俗資料調査報告二』一九七三年、四六頁。

(28) 森岡清美『真宗教団と「家」制度』増補版、創文社、一九七八年、三二八頁。
(29) 『弥富町誌』史料編二、一九九三年、七八～八五頁。
(30) 『弥富町誌』、一九九四年、四二一頁。
(31) 前掲註(29)。
(32) 『弥富町誌』史料編二、一六九～一七四頁。
(33) 『弥富町誌』史料編二において「海東西福田新田　浄忍寺」と翻刻しているが、同地区に該当する「浄忍寺」はなく、真宗大谷派寺院名簿にもない。「浄恩寺」（現・名古屋市港区南陽町西福田）の誤りであろう。文中では「浄忍《恩》寺」と表記した。
(34) 『弥富町誌』史料編二、六七～七五頁。
(35) 林董一『尾張藩公法史の研究』日本学術振興会、一九六二年、五四九頁、伊藤良吉氏の御教示による。
(36) 林昌弘「男女別檀那寺制について――福釜と榎前の宗旨人別帳」（『安城歴史研究』第五号、安城市教育委員会、一九七九年）。
(37) 拙稿「信仰と社会」（『新編安城市史』九資料編民俗第二章第二節、一九九五年）。
(38) 前掲註(18)森本一彦「複檀家制の社会背景と展開――近世越後における檀論と法令」。
(39) 田子了祐「浄土真宗の伝播と近世村落の成立について」（新潟仏教文化研究会編『なむの大地――越佐浄土真宗の歴史』考古堂、一九八八年）。
(40) 林昌弘「三州碧海郡尾崎村　宗門人別改帳について」（『安城市歴史博物館紀要』第八号、二〇〇一年）。
(41) 草野顕之「久留米藩『宗門御改男女人別帳』にみられる半檀家について」（近世仏教研究会『近世仏教』第六巻三・四号、通巻第二〇号、一九八六年）。

第二節　西三河における真宗門徒の村と民俗

はじめに

「門徒もの知らず」という言葉に代表されてきたように、民俗学では真宗門徒の優勢地域においては民俗伝承が希薄であり、また民俗不毛とまでいわれてきた。愛知県下においては、尾張門徒・三河門徒と称せられるように、木曽川流域や矢作川流域の村々には「門徒の村」が多く存在している。これらの村々は、例えば正月や盆行事を中心とした年中行事などには、禅宗や浄土宗の優勢な村と較べるとき民俗の希薄性を指摘できるかもしれない。[1] しかし、それは「門徒の村」に民俗が存在しないということではないであろう。門徒も一定の土地に村落を形成し、その共同体の中で生業を営み、社会組織を生み出して信仰生活をしてきたのであった。

本節では、西三河平野部に展開する三つの真宗門徒村落を取りあげ、「真宗門徒の村」と「民俗のあり様」について具体的に述べることとする。とくに村内の寺檀関係に着目してみたい。というのは、一口に「門徒の村」といっても、実は複雑な寺檀関係を形成している村もあり、そこに村の開発や村内寺院の成立、さらに寺檀関係が規定する村の信仰と民俗伝承の形成といったことが看取できるからである。

一　寺檀関係の具体相

まず、三つの門徒村落の寺檀関係を図示して説明をしてみよう。図19は安城市安城町東尾の寺檀関係である。東尾は平野部に形成されたムラで、旧安城村に属していた。[2] 現在、戸数一五〇ほどのムラである。大変複雑な寺檀関係になっており、次に一覧するように真宗・浄土宗・禅宗の九か寺が寺檀関係を持っている。この他、ムラの中には常福寺（浄土宗）があるが、庵寺であって寺檀関係はない。

明法寺	安城市安城町拝木	真宗大谷派
本證寺	安城市野寺町野寺	真宗大谷派
興証寺	安城市安城町名広	真宗興正派
上宮寺	岡崎市上佐々木町	真宗大谷派
願力寺	安城市古井町塚越	真宗大谷派
正法寺	岡崎市東本郷町	真宗大谷派
大乗寺	安城市安城町赤塚	浄土宗
保福寺	安城市古井町金蔵塚	曹洞宗
蓮華寺	岡崎市西本郷町	曹洞宗

こうした九か寺と家々の関係を一緒に図示すると分かりにくいので、真宗寺院との寺檀関係（図19―1）と浄土・禅宗寺院との寺檀関係（図19―2）に分けてみた。まず真宗寺院関係の図19―1からながめてみよう。明法寺は東尾ムラの寺院ではなく西尾ムラに属する寺院であるが、東尾と西尾ムラの境界に位置していて、東尾にとって実質的にはムラの寺院といってよく、深く東尾の信仰民俗と関わっている。しかし、ムラ内には明法寺門徒が多いものの、上宮寺や本證寺門徒が入り交じっている。周知のように、上宮寺と本證寺は、針崎の勝鬘寺とともに「三

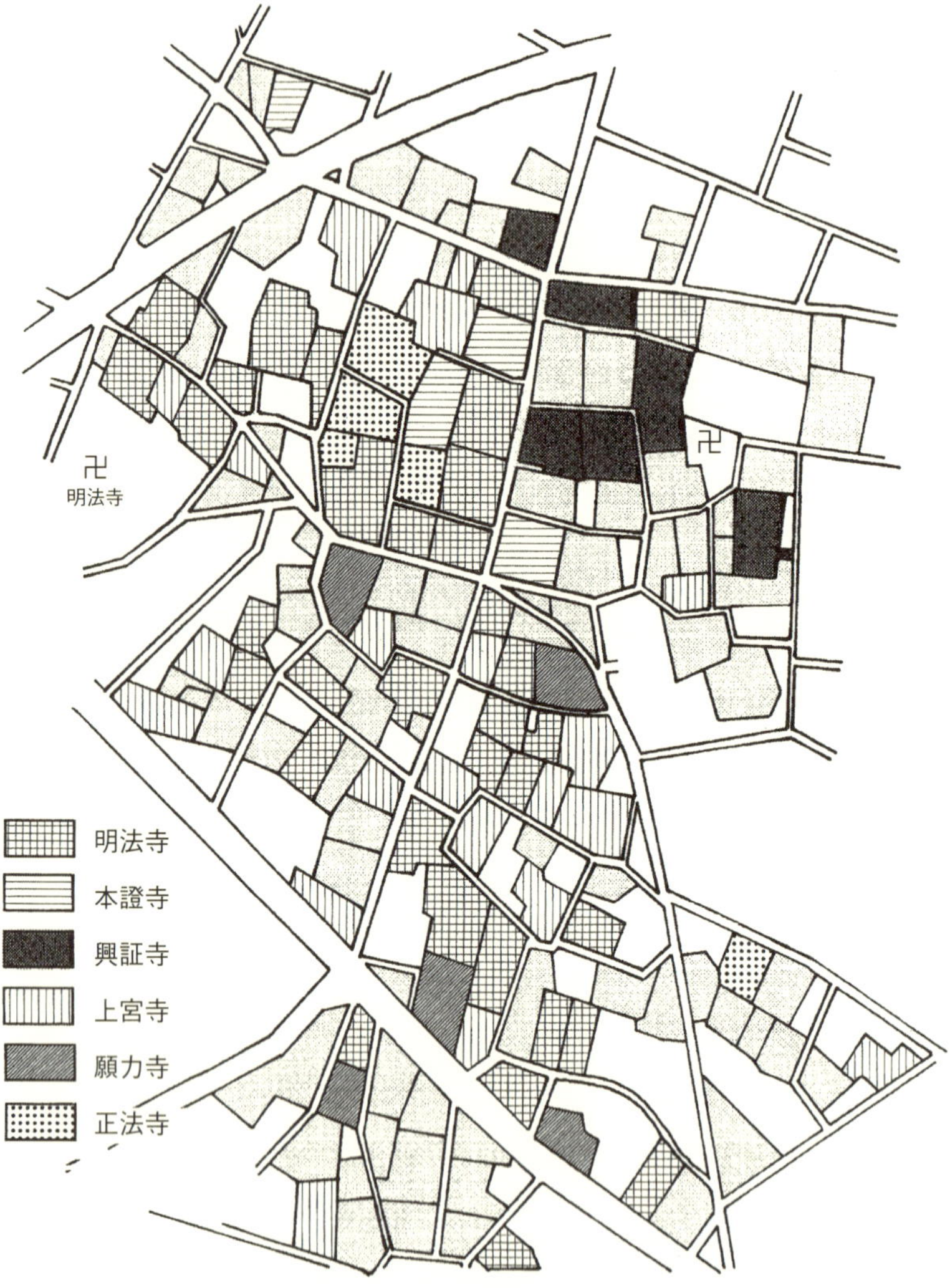

図19-Ⅰ　安城市東尾の寺檀関係（真宗寺院関係）

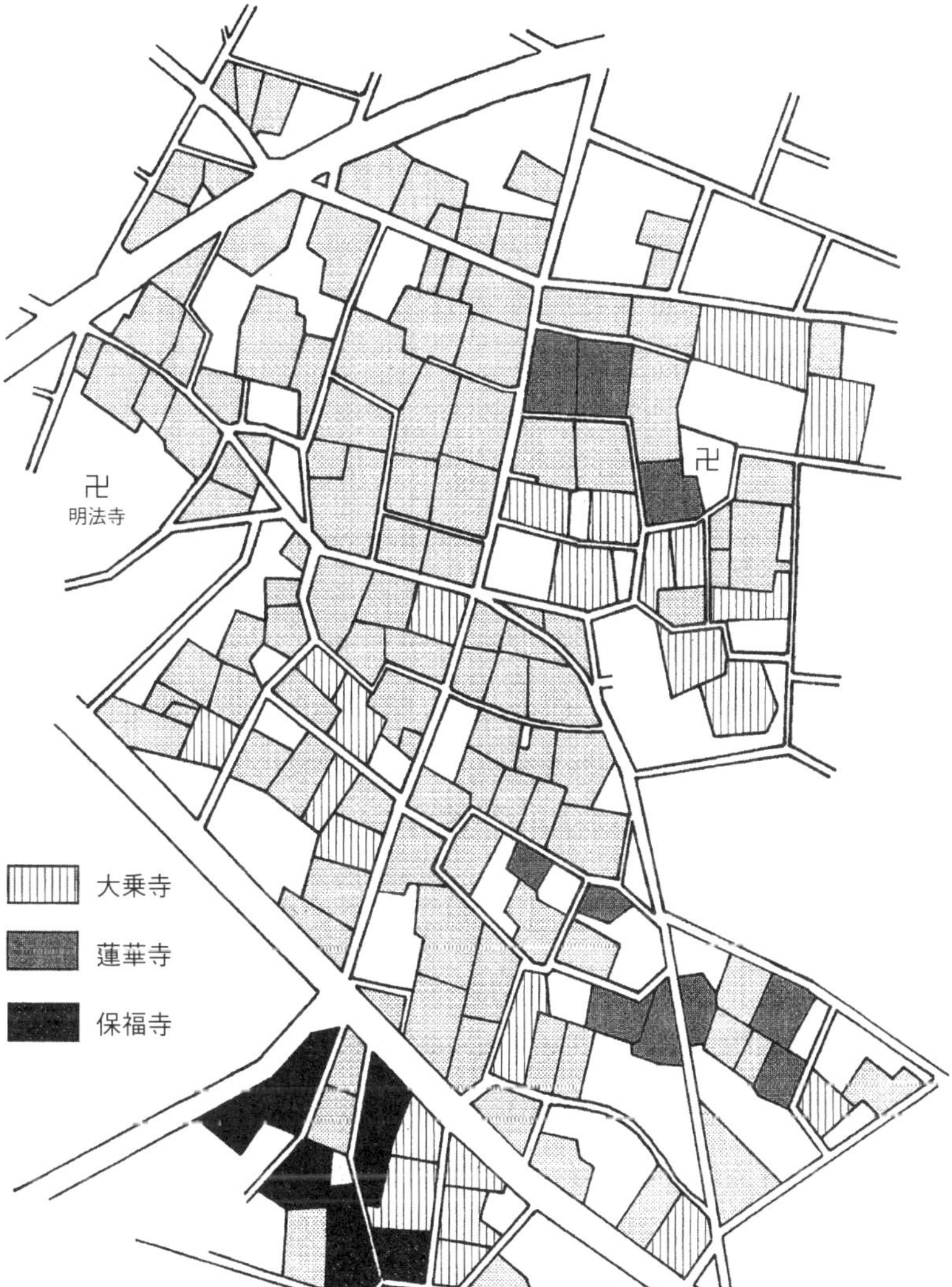

図19-Ⅱ　安城市東尾の寺檀関係

河三ヵ寺」といわれる中世以来の有力寺院である。ムラの中ではイットウということがいわれ、「山口姓は全部上宮寺門徒」といわれる。事実、ムラ内の上宮寺と寺檀関係にある家々をみてみると、確認し得た山口姓一八戸はすべて上宮寺門徒であり、その他は太田姓の家が三戸であった。同じように本證寺と寺檀関係にある家は稲垣姓四戸で、興証寺と寺檀関係ある稲垣姓の家も、もともとは本證寺門徒であった[3]。このようにみてみると、願力寺の門徒は岡田姓五戸、正法寺門徒は杉浦姓四戸となる。ムラの寺院である明法寺門徒は、植村・新家・杉本・中川・鈴木姓の家が多い。一方、真宗以外では、やはり東尾に隣接して位置する大乗寺檀家が散在し、香村・浅井姓が目立つ。そして、禅宗の蓮華寺檀家は大見姓の七戸と浅井姓三戸、保福寺檀家は中川姓七戸である。東尾においては、同姓の家がすべてイットウと呼ばれているわけではないが、山口イットウ・植村イットウ・大見イットウなどと呼ばれている。

東尾の寺檀関係をムラ全体でながめたとき、真宗門徒と浄土・禅宗檀家の入り交じりムラとみることができよう。しかし、後にふれるように、ムラの中心部には明法寺・本證寺・上宮寺門徒の家々があり、ムラ全体としては真宗門徒の村としての性格を強く持っている。

図20は西尾市鎌谷の寺檀関係である。鎌谷は矢作川右岸の沖積層に開けた集落であり、東には矢作古川が流れている。現在の戸数は一三〇ほどであるが、昔ながらの家は五三戸という。ちなみに、十八世紀半ばに編集された『西尾郷村雑書』によれば家数六〇戸、『愛知県幡豆郡福地村村誌』には明治九年が七二戸、同四二年が六九戸、大正九年が五八戸、同十四年が五五戸となっている[4]。明治頃に戸数増加はあったものの、まず五〇～六〇戸ほどの村であったとみてよいであろう。村の中には蓮光寺（真宗大谷派）があり、村内のほとんどの家が寺檀関係を結んである。この他の村外寺院を示せば、

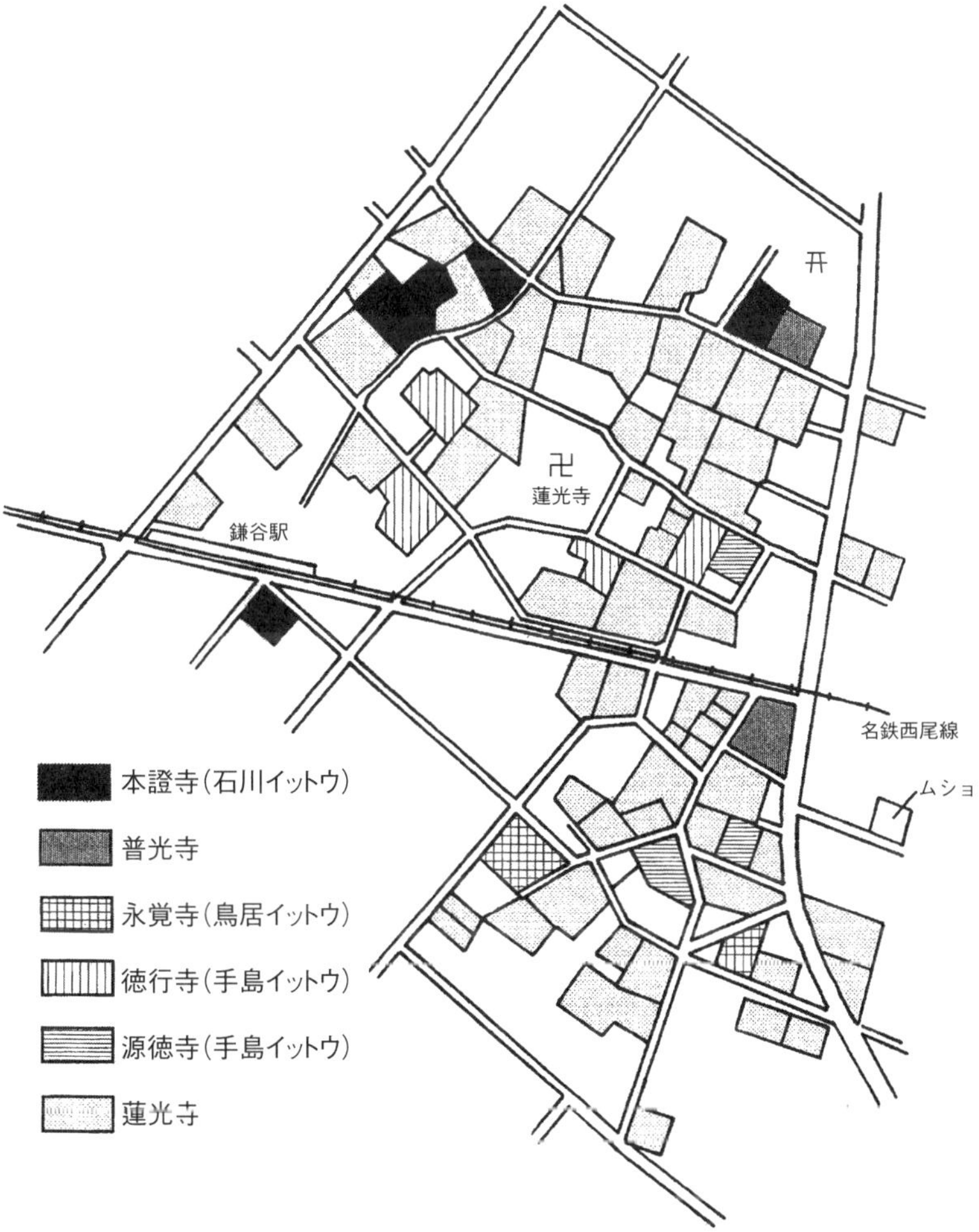

図20　西尾市鎌谷町の寺檀関係

本證寺　安城市野寺町野寺　真宗大谷派
永覚寺　西尾市寄住町　真宗大谷派
徳行寺　西尾市菱池町　真宗大谷派
源徳寺　幡豆郡吉良町上横須賀　真宗大谷派
普元寺　幡豆郡一色町味浜　浄土真宗本願寺派
（幡豆郡吉良町と一色町は、現・西尾市）

となり、本證寺門徒は石川イットウの四戸、永覚寺門徒は鳥居イットウの二戸、徳行寺門徒は手島イットウの四戸、源徳寺門徒は手島イットウの三戸、普元寺門徒は鈴木イットウの二戸である。戸数が少ないもののイットウと呼ばれている。村内寺院である蓮光寺の関係するイットウは、鈴木イットウ、手島イットウ、山田イットウ（四戸）、岡田イットウ（二戸）である。したがって、手島イットウは三つの寺檀関係に分かれていることになる。

鎌谷は禅宗・浄土宗寺院も檀家もなく、純粋に門徒の村であり、村内寺院と結びついた寺檀関係を形成しているといえよう。しかし、少数の家がイットウを単位として村外真宗寺院と寺檀関係にあり、とくに石川イットウが本證寺門徒であることは注目すべきであろう。

図21は西尾市行用町の寺檀関係である。行用は旧弓取川の西側、自然堤防上に形成された村であり、現在戸数は一〇〇戸ほどである。『西尾郷村雑書』には家数一〇〇戸とあって、近世中期以降、それほど戸数の増減はなかったようである。村の中には本誓寺（真宗大谷派）・楽善寺（浄土宗西山深草派）・阿弥陀寺（浄土宗）があり、そして実質上廃寺になってしまった福泉寺（元、浄土宗西山深草派）があった。また、楽善寺も現在寺院としての機能が

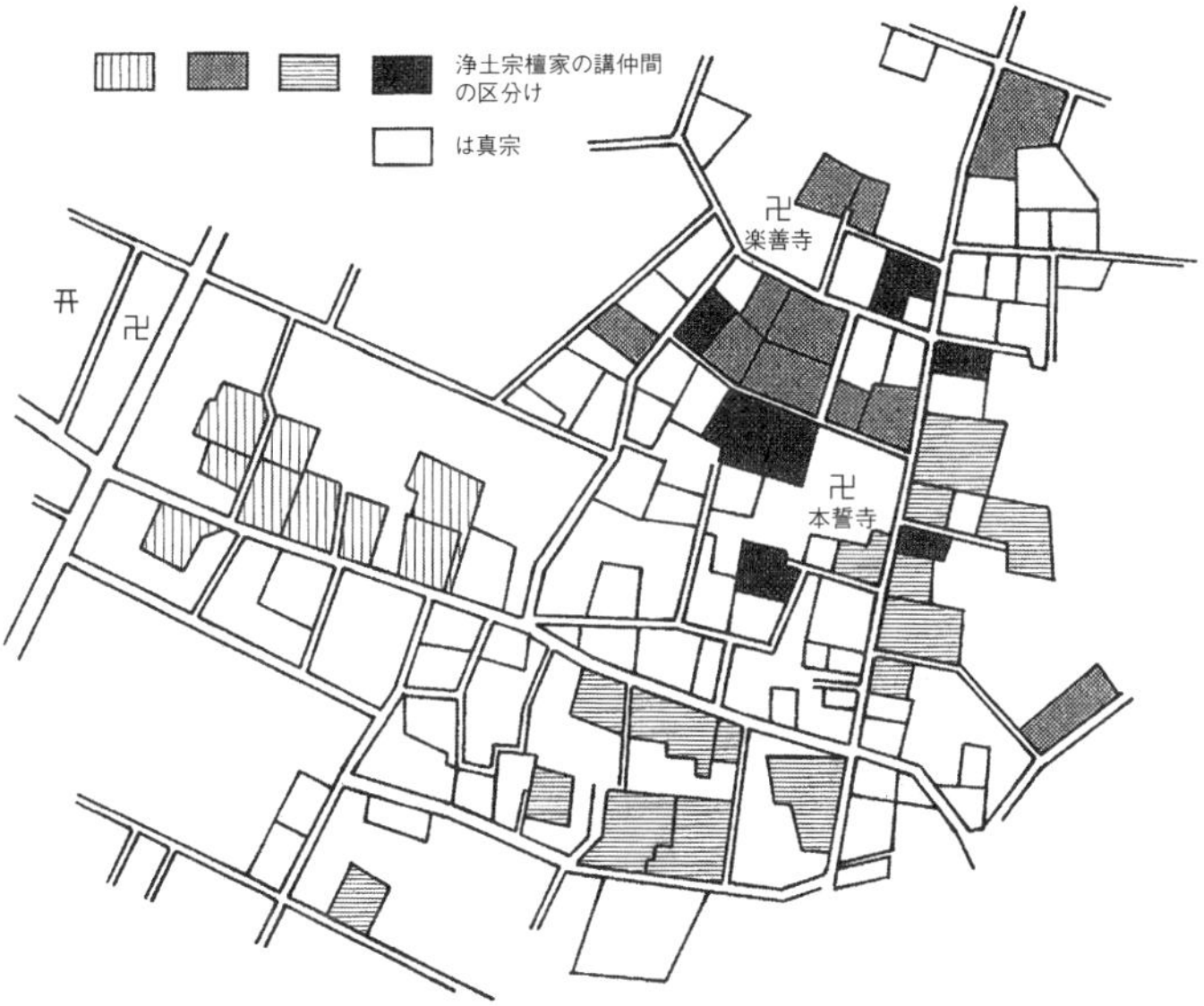

図21　西尾市行用町の寺檀関係

なくなっており、阿弥陀寺はもともと村の地蔵堂であった。こうした寺院状況の中で、現在の寺檀関係は、大きく本誓寺を中心とする門徒と浄土宗の檀家に二分され、ともに約四五戸ずつとなっている。浄土宗檀家の寺院は次の通りである。

妙光寺　西尾市寺津町東市場　浄土宗西山深草派
養寿寺　西尾市下矢田町郷　浄土宗西山深草派
満国寺　幡豆郡一色町味浜（現・西尾市）　浄土宗西山深草派
不退院　西尾市上道目記町中屋敷　浄土宗西山深草派
養国寺　西尾市寺津町東市場　浄土宗西山深草派

『愛知県幡豆郡誌』をみると、楽善寺の檀家五戸、福泉寺の檀家三戸と記載されており、また楽善寺は妙光寺末寺、福泉寺は刈宿常福寺の末寺であった。また、「倉地姓は下道目記の福徳寺檀家であったが、満国寺へかわった」「中村さんは本寺が妙光寺、手次が楽善寺で、楽善寺に先祖の墓があった」などと聞かれるので、現在の浄土宗檀家の寺檀関係は変化してきていると考えられる。とくに、戦後になって浄土宗檀家が楽善寺・旧福泉寺・阿弥陀寺の三か寺を管理するようになり、村の浄土宗檀家として結束している。四つのコウナカマ（講仲間）を形成して信仰生活を営んでいる。一方、村内の門徒は①杉浦組（一〇戸）②山田組（一二戸）③阿知波組（九戸）④加藤組（一四戸）の組を形成している。ただし、加藤組のほとんどは明泉寺（西尾市矢曽根町）の門徒で、本誓寺のヨリキといわれている。

行用においてもイットウということがいわれる。とくに浄土宗檀家の家についていわれ、寺檀関係にイットウが関わってくるが、複雑になるため図示することはとどめた。[5]その特徴は、浄土宗の満国寺が神谷イットウA・B、妙光寺が山下イットウA、養寿寺が山下イットウB、不退院が倉知イットウと山下イットウA、養国寺が中村イットウA、真宗の本誓寺が神谷イットウC・加藤イットウB・Cというように、イットウによる寺檀の関係が認められ、同姓であっても二系列・三系列に分かれたり、あるいは浄土宗と真宗に分かれていたりする点であろう。行用は浄土宗檀家と門徒の拮抗している村であり、石仏三十三観音なども家々に祀られていて民間信仰を併せ持っている。

以上、三つの村の寺檀関係を並列的にみてみたが、複雑な寺檀関係を形成している。もちろん、この三村落をもって矢作川中下流域における「門徒の村」の寺檀関係タイプとすることはできないが、ともにイットウが寺檀関係に関わっていた。

二　寺院の成立とイットウ

イットウとは何か、どうしてイットウが寺檀関係に関わっているのか、こうした問題について、以下、東尾ムラを中心に考えてみたい。最初に仮説的な見通しを述べれば、東尾の上宮寺門徒や本證寺門徒の家は、ムラ内寺院である明法寺が寺院として成立した以前の手次関係を残存させてきたのではないか。また、ムラの開発に関与したのが上宮寺・本證寺門徒の家ではなかったろうか、ということである。まず、明法寺の成立から検討してみよう。

1　明法寺の成立

明法寺は寺伝では嘉禎元年（一二三五）の創建といい、開基が三河和田城主安藤権守綱房、そして親鸞柳堂留錫との関係が語られている。(6) こうした寺伝内容についてはしばらく保留して、寺院が伝える法物類からながめてみる。明法寺には、六字名号（紙本墨書　九二・四×三四・四）・十字名号（紙本墨書　七六・〇×二六・二）・正信偈文（対幅　九八・四×三四・七）・方便法身尊像（絹本着色　八八・八×三八・三）・親鸞御影（絹本着色　一〇二・二×四七・〇）・蓮如御影（絹本着色　九〇・八×三九・〇）・太子七高僧絵像（絹本着色　未採寸）他、本願寺歴代御影類が伝来している。(7) このうち、明法寺が寺院として成立した時期を示す確実な史料として、次の裏書を挙げることができる。

大谷本願寺釈実如（花押）
文亀元年辛酉四月十一日
方便法身尊像
野寺本證寺門徒
三川国幡豆郡
志貴荘安城郷
願主釈正順

本願寺釈宣如（花押）
元和六庚申稔十月廿日
蓮如上人真影
本證寺下三州碧海郡
四季庄安城村
願主　釈正善

親鸞聖人御影

大谷本願寺釈宣如（花押）

寛永三丙寅暦□鐘十六日

野寺本證寺門徒参州

碧海郡安城村明法寺

常住物也

願主　釈正善

寄進　釈□誓

上宮太子真影

□願寺□□正琢如

寛文□（九）季己酉仲秋上浣書之

□□碧海郡安城村明法寺

常住物也

願主

釈正玄

寄進

釈宗念

釈尼妙善

こうした裏書から、明法寺は文亀元年（一五〇一）には方便法身尊像を本尊として、現在地の東尾に「野寺本證寺門徒」として道場を構えていたことが判明する。(8)六字名号や十字名号は道場本尊の脇掛けとして祭祀されたものであろう。木仏本尊下付や寺号免許の御印書は不明であったが、この道場が近世寺院「明法寺」として成立したのは、蓮如御影が下付された元和六年（一六二〇）ころであろう。そして、親鸞御影を寛永三年（一六二六）、太子七高僧絵像を寛文九年（一六六九）に下付されて、いわゆる五尊仏を完備し、それにともなって本堂などの建物が整備されていったのである。

近世寺院として成立するということは、本尊が方便法身尊像から木仏本尊へ変化し、道場形態から寺院化することだけではない。(9)裏書の宛所表記をみると文亀元年に「三川国幡豆郡志貴荘安城郷」とあったものが、元和六年には「三州碧海郡四季庄安城村」、寛永三年には「参州碧海郡安城村」とある。すなわち、中世的な「志貴荘安城郷」から近世的な「碧海郡安城村」へと「村が成立」することであり、寺院もその村に組み込まれて深く関わることを意味している。「本證寺門徒」の道場坊主としてあったものが、明法寺として独立し近世安城村（東尾・西尾）の門徒と新たな寺檀関係を形成したのであろう。

2　稲垣イットウ

右のような近世寺院としての明法寺の成立と、これに併行した近世村としての安城村成立をみるとき、東尾の寺檀関係およびイットウはどうなるのか。図19―1にみられる上宮寺門徒や本證寺門徒の家が、元和・寛永期もしくは寛文頃に進行した寺檀関係形成の時期に、上宮寺や本證寺と新たに寺檀関係を持ったとは考えられない。当然、明法寺が本證寺の道場であったころからの手次関係とみる方が順当であり、明法寺がムラ内に寺檀関係を形成していったとき、明法寺門徒にならなかったのであろう。この点を稲垣イットウを例にみてみる。

稲垣A家は本證寺門徒で、稲垣イットウの本家である。同家に残る記録によればA家は「安城草分十六軒の一つ」といわれ、「分家に分家が生じて十数軒に分かれている」とある。(10)現在、その系譜関係は不明になってきているが、東尾ムラ内の稲垣姓はいずれもA家からの分家である。かつては、使用人の男衆に稲垣姓を名乗らせて分家させた家が二・三軒あったともいう。いま、この稲垣イットウは毎年三月の彼岸に「先祖のお経」といって、イットウに属する一八戸が集まって法要を営んでいる。東尾の本證寺門徒である四戸はもちろん、興証寺門徒になった稲垣姓の三戸も先祖は一緒ということで参加し、これに東尾から出ているマチの稲垣姓の家が加わっている。この一八戸は現在必ずしも本證寺門徒ではない。ヤドがイットウ内で持ち回りとなっており、稲垣イットウの位牌が安置され、本證寺住職が来てお参りが行われる。二十年くらい前までは米五合を持ってお参りに行き、タクワン・芋の煮っころがし・オカラなどがドンブリで出たという。

本家のA家は明治初期にはかなり窮乏していたともいうが、本家としての家系を守り、過去帳は元禄六年（一六九三）以降の法名がはっきりしている。元禄六年以前のものもあったが、過去帳の書き換えによって不明となっている。また、同家の『御文』一冊（二六・五×二二・〇　鳥の子　五六丁）には「釈教如（花押）」とあり、大谷派本願寺第十二世の教如（一五五八～一六一四）下付のものであった。仏壇の本尊裏書は調査できなかったが、その像容から教如頃のものと推定できる。『御文』の下付年代は、ちょうど明法寺が道場から近世寺院化する以前に当たり、このことからしてもA家が稲垣イットウの本家として本證寺との手次関係を中世以来今日まで伝承していると考えられよう。

稲垣イットウが「先祖のお経」を行っているように、明法寺門徒の植村イットウも毎年五月に集まり明法寺で法要を勤めている。植村イットウは現在六五戸になっているというが、昭和十三年には西尾一〇戸、東尾九戸、マチ（安城と明治）七戸、他二戸であった。イットウは、四・五年に一度ずつ安城市東端の西蓮寺（真宗高田派）にお参りしているが、これは先祖が奈良県のタカトリというところから三河に移ってきて最初に東端に根を下ろし、その先祖の墓が東端西蓮寺にあるからだという。また、明法寺と正法寺の二系統に分かれる杉浦イットウも、毎年明法寺に集まっている。

このようにイットウとは、系譜関係が現在不明になっているが、基本的には本家・分家の集団であり、本家の中にはムラの草分けとして開発先祖的性格を持っているものもあると捉えられよう。そして、そうしたイットウの性格は変化しながらも寺檀関係の中に色濃く反映されているのであった。東尾ムラは、真宗門徒であった稲垣イットウ・山口イットウ・植村イットウなどによって開発され、これに大見イットウなどの禅宗檀家や浄土宗の檀家の家々が遅れて加わり成立したのではないか。

3　鎌谷・行用のイットウと寺檀関係

鎌谷（図20）と行用（図21）のイットウおよび寺檀関係についても若干触れておこう。

鎌谷は、村内に蓮光寺があり門徒だけの村であったが、門徒はイットウに分かれて、蓮光寺以外の村外真宗寺院とも寺檀関係を形成していた。鎌谷のイットウと寺檀関係で着目すべきは、本證寺門徒の石川イットウである。なぜ、鎌谷に本證寺と寺檀関係を持つイットウがあるのか。蓮光寺は三河三ヵ寺の一つ針崎勝鬘寺と本末関係にあった寺であり、木仏本尊が「宣如上人御判　寛永十四丁丑年暮除夕　勝万寺下三州幡豆郡吉良庄鎌谷村蓮光寺　願主釈永願」とあるので、[11]寛永十四年（一六三七）が近世寺院としての蓮光寺の始まりである。もちろん蓮光寺にも道場時代があったはずであるが、詳しくは分からない。そのころの東尾ムラが上宮寺門徒や本證寺門徒が開発に関わったように、鎌谷では勝鬘寺門徒が中心となり、一部本證寺門徒であった石川イットウの家が加わっていたのではないか。現在、本證寺の門徒は東尾や鎌谷だけでなく西三河の村々に散在しており、こうした門徒の分散状況は末寺を有していた中世以来の中本山的真宗寺院の特徴といってよい[12]。本證寺だけでなく、勝鬘寺や上宮寺の門徒分布も同様であろう。末道場が近世寺院として独立し、村の寺院として定着していく中にあって、稲垣イットウのように草分け的な家が依然として本證寺や上宮寺・勝鬘寺と手次関係を維持した結果と考えられる。

行用の場合は、東尾や鎌谷と較べたときイットウと寺檀関係が異なっていた。西山深草派の浄土宗檀家と門徒が拮抗していた。浄土宗西山深草派の寺院も西尾・碧南・幡豆郡などに集中して展開しており、真宗の展開と重なりあっている[13]。したがって、行用のような寺檀関係の村が他にもあるであろう。行用村はどのように開発されたのか、実はこのことがはっきりとしない。『西尾市史』は、

尤も　村開発の儀は宝徳三癸(辛)未（一四五一）年中に立て始め候て　凡そ今年までに三百廿八年程に相成り候様　村方　福泉庵に古記録相見え申し候

（行用町町内会蔵、明和九・一七七二年「恐れ乍ら書付を以て申し上げ候御事」）

という史料などを挙げているが、宝徳三年という年次は伝承であって、そのまま認めることはできない。しかし、慶長六年（一六〇一）に検地奉行伊奈備前守忠次の出した「三州吉良行用村新田の事」という一札があるというので[14]、このときすでに行用は村として成立し新田開発を行っていたとみてよかろう。寺院の成立をみてみると、福泉寺が

「開基　仄月恵齋和尚……刈宿にありたる庵室を移したるものなり。恵齋和尚始めて浄教となす。故に之れを中興の開山とす。和尚は天正元年（一五七三）三月二十五日寂す」、楽善寺が「開基　秀峰久林上人　元亀元年（一五七〇）三月……往古は天台宗にして観音堂たり、行用三十三屋敷の当時一戸に一体を礼せしめたるものなりという。創立詳ならず、元亀三年（一五七二）久林和尚浄教の道場となす、明和年間別堂に観音菩薩を移す。天正九年十二月五日判物二貫七百匁の寄進あり」などとある。(15)これも寺伝としての伝承的な内容でありそのまま信ずることはできないが、両寺とも元亀・天正ころの堂庵形態と浄土宗化を語っている。真宗の本誓寺は天正年中（一五七三～一五九二）に道場が開かれたというが確実な史料はなく、正保三年（一六四六）に寺号免許となり、宝永七年（一七一〇）に没している開基祐乗代に太子・七高僧絵像（裏書「釈一如（朱印）／願主　釈祐乗」）が下付され、近世寺院として村内に成立している。(16)そして、本誓寺は本證寺末寺であった。こうしたことから、おそらく行用は、十六世紀後半、低湿地に開かれた村で、そのとき門徒よりも浄土宗檀家が中心になって開発されたと推定できる。その理由は、行用の現行民俗の中でイットウは門徒家よりも浄土宗檀家に認められ、加えて行用村内に本證寺門徒がいないからである。楽善寺の寺伝にみえる「行用三十三屋敷」はいまでも伝承されているし、字名に「屋敷」が残っている。行用は東尾や鎌谷と較べるとき、村の開発も真宗寺院の成立も遅れ、矢作川下流域における新田開発の村であった。

三　ムラの信仰民俗

これまで、あえてイットウや寺院の成立と寺檀関係にこだわってきた。それは、現在のムラに展開している信仰民俗の伝承と成立をどのように捉えることができるのか、ということのためであった。本節のはじめに設定した、

「真宗門徒の村」と「民俗のあり様」という課題のためである。一つのムラの性格が、開発時におけるイットウとその寺檀関係に規定されているのではないか。そして、近世村として成立した「村（ムラ）」は次第にイットウや寺檀関係の規定から離れ、「村の信仰民俗」を形成したのではなかろうか。こうした視点から、次に東尾の現行民俗のあり様について（１）檀家組織、（２）組単位の信仰、（３）講といった項目からながめ、（４）寺檀関係とムラの信仰で特徴をまとめてみよう。

1　檀家組織

「檀家組織」とは、理念的には寺檀関係に基づいて結成されるもので、寺院側からみた檀家掌握の組織ということであろう。しかし、実際に調査してみると必ずしも檀家だけではなく、「寺院とムラ」という関係が絡み合っている。

明法寺の総代は五名で、東尾が三名（一名は正式には責任役員）、西尾二名、セワカタ（世話方）一二名で構成されている。セワカタは五名が東尾、七名が東尾以外から選出されているが、明法寺と東尾ムラとの関係の深さを示すものとして着目するのは、東尾ムラから選出されるセワカタである。この役は「東尾の誰がなってもよい」といい、東尾全体の投票で決められる。任期は二年で、二名新しく選出すると次の年は三名選出して、かつては明法寺檀家以外の人もセワカタになっていたという。

そしていまひとつ、「今年のミソは誰」などといわれるミソドウギョウという役がある。東尾の村組は七組で構成されているが（図22）、明法寺檀家のいない県木組と常福寺組以外の五組から組単位で選出されている。ミソドウギョウはアツメドウギョウ（集め同行）のことであるといい、オハツホ（お初穂）を組単位で回って集める役の

図22　東尾の村組

ことである。いまは十二月に行われる明法寺報恩講の一週間後に一口千円ずつ集めているが、昔は米袋を背負って一升ずつ集めたものであった。またムギバツオ（麦初穂）の徴収もあったという。明法寺の行事である永代経や報恩講などの案内は、まずセワカタにいき、セワカタからミソドウギョウにいって組中に伝達される。

2　組単位の信仰

組単位で祭祀している神仏が多い。また、組単位で行っているオソウブツ（お惣仏）という行事がある。整理して示すと表13の通りとなる。

こうした神仏は、いずれも「組

の守り神」として家内安全・五穀豊穣のために祀られているという。東尾ムラの氏神としては八幡社があるにもかかわらず、とくに於神天神社・荒神社・大黒神・市神社・神明社・県神明宮は、「組の神社」ともいうべき性格と祭祀が行われている。たとえば、北組と常福寺組共同で祭祀している荒神社はオコジンサンと呼ばれ、祭日が四月六日、二組からノキナミ（家並み順）で担当する一年任期の当番一〇人が幟を立てたり紅白の餅をついて準備する。当日にはネギサンに来てもらって祭典を行い、昼には公民館で組中が会食する。毎月六日には、当番が掃除をしてからオミキアゲ（御神酒上げ）をしている。「オコジンサンは恐い神様」といわれており、昭和二十三年ころに四軒が当番であったが、注連縄を立て忘れてしまった。その年に一軒一人ずつ死者が出たという。拝木組一五軒で祀る於神天神社は、祭日が四月第一日曜日、組長が中心になってお祭りを行い、掃除と幟立てをして組中がお参りをする。この後、マワリ役のヤド（宿）で会食をし、ヤドが一升餅をついて用意した小餅を皆に分けている。一年に六回ほどマワリ役で御神酒を上げることになっていて、オミキスズ（木の箱）が組の中を右回りで回っている。当番が御神酒をあげたときには太鼓を叩き、この太鼓は於神天神社脇に併設しているワンコベヤ（椀小部屋）に保管されている。この他、飯台・幟・膳椀・ユカンダライ（湯灌盥）なども保管してあって、膳椀は法事などの時に組の人が借りて使っていた。ワンコベヤ

拝木組	於神天神社	なし	なし	オソウブツ
北組	荒神社	なし	なし	オソウブツ
常福寺組	荒神社	秋葉常夜灯	なし	
市場組	大黒神	秋葉常夜灯	地蔵	（オソウブツ）
中町	市神社	秋葉	地蔵	オソウブツ
東尾組	神明社	秋葉常夜灯	地蔵・津島社	（オソウブツ）
県木組	県神明宮	秋葉常夜灯		

表13　東尾・組祭祀の神仏

は各組にあるという。
秋葉信仰は拝木組と北組にはないが、他の五組で行われている。このうち、四組に常夜灯があり、常福寺組のものは「嘉永四年亥五月日」、市場組のもの「嘉永四年十一月」、東尾組のもの「文政十一年子二月吉日」、県木組のもの「文化八辛未閏二月」の銘が入っている。組々で代参を行っており、市場組・中町組は静岡県の可睡斎、常福寺組・東尾組・県木組は秋葉神社へ参詣している。また、かつては蝋燭とマッチの入った箱が家々を回っていて、夕方になると常夜灯に火を灯していた。津島信仰は東尾組中心に行われ、お堂があって津島神社へ代参しているという。

オソウブツというのは、明法寺の住職が組の家々を回って正信偈をあげる報恩講行事のことである。中町は八月二十四日、この日は地蔵の命日でもあり、午前中にオソウブツのお参りをして午後にお地蔵さんのお参りとなる。現在公民館がヤドになっているが、以前は回り番で各家がヤドを勧めていた。組の人がゴエンジュ（御院主）と一緒に付いて家々を回り、ヤドは一番最後のお参りとなって、その後に食事となった。ニンジン御飯を炊いたり、暑い時期であるのでヤッコ豆腐と決まっていたという。中町組には禅宗檀家や浄土宗の檀家がいるが、宗派に関係なく組中回って勤められる。北組は九月十一日、拝木組は九月二十日、拝木組にはやはり浄土宗檀家の家があるが組の行事として行われている。なお、市場組と東尾組は明法寺の門徒家だけで九月三日と九月十二日に行っている。県木組と常福寺組は明法寺門徒がいないので、オソウブツは行われていない。

3 講

東尾の中には、禅宗檀家や浄土宗檀家の家々および有志で講も行われている。村組の範囲で整理すると表14の通りである。

明神講というのは知立神社（知立市）に一年に一度代参する講で、お参りして講金を納めてくる。オスナ（お砂）をもらってきて、これをジャムシ・毒虫にかけてやるという。常福寺組だけは組単位、東尾組と県木組は門徒以外の有志が加入している。道元講は常福寺組と県木組にある蓮華寺檀家だけで「東尾道元講」が組織され、毎月二十八日に当番の家に集まってお経を上げている。また、毎年二名が納金を持って本山永平寺に代参している。観音講は、もと東尾の火葬場があった向野に安置される西国三十三観音石仏に関わり、毎月月末ころに当番の家に集まって掛け軸の仏に御詠歌を上げる。八月十六日には石仏前で大祭を行い、餅や菓子を参拝者に振る舞う。東尾組と県木組の庚申講の人たちが祀っていて、禅宗と浄土宗の人は入っているが、真宗の人は入っていないという。庚申講は常福寺組・東尾組・県木組それぞれにあって有志である。年六回ある庚申日に当番の家で掛け軸の仏にお参りし、年末頃に納金・食費・年貢などの勘定を行う。四月のハツコウシン（初庚申）に、東尾・県木・常福寺組それぞれ別で代参に行く。講に入っている人数分のお札を受けてきて、講員の家々に配る。ホトケサンでもカミさんでもないから、ホトケサン（仏壇）の脇に祀っているという。三組それぞれに県木の庚申ヤマ、常福寺の庚申ヤマ、東尾の庚申ヤマにお堂があって石仏を祀っている。十四日講は東尾組一八名と常福寺組一一名で構成され、東尾組は浄土宗と禅宗の家、常福寺組は全員加入、毎月十四日に講員の家を回ってお勤めをしている。

この他、現在はかなり廃れてしまったが東尾全体の有志で組織されていた豊川稲荷

表14　村組と禅宗・浄土宗檀家の講

常福寺組	明神講（組）	道元講		庚申講	十四日講
東尾組	明神講		観音講	庚申講	十四日講
県木組	明神講	道元講	観音講	庚申講	

社の大栄講、奈良県大峯山の山上講があった。戦前頃の大峯山へ参った話として、「代参で二人でいった。関西線で吉野山へいった。胴へ綱をつけてもらって「みえたか、みえたか」と覗きをした。霧で何も見えなかったけれど、おそがいから「みえた、みえた」といった。一八、九歳で出かけ、その頃一〇人くらい村にいた」という。代参などはなくなったが、いまでも掛け軸と太鼓があって、毎月家々を回しているという。

4　寺檀関係とムラの信仰

東尾ムラの信仰民俗をムラ・組単位などで概観してみた。触れ得なかった行事を含めてその特徴を述べてみよう。東尾ムラが「門徒の村」として捉えられるのは、明法寺がムラ、とくに「組」に深く関わっていることである。檀家組織であるセワカタは東尾全体から選出されていたし、独特なミソという組の役、また一部の組単位で行われているオソウブツが特徴的である。オソウブツは「お惣仏」ということであり、行事の内容は報恩講であった。拝木組・北組・中町組などは組の行事としてオソウブツが行われ、ここでは明法寺以外の上宮寺・本證寺門徒も、あるいは浄土宗檀家も関係なく行われている。「組」が寺檀関係に優越しているのである。ところが、同じようにオソウブツと呼称されているが、市場組・東尾組では組単位ではなく、明法寺は寺檀関係にある門徒家だけを回る行事となっている。市場組や東尾組には浄土宗や禅宗檀家があって、寺檀関係が優越しているのである。組と明法寺あるいは門徒という関係が弱くなると、県木組と常福寺組のようにオソウブツがない、ということになる。つまり、組内に明法寺門徒と明法寺以外の門徒がどれだけいるかということによって、オソウブツが組単位の行事になっているかどうかになるのである。また、門徒ではあるが明法寺と寺檀関係にない上宮寺や本證寺などの門徒家には、イットウごとにオヒキアゲ（お引き上げ）がある。これは呼称は異なっていてもオソウブツと同じ報恩講のことある。稲垣イットウのオヒキアゲは九月で本證寺が来てお参りがあり、ムラ内四戸がヤドを交代している。上宮寺門徒の山口イットウも同様であるので、組のオソウブツとイットウのオヒキアゲが別々に行われていることになる。明法寺の報恩講も十一月にあって、ムラの門徒は寺檀関係に関係なく参詣するので、ムラ内に限ってみても報恩講は重層的になっている。

東尾には明神講や道元講、あるいは観音講・庚申講なども展開していた。しかし、子細に観察するとこれは禅宗や浄土宗檀家を中心に行われているもので、常福寺組・東尾組・県木組の家々であった。とりわけ、常福寺組と県木組には門徒家が少なくて浄土宗の大乗寺檀家と禅宗の蓮華寺檀家がほとんどを占め、東尾組は大乗寺檀家と禅宗の保福寺檀家が拮抗していた。ムラ全体でながめれば、真宗門徒の多い拝木組・北組・市場組・中町組と禅宗や浄土宗檀家の多い常福寺組・東尾組・県木組という二グループに分かれている。寺檀関係が信仰民俗を規定していて、そのあり様が異なるのであった。

このように、寺檀関係が組単位で行われる信仰民俗に影響していることが看取できるが、反対に「組」は結束が強くムラを一つの共同体としてまとめる村組であって、寺檀関係に規定されない信仰を持っていた。組ごとに祭祀されている於神天神社・荒神社・大黒神・市神社・神明社・県神明宮などがこれに当たる。於神天神社に付属しているワンコベヤは組共有物の保管場所であった。こうした組祭祀の小祠が、どのような経緯でいつから祀られるようになったか不明である。寺檀関係がイットウを核として成立していて、かつてイットウの機能がムラ内において現在よりも強かったとすれば、ある時期において「組」を強化するために小祠が組単位で祀られたのかもしれない。秋葉信仰のあり方も同様である。秋葉信仰はお札を各家で祀ったりするが、基本的には家単位の信仰ではなく、組もしくはムラ単位のものである。この地域の秋葉常夜灯は概ね近世末期のものが多く、このころ各村々に浸透したと考えられる。

おわりに

西三河における「真宗門徒の村と民俗」を捉えようとして、イットウの存在と寺檀の関係、さらに寺檀関係がムラの信仰民俗をどのように規定しているかをみてきた。寺檀関係の事例として最初に三つの村を挙げながら、紙幅の関係もあって東尾ムラ中心になってしまった。もとより、こうしたわずかな事例だけで西三河における門徒村落を代表することはできない。しかし、それでも本節で示そうとした、近世村と寺院の成立を基点にしてイットウ―寺檀関係の形成―村組―ムラという枠組の中で信仰民俗を考えるという視点は、他の村落においても有効であろう。そうでなければ、一つ一つの信仰行事を個別にみて列挙するにとどまり、「ムラの信仰」や「真宗門徒の村」を知ることはできない。

今回、述べることのできなかったことに真宗の「講組」があるので、少し触れておきたい。ここでいう「講組」は村組とは別なもので、村内の門徒家一〇戸前後で構成され、毎月集まっては勤行する集団のことである。寺檀関係は、同じ場合も異なっている場合もある。尾張においてはオコウサマ・オタヤコウ（お逮夜講）などと呼ばれ報恩講も行われている。また、京都の本山から御消息も下付されたりしている。[17] 行用の門徒組織に「組」としてみられたが、その性格は弱い。一村すべて真宗門徒であった鎌谷においても講組はなかった。東尾においてはオソウブツを行う村「組」が相当するともみられるが、やはり基本的に異なっている。

註

（1）真宗と民俗の問題については、拙著『真宗と民俗信仰』（吉川弘文館、一九九三年）や本書第一章第一節などを参照のこと。

（2）正式には「東尾」という地名はない。近世における安城村に含まれ、安城村は現在の安城市の中心にあたる一九町を含む広い村であった。しかし、町の形成は明治以降のことであり、安城村は「東尾」「西尾」に分かれてそれぞれがムラであった。以下、本文では「東尾ムラ」「東尾」と表記した。また東尾は、隣接する西尾ムラ地内に松平親忠以下四代が居城にした安祥城跡があるので、中世以来の地である。

（3）興証寺（真宗興正派）と寺檀関係にある稲垣姓の家は、明治三十一年に起きた占部観順異安心事件の際に転派したのであって、もともとは本證寺門徒であった。

（4）西尾資料叢書二『西尾郷村雑書』（西尾市教育委員会、一九九六年）、『愛知県幡豆郡福地村村誌』（一九二六年）七頁。

（5）詳しくは白鳥眞紀「イットウを中心とした村落構造――西尾市行用町・斉藤町の事例」（愛知県史民俗調査報告書2『西尾・佐久島』一九九九年）を参照のこと。

（6）明法寺発行の縁起書、および『安城町誌』復刻版、名著出版、一九七四年。

（7）明法寺調査、および真宗大谷派岡崎別院による「教区宝物調査カード」を参照した。

（8）三河における蓮如・実如・証如期の裏書は、青木馨「蓮如以降の三河教団再考」（『東海仏教』四三、一九九八年）に詳しいので、併せて参照のこと。

（9）拙稿「名号の祭祀形態と機能――道場から寺院へ」（『蓮如名号の研究』法藏館、一九九八年）、本書第三章第一節に所収。

（10）稲垣A家出身の者が昭和二十九年（一九五四）にまとめた記録で、本家や稲垣一統の伝承が記されている。

（11）『三河勝鬘寺資料の研究』、同朋学園仏教文化研究所、一九八二年。

（12）本證寺末寺の分布については図録『本證寺その歴史と美術』（安城市歴史博物館、一九九七年）に整理されて一覧表がある。
（13）『浄土宗西山深草派寺院名鑑』（浄土宗西山深草派宗務所、一九八三年）、浜島覚成「浄土宗西山深草派三河十二本山を中心として」（岡崎地方史研究会『研究紀要』四、一九七六年）、『浄土宗西山流深草派円福寺下寺寺院本末牒』（延享二年〈一七四五〉十一月、円福寺蔵）。
（14）『西尾市史』近世下三、三三七頁。
（15）『愛知県幡豆郡福地村村誌』八三頁。
（16）本誓寺調査、ただし正保三年の寺号免許については、西尾市悉皆調査報告一『社寺文化財（彫刻・絵画）報告書』によった。
（17）拙稿「神仏の講集団」（『八開村史』民俗編第八章第三節）。

第三節　尾張・三河における真宗民俗の位相

一　仏教宗派の分布

県内の尾張・三河地域において、さまざまな信仰に関わる民俗が展開している。その詳しい内容については、『愛知県史　別編　民俗2　尾張』と『別編　民俗3　三河』で述べたので参照していただきたい。ここではどんな信仰を人々が生活の中で伝承してきたのか一括してあげてみよう。

村の中には神社と寺院がある。寺院のない村も中にはあるが、それでも人々はどこかの寺院の檀家に属していて寺檀関係を結んでいる。奥三河や尾張東部には「神道の村」もある。家の中には各種御札を安置する神棚と仏壇を祀り、台所には恵比須様や竈の神、屋外には便所神や井戸神、屋敷地には地の神を祀っている。村の中には山の神、天神、水神、金毘羅、山住様、行者様、秋葉常夜灯、観音、馬頭観音、道祖神、田の神、荒神、弘法大師、地蔵などの石仏・石塔類があり、熊野社、津島社、秋葉社、愛宕社、稲荷社といった小祠も祭祀されている。こうした民間信仰的な祭祀の雑多性は三河山間部や東三河、尾張東部の丘陵地域、あるいは知多半島地域に顕著にみられるが、真宗地域の平野部の村においてもそれなりの展開を示している。神社信仰には、津島市にある津島神社の天王信仰、静岡県春野町（浜松市）にある秋葉神社などに代参する秋葉信仰、伊勢信仰、熱田信仰、厄年に参詣する尾張大国霊神社（国府宮）や滋賀県の多賀大社などがあり、村から代参者を送って御札を受け、代参者が帰ってくるとオヒマチ（お日待ち）を行ってきた。

村や地域の信仰集団である「講」に着目すると、山上講（大峯講、行者講）、御嶽講、浅間講など、大峯山、白山、立山、御嶽、冨士浅間といった山岳信仰系の講、オタヤグミ・オタヤサン・オコウグミ・和讃講などと呼ばれる真宗門徒の講集団、日蓮宗徒の多い地域や村での講集団、曹洞宗の道元講、豊川稲荷の豊川講といったものがある。もちろん村には津島太々講、秋葉講、庚申講といった集団も組織されているところが多い。

1　民俗の地域差と仏教宗派

民俗は尾張・三河の地域に一様に展開しているのではなく、「地域差」がある。念仏信仰の行事を例にとれば、「大念仏」「夜念仏」「ほうか」「はねこみ」「はね踊」「念仏踊り」「掛け踊り」などと呼ばれていた盆の念仏芸能は、現在は三〇か所ほどになっているが、一九六〇年代の調査をみると渥美半島から奥三河の豊根村まで一〇七か所で伝承されていた(1)。踊りをともなわない「夜念仏」という念仏を唱える行事も、かつては三河山間の地域で盛んに行われていた。疫病除けなどの百万遍念仏、寒中の四十八夜念仏なども三河山間部に伝承されている。ところが、真宗地域である西三河の平野部や尾張西部の平野部になると、こうした盆行事などと結びついた念仏はまったくみられない。

信仰に関わる民俗儀礼をみていくと、県内を「尾張」「三河」だけでは括ることのできない「地域性」がみえてくる。どうして、渥美半島から三河山間部にかけてみられる念仏芸能や盆の念仏行事が、西三河平野部や尾張西部には伝承されていないのであろうか。伝承されていたのが消滅してしまったのか、それとも念仏踊りなどは西三河平野部や尾張西部にはじめから展開することなく現在にいたったのか。地域の中で伝承されてきた信仰民俗のあり方や意味、あるいは民俗の形成を考えようとするとき、当該地域における仏教寺院の宗派や宗教者の関与がどのようであったのかが一つの手がかりになる。後の分布図でみるように、仏教が深く関わってきた盆行事などは好例である。オショロイムカエ（お精霊迎え）などと呼んで先祖を迎えたり送ったりする盆行事、とりわけ初盆供養などを丁重に儀礼として行うのは、禅宗や浄土宗・真言宗・天台宗の寺院がある村と地域である。日蓮宗でも盆行事は仏教行事として盛んである。ところが真宗寺院と門徒の多い村や地域となると、ほとんど儀礼としての盆行事はみることができない。火葬か土葬かという葬法や墓制などでも違いがあった。真宗は祈禱的・呪術的な信仰や行事に否定的で、かつて「門徒もの知らず」といわれたように民俗を否定する一面が強かった。真宗門徒の家に育った女性が禅宗の家に嫁ぐと「盆になると、三度三度の食事を先祖にあげたりすることが分からなかった」といい、反対に禅宗の家に育った女性が門徒の家に嫁いだときは「盆になにもしないから、盆らしくなくて気が抜けたようだった」などといわれた。以前、門徒の家では「嫁は門徒の家からもらえ」「他宗から嫁をもらってもよいが、他宗には嫁がせるな」などということが語られていた。同様な話は、日蓮宗の法華門徒でもいわれていた。ともに宗派意識の強い集団性を村の中で保持していたのである。曹洞宗・臨済宗などの禅宗や浄土宗などの檀家は、真宗や日蓮宗ほどの宗派意識が認められない。

人々は生活の中でさまざまな信仰を伝承して民俗を形成してきたが、地域が真宗門徒地帯か、それとも禅宗地帯かによって信仰に関わる民俗のあり方が異なっている。両者では信仰生活の内容が違っていた。そこから「尾張」「三河」とは異なった「地域性」と民俗の意味を考えることができよう。以下、県内における寺院宗派の分布や信仰民俗の分布を検討する。民俗に対して否定的であったといわれる真宗を中心にして述べるが、真宗だけをとりあげるのではなく、真宗や門徒の村・地域を通して禅宗や浄土宗などの村・地域、さらに「民俗」をとらえようとする視角であることを断っておきたい。その後、真宗地域の民俗的特徴についてまとめてみる。

2　真宗寺院の分布

愛知県は、全国的にみても真宗門徒の優勢地帯である。近世以来、北陸門徒・近江門徒・河内門徒・安芸門徒などと並び称されて尾張門徒・三河門徒と呼ばれてきた。図23は市町村を単位とした真宗寺院の分布である。県内真宗の中には、宗派として大谷派（東本願寺）・本願寺派（西本願寺）・高田派という三派があるが、真宗系ということで寺院数を合計して地域の中に表示した。尾張では名古屋市域が圧倒的に多いが、西部の一宮市・稲沢市・愛西市・津島市・飛島村・弥富市にかけて集中的に分布している。知多半島にも半田市・常滑市辺りを中心にして展開している。三河では西尾市・安城市・碧南市・高浜市・刈谷市・岡崎市・幸田町・豊田市、そして一色町・吉良町・幡豆町（三町は現・西尾市）・蒲郡市の三河湾沿岸地域から渥美半島にかけて分布している。尾張では木曽川流域から平野部にかけて、三河では矢作川の下流域から岡崎市・豊田市の山間部、三河湾沿岸部にかけて展開してい

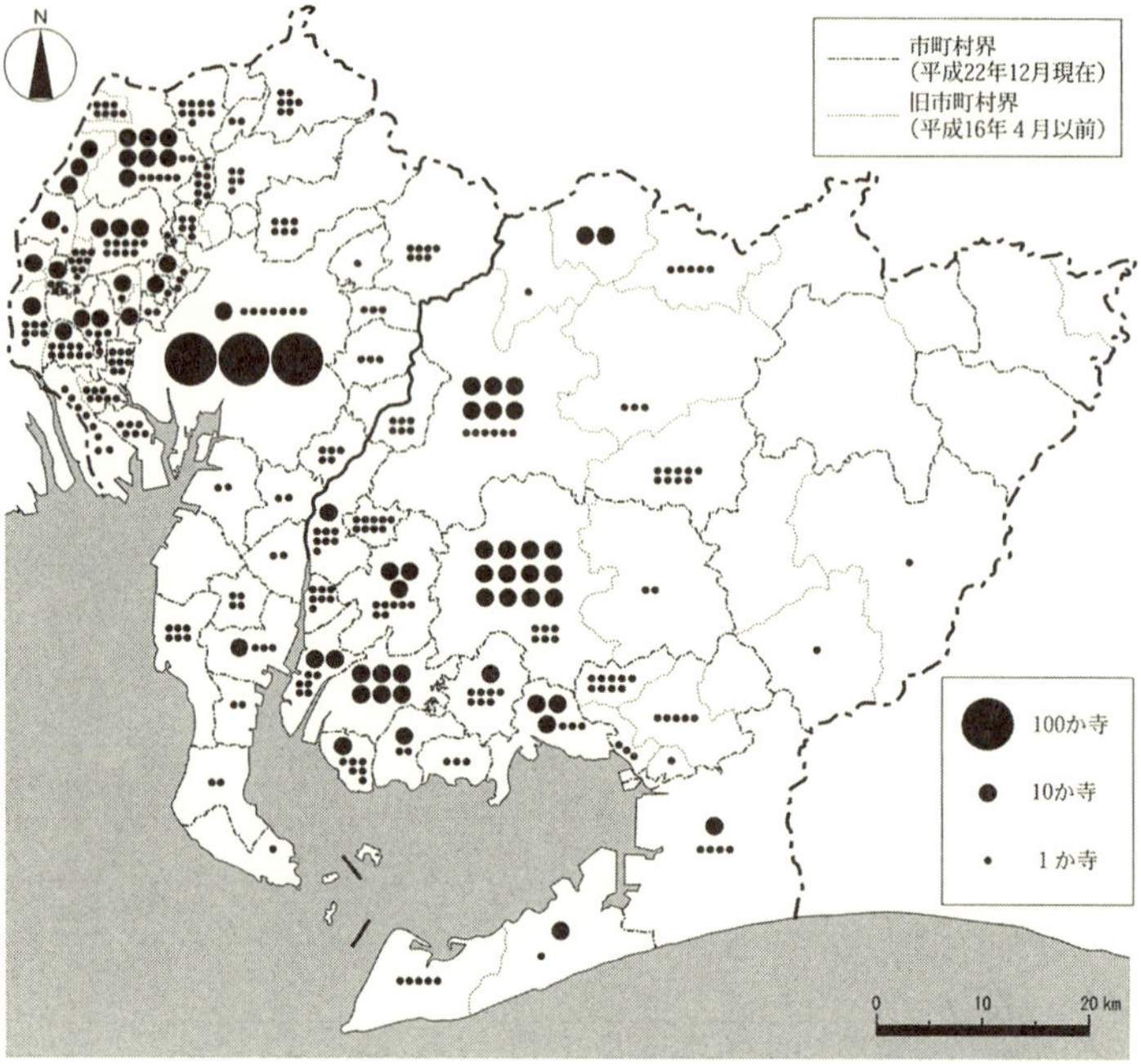

図23　真宗寺院の分布

ることが分かる。

全国的にみて愛知県が真宗優勢地帯であることは間違いないが、県内でみると禅宗優勢地帯でもある。寺院数から比較してみると、尾張真宗寺院は七五八、三河真宗寺院は五二五、合計一二八三か寺であるのに対して、曹洞宗と臨済宗を合わせた尾張禅宗寺院は九二一、三河禅宗寺院は六七三、合計一五九四か寺である。寺院数は禅宗寺院の方が多い。禅宗寺院は、どのように分布しているのであろうか。表15は市町村を旧郡単位にまとめて、もう少し広い地域の中での寺院数と宗派比率を調べたものである。これをみると、禅宗寺院が集中して分布しているのは、丹羽郡・東春日井郡・西春日井郡・愛知郡・葉栗郡、知多郡、東加茂郡・北設楽郡・南設楽郡・宝飯郡・渥美郡である。真宗寺院についても改めて確認すると、葉栗郡・中島郡・海部郡・額田郡・碧海郡に集中している。また、

旧郡	市町村	禅宗系	%	浄土宗系	%	真宗系	%	天台・真言系	%	日連・時宗系	%	総寺院数
丹羽郡	大口町・扶桑町・犬山市・江南市・岩倉市	91	47.6	43	22.5	26	13.6	23	12.0	8	4.2	191
東春日井郡	瀬戸市・尾張旭市・春日井市・小牧市	110	58.5	11	5.9	19	10.1	28	14.9	20	10.6	188
西春日井郡	西枇杷島町・豊山町・師勝町・西春町・春日町・清洲町・新川町	53	49.1	20	18.5	20	18.5	5	4.6	10	9.3	108
愛知郡	東郷町・日進市・長久手町・豊明市	30	46.9	14	21.9	11	17.2	9	14.1			64
葉栗郡	木曽川町	8	40.0	1	5.0	7	35.0	1	5.0	3	15.0	20
中島郡	祖父江町・平和町・一宮市・稲沢市・尾西市	118	24.6	96	20.0	176	36.7	70	14.6	20	4.2	480
海部郡	七宝町・美和町・甚目寺町・大治町・蟹江町・十四山村・飛島村・弥富町・佐屋町・立田村・八開村・佐織町・津島市	56	17.5	49	15.3	149	46.6	46	14.4	20	6.3	320
名古屋市		280	30.4	126	13.7	316	34.3	108	11.7	92	10.0	922
知多郡	阿久比町・東浦町・南知多町・美浜町・武豊町・大府市・東海市・知多市・常滑市・半田市	175	50.4	77	22.2	34	9.8	50	14.4	11	3.2	347
西加茂郡	三好町・藤岡町・小原村・豊田市	81	27.7	104	35.6	93	31.8	10	3.4	4	1.4	292
東加茂郡	足助町・旭町・下山村	34	47.2	17	23.6	17	23.6	4	5.6			72
北設楽郡	設楽町・東栄町・豊根村・富山村・津具村・稲武町	27	93.1					2	6.9			29
南設楽郡	鳳来町・作手村・新城市	91	84.3	3	2.8	2	1.9	12	11.1			108
額田郡	幸田町・額田町・岡崎市	44	14.2	74	23.9	145	46.8	27	8.7	20	6.5	310
宝飯郡	音羽町・一宮町・小坂井町・御津町・豊川市・蒲郡市	139	48.9	74	26.1	51	20.0	19	6.7	1	0.4	284
渥美郡	豊橋市・田原町・赤羽根町・渥美町	185	64.7	42	14.7	30	10.5	19	6.6	10	3.5	286
碧海郡	刈谷市・知立市・安城市・高浜市・碧南市	41	17.4	67	28.5	96	40.9	11	4.7	20	8.5	235
幡豆郡	一色町・吉良町・幡豆町・西尾市	31	10.8	155	54.2	91	31.8	6	2.1	3	1.0	286
合計		1594	35.1	973	21.4	1283	28.2	450	10.0	242	5.3	4542

＊市町村は『宗教法人名簿』（平成13年版）に記載名の集計単位
＊旧八名郡は鳳来町・新城市・一宮町・豊橋市に含まれるため記載しなかった。

表15　寺院数と宗派比率

この表15から分かることは、禅宗寺院の方が地域に集中しているようで比率が真宗よりも高いことである。丹羽郡・東春日井郡・西春日井郡・愛知郡では禅宗寺院の比率が約四五%から六〇%、知多郡は五〇%、東加茂郡・北設楽郡・南設楽郡・宝飯郡・渥美郡では五〇%弱から九三%である。真宗が展開している中島郡・海部郡・西加茂郡・額田郡・碧海郡・幡豆郡の地域における真宗寺院の比率は三〇%から高くても四六%であった。この理由は、浄土宗が禅宗と真宗の間に展開していることによるものであろう。県内の浄土宗は鎮西派と西山派（西山浄土宗と西山深草派）であるが、尾張の浄土宗寺院は四三七、三河の浄土宗寺院は五三六、合計九七二か寺である。浄土宗は、尾張では丹羽郡・愛知郡・中島郡・知多郡、三河では西加茂郡・東加茂郡・額田郡・宝飯郡・碧海郡・幡豆郡に二〇%ほどの比率を占めている。ただし西加茂郡は三五%、幡豆郡は五四%と比率が高い。

浄土宗は尾張の禅宗や真宗優勢地域に交じってそれなりに展開しているが、三河では平野部で真宗と並行しながらかなり展開しているのである。禅宗・真宗・浄土宗寺院などが混在あるいは拮抗している地域を挙げれば、葉栗郡は禅宗と真宗、知多郡は禅宗と浄土宗・天台宗・真言宗、西加茂郡は禅宗・浄土宗・真宗、碧海郡と幡豆郡は真宗と浄土宗・禅宗ということになる。

このように真宗寺院の分布と県内寺院宗派比率からみると、大きくは禅宗が尾張東部、三河東部と山間部、渥美半島、真宗が尾張西部、三河平野部と棲み分けていて、その間に浄土宗他の寺院が展開しているととらえられよう。愛知県は寺院数が全国で一番多いということもあって、各宗派が地域に入り交じりながら展開しているということも事実である。それは奥三河の山間部を除いて、特定の宗派寺院がムラや地域を独占していることはない、ということである。民俗調査をすると、ムラの大きさにもよるが、二か寺から三か寺の寺院がムラの中にある。しかし、注意すべきはこれまでみてきたのが寺院分布であって、ムラや地域における檀家数の比率ではないことである。尾張西部や三河平野部のムラには、真宗寺院と禅宗寺院あるいは浄土宗寺院があったりするが、それでも一つのムラの中には真宗門徒が多く、禅宗や浄土宗寺院は檀家が少なかったり無檀家のところもある。そうした場合、寺檀関係はなくてもムラで寺院をトリモチ（取り持ち）することになる。したがって、ムラの性格としては「真宗門徒のムラ」であり、地域としては真宗優勢地域ととらえられるのである。

二　信仰民俗の分布と地域差

「真宗と民俗」あるいは「禅宗と民俗」の関係から、県内の「地域性」をとらえ直すために信仰民俗の分布図を作成した。基本資料は愛知県史民俗部会調査報告（尾張五四か所、三河六六か所）、民俗文化財緊急調査（三〇か所調査）、民俗文化財緊急分布調査（一五〇か所調査）、および『新修名古屋市史　第九巻民俗編』、『新編安城市史九　史料編民俗』などによる。(2) 分布のドットはムラ単位で落とした。調査データから抽出して分布図を作成したものなので、遺漏も当然あるが、それでも一定の分布傾向を図から読みとることができる。

分布図作成のための抽出項目は、とくに地域性が明瞭になるものとして、ジノカミ、ジルイ、イットウ、百八松明行事、全拾骨と一部拾骨、両墓制、無墓制を選択した。

1　ジノカミとジルイ

屋敷地の西北角に、瓦製や石の祠あるいは石だけを祀るジノカミ（地の神）信仰は、渥美半島の田原市から豊橋市、豊川市、新城市、東栄町、設楽町、豊根村と奥三河山間部にかけて一般的である。旧額田町（岡崎市）や旧下山村（豊田市）など隣接する地域にも及んでいる（図24）。渥美のムラや新城市東上、豊川市平井、同市千両などではほとんどの家が祀っている。

しかし、豊川市平井では「真宗門徒の家では地の神は祀らない」、田原市白谷では「地の神（禅宗、浄土宗のみ）。浄土真宗は地の神なし」というから、ムラの中の真宗門徒は拒否していた。御神体は明確でない。丸石・自然石であったりするものが多く、猿田彦の御札や「昔は大きな欅の大木であった」（豊川市平井）ともいう。「地之神」と刻んだ石碑のところもある（新城市作手菅沼・豊田市阿蔵）。祭日も特別決まっていない。「正月にしめ縄をかけたりオヤスに入れてお供えする」（田原市村松・中山・池尻）、「春秋の彼岸にお祭りをしたり、僧侶にお経をあげてもらう」（岡崎市千万町、新城市市川・中宇利）、「旧正月の元日にしているが、もとは五月五日と九月九日にもしていた」（新城市川合）、「旧暦二月の『初申』と旧暦九月の『二の申』にジノカミマツリをする」（新城市作手田代）、「盆

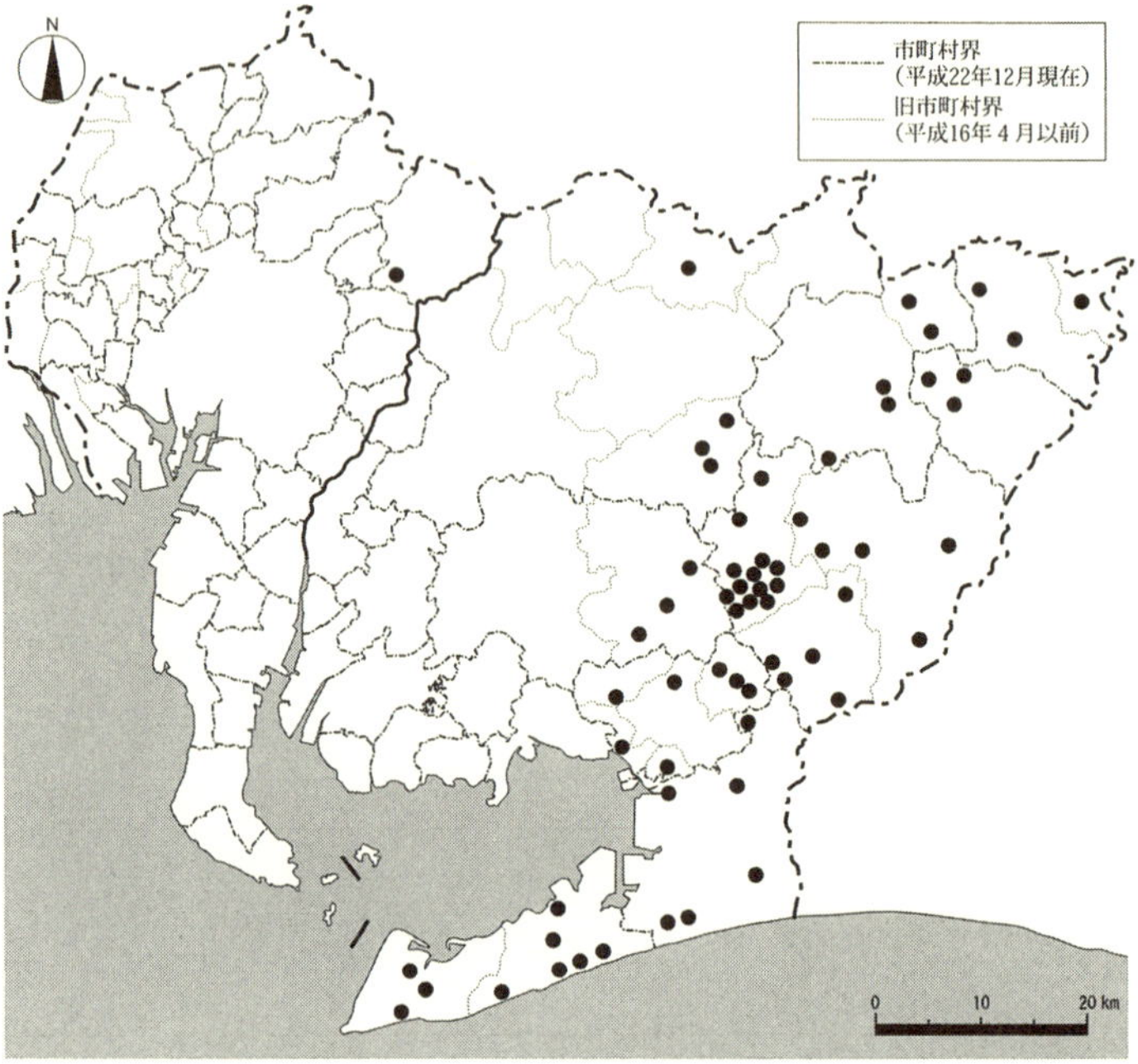

図24　ジノカミの分布

と正月にお参りする」（東栄町下粟代、豊根村坂宇場・富山）というように一定していない。供物については新城市作手の川合や田代で、赤飯を供えたり御幣を立てた前にコウノハ（楮）を敷いてぼた餅、団子、甘酒を供えたりしている。

　地の神の性格については、土地・屋敷を守ってくれる神さんといわれ、家を新築するときなどに祀られる。「亡くなって五十年経過すると地の神になる」（豊川市平井）、「五十年たつと仏が地の神さんに入る」（豊橋市伊古部）、「三十三年のトイアゲが済めば先祖は地の神さんになって子孫を守る」（新城市東上・豊橋市東赤沢）、などとも語っているところがある。しかし、こうした伝承はホウイン（法印）さんと呼ばれる真言系の僧侶や御嶽行者などの宗教者によっているようである。

　このように地の神信仰は東三河一帯に分布しているが、これは静岡県の中・西部、とりわけ遠州から連続しているものである。(3)『静岡県民俗地図』(昭和五十三年発行)をみると、島田市大井町から御前崎町(現・御前崎市)、浜松市、湖西市にかけての平野部に分布している。十一月十五日や十二月十五日が祭日となっており、屋敷を守る神として屋敷地の北西の隅に祀られている。形態には木製や石製・コンクリート製の祠になっているが、特徴的なものに藁製の祠がある。新藁で祠を毎年作り替えるものという観念が強く、竹も新しく採れたものを使うという。御神体は藁製の祠の場合、石を置いたり海岸からとってきた砂を盛るという。供物は赤飯が共通していて、他には油揚げも多く、新藁で作った皿に供えたりしている。やはり死者が三十三年もしくは五十年経つと地の神になる、という伝承がある。

静岡県の遠州で祀られている地の神は、祭日が明確であり、藁製の祠を毎年作り替えて祭祀することなど、東三河の地の神祭祀にみられない古い信仰形態が残っている。しかし、屋敷の西北隅に祠を祀って屋敷の守り神としていること、三十三年もしくは五十年経つと死者が地の神になるという伝承など、基本的には共通した信仰であることはまちがいない。

遠州の地の神祭祀で、いまひとつ特徴的な報告がある。浜名湖周辺の細江町・三ヶ日町・引佐町(現・浜松市)などでは、ジルイ・イットウ・イチモンという同族集団が地の神祭祀や先祖祭りを行っているという。ジルイ・ジワカレ・ジグミという呼称は遠州の西半分に広くみられ、またイットウ・イチモンの呼称も重なりあうように分布している。浜名湖周辺ではジルイもイットウも実態的には同じようで、浜松市白州町ではイットウ(ジルイ)ごとに墓地を持ち、こうしたイットウ墓地の一画や総本家の屋敷の裏山などに地の神が祀られている。毎年十二月十五日に地の神祭りを行なって、地の神の石祠や先祖の墓に参り、先祖代々の掛け軸などをかけて会食しているという。(4)

東三河でもジルイ・ジスジと呼ばれる同族が、共同でジノカミを祭祀する形態が残っている。旧作手村の地域で、

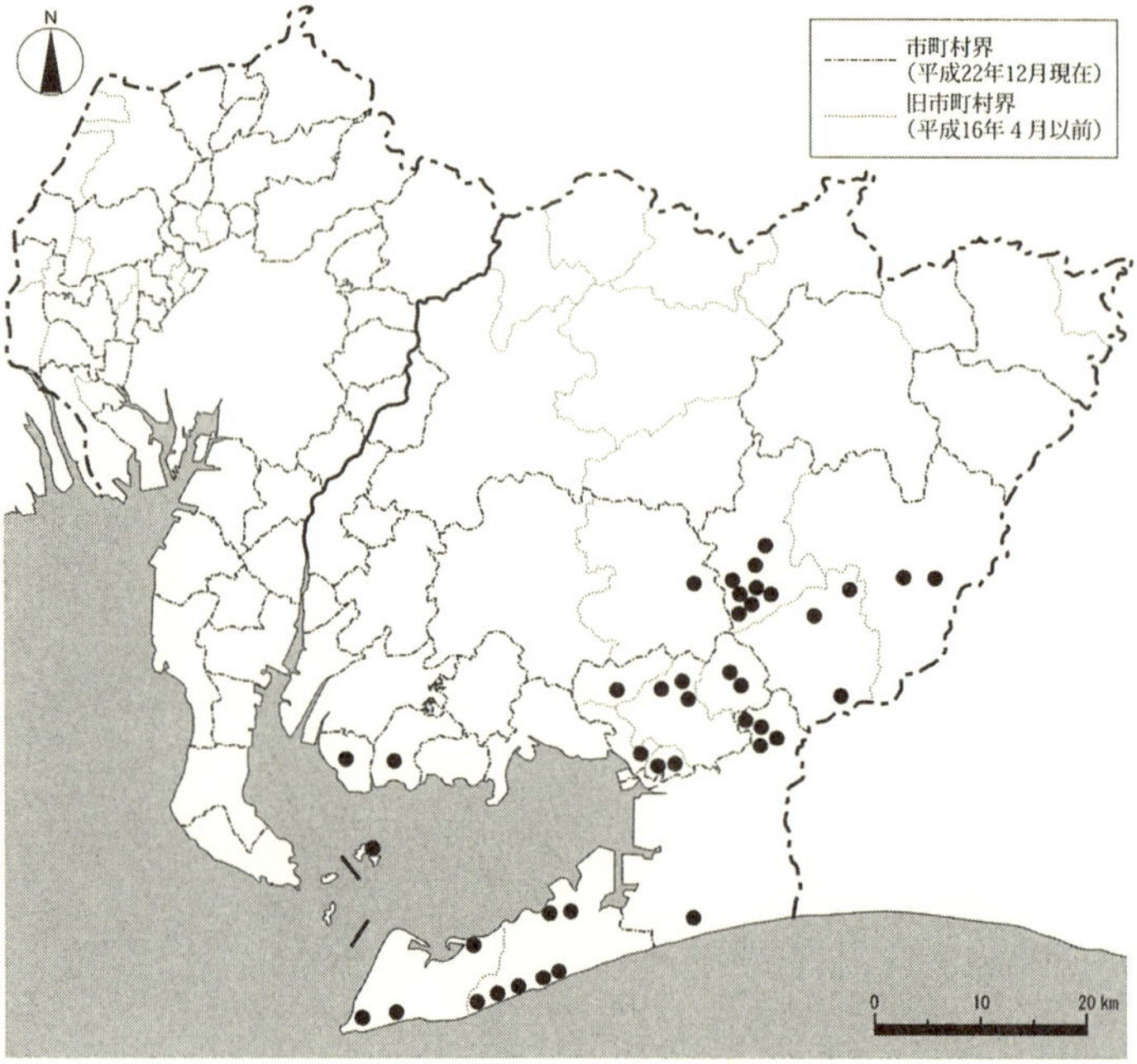

図25　ジルイの分布

菅沼や川合・大和田・田代・見代などのムラでは、屋敷裏の巨木下や山の中腹などにジノカミを祀ったりしており、古いジノカミは木製の祠である。ジルイはホンヤ・シンヤという本分家の同族集団であるが、シンヤが出るときホンヤが土地を分与したというジワケ（地分け）伝承を持っている。そして、地の神祭祀が先祖祭り的性格を持ち、ジノカミが同族神、土地や屋敷の神という性格を有している。

図25は、県内のジルイ分布である。ジノカミの分布と重なりあうように東三河に広がっている。奥三河の山間部からは報告がなかった。ジルイによるジノカミ共同祭祀という形態は旧作手村の地域にだけみられ、この意味からすれば作手村のジノカミ祭祀は特殊かもしれない。しかし、ジルイという同族集団の呼称は東三河にみられ、また「地分け」伝承も広くみられる。渥美半島のムラでは、「シンヤができると地を

分けるので、地を分けたのがジルイである。ジルイはなくならない。ムラの外に出ても関係はなくならない。ジルイは親戚よりもかたい、ジルイはうすくならない」（田原市池尻）という。「ジルイは末代で代がかわっても変わらない。ジルイには土地を分けた場合のジノワケジルイと、シンヤに出た場合の本当のジルイという二つがある」（田原市江比間）などといわれている。

渥美半島地域のジルイは、結婚式などに招待したり葬式になると相互補助する同族集団であるが、共同で地の神を祭祀するということはない。家ごとに屋敷の西北に祠を祀っているだけである。また、ジルイが核となって庚申講の祭祀集団である庚申ドウギョウ（同行）を形成しているところもある（田原市高松・白谷）。

ジノカミ（地の神）とジルイ（地類）は、本来結び付きが深い関係のもので、ジワケ（地分け）も含めて「土地」に関わる観念の強い伝承である。東栄町や設楽町、豊根村などにもジルイがあってもよさそうであるが、分布していない。しかし、奥三河では「ジ（土地）には祀り手のないムエンボトケ（無縁仏）がいる」というように、土地と結びついた霊魂観念が強い。盆行事における無縁霊の送りをことさら意識したり、土葬の穴掘りをするとき墓の敷地を先祖から買い取る「地取り」の儀礼が行われていた。花祭りの『大土公神祭文』では、季節と土地を分ける「所務分け」の話が唱えられてきた。土公神とは春は竈、夏は門、秋は井戸、冬は庭に移動する遊行神で、この期間に土を犯すと祟るとされている。祭文では太郎・次郎・三郎・四郎・五郎の王子たちが、井戸・産屋・門・田畑・河などにいる土公神の祟りから人々を守護すると説かれている。念仏踊りなどでも「庭ほめ」などが歌われている。奥三河一帯では、ジルイという同族集団は形成されなかったが、土地に対する神観念は強く、ジノカミは祭祀されてきたのであった。

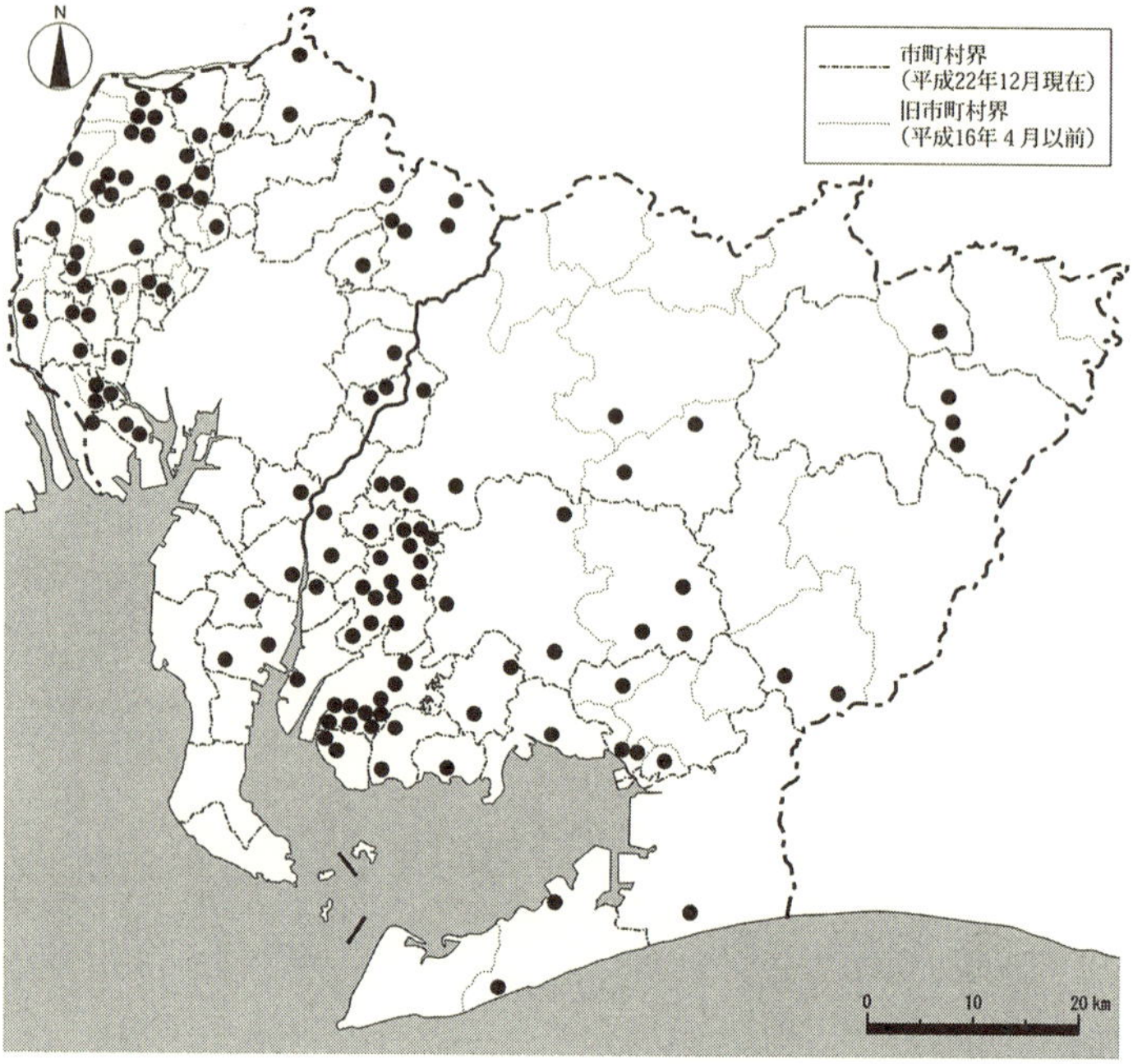

図26　イットウの分布

2　イットウ

図26はイットウの分布である。イットウも基本的にはホンヤ・シンヤという本分家関係の同族集団を表す呼称であり、ジルイと類似している。しかし、ジルイ・ジノカミの分布とイットウの分布を比べると対照的といってよいだろう。ジルイ・ジノカミは東三河で禅宗地域にみられたが、イットウは東三河の一部にもみられるものの、真宗地域の西三河平野部と尾張西部を中心に分布している。西三河では一色町から西尾市・安城市・刈谷市・知立市・豊田市南部から尾張の日進市・瀬戸市にかけて広がっている。三河からの連続で知多の半田市あたりにもみられる。尾張西部では木曽川流域の弥富市・津島市・愛西市・稲沢市・一宮市から江南市・岩倉市・犬山市へと広がっている。

イットウは、静岡県では伊豆半島から静岡市にかけての東部地域に顕著にみられ、遠州になるとジルイに交じって平野部で使われている。一方、愛知県に接する岐阜県では、海津市・羽島市・養老町・大垣市・笠松町・各務原市・岐阜市から山間部に分布している。静岡県の東部で圧倒的にみられたジルイは、西部の遠州ではジルイなどと交じり、愛知県に入ると東三河で少なくなり、再び西三河平野部から尾張西部、そして岐阜県の西濃地域へと連続しているのである。(5)

西三河のイットウの実態をみると、安城市福釜や西尾市江原などでは、イットウ単位で墓を持っていた。刈谷市高須も門徒のムラで、村内に法寿寺があるにもかかわらず、村外の専光寺檀家であるSイットウ・Kイットウ・Mイットウが多い。墓地はイットウごとになっており、「昭和三十年頃までホンヤの近くにシンヤを出していた」という。Kイットウでもいくつかに分派していて、その中の一系統は「加藤嘉兵衛が先祖」といって毎年三月に一三軒のイットウが集まり法要をしている。ムラの各家は、イットウごとの系譜関係で集団化されていて、それはムラ組などとは別なもう一つの社会集団を形成している。安城市安城町東尾でもY姓は上宮寺門徒、1姓は現在二系統に分かれているが、もともとは本證寺門徒、O姓は願力寺門徒、S姓は正法寺門徒、U・N・G・N・Z姓はムラ寺の明法寺門徒というように、イットウごとに檀那寺が決まっている。本證寺門徒であるIイットウの本家は、「安城草分け一六軒の一つ」といわれ、「分家に分家が生じて十数軒に分かれている」と記録にある。毎年三月の彼岸に「先祖のお経」といってイットウに属する一八軒が集まり、Iイットウの位牌を安置して法要を勤めている。明法寺門徒のUイットウも毎年五月に六五軒が集まっている。こうしたイットウは、秋になるとイットウごとに檀那寺を招いてオヒキアゲ（お引き上げ）と呼ばれる門徒報恩講を行う集団にもなっている。(6)矢作川流域のムラでは、イットウが先祖祭祀的な法要や報恩講を勤める信仰集団になっているところが多い。イットウという同族集団の機能は、現在かなり低下しているが、かつてはもっと強かったであろう。

尾張西部でもイットウは広くみられる。一宮市千秋町加納馬場ではN墓・G墓・S墓・K墓のようにイットウの姓を付けてイットウ単位の墓があった。丹羽郡扶桑町南山名でも、0墓・1墓のようにイットウの姓を付けた埋め墓を使用していたという。イットウによる先祖祭祀についても、「イットウは、塚（石碑）を共通祖先として毎年彼岸に集まり、信仰的に結んでいる」（瀬戸市三沢町水野）、「Aイットウは系図、Bイットウは先祖の碑に旧四月二十八日に参集」（瀬戸市上半田川）というように、尾張東部地域にもみられ、春日井市木附ではイットウごとにウジガミサマ（氏神様）という小祠を祀っている。尾張西部の一部にも旧八開村のKイットウのように同族結合の典型例がある。しかし、全体的にはイットウとは呼ばれるものの系譜意識は薄い。尾張西部におけるイットウの特徴は、三河と同じように寺檀関係と結びついているが、ムラの中ではイットウを中心にしながらも檀那寺の異なる門徒同士が地縁的な講を形成していることである。これはムラの中の寺檀関係が非常に複雑になっていることによる。例えば、あま市二ツ寺の各家は、ムラ寺として菊泉院（曹洞宗）があるが、その他に妙福寺（日蓮宗、稲沢市千代町）、法光寺（真宗大谷派、あま市花正）、福田寺（大谷派、あま市木田）、光専寺（真宗高田派、あま市東溝口）、願正寺（大谷派、あま市森）と寺檀関係にある。シンヤ・ホンヤのイットウがあって寺檀の単位になっているが、ムラの中では真宗七・禅宗二・法華一の講組があって、イットウよりもこの「講」が機能している。「ムラの永代経」といって、春と秋に講組単位で行っているという。報恩講なども檀那寺の住職が各家を訪れることはあるが、ムラとしては講組単位で報恩講が勤められている。尾張西部ではイットウよりも「講」が優先して、社会生活の信仰集団として機能してきたといってよい。

禅宗地域の東三河ではジルイが同族の社会集団としてムラの中で機能していた。真宗地域の西三河平野部ではイットウが同族の社会集団、尾張西部ではイットウの同族意識が弱まり、代わって講集団が信仰生活の基盤を形成

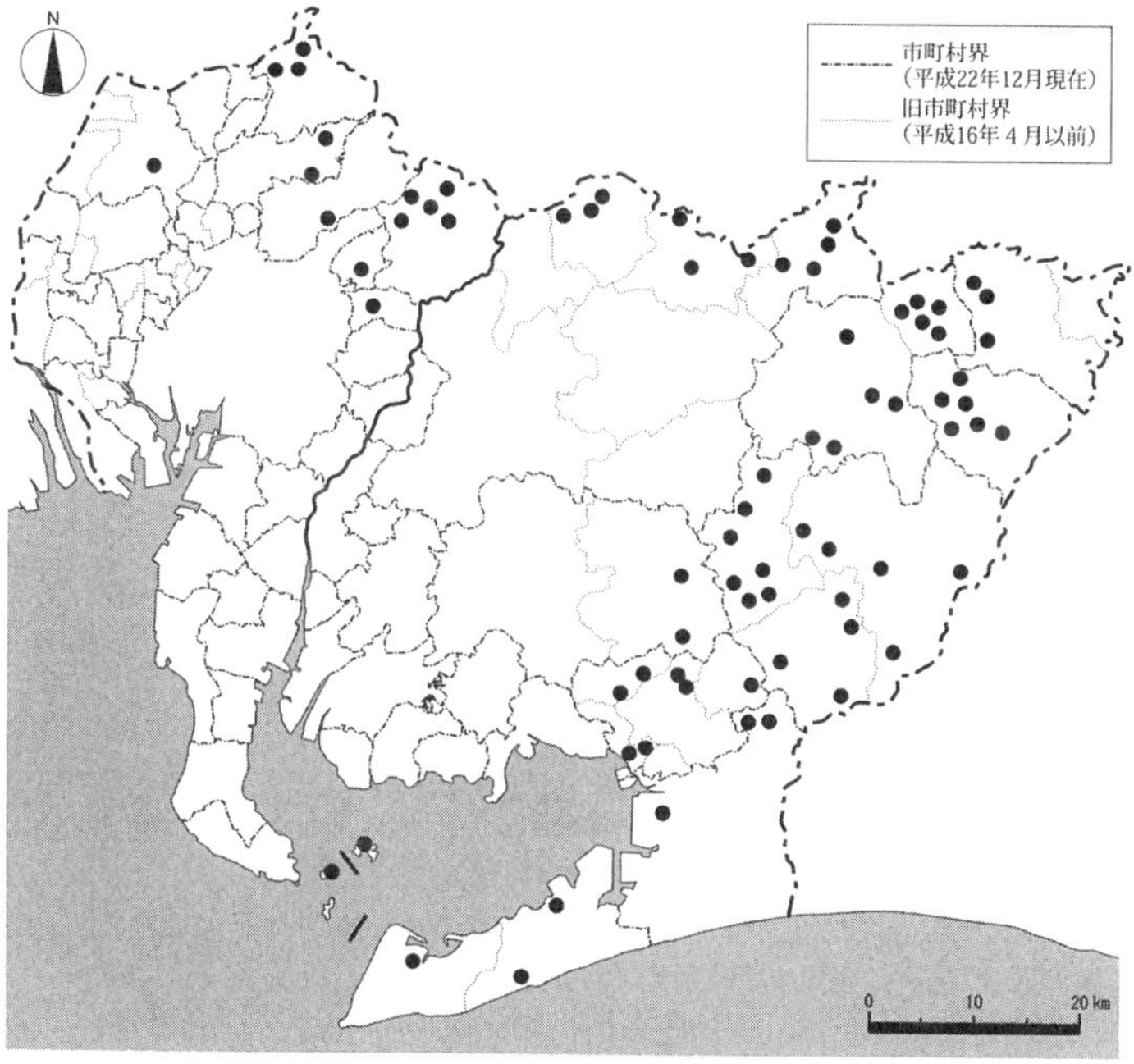

図27　百八松明の分布

してきた。そして、東三河のジルイと西三河や尾張西部のイットウとの大きな違いは、イットウには「地分け」伝承がない、ということである。

3　百八松明行事

図27は盆行事で百八の松明を点すところの分布である。「迎え火」「送り火」を焚くというところは、この分布図以外のところにも多い。真宗門徒のムラの中に、禅宗や浄土宗の家があれば行っている。ここでは明確に「百八」の松明を焚いているところということで抽出した。

渥美半島では八月一日に初盆の行事が始まる。この日にジルイが集まってオデイの前にトウロギ・タカトウロウ（高灯籠）と称する灯籠を立てたりしている（田原市池尻）。百八松明については、田原市越戸では八月十三日午後に住職が墓地に出向いてムカエセガキ（迎え施餓鬼）

を行い、かつて各家は墓地から家まで百八本の松明を焚いて、オショウロウ様が無事に家まで帰ってこられるように辻々を照らしたという。家ではショウロウ棚・ショウレイ棚を作り、キュウリの馬とナスの牛を作っている。以前、ショウレイ棚は玄関に作っていた。田原市白谷では、初盆を迎える親戚が集まり、砂浜で百八タイの松明を焚いてお迎えをしていた。豊橋市や豊川市あたりになると、「十五日に親類を招いて万灯の法会を行い、百八組の松明を点した」（豊川市御津町上佐脇）、「初盆の家は寺で松明を百八作り、燃やしてお見送りをした」（豊橋市賀茂）、「十五日の夜九時頃に送っている。初盆の家では松明を百八本束ねて、お宮さんの所で焚く。これを野辺送りという」（豊川市千両）とある。お精霊様の迎えよりも、送りの時に百八松明を焚いている。新城市中宇利でも、十五日の夕方、川施餓鬼といって組の人が集まって百八松明を焚き、念仏を唱えて先祖を送っている。

南設楽郡や北設楽郡になると、念仏踊りを初盆の家で行うとき、玄関から墓へ通じるカドミチ（門道）まで百八松明を焚く。新城市作手菅沼では、戦前まで十四日の夜に青年団がハネコミをして初盆の家を回っていた。初盆の家では、家の門口に百八タイのタイトボシをしていたという。新城市布里でも、かつては十四・十五日に放下という念仏踊りを初盆の家で行っていたので、百八松明を道から家へ点していた。こうした念仏踊りの道行きに焚く百八松明とは別に、初盆の家に親戚や組の人たちが集まって墓に松明を点すタイトボシや念仏を唱える行事がある。新城市作手菅沼では、濃い親戚の人はボンヅキ（盆月）になると初盆の家に切子灯籠を送り、「ボンレイ（盆礼）にいく」という。十三日にムカエマンドウといって家の門で松明を焚き、十四日に初盆の家では親戚も手伝って玄関外から墓へ通じるカドミチに百八タイを並べている。豊根村坂宇場でも新盆の家は十四日に親類と組中の人を招き、墓で百八タイの松明を焚き、家の前でムカエダイ、そして組長が先達になって念仏を唱える。

豊田市大平では、現在はロウソクになったが、以前は竹の先に松明を付けた百八タイを家から墓まで十四日に立てていた。同市浅谷でも初盆行事は十四日で、カモンと呼ばれる同族を全部招いて、家の前で百八本のロウソクを灯していたという。同市牛地の百八松明は三尺竹の先にロウソクを付けて家の表に並べるが、昔はアカシを焚いていた。

尾張東部になると、ムラ・組を中心とした百八松明行事となる。犬山市善師野では、初盆の家があるとムラ中の人が高台に集まって、十三日の夕方、麦藁で作った松明を燃やしていた。同市塔野地ではショウロウムカエといって、初盆の家は麦藁と麻ガラ、松をまぜたタイマツを百八束用意し、十三日午後に井堀用水の川縁に並べてオムカエビを焚く。ムラ中の人が集まって先祖をお迎えに来るので、このとき初盆の家の者は筵を敷いて接待している。春日井市木附では、十三日夕方、シンボトケの家が百八松明を墓地から公民館広場まで並べて焚き、ムラ中の者が広場に集まって念仏を唱えている。同市玉野では、シマと呼ばれる組ごとに「辻念仏」が行われる。十三日夕刻、初盆の家の門口から辻念仏が行われるところまで百八タイの松明が焚かれ、シマ全員が出て先導役の長老が中心になって念仏を唱えてシンボトケ（新仏）を迎えたりしている。

このように盆における百八松明行事は、初盆行事として行われていて、十三日と十四日に精霊迎えとして行うところ、精霊送りの十五日に行うところがあった。親戚や組・ムラ中の人が集まって、墓から家まで、墓、辻、浜、河原、高台などで松明が焚かれていた。

分布図に明らかなように、こうした初盆（新盆）行事としての百八松明を行っているところは、渥美半島から東三河、奥三河、尾張東部山間で禅宗優越地域である。西三河平野部や尾張西部など真宗地域では、ムラの中に禅宗・浄土宗檀家の家があれば「迎え火」「送り火」などは行っているが、百八松明行事はまったく見られない。真宗門徒の家では盆の墓参りなどはしても、「初盆」という意識や祭祀がみられないといってよいだろう。したがっ

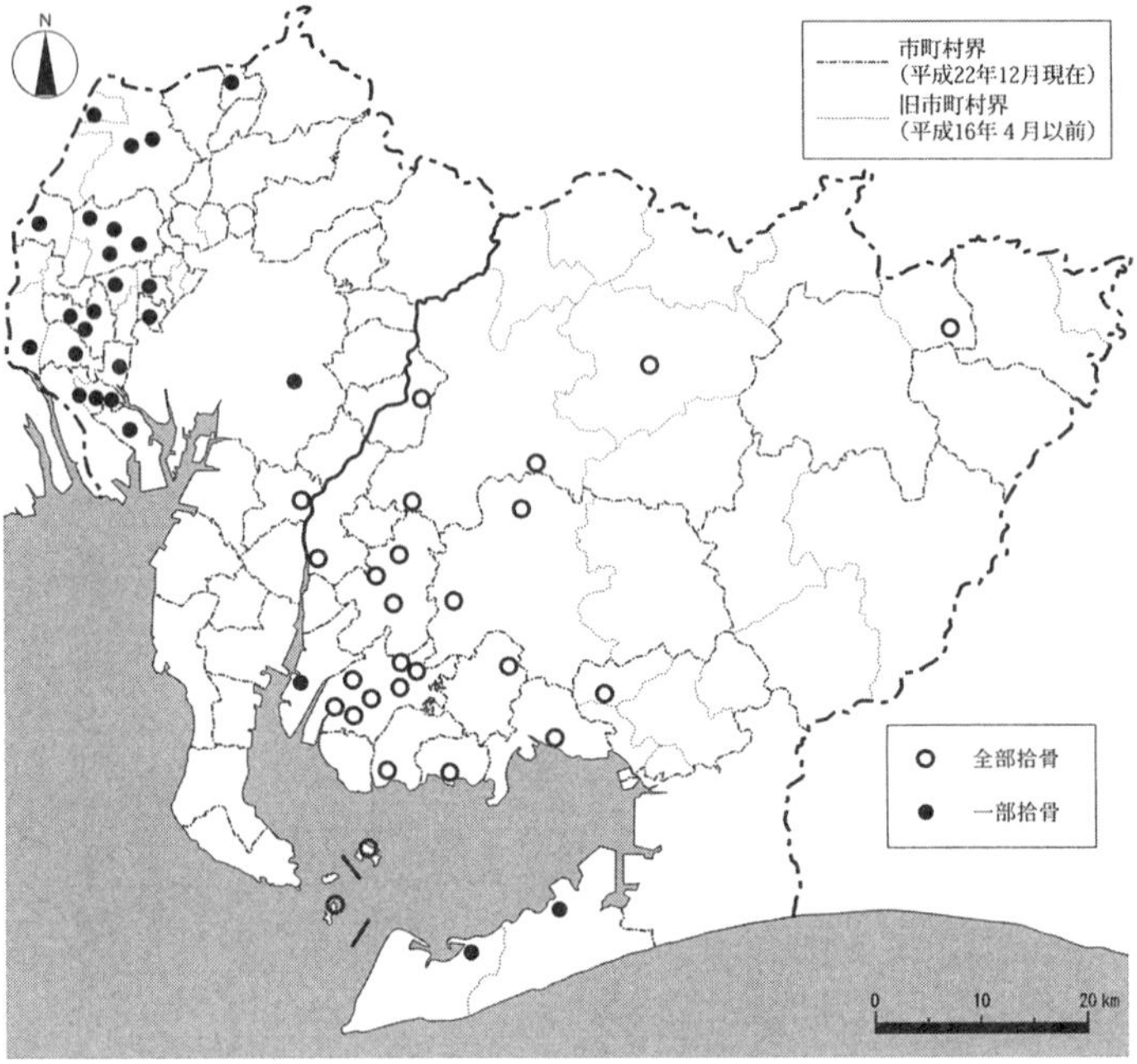

図28　全拾骨と一部拾骨

て、門徒のムラでは、組やイットウが関わるような盆行事は成立していないのである。

4　全拾骨と一部拾骨

図28は火葬にした後の拾骨で、全部の遺骨を拾骨するのか、あるいは一部だけを拾骨しているのかという分布である。これまで東三河や奥三河山間、尾張東部地域の禅宗地域と、西三河平野部や尾張西部の真宗地域における民俗的差異についてみてきたが、この図は少し異なっている。県内を全体的にみれば、禅宗地域は土葬、真宗地域は火葬であったといえるが、現在はほとんどが火葬に変化した。分布には、こうした土葬から火葬になったところの拾骨も報告のあったものは入れてある。しかし、県史の民俗調査では、全拾骨か一部拾骨かをとくに項目として聞き取り調査したわけではないので、分布のデータは一部に限られているといえよう。そ

れでも、図28を作成すると、結果的には真宗地域における火葬の拾骨が全拾骨であるのか、一部拾骨であるのかという分布になった。そして、同じ真宗地域でも西三河平野部は全拾骨、尾張西部では一部拾骨というように、明らかに異なっていることが分かる。

西三河では西尾市や安城市からの報告が多い。「骨は全部拾った。骨は残してはいけない。残すと後が続くと言われた」（安城市安城町東尾）、「骨は全部拾った。全部拾わないと、今度生まれてくる子供の骨が弱くなる。きれいに拾ってあげないといけない」（西尾市鎌谷）、「骨は全部拾ってオハカの中に入れる。段ボールの箱に骨を入れた」（西尾市江原）、「骨はなるべく入るだけ入れる。『全部拾ってあげて』『もったいない』」（刈谷市高須）のように、できるだけすべての骨を拾わないといけないという意識が強い。全部拾わないと、「孫や子に骨の少ない子ができる」（西尾市行用）、「今度生まれてくる子が骨なしの子になる」「柔らかい子ができる」（西尾市寺津）、「骨はきれいに拾わないとクラゲの子が生まれる」（西尾市尾花）、「粗末にすると来世で骨の弱い人になる」（幸田町久保田）という伝承がある。豊川市赤坂では、薦のような藁に骨をくるんで両端を縛って骨がこぼれないようにしたといい、豊田市花園や九久平では箕に骨が山盛りになったという。

三河でも渥美半島の一部は一部拾骨で、「一部だけ拾う。あとは穴があるので、ここに入れ、みんなのものが山のようにある」（田原市江比間）、「たくさん拾ってくると始末に困ってしまう」（田原市白谷）という。西三河になるが碧南市大浜では「骨はたくさんあっても邪魔になる」「骨を始末する井戸のようなものがあったので、余った骨はここに入れていた」と同様であった。

尾張西部は一部拾骨で、「お骨はオシャリ様だけ拾った。歯も拾った。残りはバンニンさんが穴を掘って埋めてくれた」（弥富市馬ヶ地）、「本山納骨用の骨だけ拾って、あとは置いてきた。灰はそこに捨てて木の肥やしにした」

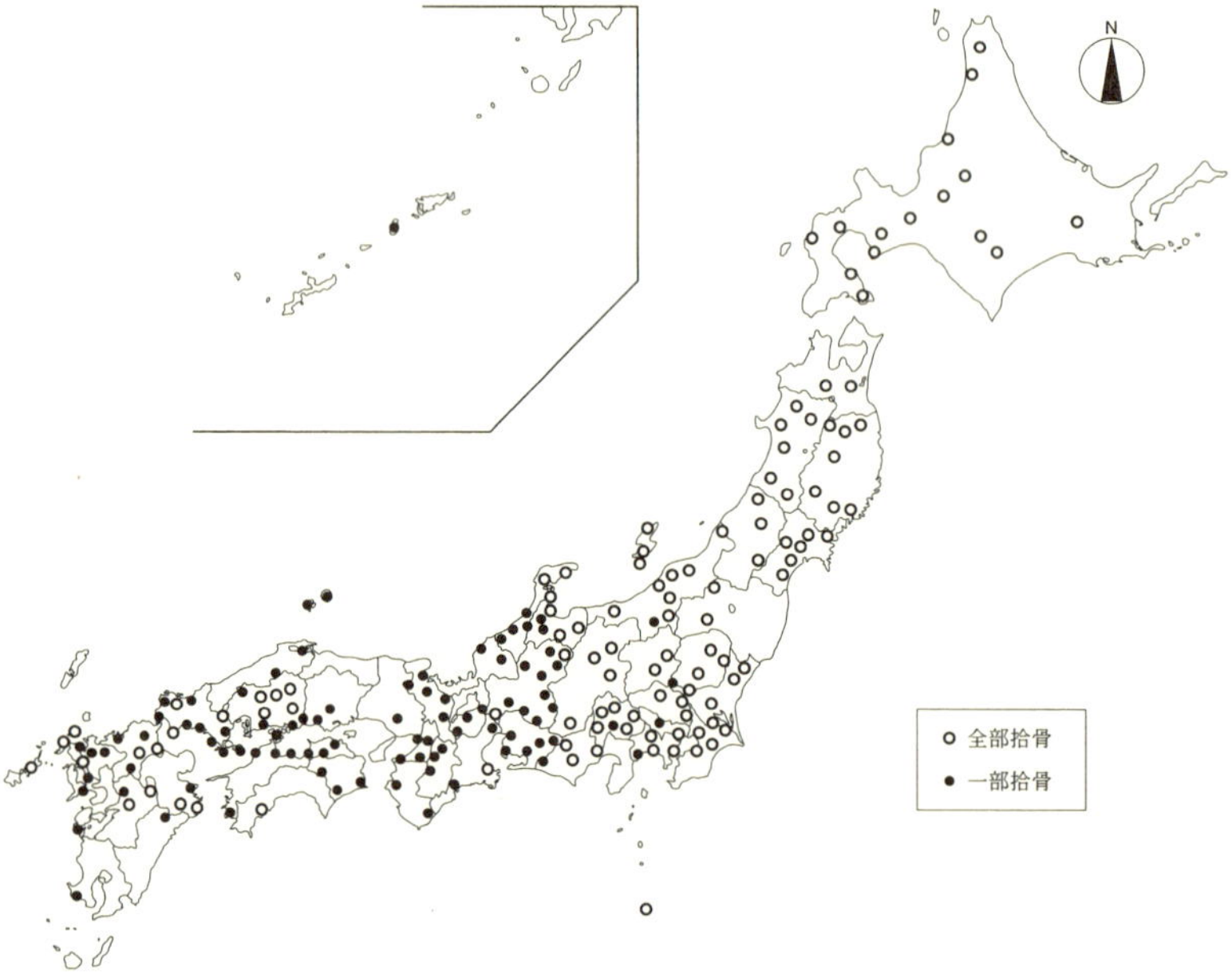

図29　火葬後の拾骨方法（昭和49年）
（浅香勝輔・八木澤壯一『火葬場』より）

（あま市二ツ寺）という。

大治町砂子では少しだけ骨を拾ってきて、残りは火葬場の横に積み上げて放っておいた。「骨はたくさんもらってもどうするの、墓（石塔）がないので納めるところがなかった」という。稲沢市井之口や一宮市萩原町築込でも、残骨は「捨てた」とある。

このように西三河平野部と尾張西部とでは、拾骨の仕方が大きく異なっている。かつて土葬であって火葬に代わったところでも、西三河・東三河は全拾骨、尾張は一部拾骨といってよいだろう。禅宗か真宗、あるいは浄土宗かという宗派にあまり関係していない。西三河の浄土宗檀家で、昔から火葬のところでも全拾骨である。拾骨の仕方の違いは、全国的に大きくみると東日本が全拾肯、西日本が一部拾骨に分かれているという。図29は昭和四十九年（一九七四）の全国の火葬場実態調査から作られた分布図である。日本を二分していて、境界は加賀と能登の分界から礪波平野、飛騨高地・美濃三河高地を南下して、駿河《ママ》と三河の国境にいたっているという。[7] 写真8は、一部拾骨の名古屋市で現在使用されている骨壺と、全拾骨をしている横浜市の骨壺を比較したものである。名古屋市のものは木箱が一四・五センチ（縦）×一四・五センチ（横）×一六・五センチ（高）、骨壺が一二・三センチ（直径）×一四・一センチ（蓋とも全高）、横浜市のものは木箱が二四・三センチ（縦）×二四・三センチ（横）×二八・二センチ（高）、骨壺が二一・三センチ（直径）×二三・七センチ（蓋とも全高）である。容量としては、横浜市のものは名古屋市のものより約五倍の大きさである。確かに東日本と西日本で拾骨の仕方に大きな違いがあって二分されているが、県史編さんのために実施した民俗調査の結果からいうと、三河と尾張の境が境界になっているととらえられる。近年、三河では火葬後の拾骨に骨壺を使用せず、「骨箱」になってきている。骨箱の方が全部拾骨するのに入れやすいからである。そして、三河でも安城市と碧南市とでは「骨箱」の大きさがかなり異なっているから、詳細にみれば

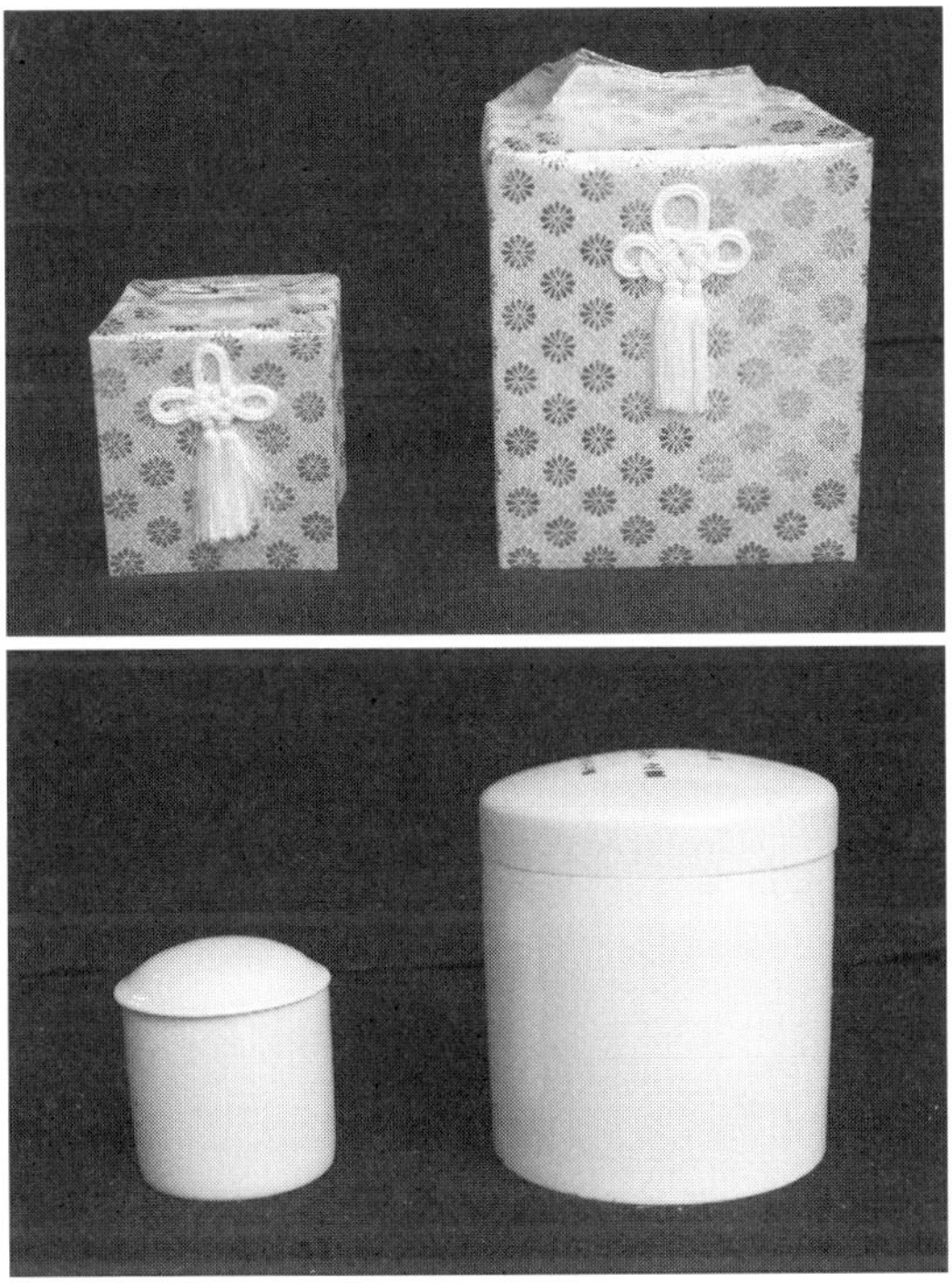

写真8　東西の骨箱と骨壺
（左）名古屋市　（右）横浜市

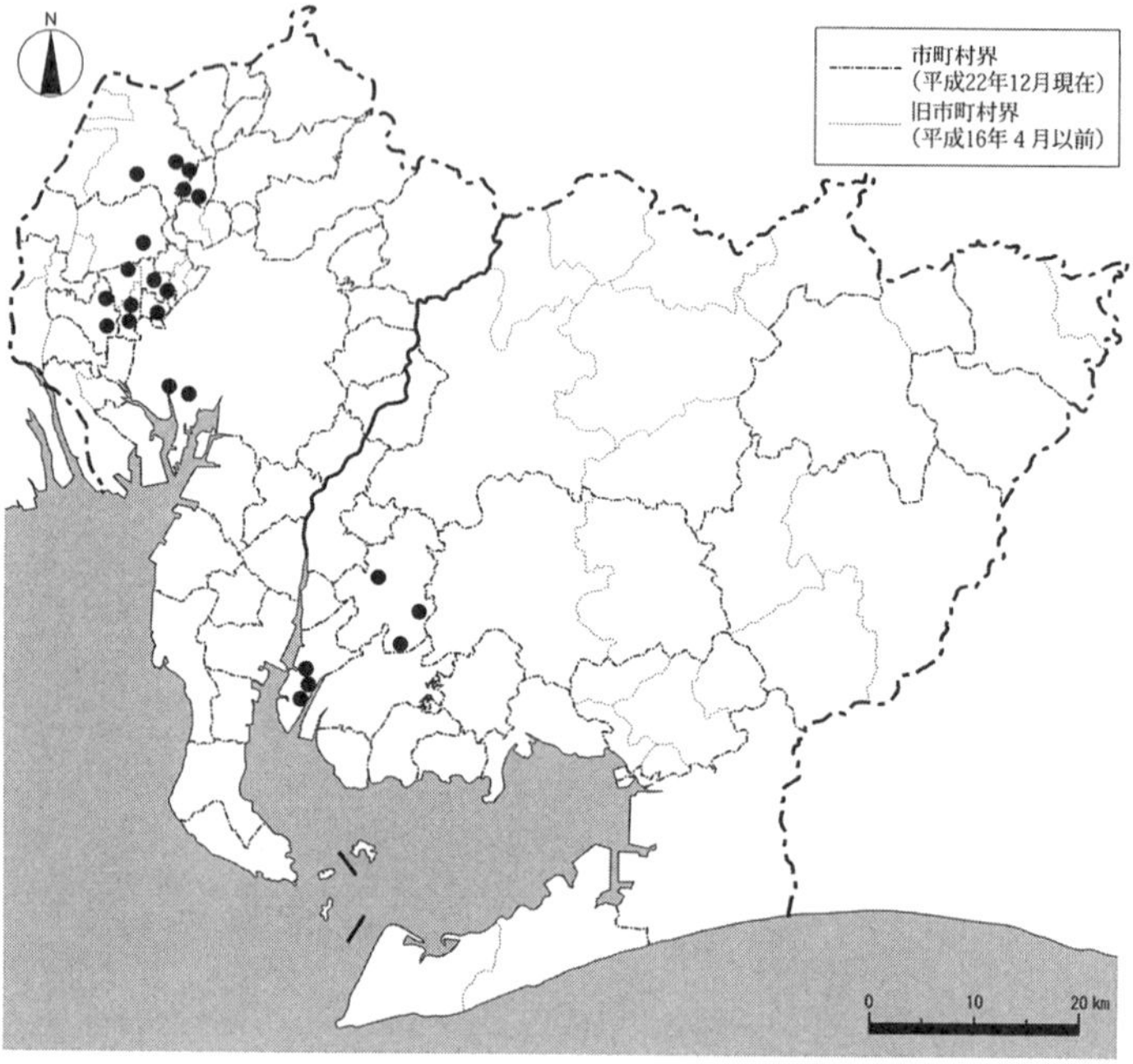

図30　無墓制の分布

この辺りが全拾骨と一部拾骨の境界であろう。どうして、このように全拾骨か一部拾骨に分かれるのか、理由は明確でない。

5　無墓制と両墓制

図30、31は、真宗地域と禅宗地域における墓制の違いをみたものである。無墓制とは、遺体を火葬にした後、拾骨はしても家単位に「墓」をつくらない形態をいう。両墓制は土葬で、遺体を埋葬した「埋め墓」と、これとは別に石塔を建立した「詣り墓」という「二つの墓」を持つ形態をさしている。[8]

真宗地域の遺骨に対する信仰の希薄さは、図27にみた通りである。火葬にした後、一部の骨を本山納骨用として拾骨したが、残骨は火葬場に積み上げたり、井戸・穴へ放り投げて捨てていた。安城市辺りは全拾骨であるが、「墓がない人は、納骨用だけはとっておいて、残りの骨

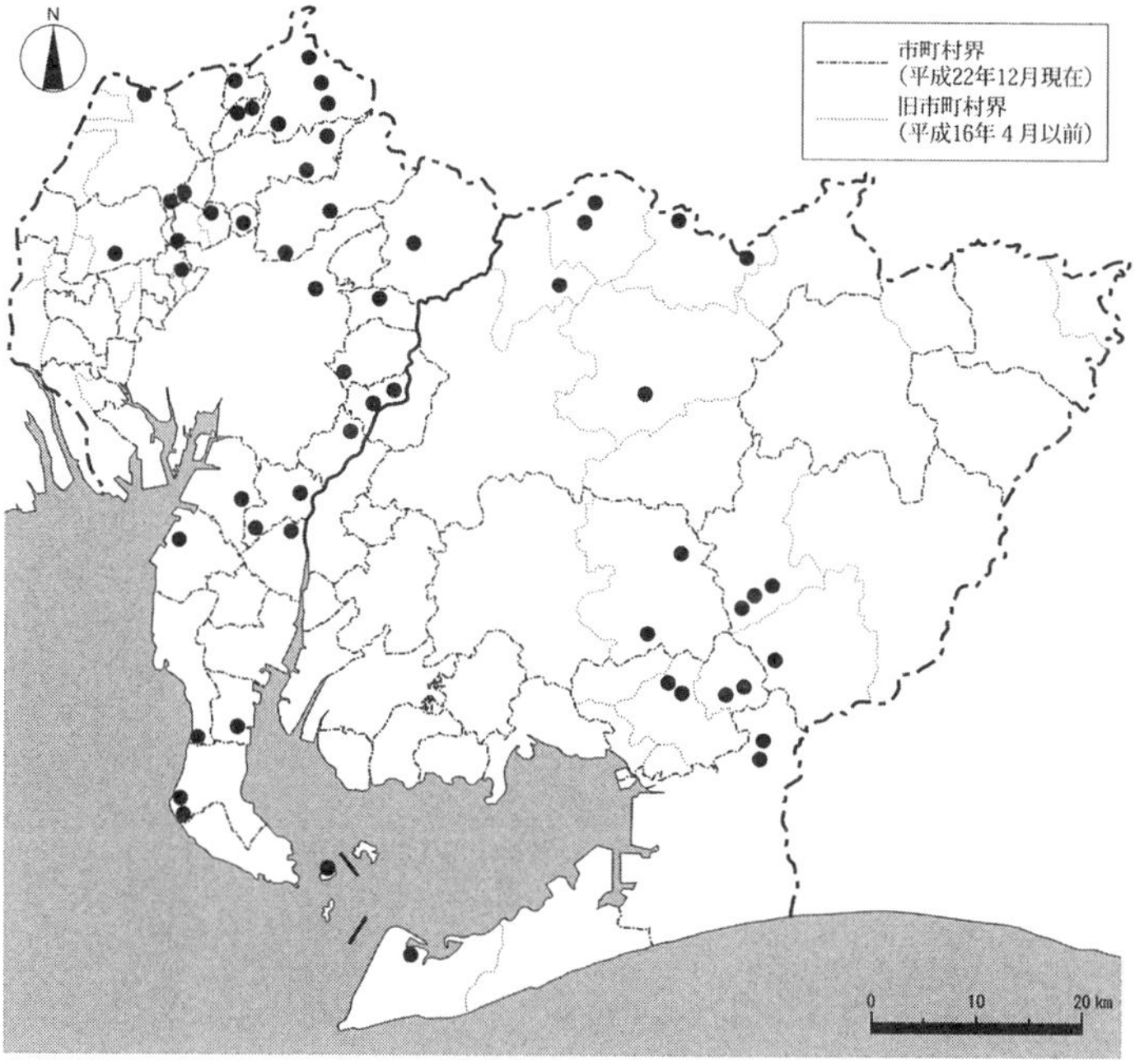

図31　両墓制の分布

は共同碑の中に納めた」（同市河野）、「イットウの共同の石塔があって、みんなそこに納骨していた」「各家の墓はなかった」（同市福釜）という。碧南市大浜・棚尾地区が「墓をつくらなかった」ということは知られているが、同じような漁村であった名古屋市中川区下之一色の正雲寺門徒にも墓がなかった。あま市石作では、昭和三十四年（一九五九）までサンマイにヒヤ（火屋）があって、傍らに大きな木があった。そこに残骨をばらまいて墓がなかった。「浄土真宗は墓のないのが本当で、いままでそういうことは関係なしでやってきた」「お墓参りというものも元はなく、最近になって行われるようになった」という。あま市二ツ寺では、禅宗や日蓮宗の檀家は土葬であったが、門徒は火葬で「普通の本願寺は墓をもたないですよ」「歯とノドボトケを焼く人がとってくれた。盆に半紙を載せて、その上に骨を置いた。家に帰ってから骨壺に入れて、仏壇の所に置いた。三年までに本山納骨した」「他には骨を埋めたりする墓は何も持っていなかった」という。稲沢市北島では、昭和四十年代にお墓ができるまで、骨は全部京都の本山に持って行ったので、「それまでムラにお墓がなかった」という。

拾骨した遺骨を埋葬して、その上に石塔を建てずに木を植えた「墓上植樹」という形態もあった。「歯、のどの骨（オシャリサマ）だけを骨壺に拾い、他の骨は火葬場の周囲にある自宅の墓に埋める。一般に石碑のない家が多く、サツキ、ジンチョウゲなど、目印の灌木を植えてある」（弥富市坂中地）、「各家が穴を掘って骨を埋め、木を植えた」（愛西市大井）という。旧八開村のムラでも同様で、骨を埋葬した上には墓印として丸石が置かれたり、ツツジ、ツゲ、アララギ、ネズフンなどあまり大きくならない木が植えられていた。

現在の墓地は石塔が林立し、墓地景観が大きく変化してしまったが、昭和三十年代半ばころまでは、「墓がなかった」という無墓制の家やムラがあった。遺骨の埋葬上に木を植える「墓上植樹」の形態は無墓制ではないが、墓としての石塔を建てなかった、建てようとしなかった形態である。こうした無墓制や墓上植樹の形態は、真宗地域である尾張西部のムラや門徒の家にかなり多かったのである。

一つのムラの中に真宗門徒と禅宗檀家がある場合、真宗は火葬、禅宗は土葬というようにムラの中でも分かれたりしていたが、県内を大きくみれば真宗地域は火葬、禅宗地域は土葬であった。禅宗地域では、遺体を埋葬した上に石塔が建てられた「単墓制」が多かったが、三河では渥美半島から東三河平野部と豊田市北部、尾張では知多半島と尾張中部から東部にかけて両墓制がみられた。三河の両墓制は、田原市（高木）、豊橋市（石巻）、豊川市（財賀・千両・江島）、新城市（作手大田代・田代・見代・保永・杉平）、岡崎市（千万町・鳥川）、豊田市（葛沢・大洞・浅谷）などにみられた。田原市高木（旧渥美町高木）は埋め墓をムショ（墓所）、詣り墓をラントバ（卵塔場）と呼んでいて、太平洋岸の洗骨改葬する事例として早くから注目されてきた。豊橋市や豊川市辺りでは埋め墓をサンマイショ（三昧所）、詣り墓をオハカといっている。新城市作手（旧作手村）や豊田市の浅谷（旧旭町）・岡崎市千万町（旧額田町）あたりでは埋め墓をシンバカ（新墓）、詣り墓をヒキハカ（曳き墓）・旧墓などと呼んでいて、明治政府による墓埋政策によって設けられた共同埋葬墓地によって生じた両墓制であった。尾張の両墓制は、南知多町（日間賀島・野間・新知）、東浦町（森岡）、武豊町（富貴）、豊明市（沓掛町下高根）、東郷町（諸輪・傍示本）、長久手町（大草）、瀬戸市（下水野）、春日井市（下市場・松河戸）、小牧市（大山・東洞）、大口町（余野・小口・仁所野）、扶桑町（南山名）、岩倉市（北島町）、犬山市（池野）と知多半島から尾張東部地域へと広がっている。尾張中部の豊山町（豊場）、北名古屋市（熊之庄）、清須市（阿原）、稲沢市（北島）、一宮市（浅井町極楽寺・丹陽町伝法寺）などにも両墓制はみられた。知多半島では埋め墓をムショ・サンマイ、詣り墓をラントウなどと呼び、稲沢市・一宮市・犬山市あたりでは埋め墓をサンマイ、詣り墓をラントバ・ハカなどと呼んでいた。

両墓制は禅宗地域、無墓制や墓上植樹は真宗地域であった、と概略とらえることができよう。遺体の埋葬墓地と寺院などに石塔をもっていた姿と、サンマエと呼ばれた火葬場と火屋、その周りに遺骨を捨てたり、埋めても石塔は建てずに植樹していた姿とは、墓地景観としても相当大きな違いがあった。

三　真宗地域の民俗的特徴

1　真宗と神仏

真宗は民俗的な神仏に対して否定的であったと一般的にはいわれてきたが、はたして実態はどうであったのか。表16は、花祭りで知られる奥三河の東栄町古戸で祀られている神仏と、西三河平野部に位置する安城市安城町東尾

東栄町古戸の神仏	安城市東尾の神仏
1．セエノカミ	1．於神天神社（拝木組）
2．山の神・お不動・御滝	2．荒神社（拝木組・北組）
3．天神	3．荒神社（常福寺組）
4．水神・セエノカミ（個人）	4．秋葉常夜灯（常福寺組）
5．セエノカミ（日陰組）	5．大黒神（市場組）
6．山の神	6．秋葉常夜灯（市場組）
7．金比羅・秋葉代権現	7．地蔵石仏（市場組）
8．山の神（折組西）	8．市神社（中町）
9．ミルメサマ	9．秋葉（中町）
10．宝篋印塔	10．地蔵石仏（中町）
11．山の神？	11．神明社（東尾組）
12．山の神（折組東）	12．秋葉常夜灯（東尾組）
13．馬頭観音	13．地蔵石仏（東尾組）
14．山の神	14．津島堂（東尾組）
15．天神	15．県神明社（県木組）
16．山住様	16．秋葉常夜灯（県木組）
17．山の神	明法寺（真宗）
18．ショウジンブチ	常福寺（浄土宗・庵寺）
19．馬頭観音	
20．不明	
21．冨士塚	
22．田の神？	
23．稲荷	
24．七人塚	
25．石塔（無縁仏）	
26．石仏	
27．山住様	
28．山の神（下組）	
29．津島社・セエノカミ・馬頭観音・若宮	
30．石仏・セエノカミ・庚申	
31．セエノカミ	
32．地の神	
33．山の神	
普光寺（曹洞宗）	
八幡神社	
白山社	

表16　東栄町古戸と安城市東尾の神仏

で祀られている神仏を比較したものである。古戸は戸数四五のムラで、曹洞宗の普光寺があって全戸が檀家になっている。ムラの中は、日陰・日向・寺脇・折・浅井・下・川合の七組に分かれている。一方、東尾は戸数一五〇ほどのムラであり、ムラ組は拝木・北・常福寺・市場・中町・東尾・県木の七組である。ムラの中には、実質上ムラ寺である明法寺（安城市安城町西尾）という真宗寺院がある。浄土宗の常福寺もあるが尼寺である。寺檀関係をみると、明法寺門徒の他に本證寺（安城市野寺）・興正寺（同市安城町）・上宮寺（岡崎市上佐々木）・願力寺（安城市古井）・正法寺（岡崎市東本郷）の真宗門徒がいる。また、浄土宗の大乗寺（安城市安城町）檀家、曹洞宗の保福寺（同市古井）と蓮華寺（岡崎市西本郷）檀家も一部にいる。このように寺檀関係は非常に複雑であるが、全体としては「門徒のムラ」としての性格が強い。東尾のように「門徒のムラ」であっても、門徒の所属する檀那寺が複数の寺院になっている事例は三河や尾張によくみられる形態である(9)。

表16を比較すると、禅宗のムラで祀られている神仏と、門徒のムラで祀られている神仏の違いは明らかであろう。古戸では神仏の種類が圧倒的に多い。山の神、庚申、天神、秋葉、津島などは組単位で祭祀しているが、ムラの中にはセエノカミ（塞の神）や地の神、金毘羅、山住様、馬頭観音などの石仏が多く、山岳信仰の痕跡も残されている。これに対して、東尾では各組単位で祀る小さな神社があって、後は秋葉常夜灯、地蔵石仏、津島社である。

東尾ムラが組単位で小さな神社を祀っているのは、やや特別な例になるかもしれない。三河における真宗門徒のムラには、尾張にみられるような「講」がムラの中に現在みられない。近世には確かに講がムラの中にあったが、どうも明治から大正にかけてのころにほとんどなくなってしまったようである。東尾ムラは真宗門徒が中心になっているが、寺檀関係が複雑であるので地縁的な「組」の結束が求められ、組が小神社を祭祀して紐帯の機能を持たせたのであろう。東尾の中には、組とは別に寺檀関係と結びつくイットウの集団もあり、オソウブツと呼ばれる報恩講が行われている。また、組ごとの報恩講も並行して実施されている。

東尾ムラの小さな組の神社を除けば、秋葉信仰や津島信仰、そして地蔵信仰は三河や尾張の門徒のムラでも認めることができる。秋葉信仰は火事を怖れる火伏せの信仰である。津島信仰は天王信仰ともいわれて疫病除けの信仰であるが、田植後の稲の生長を願う信仰も濃厚である。三河や尾張では、真宗門徒のムラであっても組単位・ムラ単位で代参者を送って御札を受けているところが多い。個人の信仰ではなく、ムラや組としての信仰である。それは真宗信仰が災難除けや稲など農作物の豊凶に関わる祈禱を否定しているために、その補完的な機能を秋葉と津島信仰が果たしているのである。西三河では伊勢信仰に関わる「田扇祭り」という虫送りの行事、尾張でも虫送り行事と天王信仰が門徒のムラで行われてきた。地蔵信仰については、地蔵盆の行事と結びついている。盆行事はほとんど何もないにもかかわらず、組などで祀る地蔵石仏があって地蔵盆の行事をしているところがある。

2 門徒のムラと講

真宗門徒のムラの民俗的特徴は「講」である。講組織は、尾張西部地域に近年まで伝承されてきた。三河と同じように、尾張の「門徒のムラ」もムラの中の寺檀関係が複雑である。どうしてムラの中の寺檀関係が複雑になったのかという理由は、歴史的にはムラの開発、ムラの成立と関わっている。尾張西部の木曽川流域のムラは、近世初期以降の開発によって成立しているところが多い。近在のムラから次男・三男などが寄り集まって入植し、ムラを成立させてきた。そのとき、出身ムラの寺檀関係を継続させていたので、新しく開発されたムラの中の寺檀関係が複雑になったのである。尾張西部でかつて顕著にみられた複檀家や講下（配下）制度などは、その中から生まれてきた門徒の慣習的制度であり民俗であった。成立したムラがまとまるために、各家の寺檀関係を超えて、地縁的な

No	下付年月日	西暦	宗主名	村名	寺名	講名
1	元禄４年４月12日	1691		尾州海西郡藤ヶ瀬村	西光寺	十四日講中
2	元禄８年３月13日	1695		尾州海西郡藤ヶ瀬村	西光寺	廿八日講中
3	寛政12年正月23日	1800		尾州海西郡藤ヶ瀬村	西光寺	廿四日講中
4	寛政12年正月25日	1800		尾州海西郡藤ヶ瀬村	西光寺	十日講中
5	文政９年７月13日	1826		尾州海西郡藤ヶ瀬村	西光寺	御本山御相続 十五日講中
6	弘化元年12月29日	1844		尾州海西郡藤ヶ瀬村	西光寺	四日女人講中
7	弘化元年辰12月28日	1844		尾州	西光寺	男女講中
8	万延元年５月20日	1860	釈達如（花押）	尾州海西郡藤ヶ瀬村	西光寺 上若組	本山相続 朔日講中
9	万延元年12月29日	1860	釈達如（印）	尾州海西郡藤ヶ瀬村	西光寺	四日女人講中
10	万延元年３月26日	1860	（常如）	尾州海西郡今宇田須村		廿八日講中
11	万延元年首夏14日	1860	（常如）	尾州海西郡冨安荘 赤目郷鵜多須村	了慶寺	廿八日講中
12	寛政２年12月23日	1790	釈乗如（花押）	尾州海西郡 九ケ寺十六ケ村		本山相続 廿五日講中
13	文政６年２月４日	1823	釈達如（花押）	尾州海西郡鵜多須村	了慶寺 下三ケ村	本山 廿一日女人講中
14	文政６年３月12日	1823	（真如）	尾州海西郡下大牧村	明光寺	廿八日講中
15	文政６年３月12日	1823	（従如）	尾州海西郡下大牧村	明光寺	十二日女房講中
16	文政８年８月10日	1825	釈達如（花押）	尾州海西郡下大牧村	明光寺	本山 廿一日女人講中
17	文政８年３月28日	1825	釈達如（印）	尾州海西郡下大牧村	明光寺	四日講中
18	文政８年正月27日	1825	釈達如（印）	尾州海西郡東川村	真友寺 門徒	廿五日女人講中
19	文政８年２月10日	1825	釈達如（印）	尾張国海西郡開治村 大字川北	長念寺	和讃講中
20	文政８年３月11日	1825	（真如）	尾州海邊（ママ）郡塩田村	引接寺	十二日講中

＊『八開村史　民俗編』の調査と文書記録より作成
＊（宗主名）は御消息の制作者と下付者が異なっているもので、制作者を示す

表17　旧八開村の御消息と講

関係として講組を組織して結集する必要があったのである。

「真宗門徒の講」には、ムラの中の講組もあれば、ムラ連合の広域的な講も組織されていた。表17は、現在愛西市になっている旧八開村の「講と御消息」である。藤ヶ瀬や鵜多須・下大牧・川北などが大字であり近世の村であった。これをみると、藤ヶ瀬村には九通もの御消息が下付されていて、十四日講・廿八日講・廿四日講・十日講・十五日講・四日女人講・男女講・朔日講という八つの講中があった。下大牧村でも、廿八日講・十二日女房講・廿七日講・四日講と四つの講中があった。こうした講のいくつかは名称を変えながら現代まで伝承されてきたが、一つの村の中でムラ組単位・男女

No	宗主名	下付年月日	西暦	宛先・講名	郡	村名・寺院名他
1		寛永13年7月29日	1636	九日講中	尾州	四カ村
2		正保2年3月25日	1645	十六日講中	尾州海東郡	十四カ村
3		慶安2年3月4日	1649	十六日講中	尾州海東郡	十四カ村
4		慶安5年3月26日	1652	十六日講中	尾州葉栗郡	十四カ村　長福寺カ
5		万治4年4月11日	1661	二十日講中	尾州海東郡	五ヵ村
6		延宝元年3月8日	1673	八日講中	尾州海西郡	市江新田八ヵ村 円成寺
7	従如	寛延3年12月13日	1750	二十五日寄講中	尾州愛知郡	則武　二十三ヵ寺
8	乗如	明和3年3月28日	1766	二十六日講中	尾州丹羽郡	岩倉村　三ヵ寺
9	(一如)	明和3年12月	1766	十五日坊主講中	尾州中嶋郡	十四ヵ寺
10	乗如	明和5年8月5日	1768	二十五日講中　本山	尾州丹羽葉栗中島三郎	十ヵ寺
11	乗如	安永5年7月18日	1776	十五日講中　男女	尾州河(ママ)海郡	戸（カ）田郡 十二ヵ寺組
12	(常如)	天明8年1月28日	1788	十三日講中	尾州中嶋郡	七ヵ寺
13	(常如)	寛政元年9月29日	1789	十六日講中	尾州葉栗郡	十七ヵ寺
14	(常如)	文政元年11月12日	1818	五日講中　本山相続	尾州中嶋郡	十一ヵ寺三十五ヵ村
15	(達如)	万延元年8月6日	1860	十二日講中　本山相続	尾州中嶋郡	西嶋　上組五ヵ寺 七ヵ村
16	(達如)	万延元年8月25日	1860	二十八日講中　本山	尾州中嶋郡	十七ヵ村　二十二ヵ寺
17	(達如)	万延元年9月1日	1860	十八日講中　本山相続	尾州知多郡 愛智郡	四ヵ寺
18	(達如)	万延元年9月4日	1860	二十五日講中　本山相続	尾州海東郡	六ヵ寺　十五ヵ村
19	(達如)	万延元年11月24日	1860	七日講中　本山相続	尾州海西郡	立田村　十二ヵ寺
20	(達如)	万延元年11月30日	1860	十七日講中　本山	尾州海西郡	立田村下組　五ヵ寺
21	(乗如)	明治18年7月	1885	相続講中	尾張国中嶋郡 海東郡	十ヵ村　十一ヵ寺
22	宣如	不明　2月28日		十日講中	尾州海西郡	辰田村三ヵ村
23	(琢如)	不明　11月7日		十八日講中	尾州愛知郡 ・知多郡	四ヵ寺（西蓮寺・正福寺・西雲寺・西願寺）
24	常如	不明　11月14日		二十八日講中	尾州中嶋郡	十ヵ村 原本は中島郡千代田村常楽寺外七寺共有

＊「尾張国下付御消息一覧表」（『名古屋別院史史料編』）より作成
＊（宗主名）は御消息の制作者と下付者が異なっているもので、制作者を示す

表18　尾張広域講

単位・若い衆単位・手次寺（檀那寺）単位・家格単位・有志単位といった集団ごとに組織されたものである[10]。表18は、尾張の郡内に組織されていた広域講であるが、寺院と門徒が一体になって四か村・十四か村・十か寺・十二か寺組・十七か寺・六か寺十五か村というように村が連合して講を形成していた。ムラの講、ムラ連合の広域講は、郡単位に組織されていた。明治十六年（一八八三）未月「工作支場之儀ニ付」（真宗大谷派名古屋別院蔵）という文書には、肝煎・中嶋郡同行惣代・春日井郡同行惣代・海東郡同行惣代・愛知郡同行惣代・葉栗郡同行惣代・丹羽郡同行惣代・海西郡同行惣代・四日講惣代・十六日講惣代・新橋講惣代・御花講惣代・二日講惣代・畳講惣代・廿五日講惣代・廿八日講惣代・十四日講惣代・八日講惣代・三ケ町十二日講惣代・御堂二日講惣代の門徒五二名が連署している。肝煎は尾張八郡の郡単位から選出された門徒総代であった。こうした肝煎や郡惣代・講惣代が戦前までは名古屋御坊（名古屋別院）とともに尾張門徒を統括していたのであった。明治三十四年に完成した京都・東本願寺の両堂再建に尾張門徒は活躍しているが、工事中であった明治十九年の一年間には尾張から五、七五七人半の門徒が京都へ出向き、人足として労働奉仕していた。どうしてこれだけの人数が動員できたのかというと、尾張八郡単位やムラ単位で講が組織されていたからであった。また、当時の金額で尾張には五〇万円の上納金依頼があったが、各村には「両堂再建世話方」が任命されて、これらの門徒が地域を巡回して門徒中へ依頼している。毎月十五日が「大示談会」の定例日と決められ、地域の村が順番に会所となって会合が催されている。御再建の御消息を各寺住職が順次拝読して説教も行われ、僧俗一同が「出離の一大事」として参詣した。このとき、世話方同行が御再建志を持ち寄り上納することになっていた[11]。

このように門徒のムラには講が重層的に組織され、日々の生活ではオタヤグミ・オタヤサン・オコウグミ・和讃講などと呼ばれる講が毎月催され、十一月から十二月にかけては報恩講が執り行われてきた。そして、こうした生活の基盤となった講は、ムラからムラ連合単位、地域の郡単位に組織されて、名古屋御坊や京都東本願寺へと集約されていた。門徒のムラの講は、信仰生活の基盤であり結集の原点であった。

3　門徒の民俗と先祖観

三河でも尾張でも真宗地域の民俗には、従来、民俗学が描いてきたような民俗儀礼体系が成立していない。民俗行事の一部が否定されて、欠落したり脱落していたといってよいだろう。正月行事でも、門徒の家では門松を立てないところも多かった。これまでみてきたように、死者や先祖の精霊を迎えて祭祀し送るという盆行事は、ほとんどなかったり簡素な行事になっていた。初盆に対する意識も希薄であった。葬送・墓制では遺体を火葬にして遺骨は一部拾骨、残骨は火葬場に放置していた。禅宗や浄土宗など他宗派の檀家が土葬で埋葬上に石塔を建てたり両墓制であったのと比べるとき、真宗門徒の家やムラに初盆や盆行事がほとんどみられなかった理由も理解できよう。死者や先祖の霊魂を鎮魂したり慰めるという観念がないからであり、それは葬送・墓制から年中行事としての盆儀礼への連続性が成立していないからである。

真宗門徒の死者や先祖観はどうなっているのか。門徒がまったく死者や先祖を祀らないということではない。仏壇に対する意識は強いものがあり、繰り出し位牌なども安置している。年忌法事なども五十回忌まで勤めることが習慣であった。禅宗や浄土宗などの盆における施餓鬼会はないが、代わって春秋の永代経という行事がある。これだけみると、真宗門徒も先祖を祀ってきたことに変わりない、といえるかもしれない。真宗門徒の先祖祭祀は、仏壇や年忌法事、永代経行事にみることができるが、報恩講の中に習合してしまった一面があるのではないか。報恩講はオトリコシ・ホンコサン・オブツジなどと呼ばれてムラの中の家単位、講単位で行われていた。ある門徒は

「ホンコサンはヨトギのかわりだから、人の悪口をいってもよいから、長くホトケさんのところにいると、ホトケが喜ぶ」などといっていた（弥富市寛延）。講の宿を引き受けたり、説教のオザ（御座）を引き受けることも「先祖のおかげ」ということからであった。「ホトケが喜ぶ」という表現は、死者や先祖の霊魂を鎮魂したり慰めることとは大きく意味が異なっている。このあたりが、民俗からみた真宗門徒の先祖観であろう。

註

（1）伊藤良吉「三河地方念仏踊の系譜」『まつり』一一号、まつり同好会、一九六六年。

（2）分布図作成の基本資料とした愛知県史民俗部会による調査報告、および民俗文化財緊急調査（三〇か所調査）、民俗文化財緊急分布調査（一五〇か所調査）は、『愛知県史　別編　総説　民俗Ⅰ』（愛知県、二〇一一年）の付録ＣＤ―ＲＯＭに全資料が収録公開されている。

（3）静岡県教育委員会文化財課『静岡県文化財調査報告書　第一七集　静岡県民俗地図』静岡県教育委員会、一九七八年。後に日本民俗分布地図集成７『中部地方の民俗地図３　岐阜・静岡・愛知・三重』（東洋書林、二〇〇一年）に収載。

（4）『静岡県史』資料編二五　民俗三、静岡県、一九九一年。

（5）前掲註（3）『静岡県民俗地図』。『岐阜県民俗分布図』岐阜県教育委員会、一九八〇年。

（6）本章第二節。

（7）浅香勝輔・八木澤壮一『火葬場』大明堂、一九八三年。

（8）無墓制については、拙著『真宗と民俗信仰』（吉川弘文館、一九九三年）第一章第二節「「無墓制」と真宗の墓制」を参照のこと。

（9）本章第一節・第二節。

（10）前掲註（8）『真宗と民俗信仰』第二章第二節「輪中の村と真宗門徒――愛知県海部郡八開村」で詳しく述べた。

(11) 拙稿「相続講の設立と地域の本山護持講」(大谷大学真宗総合研究所真宗本廟(東本願寺)造営史資料室編『真宗本廟(東本願寺)造営史——本願を受け継ぐ人びと』) 真宗大谷派宗務所出版部、二〇一一年)。

第五章　蓮如伝承の生成と門徒の信仰

蓮如上人絵伝は、つい最近まで「忘れられた絵伝」であった。蓮如については歴史学や真宗史、真宗学の分野から研究されてきたが、蓮如の絵伝ともなるとまったく先行する研究はなかった。一部にその存在が知られていても、美術史的には「価値のない絵伝」であり、研究対象にはならなかった。蓮如上人絵伝は、三月下旬から四月下旬に行われる蓮如忌に、報恩講における親鸞の絵伝と同じように内陣余間などに奉懸され、その前で『御伝鈔』を真似た『蓮如上人伝絵』や各種縁起が拝読されていた。そして、近世の蓮如伝記や説教本を参考にして絵解きも行われていた。しかし、こうした姿も戦後になって見られなくなり、蓮如上人絵伝所蔵の寺院においてすら絵伝の中に何が描かれているのか分からなくなっていたのである。

本章では、筆者がかつて参加して行った「蓮如上人絵伝調査研究班」の調査報告資料に基づいて以下の問題を明らかにしようとする[1]。

①蓮如上人絵伝の成立時期を考究し、絵相の内容を解読する。

②蓮如上人絵伝の成立と近世蓮如伝との関係。

③蓮如上人絵伝には蓮如伝説が描かれているので、この蓮如伝承の成立時期を絵伝成立の中に探る。併せて蓮如伝承の民俗的意味を考える。
④地域の中に伝えられてきた蓮如伝承ということで、蓮如忌と絵解き、蓮如伝承の実態をみる。
⑤絵伝の中には「伝説化した蓮如」「民俗化した蓮如」が描かれているので、真宗門徒の蓮如像、さらに「蓮如信仰」「法主信仰」という門徒の真宗信仰について析出する。

全国各地に伝えられてきた蓮如伝説は、どのように生まれ、形成、流布されたのか。本願寺第八代の高僧蓮如という人物が、どのように民俗化して伝承されたのか。その伝承の有している意味は何であるのか。こうした課題について「蓮如上人絵伝」を通して、真宗門徒の信仰を解明するものである。

第一節　蓮如絵伝と伝説の成立

一　蓮如上人絵伝の成立年代と内容

1　分布と成立年代

確認できた絵伝の所在については「蓮如上人絵伝所蔵一覧」（『蓮如上人絵伝の研究』収載）を参照していただきたいが、合計一四四点であった(2)。この中、実地調査あるいはアンケート調査等を含めて一四二点の確認を行うことができたが、残りの二点は未調査に終わっている。そこで、一応確認できた絵伝の所在を県別に整理してみると表19のようになる。

さらに、これを地図上に落として分布図に表したものが図32である。絵伝は、北は北海道から南は鹿児島まで所在するが、一見して明らかなように所在地域に偏在性が認められる。すなわち、愛知県が三六点と一番多く、石川県が二一点、福井県が一四点、滋賀県が一三点と続く。この四県以外はそれぞれ一〇点未満にしか過ぎない。

県別単位でなくもう少し広い地域で捉えてみると、愛知・岐阜・三重で四五点、福井・石川・富山・新潟で五〇点となり、全体の約六五パーセントが東海地方と北陸地方に集中しているといえよう。こうした傾向をどのように考えたらよいのであろうか。まず調査終了時の合計一四四点であるが、蓮如上人絵伝はこれですべてというわけではない。調査を開始したときは一〇〇点はないであろうということであったが、結果的には当初の予想をはるかに上回る点数となってしまった。そして、この絵伝は知られていないだけで、まだまだあると推測している。調査は当然の事ながら真宗大谷派寺院が中心となり、浄土真宗本願寺派寺院の調査が不足している。一四四点の内訳をみてみると、真宗大谷派寺院が一〇二、本願寺派寺院が三七、その他が五となる。分布図の中で中国地方がほとんど空白になっているが、今後発見されて追加される可能性が強い。鹿児島県南部の薩摩半島などにみつかったものは、

北海道	1
青　森	1
岩　手	1
福　島	1
東　京	1
山　梨	1
長　野	3
新　潟	7
富　山	8
石　川	21
福　井	14
岐　阜	7
静　岡	1
愛　知	36
三　重	2
滋　賀	13
京　都	3
大　阪	2
奈　良	4
兵　庫	3
広　島	1
愛　媛	1
福　岡	2
大　分	2
長　崎	1
熊　本	1
鹿児島	6
合　計	144

表19　蓮如上人絵伝県別所在

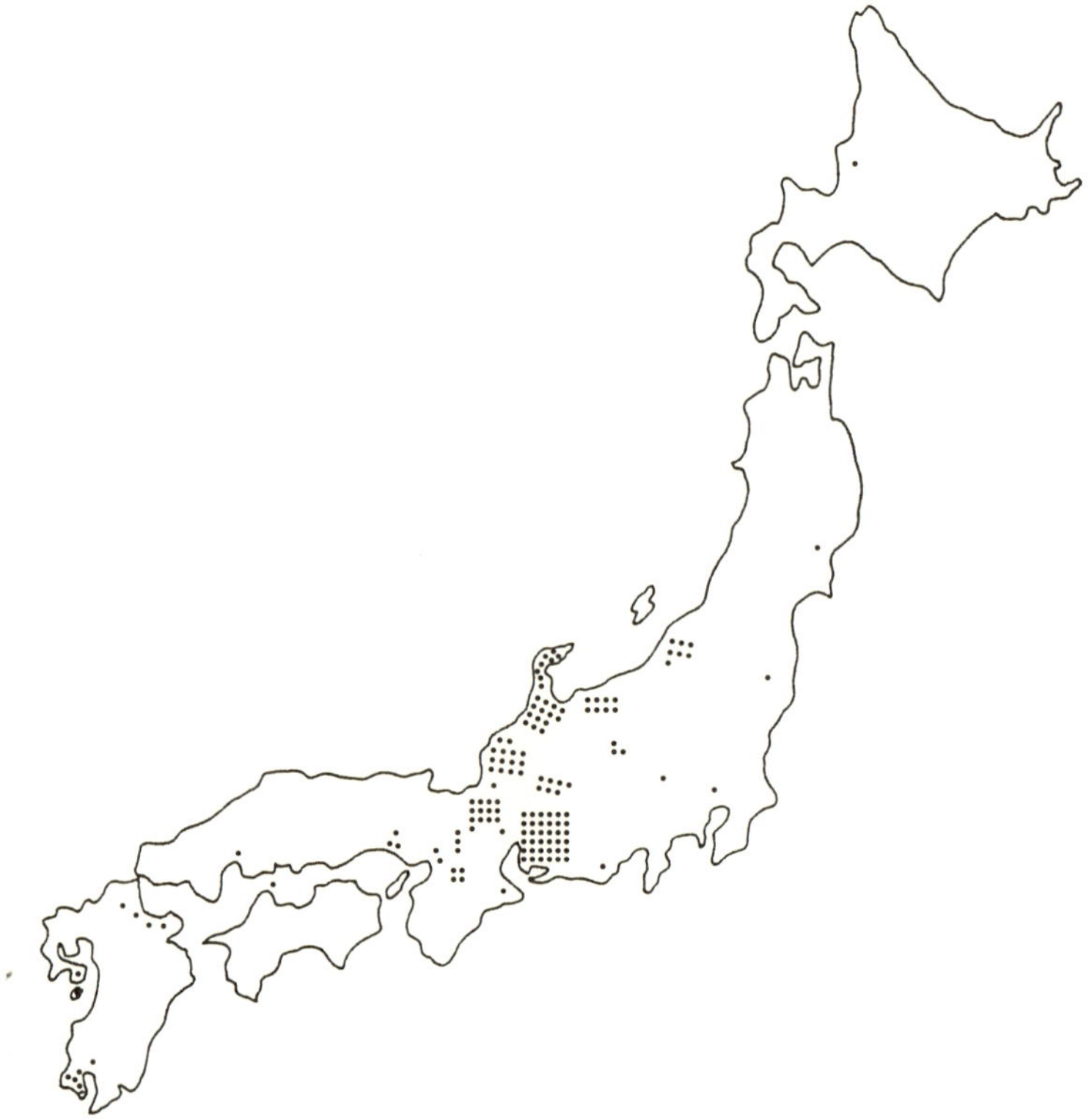

図32　蓮如上人絵伝の分布

いわゆる隠れ念仏の流れを汲む本願寺派の講などに伝えられたものであるが、九州全体でもまだあるのではないかと思われる。関東地方についても情報不十分であったので、点数は少なくてもまだ在るであろう。このように調査の状況からみてみると、この分布図は必ずしも正確なものではない。しかし、それでも東海地方や北陸地方にこの絵伝が集中しているという傾向は十分指摘できる。

それでは何故、東海や北陸地方にこの絵伝が多いのであろうか。愛知県三六点の中をみると、とくに三河地方に三〇点と集中している。これは応仁年間における蓮如の三河教化という伝承を有する寺院が多く、現在は廃れてしまったが西尾・岡崎・

碧南・刈谷などの寺々では盛んに蓮如忌が行われていた事に関係している。このことは、蓮如の吉崎御坊の建立と教化、および関係する伝承を多く伝える北陸地方についても同様のことがいえる。表20は一四四点の絵伝所蔵寺院の中で蓮如忌を実施しているもの(3)（毎月の講のものも含める）を抽出してみたものであるが、青森一・岩手一・東京一・長野一・新潟一・富山六・石川一七・福井八・岐阜三・静岡一・愛知二二・三重一・滋賀八・京都一・広島一・愛媛一となり、愛知県を中心とした東海地方と石川・福井・富山といった北陸地方に多いことが分かる。つまり、蓮如伝承の濃厚な地域で、蓮如忌の盛んに行われる遺跡寺院などにこの絵伝はあるといえよう。もう少し具体的にいえば、蓮如忌を行うために絵伝が制作されたともいえる。京都・大阪・滋賀などは、蓮如に関する伝承が多く残されているにもかかわらず絵伝が少ない。これは調査不足によるためかもしれないが、地域的な形での蓮如忌が盛んであったかどうか、という事と関係していると考えられる。逆な言い方をすれば、蓮如と直接関係のなかった地方の寺院でも、蓮如忌を実施するようになって絵伝を所蔵するようになったのであった。いずれにしても、この絵伝は蓮如忌の盛行と関係して流布し、中央よりも地方の蓮如伝承の濃厚な地方に残存しているのである。

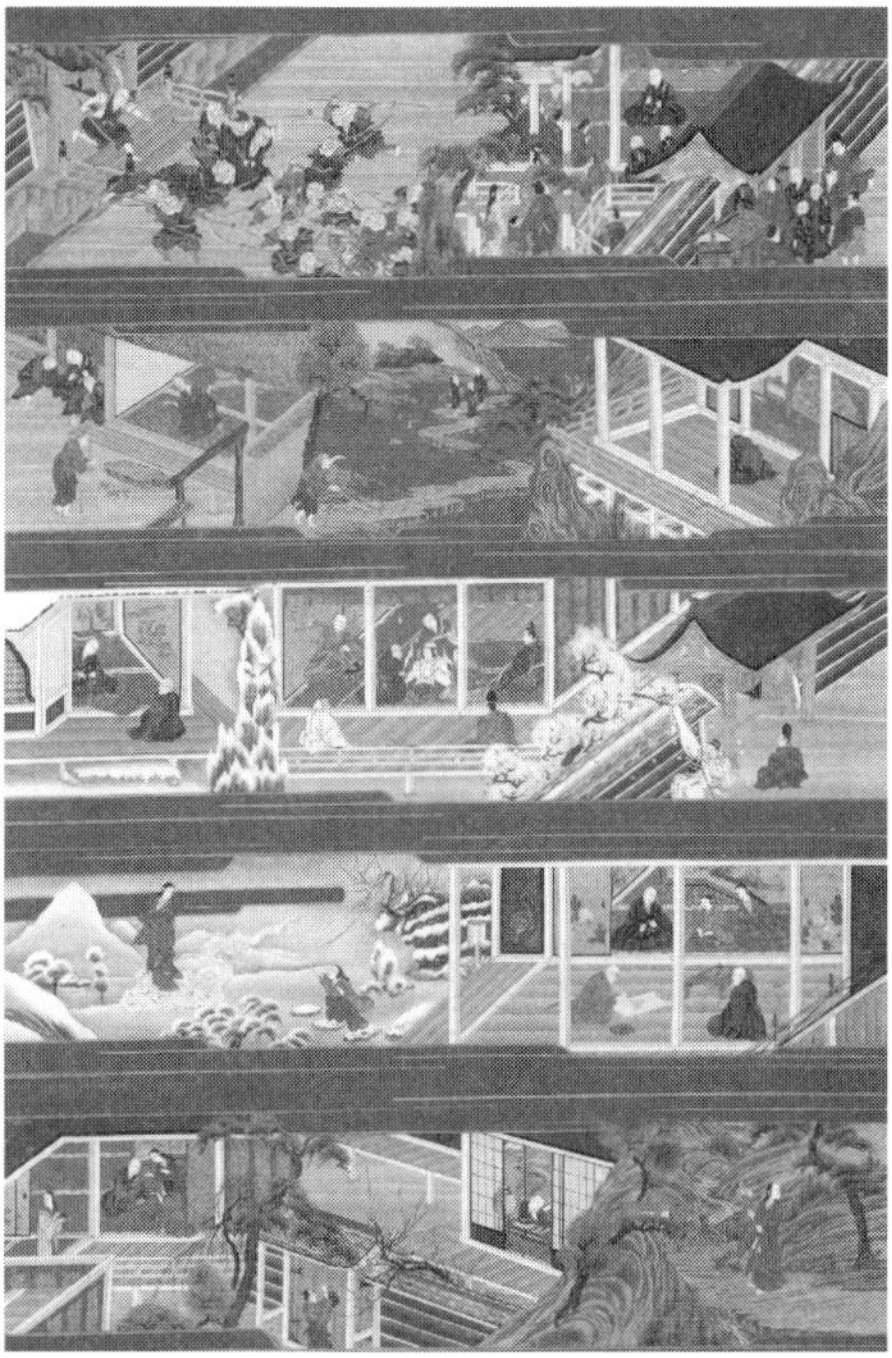
写真9　西恩寺本1幅目（愛知県一宮市）

No.	寺院名	宗派	住所	蓮如忌
38	専慶寺	東	岐阜県岐阜市西部寺屋敷	4月25日
39	長敬寺	東	岐阜県郡上郡八幡町職人町	3月23～25日
40	善福寺	東	静岡県小笠郡大須賀町軍全町	3月28日
41	三河別院	東	愛知県岡崎市中野町添	4月23～25日
42	浄専寺	東	愛知県岡崎市福岡町西市仲	4月23～25日
43	本宗寺	東	愛知県岡崎市福岡町東市仲	4月23～25日
44	御堂山教会	東西高	愛知県岡崎市福岡町	4月19～25日
45	正覚寺	東	愛知県幡豆郡吉良町吉田	4月24～25日
46	本證寺	東	愛知県安城市野寺町町寺	4月24～25日
47	正光寺	東	愛知県西尾市東浅井町不毛	3月26～27日
48	宿縁寺	東	愛知県西尾市西浅井町吉城	4月20日前後、金土日
49	瑞玄寺	東	愛知県西尾市八ツ面町麓	4月6日
50	願隨寺	西	愛知県碧南市鷲塚町	4月29日
51	栄願寺	西	愛知県碧南市吹上町	4月21～25日
52	超円寺	東	愛知県刈谷市小垣江町	4月22～24日
53	順慶寺	東	愛知県刈谷市泉田町池ノ浦	4月24～25日
54	専光寺	東	愛知県刈谷市元町	4月23～24日
55	大覚寺	東	愛知県西加茂郡三好町	3月下旬（3日間）
56	万福寺	東	愛知県知立市上重原町本郷	7月下旬
57	養寿寺	東	愛知県豊田市花園町屋敷	3月28～30日
58	西雲寺	東	愛知県豊田市住吉町前邸	4月23～25日
59	順正寺	東	愛知県半田市堀崎町	有
60	西恩寺	東	愛知県一宮市千秋町小山	4月24～25日
61	圓明寺	東	愛知県犬山市犬山	3月25日
62	常念寺	西	愛知県小牧市舟津	有
63	行願寺	東	三重県員弁郡北勢町南中津原	4月25日頃
64	観行寺	東	滋賀県坂田郡伊吹町甲賀	2月24～25日
65	芳沢寺	東	滋賀県伊香郡高月町雨森	3月25日
66	明楽寺	東	滋賀県伊香郡木之本町木之本	5月5日
67	称福寺	西	滋賀県伊香郡西浅井町月出	毎月13日
68	等正寺	東	滋賀県大津市小関町	吉崎下向時
69	善立寺	東	滋賀県守山市金森町	3月24～25日
70	西蓮寺	東	滋賀県草津市上寺町	3月末日に2日間
71	本通寺	東	滋賀県蒲生郡日野町西明寺	4月17日
72	光照寺	東	京都府京都市山科区音羽伊勢宿町	3月25日
73	明法寺	西	広島県佐伯郡湯来町水内下	毎月25日
74	万福寺	西	愛媛県越智郡大三島町	5月14日

No.	寺院名	宗派	住所	蓮如忌
1	大間教会	東	青森県下北郡大間町大間	3月8日
2	碧祥寺	東	岩手県和賀郡沢内村太田	3月25日
3	本法寺	東	東京都文京区小日向	4月24日
4	西厳寺	東	長野県長野市大町	4月25日
5	願念寺	東	新潟県西蒲原郡分水町	3月24～25日
6	託法寺	東	富山県魚津市吉野	4月25日
7	大徳寺	東	富山県魚津市持光寺	有
8	光徳寺	東	富山県西礪波郡福光町法林寺	4月25日
9	宗善寺	東	富山県西礪波郡福光町才川	4月24～25日
10	城端別院	東	富山県東礪波郡城端町	4月23～25日
11	行徳寺	東	富山県東礪波郡上平村西赤尾	4月15日前後
12	良源寺	東	石川県石川郡鶴来町上東町	4月24～26日
13	覚性寺	東	石川県珠洲市宝立町宗玄	4月24～25日
14	正福寺	東	石川県珠洲市若山町大坊	3月25日
15	等覚寺	東	石川県珠洲市川浦町	3月24～25日
16	真照寺	東	石川県輪島市宅田町	4月25日
17	蓮浄寺	東	石川県鹿島郡中島町中島	3月25日
18	善照坊	西	石川県金沢市長土塀	4月24～25日
19	明現寺	東	石川県金沢市才田町	4月23～25日
20	静林寺	東	石川県金沢市蚊爪町	4月24～26日
21	専念寺	東	石川県金沢市粟崎町	4月24～25日
22	本泉寺	東	石川県金沢市二俣町	4月23～28日
23	善性寺	東	石川県金沢市四十万町	4月25～28日
24	真教寺	東	石川県松任市辰巳町	4月24～26日
25	安楽寺	東	石川県河北郡津幡町	4月24日
26	長円寺	東	石川県小松市上本折町	4月24～28日
27	常念寺	東	石川県小松市高堂町	4月24～26日
28	乗願寺	東	石川県能美郡川北町田子島	4月25日
29	興行寺	西	福井県吉田郡上志比村藤巻	4月24～26日
30	光明寺	西	福井県大野市犬山	4月25日
31	最勝寺	西	福井県大野市稲郷	4月・8月24～25日
32	智敬寺	東	福井県坂井郡三国町台	4月23日から10日間
33	本法寺	東	福井県鯖江市本町	5月1～3日
34	福正寺	西	福井県丹生郡越前町大樟	毎月14日
35	吉崎別院	東	福井県坂井郡金津町吉崎	4月23～5月2日
36	吉崎別院	西	福井県坂井郡金津町吉崎	4月23日から10日間
37	極念寺	東	岐阜県養老郡上石津町	3月24～25日

表20　蓮如忌執行寺院一覧

次に蓮如上人絵伝はいつごろ制作されたものかみてみよう。調査した絵伝には年代のはっきりしないものが多かったが、中には裏書や箱書などによって判明するものもあった。まず、裏書の書式形態からみる。

親鸞聖人絵伝は、周知のように本山下付物であって裏書は宗主によって書かれたが、蓮如上人絵伝で本山下付物の形態をとっていて宗主による裏書を有するものはわずか三点しかなかった。後で問題にする長野県須坂市の勝楽寺本には、

> 大谷本願寺釈顕如（花押）
> 蓮如上人縁起　天正九年辛巳四月十四日
> 願主　釈浄玄

とあって、親鸞聖人絵伝と同じ様式で記されている。石川県珠洲市の等覚寺本は、

> 釈達如（花押）
> 蓮如上人御絵伝四幅
> 願主　釈恵寿

とある。「釈達如（花押）」は木版であり、願主の釈恵寿は等覚寺第十二代住職で安政四年（一八五七）九月に没し

た人物である。滋賀県伊香郡高月町（現・長浜市）の芳沢寺本も同じく達如下付のものであったが、裏書は、

釈達如（花押）

とのみあるにすぎない。絵伝を下付されたのは、幕末の両堂再建の棟梁で江州一円の大工を率いていた教尊という人物といわれている。

こうした本山下付のものに対して、普通の書式は次のようなものであった。

最勝寺（滋賀県高島郡、現・高島市）

第壱 蓮如上人御絵伝　琵琶湖山最勝寺什物 当寺第十三世 超明（花押） 嘉永二年酉八月二十日 釈尼妙蓮　為報謝 寄進人 山田與助

超円寺（愛知県刈谷市）

大谷信証院殿釈蓮如上人絵伝四之巻
三河国碧海郡小垣江村
超円寺常什物
文久二戌年三月上旬　願主　松山教含
発起人　釈　廓然
門徒中

瑞玄寺（愛知県西尾市）

恵灯大師縁起
当山第十一世　現住荒川恵灯
願主坊守妙灯尼
俗名
荒川菊枝
明治二十六年
三月十八日求之

最勝寺の裏書によれば、絵伝は山田與助という人物が「釈尼妙蓮」の報謝のため、嘉永二年（一八四九）に寄進したものであることが判明する。超円寺のものは、同寺住職が願主となって「釈廓然」をはじめ門徒達が発起人となって文久二年（一八六二）に描かれたものである。描表装の所に寄進人の法名が記入できるようになっていた。

滋賀県蒲生郡日野の本通寺本裏書には、

一　釈妙円信女　安永二癸巳九月二十二日　在世二十歳
一　釈智照信女　寛政元酉七月二十九日　在世五歳
一　釈真専信士　文政四辛巳二月九日　在世二十四歳
右永代志金百疋　施主日野町　某
（以下略）

等と記されていた。瑞玄寺のものは、坊守が願主となって明治二十六年（一八九三）にどこからか買い求めたということが分かる。

このように蓮如上人絵伝は本山下付のものが三点あるものの、そのほとんどが末寺住職や坊守が願主となり一般門徒が寄進したものである。死者の法名が記されたりなどもした。つまり、親鸞聖人絵伝が必ず本山下付という公的な絵伝であるのに対して、蓮如上人絵伝は門徒志願による私的な絵伝であったということができよう。

こうした裏書と、「蓮如上人御絵伝／天保十四年卯八月／参州碧海郡竹村西雲寺」などと書かれていた箱書等から、作成年次の判明する絵伝を年代順に並べてみたものが表21である。

成立年代		蓮如上人の年回	
		明応8年（1499）	
		天文17年（1548）	50
天正9年	1581		
		慶長3年（1598）	100
		慶安元年（1648）	150
慶安4年ヵ	1651		
		元禄11年（1698）	200
		寛延元年（1748）	250
＊明和8年	1771		
＊安永6年	1777		
		寛政10年（1798）	300
＊寛政11年	1799		
＊文化2年寄進	1805		
文化2年	1805		
寛政4～文化9年	（1792～1812）		
寛政4～文化9年	（1792～1812）		
文化13年	1816		
文政2年	1819		
文政4年	1821		
文政5年	1822		
文政5年	1822		
文政6年	1823		
＊文政5～6年	（1822～1823）		
＊文政13年	1830		
＊文政年間	（1818～1830）		
天保2年	1831		
天保9年	1838		
＊天保9年以前	1838		
＊天保10年	1839		
天保10年	1839		
＊天保14年	1843		
弘化3年	1846		
弘化3年	1846		
＊弘化5年	1848	嘉永元年（1848）	350
嘉永2年	1849		
＊嘉永年間	（1848～1854）		
安政2年	1855		
安政2年	1855		
文久2年	1862		
文久3年	1863		
明治25年	1892		
明治26年	1893		
＊明治30年	1897		
＊明治30年	1898	明治31年（1898）	400
＊明治37年	1904		
明治44年	1911		
＊大正4年	1915		
大正7年	1918		
＊大正15年	1926		
＊昭和4年	1929		
昭和23年	1948	昭和23年（1948）	450
＊昭和34年	1959		
昭和45年	1970		

注　＊は箱書等の記録による。
裏書で修理に関するものは除いた。
巻留のものが一件あった。
箱書は絵伝の成立頃と対応するものにした。
一九九一年一月二二日時点までの調査に基づく。

	寺院名	東西	住　　　所
1	勝楽寺	西	長野県須坂市福島町
2	菅生神社		福井県南条郡今庄町大門
3	託法寺	東	富山県魚津市吉野
4	真照寺	東	石川県輪島市宅田町
5	善立寺	東	滋賀県守山市金森町
6	極念寺	東	岐阜県養老郡上石津町
7	真念寺	東	滋賀県近江八幡市南津田町
8	芳沢寺	東	滋賀県伊香郡高月町雨森
9	等覚寺	東	石川県球洲市川浦町
10	蓮浄寺	東	石川県鹿島郡中島町中島
11	康善寺	西	福島県福島市五月町
12	極法寺	東	岐阜県羽島市福寿町浅平
13	唯法寺	東	愛知県西尾市順海町
14	本通町	東	滋賀県蒲生郡日野町西明寺
15	最勝寺	西	福井県大野市稲郷
16	長善寺	西	新潟県西蒲原郡巻町
17	西蓮寺	東	滋賀県浅草市上寺町
18	西光寺	西	兵庫県宍粟郡山崎町
19	本源寺	東	愛知県中島郡祖父江町
20	法行寺	東	愛知県安城市東町屋敷
21	願隨寺	西	愛知県碧南市鷲塚町
22	観行寺	東	滋賀県坂田郡伊吹町甲賀
23	真光寺	西	兵庫県赤穂市塩屋
24	西雲寺	東	愛知県豊田市住吉町前邸
25	本法寺	東	東京都文京区小日向
26	本法寺	東	愛知県幡豆郡一色町
27	法圓寺	東	石川県江沼郡山中町上原町
28	最勝寺	東	滋賀県高島郡高島町
29	明法寺	西	広島県佐伯郡湯来町
30	弘願寺	東	愛知県豊田市和会町
31	三興寺	西	奈良県天理市御経野町
32	超円寺	東	愛知県刈谷市小垣江町
33	西恩寺	東	愛知県一宮市千秋町小山
34	康順寺	西	愛知県碧南市札木町
35	瑞玄寺	東	愛知県西尾八ツ面町
36	万福寺	東	愛知県知立市上重原町本郷
37	明楽寺	東	滋賀県伊香郡木之町木之本
38	西光寺	東	石川県珠州市若山町出田
39	安楽寺	東	石川県河北郡津幡町
40	城端別院	東	富山県東礪波郡城端町
41	暎芳寺	東	岐阜県高山市下一之町
42	長敬寺	東	岐阜県郡上郡八幡町職人町
43	城端別院	東	富山県東礪波郡城端町
44	順正寺	東	愛知県半田市堀崎町
45	本泉寺	東	石川県金沢市二俣町
46	吉崎別院	西	福井県坂井郡金津町吉崎

表21　蓮如上人絵伝作成年代順

表21中の右欄は、蓮如が往生した明応八年（一四九九）から五十年間ごとの年回に区切ってみたものである。すると、寛政十年（一七九八）の三〇〇回忌から明治三十一年（一八九八）の四〇〇回忌にかけて絵伝が成立しているることが分かる。年次の確定できないものも、その描き方からしてこの百年間に相当数入ってくるものと思われる。愛知県幡豆郡一色（現・西尾市）の本法寺本は弘化三年（一八四六）にできているが、裏書に「三百五十回忌之節」と記されていた。蓮如上人の御遠忌執行を機に絵伝が制作されたのであるが、その背景には毎年繰り返される地域を挙げての蓮如忌盛行という事実があったであろう。絵伝にとって三〇〇回忌が大きな画期であった。

2　絵伝の性格

絵伝の性格については、これまで述べてきたことでも明らかであろう。正式な本山下付物でなくて私的な絵伝であり、蓮如忌の盛行にともなって描かれたものであった。蓮如一代の事跡を描いているが、絵相をみれば歴史的事実と同時に伝説的なものも表現されている。そして、絵相が固定化されてしまった親鸞聖人絵伝と異なって、蓮如上人絵伝が地方でさまざまに伝承されてきた蓮如伝説を取り込んでいる点こそ、この絵伝の大きな特徴と性格であった。このことを絵相の中にみてみよう。

絵伝の中に、所蔵寺院の縁起を描いているものがある。四幅本で、そうしたものをあげてみると、西厳寺本（長野県長野市）・本泉寺本（石川県金沢市）・明現寺本（石川県金沢市）・常念寺本（石川県小松市）・最勝寺本（福井県大野市）・興行寺本（福井県吉田郡）等となる。一・二幅本のものでは、等正寺本（滋賀県大津市）・西宗寺本（京都市山科）・本通寺本（滋賀県蒲生郡）・行順寺本（三重県員弁郡、現・いなべ市）・善性寺本（石川県金沢市）・光徳寺本（富山県西砺波郡、現・南砺市）等であった。いま、一本ずつ具体的にその絵相を見ることはできないが、明現寺本と興行寺本を例にとって述べてみよう。

金沢市才田町にある明現寺は、境内に蓮如衣掛けの石や枕石・梅などがあり、現在でも「才田の蓮如さん」といわれる蓮如忌が勤められている。蓮如の木像と絵像・読み縁起もあって、木像には前部に絹布が紐で上げ下げできるようになっていた。そして絵伝の中には、「を亭山」「母に出家をこう」という二段の寺院縁起が描かれている。「蓮如上人が文明三年四月北国へ御下向されて、二諦の宗意を宣べ給うと一百余年闇夜に迷っていた北国の門徒等は潮の寄せるがごとくその教化を仰いだのであった。中でも当寺住僧西正法師は深く上人に帰依し、仏恩師の深重なるを知り、せめては上人の御心を慰め奉らんと思って同志一味の同行と語らって念仏もろとも土を運び、広漠たる田の中に山を築いて一亭を造りあげた。そして上人を請じ奉ると、上人は四方の風光を愛で給い、記念として自ら一本の小松を植えられたのであった。また榎で作った箸を交叉して大地に挿すと「夫れ草木国土悉有仏性の経説実ならば枯れたる箸にも又仏性有るべし、若し此の地真宗繁昌の地なれば枝葉繁る可し」と語られた。すると、不思議なるかな、みるみる芽を生じて枝が茂ったので、西正法師ならびに居合わせた同行はただ合掌したという」。こうした話が絵伝に挿入されているのであるが、村外れにこの「を亭山」を遺跡としても今に伝えている。

福井県吉田郡の荒川興行寺は、本願寺第五世綽如の三子周覚を開基とする、本願寺一門の由緒ある寺である。この蓮如上人絵伝は日本画的な筆法のもので、四幅本であるが「上ノ一・二」「下ノ一・二」と記されているから正確には二巻四幅本ということであろう。この「下ノ二」の下段に当寺の重宝である「薄絹の御影」縁起が描かれていた。「薄絹の御影」とは蓮如上人の絵像のことであるが、「当寺第三代住職蓮助法師が蓮如上人とはまた従兄弟の間柄になり、上人の御息女如空姫を奥方として迎え、宗門繁昌のために力を尽くした。上人は御年八十五歳の春に御病となり、山科本願寺に御養生の折、如空姫は住職ともども御見舞に参上された。上人は御対面をいたく喜ばれると共に、越前同行の信心は如何かとおたずねになり、今は生きて逢うこともかたき故に、これを末代までの北陸門徒の形見にせよと仰せられて御自画像を下されたという。やがて御看護の甲斐もなく、明応八年三月二十五日御往生を遂げられ、御形見は当寺へ移った。これを聞いた上人を御慕いする人々が我も我もと御影に参拝し、あと絶えることがなかったという。そして、遂に御命日を中日として一週間御忌法要を勤修することになり、近郷一帯では蓮如まつりと称し、仕事を休んでは、こぞってお参りする風習となったのであった。さて、三国に住む当寺門徒で、極悪非道の日暮らしを続け、人のお念仏お参りするのをも妨げする漁師があった。母親がそれを悲しみ、心の中にいつも「蓮如様、息子を御化導下さいませ」と念じていた。ある日のこと、漁師が海へ出ると一筋の光明が眼前にさして漁をすることができない。あまりの奇異の思いに光を辿って上ると遂に当寺の山門に達し、御影より放ち給う光明と知れた。さすが非道の漁師もたちまちに頭を下げ、さては母が日頃さとしたように自分を救わんがための方便慈悲の御光であったかと涙ながらに懺悔したという。寺ではあまりの貴さに御影の上に薄絹をもっておい奉ったところ、日ならずして薄絹を通して上にお姿が現れ給うたので、それより薄絹蓮如上人御影と称し奉るようになった」。

明現寺の縁起は、「巡化してきた上人に帰依してお迎えしたところ、上人が榎の箸を大地に突き刺して奇瑞を発揮した」という、いわゆる箸立伝説の類である。「を亭山」が絵伝に描かれていると同時に実際に現存していることが興味深い。蓮如が立ち寄ったという伝承は多いが、明現寺と同じように絵伝の中に描かれているものに小松の常念寺本がある。第三幅目最下段に、蓮如が吉崎へ下るとき寺に立ち寄ったという縁起が挿入されていた。興行寺の縁起は、寺院に伝わる宝物伝承と、これが土地に根付いて伝説化して、さらに絵伝の中にも描かれたというものであった。福井県大野市の最勝寺本にも、「当寺第八代専誓が上人一生の間の常随昵近であったので、明応七年に上人が御寿像を画かれ御讃も染筆された」、という縁由の一段が絵相になっている。このように、地方に発生した蓮如伝承が絵伝の中に描かれたのであるが、絵画化することによって伝承は単なる伝承に終わらず、あたかも歴史的事実であったかのようになっていく。そして、絵伝を通して伝承が途絶えることなく、今日まで伝えられたのであった。三河において佐々木如光の武勇が(4)、近江においては道西の活躍が絵相になって、語り継がれたのであった。蓮如上人絵伝の性格には、こうした一面と機能があったといえよう。

いまひとつ、絵伝の性格について重要なことがある。門徒にとって蓮如上人絵伝は何であったのか、ということである。蓮如忌習俗の盛行の中で私的に絵伝が制作され、奉懸されたり絵解きまで行われたのであったが、そこには絵伝を通して「蓮如上人に出遇う」ということがあったのではなかろうか。愛知県碧南市の絵伝には京都より旅してきた蓮如を村境で村人が出迎えている姿があった。また、三重県員弁郡（現・いなべ市）の行順寺の「蓮如上人御旧蹟御絵」には、宝徳元年、開山親鸞聖人の御旧跡巡拝のために京都を発った蓮如が堅田の浮御堂・膳所の城・石山観音・瀬田の唐橋・大津三井寺と近江路を経回し、極難所の「龍ケ嶽」を越えて伊勢国に入り、石榑照光寺・丹生川上村の瀬古平兵宅への立ち寄りから行順寺へ来遊した様子が描かれていた。こうした遊行僧、あるいは来訪者としての蓮如像と伝承がみられることから、人々が高僧としての蓮如に結縁しようとした心意が読みとれる。興行寺の「薄絹の御影」も以前は村々へ出開帳していたというが、同じ意味を持っていたと捉えることができよう。毎年繰り返される蓮如忌という「場」で、時代を越えて真宗門徒は蓮如に出遇っていたのである。絵伝は、蓮如と門徒を結ぶ機能を果たしていたのであった。

3　蓮如上人絵伝の構成と思想

蓮如上人絵伝は蓮如という人物の一生をもちろん描いているのであるが、そこには歴史的事実とは到底認め難い事柄、伝説的な話も描かれている。いったいこの蓮如上人絵伝は絵伝全体を通して何を語ろうとしているのか、その中心的な思想は何なのであろうか。絵伝の制作意図や思想といった点を絵相の構成からながめてみよう。次に掲げるのは、西厳寺本（長野県長野市）（写真10）の絵相である。

〔第一幅〕

①存如上人石山観音参詣の事
②上人誕生の事
③下間丹後法橋夢の事
④鹿子御影の事
⑤生母大谷退去の事
⑥学問手習の事
⑦出家得度の事
⑧弥七上人慰問の事
⑨春日明神影向の事
⑩日吉山王権現船頭の事
⑪粽山篠生寺の事

第２幅

第１幅

第４幅

第３幅

写真10　西厳寺本（長野県長野市）

［第二幅］

⑫井波瑞泉寺御逗留の事
⑬国府竹の内草庵参拝の事
⑭叡山衆徒、堅田本福寺を攻撃する事
⑮大谷破却の事
⑯金ケ森道西宅屋根葺の事
⑰大津近松顕証寺と犬塚の事
⑱三河西端で龍女御済度の事
⑲河尻性光坊御教化の事

［第三幅］

⑳吉崎の踏査の事
㉑朝倉氏景済度の事
㉒吉崎繁盛の事
㉓見玉尼が事
㉔嫁威し肉付き面の事
㉕腹籠りの聖教の事
㉖西厳寺縁起の事
㉗富樫政親吉崎来襲の事

［第四幅］

㉘山科にて白骨御文製作の事
㉙喜六太夫御教化の事
㉚堺にて契丹人御教化の事
㉛法然・親鸞聖人夢物語の事
㉜寺務を実如上人へ譲られた事
㉝大坂御坊建立の事
㉞病中御教化の事
㉟御往生の事
㊱遺骸拝礼の事
㊲荼毘・奇瑞の事

この中で、着目したいのは①から⑤の誕生から生母との別離の絵相、そして㊱㊲の葬送儀礼の絵相である。とくに㊱の遺骸拝礼（写真11）の事は、蓮如上人絵伝を特徴づけるものである。遺骸拝礼とはどのようなものであったのか。これについては、すでに本書第二章第一節で詳述したが、煩をいとわずみてみよう。明応八年（一四九九）三月二十五日、『空善記』によれば蓮如は「廿五日午ノ正中ニ御往生、イカニモ御シツカニ御ネフリ候コトクニ御臨終候キ」とあって、引き続いて同書に、

写真11　遺骸拝礼・西厳寺本・部分

御往生ノ後御堂へ入申テ、聖人ノ御前ニテ人ニモ見セヨ、ト御遺言ニ仰候キ。廿五ノ晩景ニ数万人ヲカミタテマツル。

と記されている。[5] このことは『空善記』だけでなく、蓮如の門弟であった堅田本福寺明誓も記録していた。二十六日の朝五時に御衣をかえて御布袈裟をかけ、曲彔にのせて本尊に並べて安置してから勤行、そして御堂内陣の正面に置いて御門徒中に拝礼させ、「諸人拝申テ難レ有又ハ御別ヲ悲ミ道俗男女声ヲアゲテ愁嘆申スコトカキリナシ」という有様であった。[6] 同様な記事は実悟編『蓮如上人御一期記』にもあり、

開山上人ノ○《御》右南ノ方ニ並ヲキ奉ルニ、○平生ノ御顔色ハ一向ニ○《大キニ》各別ニオハシマスカ、今日ハ○《開山聖人ト》タヽ、同御顔形ナリ、不思議ノ事共也。併親鸞上人ノ再誕ニテマシマスト云事イマアキラカニアラハサレタル事ナリ。

などともある。[7]

蓮如の遺言によって始められた遺骸拝礼は、以後、本願寺歴代宗

主の葬送を特色づける重要な儀礼として行われていった。実如については『実如上人闍維中陰録』の中にみられ、手輿のまま安置された後ろと左右に従者がつき、脇には尊顔が見えるようにと蠟燭が立てられた。人々は外陣に仮設された竹矢来の外から拝んでいる。教如の場合は最初に御亭で行われたが、あまりの群集であったので、後から御堂内陣の御開山右の脇須弥壇際に手輿のまま安置したなどとある(8)。

ところで、どうして蓮如は自らの遺骸を門弟中に拝礼させよと遺言したのであろうか。『蓮如上人遺徳記』には、

年来《トシコロ》同行ノシルシ仏法《フツホウ》ノヨシミナレバミタクモアルベシ、マタ見《ミ》ラレタクモ思《オモフ》ナリ。強ニ名聞《アナカチミヤウモン》ニハアラズ。ワレヲ見《ミ》テ門葉悲嘆《モンエウヒタン》スルタグヒコレアラバ、如《キ》レ是ノ事《コト》ヲ縁《エン》トシテモ人々信《シン》ヲトルベキ間《アヒタ》、暫クカヤウニ思《ヲモヒ》ヨルナリト仰《オセ》ラレテ

とある(9)。遺骸拝礼をさせるのは名聞利養のためではなく、御同行御同朋として開山親鸞の顕らかにした仏道を共に歩んできた御門徒と最後のお別れをする。そして、このことが縁となって信心獲得する者もあろう、というのである。

さて、このように遺骸拝礼は蓮如の遺言によって実際に行われ、蓮如以後の本願寺葬送儀礼にもみられると同時に、『遺徳記』などの近世蓮如伝や説教本、そして蓮如忌の中で語られてきたのであった。そこで元にもどって、蓮如絵伝全体におけるこの一段の持つ意味といったことを考えてみよう。絵伝の第一幅目下段には、蓮如の前生譚が描かれていた。西厳寺本では存如に白蓮華を捧げる女人であったが、他本には下問法眼や金ケ森道西の夢に開山聖人が「はずかしながらまた来たそよ」と現れた絵相がある。そして「ネガハクハ児《チゴ》ノ御《ゴ》一代《ヰチタイ》ニ聖人《シヤウニン》ノ御《ゴ》一流《リウ》ヲ再《サイ》

興《コウ》シタマヘ」といって[10]、忽然と姿を消した生母との別離へと続く。遺骸拝礼の一段は、この前生譚を受けて描かれている。つまり、みごとに「開山聖人ノ御一流ヲ再興」した蓮如の姿と、御開山の御顔と不思議とよく似ていたということから、確かに蓮如こそは親鸞の御再誕であった、ということがここで証せられるのである。絵伝全体を通して、蓮如は親鸞の生まれ変わりであり、真宗を再興した権化の再誕者としての姿や事跡が、史実と伝説を交錯させながら描かれているのである。

ところで、「蓮如は親鸞の生まれ変わり」「権化の再誕者」とはどのようなことであろうか。蓮如上人絵伝の内容と思想がここにあるとすれば、是非ともこの点について確認しておかねばならない。「権化」とは「仏や菩薩が通力によって種々の身、種々のものをかりに化現すること」である。よく似た表現に「応化」があるが、これは「仏や菩薩が衆生済度のために、相手に応じていろいろの身体を現出すること」とある[11]。「応化身」「応身」は、仏の身体に関する三身論である法身・報身・応身の一つであり、衆生を導くために相手に応じて現れる仏の身体ということである。親鸞による源空和讃（『高僧和讃』）をみると、親鸞は師法然を如来の応化・応化身としてみていた。大桑斉は、近世蓮如伝『蓮如上人遺徳記』中にみられる「応化」「権化」「化現」「化身」の用例を抽出して、「応化とは仏や菩薩が法然や蓮如といった人間として現れるときに用いられ、その応化とした姿が「権化」といわれる。これに対して「化身」「後身」は法然や親鸞が蓮如として現れたときに用いられて、その現れ方が「化現」「来現」「再誕」だと説明された。そして次のようにまとめている[12]。

> 『遺徳記』のこのような用例の背後には、仏菩薩は応化して人と生まれて権化と呼ばれ、権化はやがて入滅し、往生を遂げて浄土に還帰するが、後に人として再誕、化現して後身・化身と呼ばれ、やがて再び往生して浄土

に還帰するというように、権化は浄土と人界との往還を繰り返すという考えがある。この観点から『遺徳記』での蓮如を見れば、勢至菩薩・弥陀如来・釈尊が応化して法然・親鸞という権化として現れ、往生を遂げて浄土に還帰したが、後に再誕し、来現・化現したので蓮如はその化身・後身と呼ばれることになる、と了解できる。

阿弥陀如来―法然―親鸞―蓮如という流れの中でみると、開山聖人である親鸞は如来が応化した権化の人であり、蓮如は親鸞の生まれ変わりであるから「権化の再誕者」ということになる。この「権化の再誕者」としての蓮如は、さらに如来が応化した権化の人＝「生き如来」と展開していく。このことは、後でいま一度述べることにする。大桑は応化の観念が忘れられ、言葉が信じがたいものになると伝記が成立するのだとも指摘している。蓮如上人絵伝は、近世蓮如伝の成立をまって絵画化されたものであった。その中には、史実と伝説が一体になった「蓮如上人」像が現されている。この蓮如上人絵伝をいかに読み解き、そこから真宗門徒の「蓮如信仰」を析出することができるのか、これが課題である。

二　勝楽寺本の成立について

1　絵伝成立の問題点

ところで、絵伝の成立に関して大きな問題がある。蓮如五〇回忌である天文十七年（一五四八）と一〇〇回忌である慶長三年（一五九八）の間に、天正九年（一五八一）成立という勝楽寺本（写真12）があることである。ほとんどの絵伝が三〇〇回忌以降であるのに較べるとあまりにも早すぎる。菅生神社本も一五〇回忌と二〇〇回忌の間に入っているが、これは極書に「定／蓮如上人縁起図画者／准如上人之御自画而／無間違之者也／本願寺／良如（花押）／慶安四載辛卯三月二十五日／越前国坂居郡河田邑／専立寺道場教善／什宝」とあるものの、明らかに良如に仮託された疑問のあるものであった[13]。勝楽寺本は、本当に天正九年に成立したものであろうか。他本と描かれた内容や絵相の構図などを比較すると、いくつかの疑問も出てくる。そこで勝楽寺本をめぐる問題点を整理してみると次のようになる。

①顕如による本山下付という正式な裏書を持っていること（前掲）
②絵相の内容を見ると、三〇〇回忌以降のものと同じものが多く描かれていること
③特定寺院の縁起絵伝という形ではなく、蓮如誕生から葬送までの一代を描いたものであること
④三〇〇回忌以降の四幅本のものに、同じ絵相の構図を持った同系のものがあること

普通の場合には、裏書の年次が絵伝の成立時とされる。これまで蓮如上人絵伝の調査が行われるまで、当然の事ながら勝楽寺本も裏書通り天正九年成立とされてきた[14]。ところが、いまみたように他の蓮如上人絵伝の成立と較べるときあまりにも早く、加えて第二幅目には嫁威しの話・本向坊了顕による腹籠りの聖教といった伝説的な事柄が描かれている。勝楽寺本は三幅本で絹本着彩・法量一三二・五×七八・〇センチである。藍色の霞によって第一幅目は七段、第二幅目は八段、第三幅目は六段に大きく分かれ、さらに各絵相は岩などによって区切られている。全体的にかなり細分化されているといえよう。絵相の内容についてすべては解読できていないが、誕生から始まり母との別離・石山観音・出家得度・修学・道西の話・春日明神の化現[カ]・参籠・北国修行の旅立・北国教化・存如上人

第２幅

第１幅

第３幅▶

写真12　勝楽寺本（長野県須坂市）

遷化・名号を掛けて教化(カ)・寛正の法難・大津へ脱出・道西宅逆さ茸の話・叡山衆徒の襲撃・浮御堂・吉崎御坊建立・見玉尼葬送・嫁威し肉付面の話・腹籠りの聖教・下間法眼が大野城主と交戦・吉崎脱出・出口光善寺・山科御坊の建立・御真影移徒・大坂御坊建立・病中教化の御文拝読・往生・遺骸拝礼・荼毘といった蓮如一代の事跡と話が読み取れる。幅数が三幅ということも少し問題になるかもしれない。表22は幅数別に蓮如上人絵伝を見たものであるが、典型的な蓮如の生涯を描く絵伝は圧倒的に四幅本が多い。

1幅本	8
2幅本	24
3幅本	6
4幅本	102
5幅本	3
6幅本	1
合　計	144

表22　幅数一覧

勝楽寺本の他に天正頃に匹敵するような古い絵伝がないわけではない。幅数でみれば一・二幅本のものである。滋賀県大津市の等正寺本（二幅）は円如真筆「蓮如上人近江御遣難之伝」と伝えられるもので、描き方からして中世末期のものと判断できる。絵相の内容は、第一幅目に誕生・鹿子の御影・生母との別離・金ケ森弥七（道西）が苦学中の蓮如を訪れる話・大谷破却のときに御真影を灰小屋に隠したとする話・大津追分での危難、第二幅には堅田源右衛門父子の漁・蓮如が大津南別所で毒殺されそうになった時に身代わりになって死んだ犬の話・吉崎へ旅立つときお別れの「縫の名号」を遣わされたこと・御真影とのお別れ勤行・吉崎御坊のこと、といった内容である。新潟県上越市の本覚坊の一幅も中世末期と推定されるもので[15]、明治三十七年（一九〇四）の「法宝物目録」に「吉崎伝（略）佐々木如光筆」とあるものの詞書きを絵伝化したものではないかと考えられる。絵は十五段に分かれているが、その内容については詳しく分かっていない。『信証院伝記』一冊が残っているが、これに対応するかもしれない。このように近世以前のものがないわけではないが、蓮如一代の絵伝ではなく、一幅・二幅本で寺に関わる縁起を描いたものである。こうした寺院縁起的な絵伝であれば、中世末期に成立していたとしても不思議ではない。

写真13　天正９年顕如裏書・勝楽寺蔵（長野県須坂市）

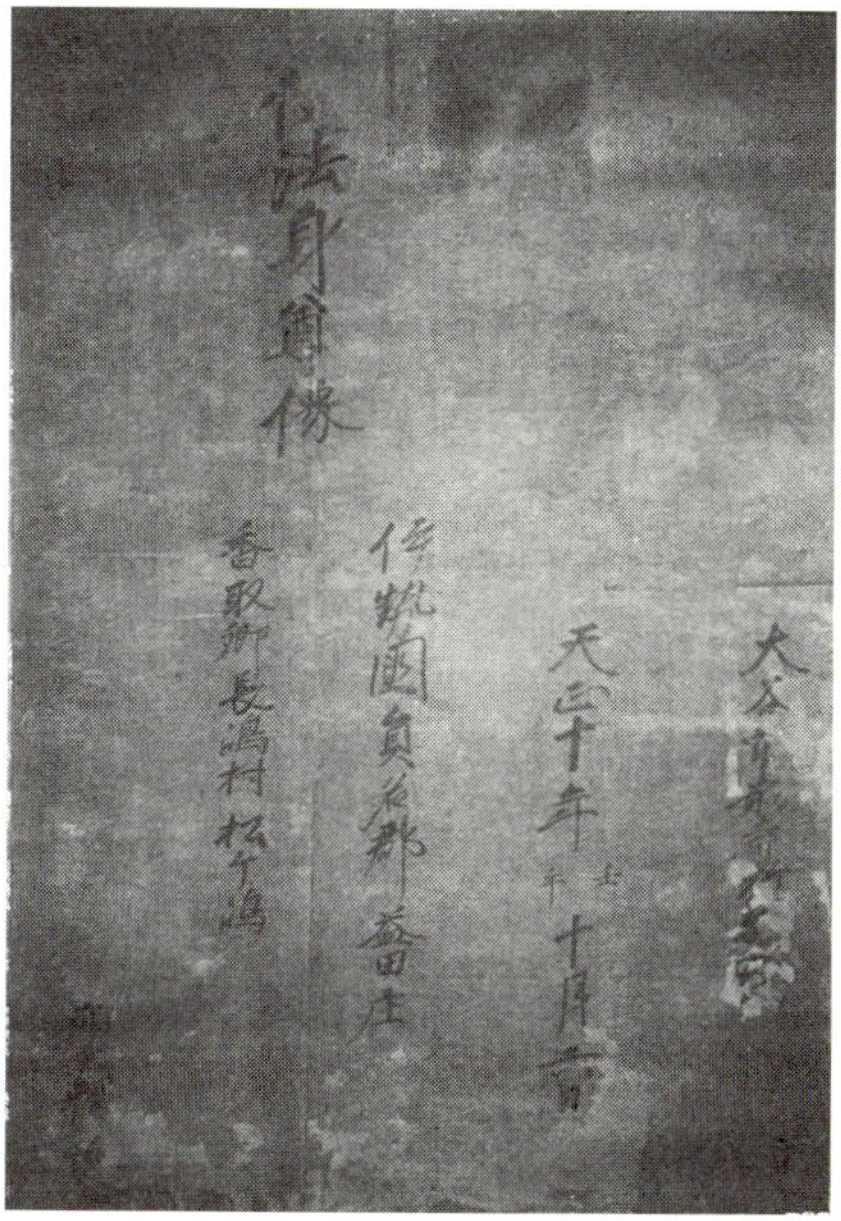

写真14　天正10年顕如裏書（来遊寺蔵・愛知県稲沢市）

それでは勝楽寺本の顕如裏書は疑わしいものなのであろうか。人によって裏書判定は異なるが、実見したときは、表の絵は他の蓮如上人絵伝と較べるとはるかに素晴らしいできで、明らかに本山などの絵師制作によるものと思われた。裏書も一見して不自然さは感じられなかった。そうなると、顕如の花押や裏書の筆跡はどうかということになるが[16]、天正十年（一五八二）と天正十一年（一五八三）の方便法身尊形顕如裏書を参考のために写真で掲げておく（写真13～15）。

2　勝楽寺本と願念寺本と芳沢寺本

勝楽寺本は天正九年に成立していたのであろうか。ここでは勝楽寺本の絵相を、他の蓮如上人絵伝の絵相と比較することから成立について検討してみる。

蓮如上人絵伝は、私的な絵伝であるがゆえ

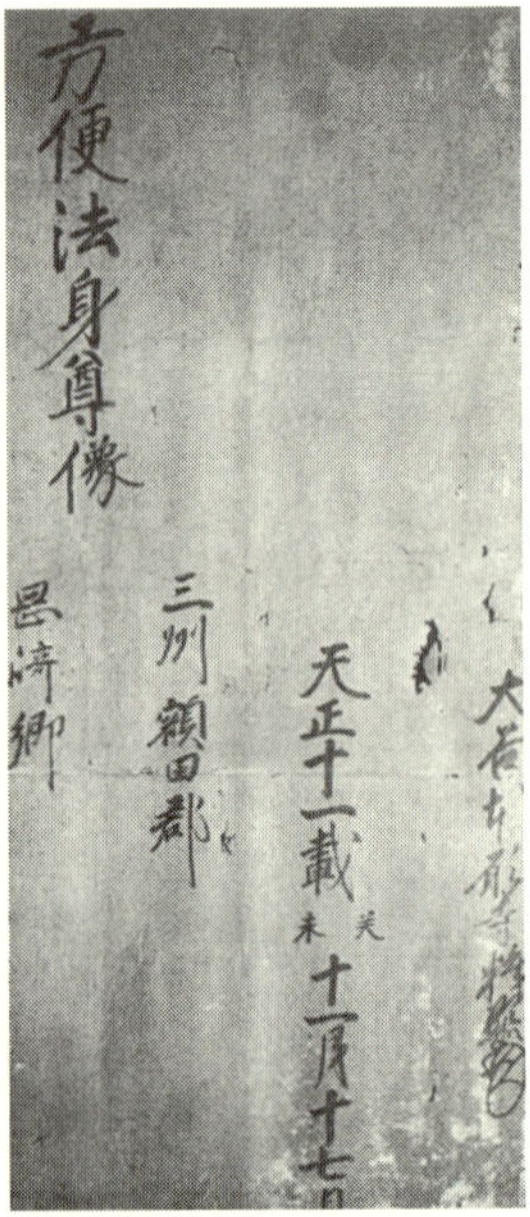

写真15　天正11年顕如裏書（専福寺蔵・愛知県岡崎市）

に定まったパターンがなく、どんな内容が描かれているか分からない絵相も随分とある。しかし、これまでまったく同じ絵伝や同系と認められるものも発見された。そうしたものを次に掲げてみると、

A　勝楽寺（長野県須坂市）願念寺（新潟県西蒲原郡、現・燕市）芳沢寺（滋賀県伊香郡、現・長浜市）観行寺（滋賀県坂田郡、現・米原市）養寿寺（愛知県豊田市）知覧歴史資料館（鹿児島県川辺郡、現・南九州市）

B　菅生神社（福井県南条郡、現・同郡南越前町）智教寺（福井県坂井郡、現・坂井市）真念寺（滋賀県近江八幡市）大間教会（青森県下北郡）浄正寺（大分県下毛郡、現・中津市）法敬寺（福井県坂井郡、現・あわら市）吉崎寺（福井県坂井郡、現・あわら市）光明寺（福井県大野市）法円寺（石川県江沼郡、現・加賀市）宗善寺（富山県西砺波郡、現・南砺市）

C　浄賢寺（愛知県西尾市）本證寺（愛知県安城市）浄専寺（愛知県岡崎市）西恩寺（愛知県一宮市）超円寺（愛知県刈谷市）専光寺（愛知県刈谷市）宿縁寺（愛知県西尾市）

となる。勝楽寺本はA系統に属する。達如裏書を有する芳沢寺本（写真16）も同系であるが、この芳沢寺本は観行寺本・養寿寺本と四幅ともまったく同じ絵相である。知覧歴史資料館のものは芳沢寺本の絵相と同じものもあるが、

第一幅目の「夢告蒙給ふ事」「布袋丸子供躰」「弥五郎押寄事訴る」、第二幅目の「御真影奇瑞之事」「藤嶋長勝寺」、第三幅目の「源左衛門悴首を打事」「源左衛門御真影被返事」、第四幅目の「喜六人夫化導之事」「下間堪気赦免之事」などは新たに追加されたり差し替えられたものである。したがって、知覧本は芳沢寺本・観行寺本・養寿寺本より成立が少し下がると思われる。なお、観行寺本には裏書はないが箱書に天保十年（一八三九）の年次があって、ちょうど芳沢寺本の下付者である達如代であった。B系統本の特徴は、四幅本でありながらA系統やC系統本と較べると一帷の横幅が短く、全体の場面が少ないことであろう。A・C系の場合は横幅が七八センチ前後であるが、この系統は五八センチから最高でも六八・五センチであった。一場面も比較的大きく描き、それでいて蓮如一生の事跡を追うから絵相が少なくなるのである。菅生神社・智敬寺・真念寺本をはじめ他本もほとんど同じ絵相の構図になっていて類似している。違いがあるとすれば絵相の展開で前後しているものがある程度である。菅生神社の慶安四年（一六五一）成立は疑問であったが、真念寺本は文化二年（一八〇五）に成立していた。

写真16　芳沢寺本１幅目（滋賀県長浜市高月町）

このB系統本は、滋賀県から福井・石川・富山県にかけて流布したものである。C系統本では、浄賢寺本・本證寺本・浄専寺本・専光寺本のようにまったく同じものがあると同時に、超円寺本・西恩寺本のように前三本とよく似た絵相と構図を持ちながら違った話を挿入しているものがある。浄賢寺本の内容をみてみると、一幅目に鹿子御影・生母との別離・石山観音・筆道の習い・得度・大乗院での仏道修行・門徒教化に紫雲たなびく・北国修行と越後の逆さ竹・大谷破却・下間法眼の活躍、二幅目が佐々木如光の活躍・三井寺へ御真影遷座・大津浜出発・加賀動橋の奇瑞・鹿島明神の告で坊舎決める・吉崎御坊の建立・嫁威し肉付面・平泉寺の暴徒が専称寺に放火・十一ヶ条の禁制、三幅目が吉崎炎上と本向坊了顕・下間法眼が大野城主と口論・交戦と吉崎退去・若狭の教化・不動明院の建立・出口光善寺の建立・悪僧教化・山科本願寺建立と御真影遷座、四幅目が上人の御身に光輝く・契丹人教化・大坂御坊の建立・病中の御文拝読・下間法眼の赦免・往生・葬送・荼毘・泉涌寺の長老と奇瑞・山科墳墓、といったものである。かなり細かな話が描かれているといえよう。超円寺本は、浄賢寺本などの絵相・構図を含みながらも、誕生以前の前生譚や黒駒に乗って御真影を奪回する佐々木如光の活躍、あるいは嫁威しの話に繋がる三国湊の遊女・朝倉敏景の息子の黄泉帰りの話などを挿入させている。C系統本は、愛知県の尾張・三河に流布したものであった。西恩寺本の四幅目の左下に「奉霍城高須楳秀写」、巻留に「文久三亥年（一八六三）造之釈正証所持」とあった。B系本が近江から北陸にかけて広く流布していったのに対して、C系本は三河と尾張に限られているようである。

次にこの勝楽寺本と同系の芳沢寺本を比較すると、十ほどの絵相がまったく同じ構図で描かれている。解読した芳沢寺本絵相の内容と勝楽寺本と共通するもの（＊印）を示すと次の通りである。

第一幅

①鹿子の御影

第二幅

⑫越前教化

＊②生母離別
③石山寺に鹿子御影奉懸
④得度
⑤修学
＊⑥真宗の繁盛
＊⑦比叡山僧兵の乱暴
⑧比叡山僧兵の発向
⑨本願寺破却
⑩近松に御真影を移す
⑪北国に向う

第三幅
＊㉒北国の戦乱
＊㉓吉崎退去
㉔若狭教化
㉕明王寺建立因縁
㉖出口坊建立因縁
㉗出口坊の繁盛
㉘上人、放光する

⑬加賀教化
⑭吉崎選定
⑮見玉尼、吉崎に来る
⑯見玉尼と対面
⑰見玉尼の往生
＊⑱嫁威しの鬼面
⑲越前国主朝倉氏と対面
＊⑳吉崎御坊炎上
㉑本向坊腹籠りの聖教

第四幅
㉜道西の進言
㉝山科寺地の寄進
㉞山科本願寺建立
㉟御真影を山科に迎える
㊱仏照寺教光を教化
㊲大坂御坊建立
＊㊳遷化

㉙法然、親鸞両聖人の対話　＊㊴遺骸拝礼
㉚契丹人の堺入津　＊㊵荼毘
㉛契丹人を教化

この十場面の絵相が勝楽寺本と芳沢寺本の両方にまったく同じ構図で描かれているという事は、当然のことながら勝楽寺本そのものの成立を考える上で重要であろう。また、勝楽寺本に特徴的にみられる絵相場面を岩でもって区切る手法は、芳沢寺本にも引き継がれている。そして、芳沢寺本の描き方・技法もしっかりとしていて見事なできであり、これも本山絵所か京都の絵師によって描かれたものと推測できる。ただ一つ問題点として残るのは、勝楽寺本が三幅本であるということであるが、これについてはやはり同系の願念寺本（四幅・絹本着彩・法量一三三・五×七八・〇・写真17）が参考になる。勝楽寺本と願念寺本を比較してみると明らかに絵師は異なっているものの、勝楽寺本の絵相の三分の二程度が同じ構図で願念寺本に描かれている。いってみれば、願念寺本は勝楽寺本を直接参照して制作された可能性があり、勝楽寺本の三幅に新しい絵相を追加して四幅にしたものが願念寺本ということになる。

このように芳沢寺本・願念寺本の絵相には勝楽寺本と同じ構図の絵相がいくつか描かれていて、明らかにこの三本が関係のあったことを推測させる。相違点については、芳沢寺本は、③石山寺に鹿子御影奉懸、㉔若狭教化、㉕明王寺建立因縁のように勝楽寺本・願念寺本にみられないものを描いており、こうした内容の絵相はBC系統の絵伝に描かれているものである。芳沢寺本は勝楽寺本の影響を受けながら、一方で蓮如上人絵伝が普及した三〇〇回忌から三五〇回忌の他系統の絵相を取り込んで成立したことが判明する。

3　絵相の比較

勝楽寺本と願念寺本、そして芳沢寺本を比較してみると、裏書の問題を除外しても勝楽寺本が先行して成立している。願念寺本は成立年次を知る裏書や箱書がないので分からないが、勝楽寺本と芳沢寺本の間に成立したものとしておきたい。この三本で同じ場面における絵相を比べてみると、同系本ということからほとんど同じ構図で描いているが違いもあるので、詳細に比較検討してみよう。比較の対象とする絵相は、⑥真宗の繁盛、⑮～⑰見玉尼、⑱嫁威しの鬼面、㊵茶毘である。

［1］⑥真宗の繁盛

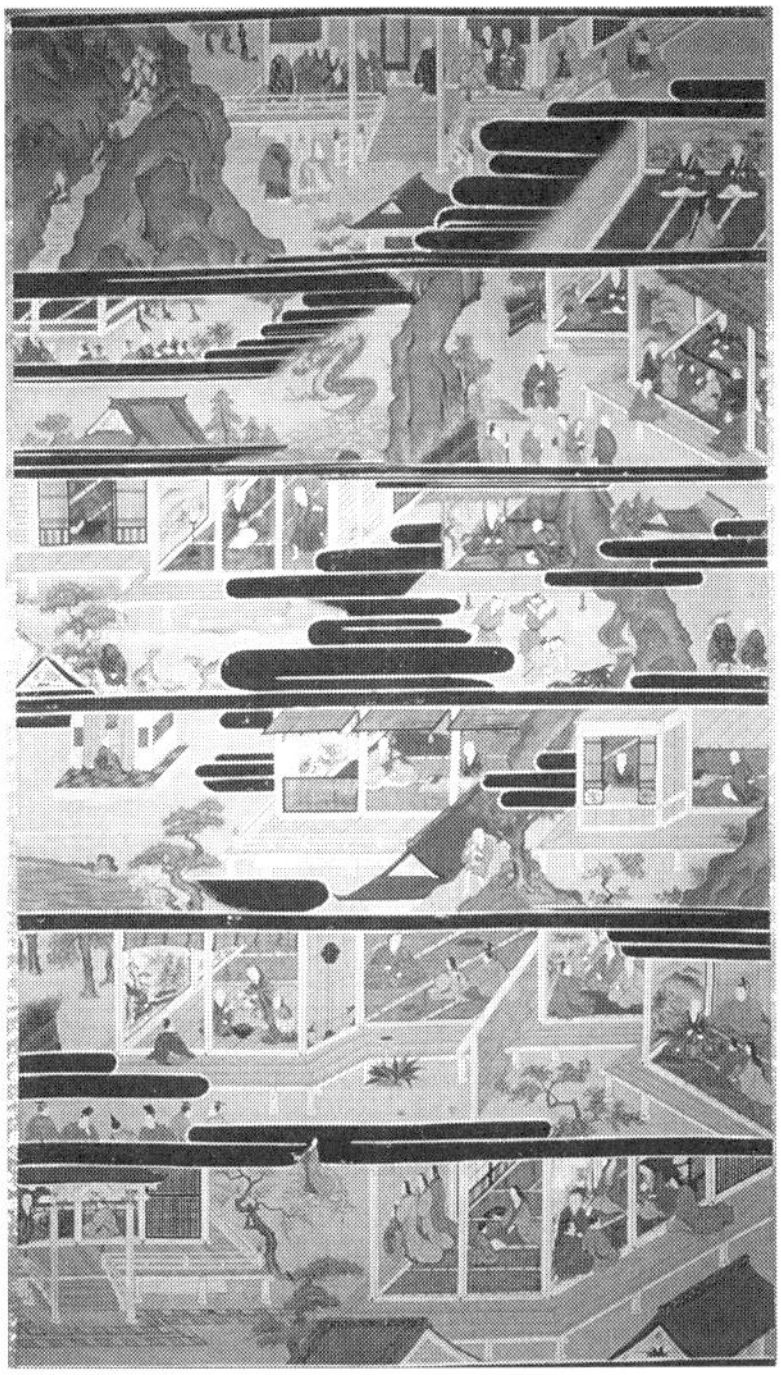
写真17　願念寺本１幅目（新潟県燕市）

この場面は、有名な寛正の法難による大谷破却にいたる前段的なところで、蓮如が本願寺第八代を継職してから真宗が繁盛しだしたとするものである。しかし、絵伝の絵相解読にともなう困難さを示すもので、いまひとつ具体的にその内容が明らかでない。三本を比較してみると、勝楽寺本（写真18）と芳沢寺本（写真20）は堂宇の配置や僧侶の数・位置までまったく同じである。違いがあるのは、勝楽寺本では軸らしきものが掛けられているが、芳沢寺本には描かれていない。一方、願念寺本では絵相構図の部分を拡大してこの軸を

写真18　登山の名号・勝楽寺本

写真19　登山の名号・願念寺本

写真20　登山の名号・芳沢寺本

はっきりと描いている（写真19）。この軸はいったい何なのであろうか。願念寺本のこの段のすぐ左には、僧兵に追われながら軸らしきものを首から下げて山を下っている人物の絵がある。すぐに思いつくのは、堅田本福寺に伝わる登山の名号の話であるが、この話は大谷破却以後のものである。他の絵伝の中には、叡山僧によって奪われた御真影を佐々木如光が奪回する話を描いたものがあり、これを大谷破却以前の出来事とするものと破却以後としているものがある。もちろん、如光による御真影奪回の話はつくられた伝承であるが、どこか堅田法住による登山の名号の話と似通っている。仮にこの軸が登山の名号の話としても疑問が残る。この話の典拠は『本福寺由来記』であって、本福寺では伝承され門徒にも知られていたであろうが、近世の蓮如伝には載っていない。どれだけ流布していたのか問題であるのである。とにかく、芳沢寺本に軸が描かれていないのは、内容が分からなくなって脱落してしまったと考えられる。

［2］⑮～⑰見玉尼、⑱嫁威しの鬼面

芳沢寺本（写真23）では、見玉尼と嫁威しの話を第二幅の三段から四段目にかけて大きく描いているが、勝楽寺本（写真21）と願念寺本（写真22）では描き方が異なっている。すなわち、嫁威しの前に荼毘の光景を描いてその上方に瑞雲と日輪があるという象徴的な手法である。芳沢寺本が、吉崎に訪れた見玉尼の姿から蓮如との対面、そして往生の場面と具体的に書き分けているのに比べると大きな違いがあろう。見玉尼往生を示すのに、来迎の阿弥陀らしきものを描いているのも興味深い。『御文』の中に有名な次の文句がある。(17)

それにつゐてこゝにあるひとの不思議の夢想を八月十五日の荼毘の夜あかつきがたに感ぜしことあり。そのゆめにいはく、所詮葬送の庭にをいて、むなしきけふりとなりし白骨のなかより、三本の青蓮華出生す。その花

写真21　嫁威し肉付き面・勝楽寺本

写真22　嫁威し肉付き面・願念寺本

写真23　嫁威し肉付き面・芳沢寺本

のなかより一寸ばかりの金《コガネ》ほとけひかりをはなちていづ、とみる。さて、いくほどもなくして蝶となりてうせける、とみるほどに、やがて夢さめおはりぬ。これすなはち、見玉といへる名の真如法性の玉をあらはせるすがたなり。蝶となりてうせぬとみゆるは、そのたましゐ蝶となりて法性のそら極楽世界涅槃のみやこへまひりぬる、といへるこゝろなり、と不審もなくしられたり。これによりて、この当山に葬所をかの亡者往生せしによりてひらけしことも、不思議なり。ことに荼毘のまへには雨ふりつれども、そのときはそらはれて月もさやけくして、紫雲たなびき月輪にうつりて五色なり、とひとあまねくこれをみる。まことにこの亡者にをいては、往生極楽をとげし一定の瑞相をひとにしらしむるか、とはんべるものなり。しかれば、この比丘尼見玉このたびの往生をもて、みな〳〵。まことに善知識とおもひて、一切の男女にいたるまで、一念帰名の信心を決定して、仏恩報尽のためには念仏まふしたまはゞ、かならずしも一仏浄土の来縁となるべきものなり。あなかしこ〳〵。

この文章を読むと、真宗にあってはめずらしく蓮如自身が往生の瑞相について述べており、勝楽寺本や願念寺本の象徴的な描法はこの『御文』によっていることが知られるであろう。見玉尼については先啓の『蓮如上人縁起』には記述されているが、『蓮如上人遺徳記』をはじめ他の蓮如伝・説教本には載せられていない。しかし、『御文』拝読や僧侶による説教によって語られ広まったのであろう。芳沢寺本の絵相が物語的に展開しているのが、このことを現している。

嫁威しは巷間によく知られた話であるが、三本ともほとんど同じ構図である。鬼面を被った姑が両手を挙げて、吉崎詣りをする嫁お清を脅す。勝楽寺本と芳沢寺本のお清は被り物をしているが、願念寺本のお清は被っていない。

芳沢寺本では次の⑲越前国主朝倉氏と対面へかけて、鬼面がとれない姑をお清が蓮如の元へ連れていく姿まで描いているが、見玉尼の絵相と同じように物語るに都合よくなっている。こうした特徴は、例えば第二幅五段の⑳吉崎炎上・本向坊腹籠りの聖教のところでも同様で、勝楽寺本と願念寺本が炎上する御堂の中へ本向坊が飛び込む姿のみであるのに対して、芳沢寺本では戸板にのせられた黒焦げの遺体と傍らの蓮如像まで描いている。

［3］㊵荼毘

蓮如一代の伝記の中で、最後の荼毘の場面、およびその前段である上人御不例から往生・遺骸拝礼のところは重要な意味を持っていた。どの蓮如上人絵伝も必ず大きくスペースをさいて描く。病中教化として知られている慶聞坊に御文を拝読させた話、鶯の話、馬の話、また往生が近づいて御真影に別れをした話などは、『空善聞書』『蓮如上人一期記』など没後はやくに成立した言行録にすでに記録されている。往生直後に遺骸を御真影と並べて安置し、門徒と別れをしたという遺骸拝礼も『空善聞書』にある。真宗中興の祖といわれる蓮如一代を描くに際して、こうした場面は蓮如の教化がどのようなものであったのか、宗祖親鸞の生まれ代わり、権化の再誕といわれるが本当にそうであったのか、という事を語り証明する必要があった。三本の荼毘場面を比較すると、やはり同じような構図で描かれている。しかし、勝楽寺本（写真24）では火葬をしている光景のみを鮮やかに描いているのに比べて、願念寺本（写真25）や芳沢寺本（写真26）では白龍が出現し鳥が飛び、さらに蓮華まで降っている姿を描いている。これは蓮如一代を荘厳するものであるが、明らかに往生の奇瑞を現すものである。蓮如没後に奇瑞が現れたということについて、『蓮如上人一期記』では、

サテ。其後ヤカテ。各コシラヘ《御カヘリマシ〳〵テ》出テ御闍維《タヒノ》時剋《ハ》。午時ナリ。供奉ノ僧衆ソノ外数万人群衆セリ、道中ノ時念仏

写真24　荼毘・勝楽寺本

写真25　荼毘・願念寺本

写真26　荼毘・芳沢寺本

常ナラス殊勝ニテ、声仏事ヲナセルヨソホヒ。万《諸》人涙ニムセヒケリ。カクテ一片ノ煙トナシ。《奉》ル、煙ノ中ニ白鷺オホク。舞《充満シ》アソフ。白蛇モ煙ニマシリトヒノクル。シカシナカラ煙ニマシリ来生ノタヨリトセントオモフ歟トミエタリ。。空花ハ雪ノフルカコトシ《又ハ愁傷クノ心ナル歟ト皆人申アヘリ》、紫雲ハ日光ノメクリニ五色ナリ。天ヨリ降蓮花ノ廻リ大キサ一尺アマリト云。前代モキカ《未聞》サル奇代不思議ノヨソホヒナリ。又大坂ノ御堂ノ上ヘ《ニモ》。降下ル蓮花ハナヲ大キニ廻リ二尺余ナリトイフ。両所トモニ一七ヶ日ノ間空華モ紫雲モヤマス、奇代ノ妙義《ノ》ナリ。《御》葬所《ノ体ナリ》ヨリ帰リ《テ》。ハ三七日マテノ。《御》中陰ナリ。他門他家ノ人々モ見マイラセテ随喜感歎カキリナシ。

とある。(18) また『蓮如上人遺徳記』には、

同《キ》廿六日辰刻《タツノ》ニ葬喪《サウソウ》ノ場《ハ》ニ送《ヲク》リ玉フ。シカレバ日光万山ニカ、ヤキ、曜色《ヨウシヨク》衆木《シユホク》ニウツリ、紫雲《シウン》四方ニ垂布《スイフ》シ、殊《コト》ニ西《ニシ》ノ空《ソラ》ニアタリ金色ノ光雲カサナレリ。又諸仏菩薩《マタシヨフチホサチ》ノ音楽《ヲンカク》ヲキ、、奇麗妙花《キレイメウクワ》フリクダル事《コト》マノアタリ諸人コレヲ拝《ハイ》セリ。諸方《シヨハウ》ノ有情《ウシヤウ》日域《ニチイキ》ノ門流来集《モンリウライシフ》シテ江河山谷《コウカサンコク》ヲイハズ群攀《クンハン》シテ不思議ノ霊瑞《レイズイ》ヲ見奉リ、屈敬《クツケイ》シ哽《カウ》絶《セツ》ス。自他宗コレヲ見聞《ケンモン》シテ仰崇《キヤウソウ》ノ思《ヲモヒ》ヲナセリ。シカレバホドナク葬場《サウシヤウ》ノ煙《ケムリ》トナリ青帝《セイテイ》ノ天《ソラ》ニ立登《タチノホ》リケルニ、白鷺《ハクロ》充満《シウマン》シテトヒメグリ、又白竜現《ハクリウケン》シテ暫《シハラ》ク煙《ケムリ》ヲサラス。

などとある。(19) この奇瑞について、さすがに『遺徳記』では続いて「是併《コレシカシナカ》ラ血縁《ケチエン》ノユヘカ、又臨葬《リンサウ》ヲ歎《タン》スル故カ、希代《キタイ》ノ事《コト》ナリ」と述べたり、釈迦入滅にさいして「暴風《ボフ》オコリ天曇《クモリ》、樹木双林色《シユモクサウリムイロ》ヲ変《ヘン》シ提河《タイカ》流《ナカレ》竭《ツ》キケリ。最彼《モトモカレ》ニ同《オナ》ジカルベシ」としている。そして、「権化《コンクエ》ノ方便《ハウヘン》末代ノ衆生ニシラセントナリ。仰クベシ信ズベシ」と結んでい

る。親鸞聖人絵伝における荼毘の場面と比較するとき、その大きな違いが認められよう。蓮如上人絵伝の制作された当時の真宗門徒たちが、「蓮如」という人物とその一生をどのように捉えていたのか如実に示している。

4　伝説の成立

勝楽寺本には、嫁威し肉付面や腹籠りの聖教といった話が描かれていた。普通、こうした伝説的な話は近世的なものとみられ、そこから勝楽寺本の天正九年成立について疑問視されることになる。嫁威しや腹籠りの聖教といったような伝説はいつごろ成立し、どのように流布したのであろうか。いまのところ、勝楽寺本以外にこのころの蓮如上人絵伝が発見されていないとすれば、天正九年成立の問題について蓮如伝説の成立と流布といったことから考えてみよう。

蓮如伝説といってもいろいろなものがあるが、大別すると、①教団周辺で形成された伝説、②地方でつくられた伝説、という二つに分けて捉えることができる。教団周辺で形成された伝説とは、蓮如没後の一〇〇回忌ごろまでに、願得寺実悟などによって蓮如を「権化の再誕者」として位置づけた一連の蓮如伝から生まれてきたものをさす。例えば、生母が石山観音の化身であったとする話は有名であるが、『拾塵記』に、

北堂ハ生所ヲ不知人也・存如《円兼法印》上人先妣ノ御方ニ常随宮仕人ニ侍リキ。蓮―上人六歳ノ時、カノ六歳ノ寿像ヲ絵師ノ侍シニカ、セ取テ能似タルヲ表保衣等マテ悉クコシラヘ玉テ取持テ、我ハコレ西国ノ者也、爰ニアルヘキ身ニ非ストテ、応永廿七年庚子十二日廿八日常ニ住メル所ノ妻戸ヲヒラキテ、供奉スル人モナク只一人行方シラスウセ給ヌ。依之其日ヲ為忌日、上人モツネニ勤行セサセ給ヒケリ。然ニ其最前卅余年ノ間ハ石山ノ観世音菩

薩ハ開張（マヽ）ノ時剋モ侍シカト、寺僧ニ告テ侘宣（マヽ）シタマヒ、我此比此寺ニアラス寺僧ノ不法不信ノ故此地ヲ去花洛ニ居ト示シテ、石山寺ニハ御座サル事ヲ示サレケリ。コレ奇代ノ事也。然ニ或人石山寺ニ参タリシニ此上人六歳ノ寿像カノ如意輪観音ノ仏檀カケラレヲカレシヲ人皆コレヲ見、サレハ彼母儀御前ハタ、チニ石山ノ観音タリト云事不可疑事也。

とある[20]。そして、後には蓮如前生譚として、存如が石山観音参詣の途次に一人の女人から白蓮華を捧げられた、という話などが付加されていった。また、大坂御坊を建立する時に聖徳太子が先達となり種々の奇瑞不思議があらわれたという話は、『反古裏書』に、

抑摂州東成郡生玉庄内大坂ノ貴坊草創ノ事ハ、去明応第五ノ秋下旬、蓮如上人堺津へ御出ノ時御覧シソメラレ、一宇御建立。ソノハシメヨリ種々ノ寄瑞（マヽ）不思議等是有トナン。マツ御堂ノ礎ノ石モカネテ土中ニアツメヲキタルカ如シ。水モナキ在所ナリケレトモ、尊師ノ御教ニ随ヒ土ヲウカチミルニ、即チ清水涌出セリ。ハシメハ一池ナリシカ、今ハ弥々心ノマ、也。ステニ天王寺聖徳太子未来記ノ中ニ末世ニイタリコノ寺ノ東北ニアタリ仏閣建立アルヘキヨシ、シルシヲキマシマスト云々。

とみえている[21]。この話は勝楽寺本にはないが、他の絵伝では四天王寺の塔を背景に案内する稚児姿の太子を描き、土中より瓦等を掘り出す絵相がよく描かれた。このように、蓮如没後の五〇回忌ごろまでに蓮如は高僧伝説化されていた。

一方、蓮如伝説の中には地方で作られたものがある。嫁威し肉付面の話などはその典型例であるが、他にも加賀動橋の奇瑞や大谷破却後における近江での話、あるいは蓮如袈裟掛松・蓮如井戸・蓮如の大蛇済度といったものである。こうした地方的な蓮如伝説は正統的な蓮如伝にはみられず、多くは近世中期以後に弘法伝説・行基伝説・親鸞伝説をすりかえて成立したものであろう。しかし、中には意外にはやく成立して流布していた伝説もあった。先述した滋賀県大津市の等正寺蔵『蓮如上人近江御遭難之伝』には、第二幅目中段に人津南別所に祖像を安置したころの事として、蓮如が毒殺されかけたとき犬が身代わりとなって死んだという話が描かれている。これは、いまも近松別院の裏にある犬塚の伝説であって、こうしたものがすでに成立していたことは注目されよう。地方的な蓮如伝説の成立と流布を考えるとき参考になるいま一つの絵伝は、愛知県岡崎市にある佐々木の『上宮寺縁起絵伝』（五幅）であった。昭和六十三年の火災によって焼失してしまったが、この絵伝には札銘があって、第四幅目には次のようにあった。

1　応永二十四丁酉夏四月十五日従三河國油淵化児出現
2　村老謁□□□以ト名如光令継上宮寺
3　永享元己酉冬十一月如光為蓮如上人□（之）弟子
4　依如光上人之化導大蛇天上
5　寛正二丙子（マヽ）二月大衆□（会）合大講堂之處
6　同季春二月十六日大谷破却
7　同日日輪告怪異於如光上人

8　大田杉浦門徒寺護如光而上洛
9　如光於大津近松□（謁）蓮如上人堅田
10　如光與大衆問答決擇
11　大衆依如光之勇力躊躕悚悚
12　如光與大衆□（切断）和□
13　如光得祖師之形像發大津
14　如光勧三州御下向于（如脱カ）蓮上人

この札銘と絵相が歴史的事実を語っているとは必ずしもいえないが、寛正六年一月十日の大谷破却を「同季（寛正二年）春二月十六日」と誤っているものの、如光が上洛して叡山大衆と問答決択におよび、勇力をふるって御真影を奪回したことがみえている。『上宮寺縁起絵伝』の成立時期は、従来、奈良絵本風の描写で近世初頭頃とされていた。しかし、小山正文は絵伝と密接な関係にある寺の寺誌『古今纂補鈔』五巻が享保十年（一七二五）から十五年（一七三〇）の成立であるところからこれ以降であり、明和六年（一七六九）の本堂再建にあわせて描いたものではないかという[22]。明和六年ころとすれば、蓮如二五〇回忌（一七四八年）と三〇〇回忌（一七九八年）の間である。そして、三〇〇回忌以降に成立する三河の蓮如上人絵伝で如光武勇譚は盛んに語られていった。如光伝説がいつ成立したのかは分からないが、『上宮寺縁起絵伝』が成立してから伝説が生成されたのではなく、伝承があって絵伝に描かれたのである。近世初期頃には語られ伝承されていたものと推察する。

こうして蓮如伝説の成立を考えてみると、蓮如は没後すぐに高僧伝説化され、教団周辺で形成されたものだけでなく、犬塚や如光伝説などのように地方の蓮如伝説も意外に早く成立し流布していたのではなかろうか。

では、嫁威し肉付面や腹籠りの聖教といった話は天正九年に成立していたのか。蓮如伝説が没後すぐに形成され地方で伝承されたとしても、この二つの話がこのころに成立していたかどうか分からない。嫁威し肉付面の話は、近世においては岩瀬文庫蔵『蓮上人御教化嫁威谷物かたり全』（一八四七）のよう物語化したり戯曲化され、寺院説教においても盛んに語られた(23)。しかし、吉崎願慶寺の「真正嫁威肉附面縁起」をみると「慶長十六年辛稔開版」と記されていて、このころに縁起としては成立していたようである。

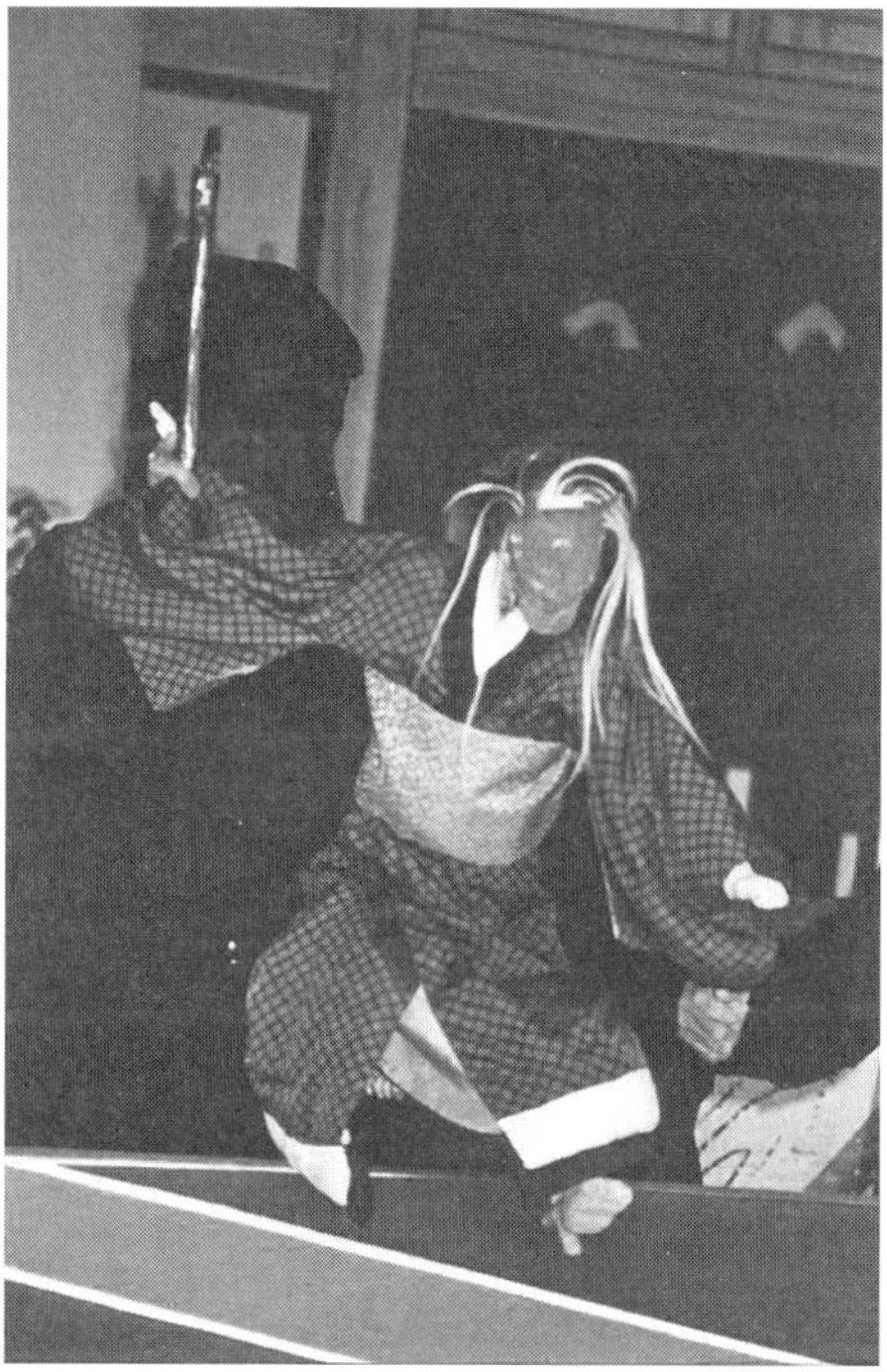

写真27　真桑文楽の「嫁威し肉付き面」（岐阜県真桑町）

以上、勝楽寺本の天正九年成立について顕如裏書の存在と形態、同系他本との絵相比較、伝説の成立時期などから検討してきた。裏書自体だけをみれば、ほぼ顕如のものとみることができる。これを疑うのは勝楽寺本が、他の蓮如上人絵伝の成立時期とあまりにもかけ離れているからであった。絵伝に描かれている伝説は、少なくとも近世初期ころには成立して伝承されていたであろう。しかし、伝説・伝承が成立していても、これがすぐに絵画化されて絵伝の絵相に取り込まれることは難しい。寺院縁起としての絵画化ならば可能であったが、三幅・四幅絵伝として蓮如一代の生涯を構成して描くには一代の蓮如伝記が必要であったはずである。こうしたことから判断すると、勝楽寺本の成立はもう少し時代が下るのかもしれない。しかし、もういちど裏書にもどると、「蓮如上人縁起／大谷本願寺釈顕如（花押）／天正九年辛巳四月十四日／願主／釈浄玄」とあって、「蓮如上人縁起」と記されていること、そして裏書は三幅それぞれに添付されていることが注目される。宛所がないことが気になるが、この裏書はもともと三幅それぞれの裏に記されていた一具のもので別のものでなかったことになる。「蓮如上人御絵伝」ではなく「蓮如上人縁起」という表現も、「絵伝」ではなくて「縁起」ということで古体を感じさせる。描き方の技法をみれば、近世中期以降の蓮如上人絵伝とはちがって格段にすぐれている。つまり、明らかに本山側でなんらかの理由で制作された、特別な三幅本の蓮如上人縁起であった、ということになる。嫁威し肉付面や腹籠りの聖教といった伝説が成立していたかどうか確定できないが、総合的に判断すると勝楽寺本の天正九年成立をみとめてもよいだろう。

三　蓮如上人絵伝と伝記・絵解き台本

1　拝読本の種類

絵伝の成立には、さまざまな蓮如の伝記と深い関係があると考えられるが、その前に、蓮如忌の絵伝奉懸時において拝読されたものや絵解きの台本について触れておきたい。

親鸞聖人絵伝には、その絵相に対応する『御伝鈔』があり、報恩講には必ず「御伝鈔拝読」が行われている。私的な蓮如上人絵伝には『御伝鈔』に相当するような正式なものは当然のことながらなかった。しかし、実際には蓮如忌の法会の中で各種縁起や伝記等が拝読されてきた。滋賀県伊香郡（現・長浜市）の明楽寺には、嘉永元年（一八四八）三月版の『蓮如上人伝絵』上下二巻があり、岐阜県郡上八幡の長敬寺も同じものを三月二十四日に拝読している。愛知県安城市の本證寺にも、現在は拝読されていないが同様のものが所蔵されているので以前は読まれていたのであろう。滋賀県大津市の等正寺では、蓮如の絵像が吉崎下向するときと、帰山するときに『本願寺中興蓮如上人縁起』上下二冊（写本）、同県守山市の善立寺では『蓮如上人之御事』という蓮如一代記を拝読していた。善立寺のものは慧空の息男聞空が元禄七年（一六九四）に記したものである。(24)また同県草津市の西蓮寺では、同寺蔵『蓮如上人御絵伝』と対応する拝読本『蓮如上人略伝』（文政十三年、一八三〇）を住職喜成が著していた。東京の本法寺では第七代良秀による『本願寺中興開山蓮如上人伝略』上中下一冊があり、同じものが二本あって読縁起としても使用されたようであった。富山県西砺波郡（現・南砺市）の光徳寺には『蓮如上人御絵伝』二冊本があって、役僧が絵解きをして住職が夜に拝読することになっている。愛知県岡崎市の浄専寺にも、『本願寺中興蓮如上人伝絵』なる写本があって拝読されている。こうしたものが作られていないところでは、蓮如の木像や御影像の読縁起が拝読された。石川県小松市常念寺「（御寿像縁起）」・福井市の東称名寺「（吉崎火災の図縁起）」・富山県西砺波郡（現・南砺市）の宗善寺「（川越御寿像縁起）」・愛知県豊田市の西雲寺「（如光上人像縁起）」・滋賀県高島郡（現・高島市）の最勝寺「御木像縁起」などがそれぞれ拝読されている。(25)絵解き台木はなかなか発見できなかったが、それは絵伝を蓮如忌に奉懸して各種の蓮如伝記を拝読するという形式の方が、絵解きよりも普及していたからであった。

このように絵伝を単に懸けるだけでなく、蓮如の伝記や各種縁起を拝読していたのであったが、これは「蓮如忌」を「報恩講」の法会形式に真似て執行しようとしたことによるものであろう。事実拝読される蓮如伝記は「蓮如上人御伝鈔」などと呼ばれていた。正式な『御伝鈔』がないので、絵伝とおなじく私的に伝記を作り相当させて

いたのである。この典型例が、明楽寺や長敬寺あるいは本證寺などにあった『蓮如上人伝絵』上下二巻である。これはその識語に、

此二巻伝、実玄大僧都諱兼智、校正遺徳等旧紀幷謳歌之伝説所選述也、然草本在笈底、文字悉虫飡不分明也、幾行遍覧之、幸今年当上人二百廻之忌辰間、亦補前後之闕略、潤色数帖之遺言、不加一言一句之私解、是併恩田難默止、再耕筆疇之功、偏擬師恩報徳之一端而已

元禄十一年戊寅歳三月日

河陽出口邑中番第九世

常顕扒書

下巻有八段

河内光善精舎者　蓮如上人之遺跡也、予数詣焉親誦読　上人之実録者、再三不堪追慕之情、竊請謄写珍蔵於笈中有矣、嘉永戊申春　上人三百五十回忌辰云応、或請梓之、聊充報仏謝祖之万一而已、

嘉永元年戊申春三月真宗末資宜典隼識

（印）（印）

釈氏宜典	金幢隼

とあるように、元禄十一年（一六九八）三月、河内の出口光善寺常顕によって蓮如の二〇〇回忌の年に作られたも

のであった。そして、これが広まったようで、嘉永元年（一八四八）の三五〇回忌には版本として出ている。内容的には上下二巻になっていて、『蓮如上人遺徳記』をはじめとする旧記や謳歌を参考としてまとめられたのであった。もう少し具体的に見てみると、次のような内容になっている。

上巻段有七切
1　蓮如上人の出自
　誕生と一流再興の恩徳
2　生母との別離・鹿子御影
　十五歳、一流再興の志
　　法然三五の御年無常を感ず
3　出家得度・修学
4　北国下向・聖跡巡拝
　寛正の法難　大津へ脱出
　　御木像仮屋に安置
5　文明三年、再び北陸下向
　（承元の法難の事）
　吉崎御坊建立
6　吉崎脱出

下巻段有八段
1　順如上人の事
　寺務を実如上人に譲り隠居する事
2　大坂御坊建立の事
3　上人御不例の気
　　大坂から山科へ移る
　　兄弟中への仰せ
4　上人、病床の詠歌
　御真影とのお別れ
　　辞世の歌
5　病中の教化
　　鶯の事
6　往生
7　遺骸拝礼

出口御坊建立
山科御坊建立
7　文明十四年、山科本堂建立
一流再興・仏法弘通の本懐成就
権化の再誕者　黒谷上人の化現
祖師聖人の後身
仏・菩薩の応化
（例　暗闇に経典を拝す）

葬送　奇瑞　泉涌寺長老他
拾骨・山科墳墓
8　滅後の真宗繁昌の事
恩徳広大

誕生から往生・滅後の事まで、蓮如の一代記として一応の流れと内容が拝読形式の文体で記されている。二〇〇回忌の元禄十一年（一六九八）に、こうしたものが成立していることは注目できよう。しかし、絵伝の内容と比較してみると基本的には一致するが、絵伝に特徴的な地方伝承や伝説はみられない。光善寺の『蓮如上人伝絵』は、『蓮如上人遺徳記』と同じように、蓮如が一流を再興した権化の再誕者であることに終始している。

2　蓮如伝と絵伝の成立関係

絵伝の成立と内容について、蓮如に関する伝記の成立からみたらどのようになるであろうか。蓮如忌に拝読されていた各種の伝記も、版本等で流布した蓮如伝を参照してまとめられたに違いない。表23は、明応八年（一四九九）蓮如往生からどのような伝記が成立し、そして絵伝が成立してきたかを年代的に整理してみたものである。[26]前掲の表21と同じく年忌を時代区分の指標とした。

蓮如伝の成立に関しては、ほぼ四つの時期が認められよう。第一期は、明応八年（一四九九）蓮如往生後に『空善聞書』をはじめ、昵近の弟子達によって法話・言行録が編纂された。『蓮如上人御若年砌事』『蓮如上人御物語次第』『蓮如上人御遺言』などである。第二期は、五〇回忌から一〇〇回忌の間、とくに天正二・三・八年（一五七四・一五七五・一五八〇）といったころである。蓮如の第二十三子であった願得寺実悟によって、『蓮如上人一語記』（実悟旧記）『拾塵記』『天正三年記』『山科御坊事幷其時代』『蓮如上人一期記』『本願寺作法之次第』『蓮如上人塵拾鈔』等が著された。この実悟という人物によって、事実上高僧としての蓮如、あるいは「権化の再誕者」という蓮如像が形成された[27]。しかし、この二期では一応の蓮如像が形成されたといっても、いずれも言行録・法語といったもの中心の著作で、蓮如一生の伝記といった性格のものは成立していない。その後、百年程のブランクがあって、第三期が元禄十一年（一六九八）の二〇〇回忌ころとなる。『蓮如上人略伝』や『蓮如上人御一生記』といったものが成立・出版され、近世蓮如像の形成に大きな役割を果たしたといわれる『蓮如上人遺徳記』と『蓮如上人御一代記聞書』が出版された。そして第四期は、寛延元年から寛政十年（一七四八〜一七九八）、つまり二五〇回忌から三〇〇回忌にかけてのころで、宝暦九年（一七五九）には先啓了雅によって大部な『蓮如上人縁起』が成立し、寛政六年（一七九四）に『蓮如上人御一生記絵抄』、さらに文化七年（一八一〇）に『蓮如上人御旧跡絵抄』といったものが成立・出版された。

このように蓮如伝の成立をみてくると、近世蓮如像が二〇〇回忌の元禄年間から形成され出し、三〇〇回忌にはさまざまな近世蓮如伝が成立、そして一般に流布していたことが分かる。先にみたように、光善寺本の『蓮如上人伝絵』は二〇〇回忌の成立であったし、絵伝の成立は三〇〇回忌が一つの画期ではないかと述べたが、これは近世

	絵伝所蔵	絵伝成立年次		蓮如上人年忌	蓮如上人伝記
10	蓮浄寺	文化13年	1816		
11	康善寺	文政２年	1819		
12	極法寺	文政４年	1821		蓮如上人御隠棲実記（版・1819）
13	唯法寺	文政５年	1822		
14	本通寺	文政５年	1822		
15	最勝寺	文政６年	1823		
16	長善寺	＊文政５～６年（1822～1823）			
17	西光寺	＊文政年間（1818～1830）			
18	西蓮寺	＊文政13年	1830		
19	本源寺	天保２年	1831		
20	法行寺	天保９年	1838		
21	願随寺	＊天保９年以前	1838		
22	観行寺	＊天保10年	1839		
23	真光寺	天保10年	1839		蓮如上人御一生記絵抄（版・1839）
24	西雲寺	＊天保14年	1843		
25	本法寺	弘化３年	1846		
26	本法寺	弘化３年	1846		
27	法圓寺	＊弘化５年	1848	嘉永元年（1848）350	
28	最勝寺	嘉永２年	1849		
29	明法寺	＊嘉永年間（1848～1854）			
30	弘願寺	安政２年	1855		
31	三輿寺	安政２年	1855		蓮如上人御遺跡図会（成立・1855）
32	超円寺	文久２年	1862		
33	西恩寺	文久３年	1863		
34	康順寺	明治25年	1892		
35	瑞玄寺	明治26年	1893		
36	万福寺	＊明治30年	1897		
37	明楽寺	＊明治31年	1898	明治31年（1898）400	
38	西光寺	＊明治37年	1904		
39	安楽寺	明治44年	1911		
40	城端別院	＊大正４年	1915		
41	暎芳寺	大正７年	1918		
42	長敬寺	＊大正15年	1926		
43	城端別院	＊昭和４年	1929		
44	順正寺	昭和23年	1948	昭和23年（1948）450	
45	本泉寺	＊昭和34年	1959		
46	吉崎別院	昭和45年	1970		

	絵伝所蔵	絵伝成立年次	蓮如上人年忌	蓮如上人伝記
			明応8年（1499）	第八祖御物語空善聞書・蓮如上人御若年砌事
				蓮如上人御物語次第・蓮如上人御遺言
				蓮如上人一語記（実悟旧記録）・拾塵記・栄玄聞書
			天文17年（1548）　50	反古裏書・今古独語・光闡百首
				蓮如上人仰条々・天正三年記・山科御坊事並其時代
1	勝楽寺	天正9年　1581		蓮如上人一期記・本願寺作法之次第・蓮如上人塵拾鈔
			慶長3年（1598）100	
			慶安元年（1648）150	
2	菅生神社	慶安4年ヵ　1651		
				蓮如上人御物語（版・1677）
				蓮如上人遺徳記（版・1679）
				蓮如上人御自言（版・1689）蓮如上人御一代聞書（版・1689）
				蓮如上人御法談（写・1689）
			元禄11年（1698）200	蓮如上人略伝（成立刊行・1698）
				蓮如上人御物語（版・1713）
				蓮如上人遺徳記（版・1716）蓮如上人御一生記（版・1716）
				蓮如上人御法談（版・1716）
			寛延元年（1748）250	
				蓮如上人小部集（成立・1756）
				蓮如上人縁起（成立・1759）
				実悟記拾遺（刊行・1768）
3	託法寺	＊明和8年　1771		
				蓮如上人御旧跡西宗寺略縁起（成立刊行・1773）
4	真照寺	＊安永6年　1777		
				蓮如上人縁起（版・1778）
				蓮如上人御伝画指抄本（写・1779）
				蓮如上人御物語（版・1780）
				蓮如上人二百年限（成立刊行・1791）
				蓮如上人御一生記（版・1791）
				蓮如上人御一代絵抄（版・1792）
				蓮如上人御一生記絵抄（成立・1794）
			寛政10年（1798）300	
5	善立寺	＊寛政11年　1799		
6	極念寺	＊文化2年寄進　1805		
7	真念寺	文化2年　1805		
8	芳沢寺	寛政4～文化9年（1792～1812）		
9	等覚寺	寛政4～文化9年（1792～1812）		蓮如上人御旧跡絵抄（成立・1810）
				蓮如上人道西坊へ御物語（版・1813）

表23　蓮如伝と絵伝の成立関係

蓮如伝の成立過程と対応しているといえよう。近世蓮如伝が成立して、絵入り版本までが出回るようになって、蓮如の絵伝が成立してくると推定できる。

伝記の内容と絵伝の内容についても、例えば寛政三年（一七九一）に出版された『蓮如上人御一生記』をみてみると次のような目次になっている。[28]

巻一

一　蓮如上人御誕生之事

一　大谷御堂回禄之事

　　附　上人三井寺御寄宿之事

一　上人北国御下向之事

　　附　法流御繁昌之事

一　川尻性光坊之事

一　上人三国湊へ御渡之事

一　吉崎御草創之事

　　附　山上風景勝地之事

一　地頭朝倉左衛門之事　幷系図

一　吉崎御堂成就之事

　　幷多屋造営之事

巻二
一　吉崎参詣御停止御成敗之事
一　見玉尼公御往生奇瑞之事
一　吉崎要害之事
　　附　多屋衆評議之事
　　　　上人評議御同心無之事
　　　多屋衆国主へ書札遣事
　　　同返事
一　川崎専称寺炎上之事
　　加州一揆攻寄吉崎之事
　　上人藤島へ御退去之事
一　大谷本願寺御繁栄之事
　　附　山門大衆欝憤之事

巻三
一　川崎専称寺再興之事
　　附　上人御帰住之事
　　　　御制状之事

一　敏景吉崎参詣之事
一　敏景一宿上人御物語之事
一　敏景御制状拝見之事
　　附　仏法中不物忌事
　　　　阿闍世悪病平癒之事
　　　　敏景家制状之事
　　　　吉崎参詣群集之事
一　上人四首御詠歌之事

卷四

一　吉崎失火炎上之事
　　付　仮屋造営之事
一　自敏景上人江御使者之事
　　付　吉崎再興御催之事
一　下間法眼与経景口論之事
　　付　経景不義之事
一　平泉寺衆徒押寄超勝寺之事
　　付　法眼加州へ落行之事

一　上人吉崎御退去之事
　付　御名残之御詠歌
一　吉崎合戦和田父子討死之事
一　吉崎破却敏景立腹之事
一　上人吉崎御書之事

巻五

一　上人若州江御著之事
一　河州出口御堂御造立之事
　附　蛇身出現之事
一　異国人堺津江著船之事
一　山科御堂御建立之事
一　御影堂成就之事
一　御真影入御之事
一　三井寺衆徒遮御真影之事
一　於山科七昼夜御法事之事
一　阿弥陀堂御建立之事

巻六

一　大坂御堂御草創之事

附　上人御隠居之事

同　天王寺御参詣事

一　化児来現之事

附　御堂成就之事

一　上人御不例之事

附　下間法眼御赦免之事

上人御辞世御詠歌

上人御臨終奇瑞之事

上人御遷化之事

御臨終奉逢人々之事

こうした内容は、ほぼそのまま四幅本系絵伝の絵相、とくにその中でもC系統本の絵相と対応するものである。蓮如上人絵伝は、中央教団の近辺で形成された「権化の再誕者」としての蓮如伝と、これが通俗化された近世蓮如伝、そして地方に発生した伝承が一緒になって絵画化されたのであった。

3　蓮如上人絵伝と絵解き

絵伝が成立して蓮如忌に登場してくると、絵伝の内容について説明したり絵解き説法が行われるようになったが、それはなかなか難しいことであった。

「絵解き」という、すぐれて口承文芸的かつ宗教的行為が成立するには、どのような条件や背景が必要であろうか。絵解きの中でも、特定人物の一代記などを絵解くものに限ってみれば、まず「絵伝」そのものの成立がなければならないのはもちろんであるが、こうした絵画作品が生み出されるには描かれる人物に対する歴史伝承の生成と定着、伝記や伝承を絵画化する行為の必要、絵解き台本の成立と絵解き者の存在、などといったことが挙げられる。以下、蓮如上人絵伝の場合についてみてみる。絵伝の成立についてはに述べたので、この絵伝成立から「絵解き」という行為への展開の道筋、そして「台本」の成立と絵解く者、という二つの観点から若干述べてみたい。

蓮如上人絵伝には巻子本のものはこれまでなく、親鸞における『親鸞聖人伝絵』（巻子本）の詞書がなくなって絵のみが掛幅化されていくという親鸞聖人絵伝のような成立形態ではなく、詞書を持たずに直接絵画化された絵伝であった。絵伝の成立する以前に各種蓮如伝が成立し、また「権化の再誕者」として高僧蓮如は庶民の間に盛んに語られていたが、絵伝を「絵解き」するとなると、全絵相に対応するような伝記はなかったといってよい。

なぜ、蓮如一代の事跡が絵画化されたのか。それは「蓮如忌」という法会に絵伝が必要となったからであり、蓮如忌は絵伝の成立から絵解きという展開を追うとき重要な意味を持つ。蓮如忌は『絵解きの場』であった。蓮如上人絵伝の絵解きは、かつて西厳寺（長野県長野市）や「西端の蓮如さん」で知られる栄願寺・康順寺（愛知県碧南市）などで行われていた。現在行われているのは、城端別院善徳寺（富山県東礪波郡城端町、現・南砺市）や願随寺（愛知県碧南市鷲塚）などにすぎない。

城端別院善徳寺での絵解きは、御文を引用しながらかなり本格的に行われている。四月二十三日から二十五日の蓮如忌と、七月二十二日から二十八日までの「虫干法会」においてである。このうち虫干法会は近世の御開帳を彷彿とさせる古い形態を残している。本堂をはじめ建物の各部屋には次のようなものが展観され開帳される(29)。

蓮如上人御木像御開帳、親鸞聖人六角堂御通いの御木像御開帳、親鸞聖人都御別れの御木像御開帳、善徳寺開基仏五尊の御影御開帳、栴檀香木阿弥陀如来御木像御開帳、善徳寺第六代空勝僧都御木像御開帳、源空上人御染筆六字名号御開帳、聖徳太子二歳の御姿御木像御開帳、親鸞真筆「唯信鈔断簡」、文明六年正月十一日付蓮如筆「神明三ヶ条御文」、天文版三帖和讃・正信偈四句御文・屏風隠れ名号・大蛇済度御名号・兆殿司や狩野探幽筆といわれる寒山拾得図・山水三幅対、一の谷屋島壇ノ浦合戦図屏風八曲一双、各種御膳・行器・歌留多・貝覆・見台・鎧等

本堂北余間に安置されている蓮如御木像に対しては読み縁起が拝読され、「真宗中興の大善知識、自ら御彫刻なされし御満足の御木像〜〜〜当山第一の霊宝なれば、正しく本願を拝し奉る思いをなし称名諸共謹んで〜〜拝礼〜〜」と語られると、厨子正面に掛けられた薄絹が紐を引いて上げられ御木像開帳となる。各法物にはやはり縁起の付いているものがある。城端別院の蓮如上人絵伝はそれほど古いものではなく、箱書きによれば二幅が大正四年六月、二幅が昭和四年六月に作成されたもので、広島別院伝来のものを借覧し本山にて調製下付されたという。

「蓮如」を語るには必ずしも「絵伝」を必要としない。木像や絵像、九字・十字・六字の名号、御文、あるいは遺骨や伝承的な遺品があれば可能である。金沢市二俣の本泉寺はもっとも蓮如と関係深い由緒寺院であるが、四月

の蓮如忌にはやはり次のような法宝物が展観される。

正信偈八句文二幅（蓮如上人筆）・寺号額木・漆彩色葉柳観音画像・御法衣二着と御袈裟御念珠（蓮如上人着用）・水主の名剣（かわうその名剣・長谷部国重作）・阿弥陀仏尊像（恵信僧都作）・御別れの九字名号（蓮如上人真筆）・布袋丸鹿子御影（蓮如上人六歳）・三方正面本泉寺開創の御本尊（本願寺第七代存如上人御下付）・山中の御文（蓮如上人真筆）・妙忍禅尼身替の名号（親鸞聖人御真筆）・妙忍禅尼御影・蓮乗僧都御影・御満足の名号（覚如上人御真筆）・南蛮屏風・八ツ切リ名号（蓮如上人真筆）・文類聚鈔正信偈二句文（蓮如上人真筆）・正信偈三帖和讃御開版本（文明五年蓮如上人版木開創）・九字十字名号二幅（蓮如上人御真筆、九歳御筆初め）・御頂骨・籠子の名号（蓮如上人御真筆）・御讃の名号（三代覚如上人御名号・八代蓮如上人御讃）・八万の法蔵御文（蓮如上人御真筆）・蓮如上人鏡の御影

各法物の一つ一つに読み縁起が拝読されたり、法話の中で伝承が語られていた[30]。本泉寺の蓮如上人絵伝も新しく、箱書きによれば「昭和三十四年三月二十五日／当寺手次門徒　金沢市馬場町住人／画工鳥野彰筆」とあった。蓮如と直接結びつく遺品と読み縁起だけで充分であったのであろう。つまり、絵伝はこうした蓮如忌や虫干法会といった開帳の中から新しく生まれたものであった。

全国の蓮如忌は、おそらく蓮如の二〇〇回忌辺りから行われるようになり、盛んになるのは正に絵伝が制作されはじめる三〇〇回忌から四〇〇回忌の間と考えられる。制作された絵伝は報恩講に親鸞聖人絵伝を掛けることにならって、本堂余間などに安置され蓮如忌が執行されたのであった。しかし、すでに「絵伝」以前にいろいろな遺品

や読み縁起、そして在地での蓮如伝承が語られていたので、いわば「絵伝」はその延長上に成立したものと捉えることができよう。「親鸞聖人絵伝」のように余間に安置されるものもあるが、内陣御簾の間や座敷・庫裏に掛けられるところもあり、法物の一つとして取り扱われていた一面もあった。「蓮如上人絵伝」は「絵解き」のためだけに制作されたのではなかったのである。

蓮如忌で展観される法宝物や読み縁起は、その寺院の由緒来歴と蓮如との関係を物語ろうとする。その地域が蓮如と有縁の地であれば、参詣した人々は遺品の一つ一つを拝見し木像や絵像の開帳に出会う。それは、時間を超えて蓮如という人物に出遇うことであった。「絵伝」が成立し蓮如忌に現れたとき、人々は何が描かれているのかと「絵」に関心を持ったに違いない。しかし、蓮如忌という「絵解きの場」はできあがっていても、絵伝を絵解きすることは難しかったであろう。それは、蓮如上人絵伝が二百本近くもあるにもかかわらず絵解き台本となると極端に少ないことが示している。これまで確認されている台本は次の通りである。

①西厳寺（長野県長野市）

『蓮如上人絵伝鈔』一冊　表紙「西厳寺　蓮如上人絵伝鈔／長沼／西厳寺」、同寺四幅本に対応、蓮如忌は毎年四月二十五日、昭和二十年代まで隣町赤沼の大谷派観海寺前住職青柳真静師による絵解きがあった

②長円寺（石川県小松市）

『蓮如上人御伝絵解　全』一冊、識語「蓮如上人四幅御絵伝ノ絵解ヲ荒木氏ノ切ニ乞ハル、ニ任セ、卒早ニモ其略解ヲ拙キ筆ヲ以テ認メ氏ニ贈ルモノ也、唯恐ル字句ノ誤リ多キヲ、必ス他見ヲ憚リタマフベシ／大正十五年四月廿五日　釈慶準（印）」「荒木伊治郎殿江／昭和十二年五月二十七日／遺言ニ依リ長円寺へ納ム（印）」、

同寺四幅本に対応

③栄願寺旧蔵（愛知県碧南市）

『蓮如上人西端伝記』袋綴、三一丁、（鳥居冨弥）筆写

④願随寺（愛知県碧南市）

『蓮如上人御伝絵』上下二巻、昭和七年鳥居冨弥筆写、同寺四幅本とは対応せず康順寺の台本と対応する、現在、門徒の杉浦喜義が絵解き、以前は同寺前住職杉浦淳雄師が絵解いていた

⑤康順寺（愛知県碧南市）

『蓮如上人御絵伝記』昭和三年鳥居冨弥筆写、同寺四幅本と対応

⑥大谷大学蔵

（後述）

⑦本通寺（滋賀県蒲生郡日野町）

『蓮如上人隠棲絵伝記』上下二巻、文政五年頃カ、同寺「蓮如上人御隠棲中五ケ年之御絵伝」一幅本に対応

⑧行順寺（三重県員弁郡北勢町、現・いなべ市）

『御絵伝差図』仮袋綴、五丁、同寺「蓮如上人御旧蹟御絵」一幅本に対応、「明治拾弐年四月廿壱日」（表紙）

これらの台本について若干の補足説明をしておくと、③⑦⑧は『蓮如上人絵伝の研究』に翻刻、④⑤については小山正文の「蓮如上人の絵伝と絵解き本――碧南市願随寺・康順寺本を中心に」に翻刻解説されている。[31] ①西厳寺のものは完全な台本ではなく、絵解きに際しての手控え的な箇条書きのものである。これとは別に元の『蓮如上

人会伝鈔』一冊（仮袋綴）というものがあるようで、第二幅目に相当する一部のものを写真で確認しているが、詳しくは未調査である。⑥は最近になって『大系真宗史料　伝記編6』に翻刻された。(32)②は未翻刻である。

さて、これらの寺院でどうして台本が成立して絵解きがなされたかを考えてみると、①西厳寺③栄願寺⑦本通寺⑧行順寺は、絵伝の一段に自らの寺院伝承を絵相として描いていることが指摘できる。①西厳寺の四幅絵伝は、第三幅四段目から五段目にかけて蓮如が草津へ入湯の砌当寺へ立ち寄ったことや自画像を賜ったことを描く。③の台本に対応する四幅絵伝は、やはり第三幅の四段目から五段目にかけて、三河に訪れた蓮如の姿や当寺の様子を大きく描いている。⑦本通寺と⑧行順寺は、それぞれ二幅本と一幅本であり、その内容は蓮如一代の事跡を描くものではなく近江国蒲生郡日野に隠棲した行実や、伊勢に来遊した姿を自らの寺院伝承と結びつけて描くものである。こうした絵伝と寺院伝承が密接に関係している場合は、絵伝そのものが自らの寺院と蓮如とを結びつけようという目的を持って制作されたことが明瞭であり、それだけ「絵解き」という行為へ展開することを当初から含んでいたといえよう。台本ではないが、西宗寺本（京都市山科）は二幅で、各絵相の間に詞書がある。この詞書を読みながら絵を指示すれば絵解きができるようになっており、かつて実際に行われていた。また、詞書だけが独立して版本としても流布している。源兵衛の生首で知られる等正寺（滋賀県大津市）の二幅本も、非常に寺院縁起的性格の強いもので当然絵解きされていたであろう。

一方、寺院自体がなんらかの蓮如伝承を持っていたとしても、絵伝が四幅本で蓮如一代の事跡を誕生から葬送まで描くものは、なかなか絵解きできなかった。④願随寺の台本は、絵解きが行われているものの同寺蔵の四幅絵伝とは対応せず、⑤康順寺の台本と同じで康順寺の絵伝に対応するという。(33)つまり、願随寺は康順寺の台本を借りて絵解きを行い得たということであった。全国の蓮如上人絵伝には同系統本があるというものの、各絵相が何を現しているのか読みとることのできない箇所がある。『蓮如上人遺徳記』をはじめとする各種近世蓮如伝をかなり参照する、ということが必要であった。その点、「台本」よりも『蓮如上人伝絵』『本願寺中興開山蓮如上人伝略』などといった、報恩講における『御伝鈔』を真似た拝読本を作り上げる方が容易であったといえよう。

「蓮如上人絵伝」を「絵解き」するということが、どれだけ困難なことであったか。「絵解き」には単に絵の説明をするだけのものもあるが、真宗の中にあっては説教の伝統があり、「蓮如上人絵伝」にも必然的に「絵解き説教」が求められた。この点を⑥大谷大学蔵『蓮如上人御伝画指抄』にみてみよう。まず書誌を掲げると次の通りである。

『蓮如上人御伝画指抄』三巻三冊、写本、第一巻三四丁、題簽「蓮如上人御伝画指抄上」、内題「信證院殿図指巻之一」、その下に「若西佐谷釈雀踊選述」、第二巻三四丁（中巻第五丁は丁数が重複）、題簽「蓮如上人御伝画指抄　中」、内題「蓮如上人図指巻之　二」、第三巻二七丁、題簽「蓮如上人御伝画指抄　下」、内題「信證院殿絵伝図指巻之三」識語「安永八己亥年七月十五終畢／右ハ佐谷隠士義厚編録セルトコロナリ、ソノ本指南光徳寺祖関コレヲ首創セリ、ソノ本失セリトカヤ、天明六丙午二月四日草々ニ写シオク、誤脱考ヘズ見ン者思之、／光久寺一雨齋恵沼記／二十九歳」

天明六年（一七八六）に「光久寺一雨齋恵沼」が書写したものであるが、もとは「光徳寺祖関」が首創し、安永八年（一七七九）に「佐谷隠士義厚」が編録したものであった。「佐谷隠士義厚」は第一巻内題下の「若西佐谷釈雀踊」のことであり、「若西」は若狭の西という意味と思われ、福井県大飯郡を流れる佐分利川上流の佐分利谷の略称かと推定される。また「光徳寺」は大飯郡の東にある遠敷郡名田庄村挙野に同名の寺院があり、「光久寺」は同じ遠敷郡名田庄村小倉畑に同名の寺院がある（木越祐馨氏のご教示）。詳しくは不明であるが、この台本は若狭の大谷派僧侶によって選述されたものであろう。この台本に相応する絵伝は分かっていないが、内容を検討すると四幅本のもので、第一幅目が石山寺参詣と白蓮華の女性・誕生・二歳に名号を縁に立って唱えた事・生母別離・石山観音・善法院法泉寺参詣・得度・夜学・北国への旅・加賀動橋の粽、第二幅目が存如往生・中陰勤行の躰・道西御文を乞う・大谷破却と軍の躰・堅田女人教化・浜名太郎左衛門と三井寺の僧・金森群参・山法師が金森攻める・近松御坊に御真影安置・越前国足羽郡北の庄・川尻性光坊教化、第三幅目が吉崎御坊の躰・見玉尼対面・女性一二人吉崎参詣の御文の躰・嫁威し・浜坂の猟師小四郎・本光(向)坊良源(了顕)・下間法眼と朝倉経景の口論、藤島の乱・吉崎脱出・若狭飛長権之守・光善寺大蛇済度、第四幅目が堺御坊と樫屋道顕教化・契丹人・清水浦の喜六太夫教化・連座御影を了賢に下す躰・近松より山科へ御真影を迎える躰、勅願所の宣旨を蒙り勅使御入躰・紀州の社人父子教化・大坂御堂建立と聖徳太子・病中教化・御真影御暇乞の躰・御遺言の躰・御往生・葬送荼毘と奇瑞、といった内容であった。

台本には「（エ）コレカ若君十一歳ノ御姿タ（エ）コレカ橘ナノ右近」などと具体的に指示する箇所があり、各幅各段の絵相すべてではないが三六箇所余りの絵相を指しながら語っている。また「次ノ絵相ハ明晩ノ御相続」などともあり、八回程に分けて語る本格的な絵解きであったようである。そして、何よりも単に絵相を説明して一代を述べるだけでなく、法義安心にまで及ぶ語りの内容が注目される。例えば「自力ニ執行シテ染ルコトハ不《ヌ》レ契《カナハ》程ニ只如来ノ他力ヲ憑《タノ》ミ上《タテマツ》レハ、南無帰命一念ノ言下ニ正定聚不退転ノ人数ト押《ヲ》シ定メ被レ下テ、便同弥勒トテ百大劫修行シ玉ヒシ弥勒菩薩ニ同キ証リノ身ト召シ成シ被《サル、》レ下《クタ》ゾトトノ御教化ニテ在ス」といった具合で、時には不審を立てて語り、如来本願・他力・無明煩悩・無宿善・罪業・大悲回向等々、和讃や御文を引用しながら自在に述べ語っている。

この大谷大学蔵の台本は、対応する絵伝が伝わらないものの、成立や書写年次・撰述者も確定でき、「蓮如上人絵伝」の台本として完成された一つの姿を示している。それは学識ある僧侶が関わって初めて成立したものであり、個人的な営為と力量に負いながら、説教の一つの方法として絵伝を用いるという意識の中に成ったものであった。しかし、他のほとんどの場合は絵相の内容を語ることで精一杯であったろう。

先の台本一覧には載せなかったが、③『蓮如上人西端伝記』に関わるものとして、原田告治が絵解きをしていた『御絵伝解説草案』という大部な資料がある。絵解きを行うに当たって手控えとして作成されたものであった。この『御絵伝解説草案』序言には、次のように語られている。

偖、皆さん、ようこそ御参詣下さいました。只今から、当山伝来、秘蔵の法宝物、蓮如上人御一代、御苦労の御絵伝、併に当山の御先祖に育てられました、佐々木如光坊の生ひ立ちより、比叡山に取り上げられました、御開山聖人御真影様の取り戻し、さては寛正六年二月十六日の御本廟が比叡山の荒法師たちの攻撃を受けました、御法難に際しまして、無双の怪力を発揮しての勇戦奮闘、続いて御本廟に火を放たれ、蓮如様は、江州辺を毎夜宿所を変へて、逃げ廻っておいでになりましたが、次々と襲撃を受け、刻々と危険が迫りましたので、如光さんの御招待に依り、一と先づ、難を避けると共に、焼かれた本願寺の基礎を、当地にて再起復興の為め、当西端へ御下向になりまして、応仁寺の御建立、御落成まで、当山の御先祖、杉浦宮内右衛門様のお家に御逗留御教化をなさったので御座います。当山の先祖は、蓮如様に帰依してお弟子となり、家を開放して寺としたのであります。

『御絵伝解説草案』は、最初に「団隊御参詣の方々へ、草案（連弁で五分、ゆっくりだと十分かゝる）」と記された短い台本があり、続いて本格的な絵伝解説となる。内容的には、いま引用した①「序言」、②誕生から生母との別離、③「兼寿様御学問御修業の巻」、④「蓮如様御教化御化導始まる／御開山聖人御旧跡御巡拝」、⑤「本願寺法難如光坊奪闘の巻」、⑥「蓮如上人三河国御下向御教化の巻」、⑦「西端の蓮如様の巻」、⑧「文明三年四月北国御下向の巻」、⑨「吉崎御坊の巻」、⑩「吉崎御坊炎上の巻」、と分けられている。四幅の絵伝全部の御絵解きを聞くと、弁当持ちで一日かかったという。

絵解きをしていた原田告治は明治十七年生まれで、昭和四十八年に九十歳で亡くなられた。自分からすすんで「後生話し」をする熱心な門徒であったという。しかし、絵解きを始めたのは晩年からで昭和三十年以降であったという。『御絵伝解説草案』は、『御文章』や『蓮如上人遺徳記』『真宗懐古鈔』『御伝記勧誘録』『蓮如上人御一代記』等を参照してまとめられたものであった。同氏以前には、杉浦五四郎、康順寺では伴僧の岩月藤太郎などが絵解きをしていたという。どのように西端における蓮如絵伝の絵解きが伝承されてきたのか。おそらく、近世盛んに絵解きをされていたころのものとは断絶してしまったと思われるが、『御絵伝解説草案』には「蓮如様が、六才の御時、おかあ様にお別れになりますところまで、当山に伝って居ります、昔ながらの、御絵解きの節《フシ》をつけて御絵解きをいたします、それから後は、普通の物語り調で御説明申し上げ様と存じます」とあった。いま、原田が自分の台本を読みながら録音したテープを聞くと、最初の部分がわずかに抑揚を持って語られている。

絵伝があり、蓮如忌という「絵解きの場」があり、台本が成立しても「絵解き」が行われるとは限らない。絵解きできる「人」がいなければならず、絵解き者は続いても二、三代で断絶し伝承されることがなかったようである。

註

（1）「蓮如上人絵伝調査研究班」は、一九八六年、真宗大谷派宗務所企画室内におかれて蓮如上人絵伝の全国調査を始めた。当時の参加者は、大藤順誼・赤井達郎・小山正文・青木馨・木越祐馨・平野眞・石田由美子の各氏、そして蒲池であった。一九九四年に真宗大谷派出版部より『蓮如上人絵伝の研究』を出版し、調査資料と研究報告を行った。主要な蓮如上人絵伝の写真図版や解題などは掲載したので参照のこと。

（2）前掲『蓮如上人絵伝の研究』に収載。「蓮如上人絵伝所蔵一覧」には、材質・寸法・作成年・裏書・箱書・台本・縁起・蓮如忌の有無などを載せてある。調査以後、新たに宝光寺（愛知県岡崎市）・徳念寺（愛知県豊田市）・明泉寺（広島県福山市）・常福寺（茨城県つくば市）・専福寺（長野県中野市）・吉崎寺（福井県坂井郡、現・あわら市）・浄光寺（福井県敦賀市）・本覚坊（新潟県上越市）などの所在が後に判ったが、ここには加えていない。本書の記述は、調査班で所在確認したものに限った。本覚坊のものは、本文中に述べた一幅本とは別の四幅本で、西厳寺本や専福寺本と同系である。

（3）拙稿「三河の蓮如忌習俗と伝説」（『中京民俗研究』第二号、一九八六年）。本書第五章第二節「三河の蓮如忌と蓮如伝承」。

（4）拙稿「蓮如絵伝を読む」『三河の真宗』真宗大谷派三河別院発行、一九八八年四月。

（5）『真宗史料集成』第二巻、同朋舎、一九七七年、四三七頁。

（6）佐々木孝正「本願寺の葬制」（同著『仏教民俗史の研究』名著出版、一九八七年）。

（7）前掲註(5)、五三八～五三九頁。

（8）『宇野新蔵覚書』（『続真宗大系一六』真宗典籍刊行会、一九三九年、一〇六頁）。

(9) 前掲註(5)、七九八頁。
(10) 前掲註(5)、七九一頁。
(11) 中村元『佛教語大辞典』東京書籍、一九七五年。
(12) 大桑斉『戦国期宗教思想と蓮如』法藏館、二〇〇六年、二七三頁。
(13) 『越前若狭一向一揆関係資料集成』(福井県教育委員会、一九七六年)八二五頁には、良如の裏書として紹介されているが誤りである。
(14) 大阪市立博物館第五六回特別展図録『真宗文化』(一九七二年)、北西弘『一向一揆の研究』「史料篇・裏書集」(春秋社、一九八一年)には、天正九年として紹介されている。
(15) 岩鼻通明「吉崎御坊と蓮如」『月刊百科』三二六 一九八九年二月号。
(16) 『真宗重宝聚英』第九巻の解説で早島有毅は「天正八年(一五八〇)までの顕如の筆勢、たとえば金沢市専光寺蔵の顕如書状と比較してみると、やや弱い。だが、筆跡・花押ともに顕如と見てよいのではなかろうか」、表の絵については「各場面を区分するやり霞の彩色が中世のものよりやや濃く描かれたり、人物が小さく、しかも風景描写の技法が近世江戸時代に入ってからと想定できるので、あるいは絵伝だけ時代が降るのかもしれない」と述べて、裏書と絵伝が別であるかもしれないという見解を示している。青木馨は「顕如の花押や筆跡に疑問の余地が残るのであるが、これも右筆書きであると考えたならば、あまり問題とはならない」(『真宗』、一九八七年五月号)と述べている。
(17) 稲葉昌丸編『蓮如上人遺文』法藏館、一九七二年、八四頁。
(18) 『真宗史料集成』第二巻・五三九頁。
(19) 同右書、七九九頁。
(20) 同右書、五九九頁。
(21) 同右書、七四九頁。

(22)『新編岡崎市史』美術工芸17・四五一頁。小山正文「蓮如上人の絵伝と絵解き本――碧南市願随寺・康順寺本を中心に」『同朋佛教』三二号、一九九七年。
(23) 拙稿「真桑文楽『蓮如上人一代記』について」(『同朋学園佛教文化研究所紀要』第九号、一九八七年)。
(24) 沙加戸弘「西蓮寺本『蓮如上人御絵伝』と『蓮如上人略伝』の成立――文政十三年、西蓮寺喜成の蓮如信仰」(『同朋仏教』第三二号、一九九七年)。
(25) 前掲『蓮如上人絵伝の研究』に翻刻。『大系真宗史料　伝記編6蓮如絵伝と縁起』(法藏館・二〇〇七年)にも読縁起が翻刻されている。
(26)『国書総目録』『真宗史料集成』第二巻等参照。
(27) 大桑斉「中世末期における蓮如像の形成――願得寺実悟の場合」(『大谷大学研究年報』二八、一九七六年)。その後、同著『戦国期宗教思想史と蓮如』(法藏館、二〇〇六年)に所収。
(28)『蓮如上人御一生記』一〜六、粟津釋義圭、版本、書林丁字屋、寛政三年。
(29) 拙著『真宗民俗の再発見』、法藏館、二〇〇一年。
(30) 同右。
(31) 前掲註(22)小山正文「蓮如上人の絵伝と絵解き本――碧南市願随寺・康順寺本を中心に」
(32) 前掲『大系真宗史料　伝記編6蓮如絵伝と縁起』。
(33) 前掲註(22)小山前掲論文。

第二節　三河の蓮如忌と蓮如伝承

一　蓮如忌と民俗研究

「蓮如忌」の習俗に、民俗学で最初に着目されたのは長岡博男であろう。同氏は、本願寺第八代蓮如の御忌に当たる四月二十五日（旧暦三月二十五日）に、金沢市では「レンギョサン」と称し、家族揃って卯辰山や大乗寺山へ登り遊山乱酔するところから、この習俗が蓮如忌本来のものでなくて蓮如忌以前にあった「山遊び」「山行き」の民俗行事が、ちょうど時期も同じ蓮如忌と習合したのではないかということを指摘された。全国各地で春先の一日を野山に遊ぶことを「レンゾ」「メンギョ」と呼称しており、「レンギョサン」と類似していることにも注意している。(1)

この所論をうけて桜井徳太郎は、さらに新旧の文化接触の問題として蓮如忌習俗を捉えた。その問題視角は、習俗破壊の度合が強いとされる真宗門徒地域にあっても地域差がみられ、真宗信仰の伝統習俗破壊が強いだけにかえってその地域差の中に祖型が看取でき、そこから習俗変遷過程の中に祖型を発見して位置づけようというものであった。具体的には加賀・能登にみられる蓮如忌行事の分布・地域差・類型化を通して、蓮如忌習俗にみられる「山行き」「山登り」の要素は、真宗伝播以前の石動信仰の中に育くまれていたものであり、さらにその根幹には山の神信仰・山岳崇拝という原初形態（祖型）があると結論した。(2)このような加賀・能登を中心とした蓮如忌分析に対して、伊藤曙覧は越中の事例を上げて比較論及した。同氏の結論も桜井のものと同様であるが、加賀・能登の石動信仰に対して越中の場合は白山信仰を踏まえて成立展開しているのではないか、と強調している。(3)西山郷史は、これまでの山行きと蓮如忌の結び付きという発想に疑問を示し、事例を再検証しながら蓮如忌を人神信仰の視点から考えようとしている(4)。

蓮如忌習俗といえば、こうした北陸のものが有名であるが、いまひとつ注目されるものに「蓮如上人の吉崎下向」がある。後述するように、門徒が蓮如の御影を携えて京都と福井県の吉崎までの間を歩いて往復する御影道中のことである。蓮如絵像を安置した御輿をリヤカーで引き、道中の村人によって椿や桜の花で飾られ、宿には民家が当てられている。こうしたことから、橋本鉄男は「レンニョサンノオトウリと称して送迎する人々の心意には、おのずから一種の神来訪の実感が習俗化されて形成(5)」されていたとし、行事の根底に遊行思想が認められるとした。

以上、従来の研究成果を概略みてみた。「蓮如忌」習俗について、石動・白山信仰や山岳崇拝、または遊行思想など民俗学上重要な問題が提起されていた。いずれも、真宗信仰の民俗否定的傾向の中にあって、その教団の一法会であるはずの蓮如忌という行事がかえって民俗的基盤の上に成立していることを論じている。ところで、この行事は何も北陸や滋賀県ばかりのものではない。蓮如という人物との由緒を持つ寺院や地域に広く行われているものであるが、そこでも山岳信仰や遊行性が認められるのであろうか。本節では、三河の蓮如忌習俗を中心にして、民俗信仰とどのような関係があるか探ってみたい。とくに、蓮如伝説に着目してみることにしよう。

二　蓮如の三河教化と「蓮如さん」

多くの人々が参詣して民俗行事としての蓮如忌が成立する前提には、当然歴史上における蓮如教化、あるいは蓮如遺跡地ということがある。三河と蓮如との結びつきは、どのようであったのか。

『大谷本願寺通紀』巻第二には、「応仁元年、移二居堅田一…（略）…二年重遊二東北諸州一歴二訪祖迹一遊、帰路於二

三州土呂《トロ》ニ、創二本宗寺一」とある。『蓮如上人御隠棲実記』には、「翌年文正元年。江州日野ヨリ。勢州長島願證寺に御滞留アリテ。夫ヨリ当寺（上宮寺）へ入ラセラレ。三ヶ年ノ間。当寺ヨリ野寺針崎《ハリサキ》所々ニ御化導有テ。如光法師ノ計ヲ以テ土呂《トロ》町ニ一宇建立アリ」などとみえる(6)。『御隠棲実記』は、蓮如と三河の結び付きを強調するあまり史実と伝説が混交している箇所があるが、三河教化は寛正六年（一四六五）の延暦寺衆徒による本願寺破却以後とされる。三河下向以前にも、蓮如は寛正二年（一四六一）に舳越願照寺の安城御影修復、また上宮寺へ十字名号を下付している。寛正法難時には、『本福寺跡書』に「如光《ニョクワ》イハク、山門ニハ問答《モンタウ》ニ及《オヨハス》、礼銭《レイセン》ヲホシカルナレハ、国《クニ》ヨリ料足ヲハ足ニフマセン、タ《サ、キソヤ》、料足《レウソク》ヲモテト《調》、ノヘラレヨト申《マウ》サレシナリ」とあることから(7)、すでに蓮如の弟子如光を中心に経済力をともなった三河真宗教団が成立していた。その後、三河三ヶ寺（上宮寺・本證寺・勝鬘寺）と蓮如開基といわれる本宗寺を核として三河真宗教団は発展し、現在にいたっている。

さて、問題の蓮如忌習俗であるが、三河では「西端の蓮如さん」と「土呂の蓮如さん」が有名である。その様子をみてみよう(8)。

「西端の蓮如さん」は、碧南市油ヶ淵町にある応仁寺・栄願寺・康順寺が中心となり、旧西端村あげての行事となっている。現在、四月二十一日から二十五日に行われているが、かつては十九日より二十五日まで一週間であった。西端は、応仁寺の縁起(9)に、

> 仰信證院殿蓮如上人当山御建立之来由ヲ尋ルニ往昔南海ノ入江ニシテ其深サヲ知ラズ夜毎ニ龍灯ヲ捧テ闇夜ヲ照ス依テ油ガ淵ト号ス時ニ応永之頃此淵ヨリ尋常ナラヌ児童忽然ト顕レ其才世ニ越タリ成長之後無常ヲクワンジ都ニ登リ上人之御弟子トナリ剃髪シテ佐々木如光ト号スト云々爾ルニ其頃洛陽応仁之乱ニヨリテ上人当国ニ

越タマヒ西端之里ヲ尋テカノ如光出現之勝地ナリトテ一宇ヲ建立シテ松光山応仁寺ト号ス（以下略）

とあるように佐々木如光の出生地とされ、応仁寺は応仁二年（一四六八）蓮如によって開創されたという。蓮如自身も大谷破却以後に如光の案内で来遊教化した、と伝承されてきた。真筆の六字名号（裏書・応仁二年）や蓮如御影（裏書・延徳三年）も伝来していた。三河真宗史を語るときに基本史料となる文明十六年（一四八四）の「如光弟子帳」には「西畠《ニシハタ》　一箇所　恵久」、天正十九年（一五九一）の「上宮寺末寺帳」には「一、隠居所《にしはた》／一《同》、祐明坊／一《同》、康順寺」などとある。また、「別本如光弟子帳」には、「西畠《ニシハタ》一箇所恵久」が「是ハ如光隠居所也」「寺号唯願寺」と記され、

西畠《ニシハタ》　杉浦三郎左衛門子　一箇所浄西　招春
宣如様ヨリ御免被成候、今ハ広順寺ト申候、

西畠《ニシハタ》　浄西ヲト、　祐賢━祐明━祐堅
今ハ宣如様ヨリ栄願寺ト御免被成候、

ともあって、(10)広順寺（康順寺）・栄願寺の寺号がみえる。現在の応仁寺は、如光の隠居所であったと推定できる。

応仁寺は一時期、真宗大谷派や本願寺派に属したこともあるが、清兵衛寺などと呼ばれたりして長く西端の寺世話役により維持されてきた村の寺院であった（現在も単立）。蓮如忌は戦前まで大変な賑わいで露天商が並び、のぞき、からくり人形・サーカス等の興行があり、芸者衆が四十人程もいて夜は太鼓・三味線の音が聞こえ続けてい

たという。近世末の様子を『三河国名所図絵』は、「就中蓮師の絵伝四幅幷に伝記あり、毎年三月十九日より近国の徒群参して、恰も市の如しと三河堤に見えたり」[11]、『御隠棲実記』は「毎年三月御忌七日ノ内。御影開扉シ。国中群参。門前市町ヲナセリ」と伝えている。参集する人々は三河一円だけでなく、尾張からもやってきた。寺院宝物には、六字名号や蓮如御影など蓮如との関係を直接知り得るものの他、釈迦如来絵伝・聖徳太子絵伝・法然上人絵伝・親鸞聖人絵伝、また、蓮如が叡山の追求を避けるため仏像を所持せず代わりに持っていたという姿石、西端在住時に使用した飯椀、汁椀等伝説的なものまであって、この時期に展示される。応仁寺に隣接する康順寺・栄願寺も同様な宝物展観を行うが、中に地獄図・二河白道図や蓮如上人絵伝もあり、つい最近まで絵解きがされていた。西端では応仁寺が一番寺、康順寺が二番寺・栄願寺が三番寺といわれている。どうして三ヶ寺に順番が付けられたのか分からないが、西端における蓮如遺跡寺院としての三ヶ寺の歴史的性格とともに、また巡拝する順序を示しているのではないかと考えられる。参詣者たちは、春の一日をかけてこの三ヶ寺を巡拝したのであった。

このように、西端は三河真宗教団の重鎮であった佐々木如光の由縁地であり、この如光を介して蓮如と結び付く。「西端の蓮如さん」は、蓮如忌であると同時に如光という人物を現在に伝承する行事でもあった。したがって、絵解きにおいても「西端と如光と蓮如」が中心に語られていた。蓮如上人絵伝第二幅目（写真28-1）と三幅目（写真28-2）には、佐々木如光の活躍（概略図22・23・24・25・26）や蓮如の西端教化（34・35・36・37）の体相を描いている[12]。とくに、如光が案内して京都より下向してくる蓮如を村人が村境で迎えている相、その上段に描かれた応仁寺の風景は珍しい。かつて絵解きを行っていた原田告治は、『御絵伝解説草案』の序言で次のように述べていた。

尓来、五百年の星霜を経ましたが、上人の御遺徳に依りまして、当国は「三河同行」と言はるゝ様な、日本随一の、浄土真宗御繁昌の土地となりまして、祖先以来、今日の吾々まで、この有り難い、易行他力の御教への、易々御聴聞の出来る、浄土真宗の御法儀の御盛んな、蓮如様御旧蹟の土地に生まれさせて頂き、尚又五百年後の今日迄毎年斯様に沢山の方々が上人御教化の御遺徳を御慕ひ下されて「西端の蓮如様、西端の蓮如様」と当御旧蹟へ御参詣下さる事を喜ぶ者で御座います。（傍点筆者）

ここには、西端の真宗門徒としての誇りが表現されている。蓮如上人絵伝を絵解きすることは、「西端での蓮如教化」という歴史を現在に再生することであり、絵伝は、この歴史的真実と伝承を絵画化して今に結び付ける機能を果したといえよう。毎年繰り返される蓮如忌と絵解きを通して、聴聞した人々は心意において蓮如に出遇ってきたともいえる。西端の村境で蓮如を迎える一段になると、栄願寺の開基杉浦宗女に対して「俗人枕の元へ顕れて仰せらるゝ様は、杉浦宗女やく〵御前は仏法に志しがあるが真の知識に未タ逢れぬか、御前への為の真の知識は西方より明日御座る」と語られる。人々にとってこれは、絵伝と絵解きから蓮如に遇い、さらに仏法に出遇うことでもあった。

「土呂の蓮如さん」は、岡崎市福岡町にある浄専寺、および少し北に位置する御堂山を中心に行われている（写真29）。期日は、四月二十二日から二十五日（昔は十九日から二十五日）で、御堂山はその名が語るように、蓮如の三河教化によって建立された本宗寺の跡地である。町内には対屋（多屋）の地名が残っていたり、三八市があるなど古い姿をとどめていた。蓮如忌の様子は西端と同じで、浄専寺には蓮如上人御自画御影・名号・蓮如上人唯念連座像・焼残り名号・蓮如上人三河絵伝・形見御遺詠などが宝物展観される。御堂山には、蓮如五十二歳座像・蛇骨（後述）・岩ヶ崎弾正念持仏などがあった。やはり、かつては興行としてのぞき・からくり・三河万歳・歌舞伎など

写真28-1　第2幅目

24. 如光の武勇
23. 如光、竹若丸をつれて登山
22. 如光、京都へ馳せ上る
21. 暴風豪雨で叡山の僧湖底へ沈む
20. 叡山の僧来襲
19. 宝雲寺再建、入仏に招かれ教化
18. 八代目継職
17. 存如上人遷化を聞く
16. 加賀、動橋の奇端
15. 宝雲寺で親鸞の七条と遺骨を拝す
14. 北国修行、湊の浦より舟に乗る

図33　第２幅目　概略図

写真28-2　第３幅目

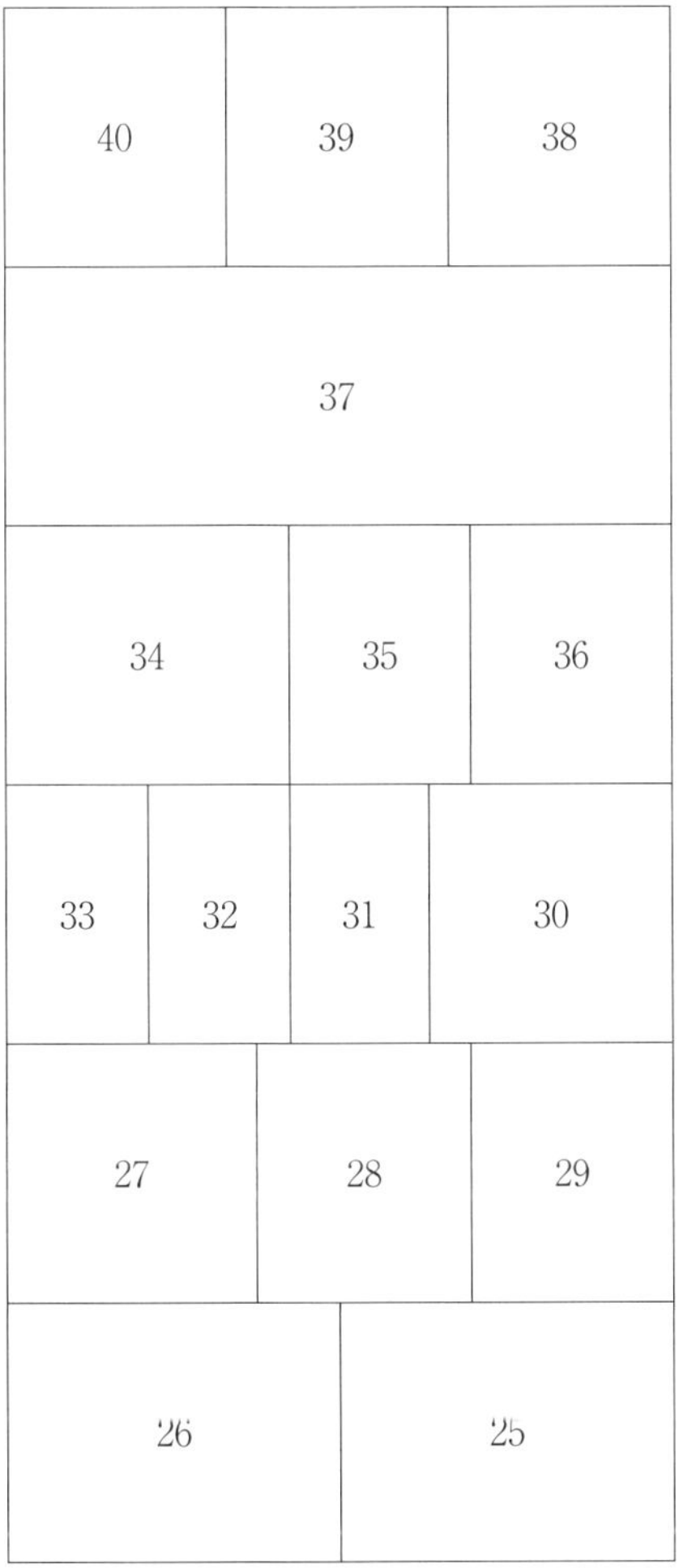

40. 妹の入水
39. 三国湊の売女三人姉妹
38. 顕正寺に御真影守護をたのむ
37. 応仁寺の風景
36. 土呂御坊・教化
35. 御自画真影
34. 三河西端へ上人を迎える
33. 大谷破却後の仮御堂で教化
32. 金ケ森道西宅
31. 浜名太郎左衛門宅
30. 月夜に舟を浮べる
29. 大津同行迎えにくる
28. 日野岡峠、下間安芸法眼の活躍
27. 寛正の法難、大谷炎上
26. 寛正の法難、如光の活躍
25. 如光、御真影を大谷へとりもどす

図34　第３幅目　概略図

があった。浄専寺と御堂山の間には、仲町を中心としていろいろな苗木や露天商が立ち並ぶ。家々では、その年に来た嫁は姑に連れられて蓮如さんにお詣りするもの、とされていた。『御隠棲実記』は、「例年三月御忌七日ノ間。群参市ヲナセリ」と記している。参詣人は、浄専寺・御堂山・説教場・本宗寺（再建）と巡拝するのであった。

このように三河の蓮如忌をみてくると、加賀・能登・越中の蓮如忌で指摘されてきた「山行き」「山登り」、あるいは石動・白山信仰のような真宗信仰伝播以前の山岳信仰的要素やその影響による習俗変遷を考えることはできない。桜井・伊藤は、この行事を①純宗教的行事としての蓮如忌、②宗教的意義がまったく脱落したもの、③前二者の複合型、と三つに類型化した[13]。三河の形態は、①の純宗教的行事に春の行楽的なものが結合して盛になったと位置づけることができよう。いまは頽れてしまったが、岡崎市能見町浄専寺の蓮如忌も有名で、『参河国名勝志』は「例年三月十九日より二十五日にいたり、尊像開扉披露あり、参詣の者遠きを不厭、五里四方競ひ来て群衆す。凡岡崎の駅、神祠の祭祀、寺内の法会、其繁昌この蓮如上人の忌日に比するものなし、岡崎駅第一の美観なり[14]」と、かつての活況振りを伝えている。つまり、三月十九日から二十五日（旧暦）は、西端・土呂・能美と西三河一帯が「蓮如さん」一色となり、人々は群参したのであった。こうした光景は決して古くからでなく、蓮如二五〇回忌（寛延元年・一七四八）以降であろう。それまで真宗寺院の一行事たる蓮如忌が、庶民化・縁日化して地域全体の春の行事となったといってよい。

三　蓮如忌と花の撓

ところで、なぜ人々は蓮如忌に群参したのか。直接的契機は三河が蓮如巡化地であり、各寺院には蓮如と結縁できる宝物が展観され、さらに絵解きや説教までが盛に行われたことによる。西端では「蓮如さんはここから三河地

写真29　土呂の蓮如忌（愛知県福岡町）

方へ教化に出かけた」といい、土呂では「蓮如さんは西端から来た」などと聞くことができた。また、「土呂凪」という言葉が残っているが、風の凪いだ好天の日には蓮如が土呂より舟に乗って巡化に来た、という伝承によっているという。こうしたことから、人々の心意における遊行思想を認めることができるかもしれない。しかし、人々が群参した理由に、いまひとつ農耕儀礼との関係からみることができる。蓮如忌は、旧暦でいえば三月十九日から二十五日、現在は月遅れで行っている。この頃、尾張・三河地方で行われる春の行事に花の撓があり、蓮如忌と似たような様相をみせていた。

　花の撓（写真30）とは、人形の作り物によって農産物の豊凶を占うもので、熱田神宮のものをはじめ知多郡阿久比町宮津の熱田神社・半田市乙川の海蔵寺・常滑市矢田の八幡神社・安城市相生町の万福寺・岡崎市矢作町の誓願寺・豊田市上挙母の水音寺など二二か所で行われていた。その中、六か所は中絶し、現在は一六か所で行われている。場所は神社もあるが三二か所のうち一五か所が寺院であった[15]。いま、この中で岡崎市矢作町誓願寺の様子を記すと、五月八日、境内の

写真30　花の塔（海蔵寺・愛知県半田市乙川）

左右に春の部（一月～六月）として畠所、秋の部（七月～十二月）として田所の人形飾りが造られる。両所とも三体の人形（神様）を中央にして、畠所では柿・梨・ブドウ・ニンジン・カブ・ナンバトウなどの果物と野菜類、田所には稲の収穫・倉の中の米俵・養蚕・ビニール栽培などがあった。神様の着ている衣装の色で、赤なら日照り、白なら風、水色なら雨などと占う。また、稲穂の傾き具合、俵数、果実の種類と数によって見る者が判断していく。門前には苗物・植木店が並ぶ。本堂内では、かつて十王図の絵解きもされていた。この日は百姓の祭りといわれ、各家では親戚が寄ってくる。一斗五升もの寿司を作ったりして、盆・正月よりも賑やかであったという。世話役の方が、矢作の花の撓・土呂の蓮如さん・菅生祭りには、子供のころ必ず親についていったものだと語っていた。

　こうした矢作誓願寺のものをはじめ、各所で行われる花の撓は、熱田神宮のものを模したものである。そして、熱田神宮の花の撓は、もともと「一、四月八日神事大宮於　勅使殿卿代・補代之両頭人ヨリ酒台・作花・飾物出ㇾ之」「四月八日於二神宮寺一有二灌仏会一、楽人調楽、次設二花之堂飾山一、祢宜等於二勅使殿一酒講之規式」[16]とあるように、卯月八日の行事であった。蓮如忌の三月二十五日と卯月八日は近接している。蓮如忌が春の民俗的行事として定着するには、その期日が関係していたといえよう。ここに田植前の民俗行事としての蓮如忌の性格と、人々が群参した理由をみることができる。しかし、人形によって農作物の豊凶を占うという年占的要素がみられないことは、民俗信仰に否定的な真宗信仰の法会としての蓮如忌習俗の一面があった。

四　蓮如伝説の民俗的背景

蓮如忌で展観される寺院宝物の中に、いくつか伝説の付加されたものがあった。歴史学の上からは、いずれも無視されてしまうものである。例えば、土呂の蓮如さんで蛇骨といわれる宝物があり、

昔、山の下の深い淵に大蛇がすんで人々を困らせていた。この地で布教をしていた蓮如上人は、この大蛇を静めようと近づき、「その形相では醜い」と御衣の袖を破って大蛇の頭を覆い静かに念仏を唱えた。すると、大蛇は両眼より涙を流して、水底深く沈んでしまった。その後、美しい一人の婦人が上人の庵に聴聞し、「私はこの土地の岩ヶ崎弾正の妻です。嫉妬の心が深く、ついに蛇になってしまいましたが、上人のお力で蛇身を脱することができました。明朝、本身を現わします」と言って去った。翌朝、北岸に寄せる大波の中から大蛇が一匹現われ、大岩に枕したと見るまに、その魂は昇天した。自動車工場の一角に、わずかに頭を出しているのが蛇枕石で、本堂にあるのがその蛇骨と言い伝えられている。

という話が語られていた。[17]『蓮如上人御一代記法話』には、薄衣を冠した美人が一人来て、その後をつけると二里南の西畠という池で消える。上人は、大蛇は首筋に三枚の鱗があるので掩いかくすために薄衣を着けているのだといい、其の大蛇を化導したのがもととなって三河一円の者が大蛇を見たいと御寺へ詣り信心の手引となった、とある。[18]三河ではないが、岐阜県各務原市の西入坊にも蛇骨と同様な話があって、蓮如忌に展観される。[19]滋賀県野洲郡（現・野洲市）の仏寿山聞光寺にも、かつて蓮如上人御化導として大蛇の骨があったという。また、大阪の顕証寺（八尾市）にも土呂の蛇骨と類似したものがある。[20]

どうして真宗本来の信仰とは異質なこうした伝承が生じ、蛇骨といわれるものまで出現したのであろうか。蓮如が高僧伝説化して親鸞の華見ヶ丘大蛇済度になぞらえられ、そして近世蓮如伝形成の中で光善寺（枚方市）の大蛇済度・女人成仏の話が地方化されたと考えられる。しかし、蛇骨というものに着目すればそれだけでもない。

高谷重夫は、雨乞習俗と伝説の関係で竜女成仏譚について全国各地の事例を挙げ、その中で「竜の骨」について触れている。竜骨（蛇骨）は、大阪府茨木市の竜王山・同豊中市福井の藤井寺・奈良県吉野郡天川村洞川の竜泉寺・群馬県勢多郡赤城村（現・渋川市）の常光寺・東京都新宿区柏木の円照寺と中野の宝仙寺・神奈川県藤沢市大庭の蟠竜山宗賢院竜骨堂・島根県松江市の角森大明神等々にあるという。[21]竜骨を外に出す。あるいは川水を注いで雨乞すると効めがあるとされる。竜骨（蛇骨）は、雨乞のための呪物であった。とすると、土呂の蓮如さんにおける蛇骨も雨乞と関係していたのか。残念ながら直接その伝承は聞かれなかったが、近在の西尾市小島町竜宮神社下には竜宮淵があって、雨乞の時に汚れた馬の草鞋でこすったという「龍神の枕石」がある。また、志籠谷町神明社境内近くの小池には陶製の鳩が祀ってあり、雨乞時には持ち出して矢作古川の水で洗って祈願していた。こうしてみると、土呂の蛇骨や蛇枕石の背景に、少なくとも水に係わる民俗信仰のあることを指摘できるかと思う。もちろ

写真31　如光の化生・上宮寺縁起絵部分（上宮寺旧蔵・愛知県岡崎市）

ん、蛇体に変じた女人を済度するのはなにも蓮如だけとは限らず、地方によって幡随意上人・日蓮上人・念仏聖弾誓上人[22]であったりする。蓮如も高僧伝説化された一人にすぎない。

右の観点に立って、蓮如忌およびその周辺の伝説をながめてみると気づくことがある。蓮如の弟子で三河真宗教団の重鎮であった如光は、西畠の油ヶ淵より化生したといわれていた。この化生譚は、すでに如光の入寺した寺の絵伝『上宮寺縁起』に描かれていた（写真31）。また、その上宮寺には如光椀が宝物としてあり、野寺本證寺にも竜宮の膳椀（県文指定）、西畠応仁寺には蓮如在住時使用といわれる飯汁椀があった。いずれも貸椀伝説に関係していると考えられ、水に係わる信仰の存在を認めることができる。伝説は、特定の地域・場所・時代・人物について歴史的真実として語ろうとするものである。そして、語り継がれることによって過去と現在を結び付ける機能をはたす。蓮如伝説も、門徒の近世蓮如像形成過程で生じたものであり、民俗信仰もその中に表出しているといえよう。

このように、三河の蓮如忌習俗を考えてくると、最初に触れた加賀・能登における山岳信仰との関係はみられなかった。遊行思想については、蓮如上人吉崎下向（御影巡行）とは異なるが、蓮如伝説や伝説が具体化された絵伝の中に、人々の心意として認めることができた。伝説は、毎年繰り返される蓮如忌の中で語られ、蓮如を高僧化させることによって他の伝説をも再編していく。その背景には、水に係わる民俗信仰のあることも指摘できた。御忌の旧三月二十五日は卯月八日に近く、真宗寺院の一法会でありながら、人々にとっては農作業に入る前の春の行楽的な一日でもあったのである。

三河の蓮如忌は、こうした民俗的基盤の上に、蓮如の三河教化という歴史的世界と伝承的世界の交錯点に成立した民俗行事であった。

註

（1）長岡博男「所謂『蓮如忌』の習俗について」『加賀文化』一二号、一九三九年、同『加賀能登の生活と民俗』（慶友社、一九七五年）に所収。

（2）桜井徳太郎「蓮如忌習俗の意味」（『民間伝承』一六―一一、一九五二年）。同「新旧文化の接触――真宗信仰と固有信仰との習合」（九学会連合能登調査委員会編『能登――自然、社会・文化』平凡社、一九五五年）。桜井徳太郎著作集2『神仏交渉史の研究』（吉川弘文館、一九八七年）に所収。

（3）伊藤曙覧「越中の蓮如忌習俗」（『大谷史学』第九号、一九六二年）。同「蓮如忌と山遊び」（『仏教民俗学大系』6、名著出版、一九八六一年）。その後、同『越中の民俗宗教』（二〇〇二年、岩田書院）に所収。

（4）西山郷史『蓮如と真宗行事』、木耳社、一九九〇年。

（5）橋本鉄男「レンニョッサン覚書」『仏教と民俗』6、一九六〇年。

（6）『真宗史料集成』第八巻、三六一頁。『真宗全書』六九巻、三四一頁。

（7）千葉乗隆編『本福寺旧記』（同朋舎、一九八〇年）、三六七頁。
（8）西端と土呂の蓮如忌については、一九八三・一九八四年の筆者調査記録によって記述。
（9）応仁寺発行の縁起による。
（10）『新編岡崎市史』史料古代中世六巻、新編岡崎市史編さん委員会、一九八三年、六四一頁。新行紀一『一向一揆の基礎構造』第五章「本願寺教団と門徒領国」、吉川弘文館、一九七五年、等参照。
（11）夏目可敬『参河国名所図絵』下巻、愛知県教育会、一九三三年、一三〇頁。
（12）この蓮如上人絵伝については、拙稿「蓮如上人西端傳記」（渡邊昭五・林雅彦編『宗祖高僧絵伝（絵解き）集』伝承文学資料集成15、三弥井書店、一九九六年、三〇頁）において絵相解読と翻刻をしたので参照のこと。
（13）桜井・伊藤前掲論文。
（14）『岡崎市史』（旧）第九編社寺編、三一頁。
（15）鬼頭秀明「熱田神宮花のとう（一）（二）」熱田神宮宮庁『あつた』第一二七・一二八号、一九八三年。
（16）「熱田神宮年中神祭定日儀式」（『熱田神宮史料』年中行事編下）。
（17）『岡崎の史蹟文化めぐり』採録、および筆者調査。
（18）井上頼寿「伝説の上より見た蓮如上人」（『蓮如上人研究』、一九四八年）、三二頁。
（19）筆者調査、一九八四年。本書第五章第三節でも触れている。
（20）前掲註（18）に同じ。
（21）高谷重夫「竜女成仏譚」『近畿民俗』五二号、一九七〇年。同著『雨乞習俗の研究』法政大学出版局、一九八二年、所収。
（22）佐渡両津市真更川には、弾誓が蛇を救済したことになっており、蛇骨と雨乞儀礼があった（岩瀬博「伝説」講座日本の民俗9『口承文芸』有精堂出版、一九七八年）。

第三節　「蓮如」の世俗化

一　絵解き禁止令

明治十年五月十日、東本願寺は「寺務所長／権中教正石川舜台」の名前で、次のような絵解き禁止令をだしている。

説教之席ニ於テ絵解致候儀者説教規則ニ悖戻スルノミナラス何等ノ訛伝謬説ヨリ宗義ヲ紊乱スルニ至ルモ難計ニ付不相成儀ニ候処近来往々心得違之族モ有之哉ニ相聞不都合之事ニ候自今右等之儀無之様可致此段諭達候事

〇甲第三十八号

続いて西本願寺も、明治十三年六月二十二日付で同様な達書を出した。そこには、「近来末寺僧侶之内ニ於テ絵解ト称シ説教ノ節御絵伝ヲ懸ケ絵相ヲ説明致候者有之趣不都合ノ至ニ候右ハ寺法上無之儀ニ付」などとある。(1) 真宗における絵解き説教には、親鸞聖人絵伝によるものと蓮如上人絵伝等によるものとあるが、ともに禁止ということになった。事実、明治二十一年十二月には、「信徒ノ強願トハ申乍贋造ノ御絵伝ヲ諸人ニ参拝セシメタルハ全ク寺法ニ違背シ不都合ノ儀ニ付」ということで、三河国幡豆郡の一住職が譴責処分にあってもいる。(2) しかし、また一方では、まさしく「贋造ノ御絵伝」ともいうべき蓮如上人絵伝などは、蓮如四〇〇回忌の明治三十一年（一八九八）ころまで、全国各地で私的に制作されていた。もちろん絵解きも行われたのであった。

なぜ、絵解きは禁止されたのか。維新後の明治政府による仏教教団に対する管理統制強化についてはすでに指摘されているが(3)、より重要な問題は絵解きにおける説教の内容、語りの内容であろう。絵解き説教などにおいて語られる「親鸞」「蓮如」はどのようなものであったのか、そこには教団の枠をはみでた「親鸞」「蓮如」、高僧伝説化し世俗化された「親鸞」「蓮如」が問題となったのではないか。以下、本節では、蓮如上人絵伝に関わる課題の一つとして、蓮如という真宗を中興した人物がどのように世俗化され、人々に語られ、そして伝説化していったのか追ってみたい。そして、門徒の間に形成された蓮如像の一端とその意味を探ってみよう。なお、本節で使用する「世俗化」の意味は、「蓮如」が持っていた宗教性が一般社会の中へ広まり通俗化する過程の中で、その宗教性が失われていき変容していく現象のこと、という限定的な意味で使用することを断っておく。

二　浄瑠璃『石山後日　れんげ上人』

蓮如上人絵伝は十八世紀中ごろから制作され、とくに三〇〇回忌にあたる寛政一〇年（一七九八）以降に集中して全国各地で作られた。本山下付の免許物でなかったが故に、この中ではさまざまに伝説化された蓮如が描かれ語られているが、このように蓮如が世俗化されて語られたのは何も蓮如上人絵伝がはじめてではなかった。絵伝が成立する前提であった近世蓮如伝などの成立過程の中で、すでに蓮如の世俗化は行われていた。いつごろから、どのように世俗化したかを、『石山後日　れんげ上人』を例にとってみてみよう(4)。

この作品は浄瑠璃本であって、いわゆる蓮如伝とはいえないかもしれないが、これまで蓮如研究の中でほとんど言及されることのなかったものである。延宝五年から延宝九年（一六七七～一六八一）の間に上演されたようで、『蓮如上人御物語』（一六七七）『蓮如上人遺徳記』（一六七九）『蓮如上人御自言』（一六八九）『蓮如上人御一代聞書』(一六八九)などが版本として出版された時期であった。おそらく、こうした近世蓮如伝などが流布する中で成立したのであろうが、蓮如を浄瑠璃化したということについては、これ以前に親鸞の浄瑠璃化という流れがあったことを想起したい。すなわち、『しんらん記』が元和年間(一六一五~一六二三)あるいは寛永初年(一六二四)頃に刊行されており、『しんらんき』が寛文三年(一六六三)、『よこぞねの平太郎』が寛文六年(一六六六)、『浄土さんたん記并おはら問答』が寛文七年から九年(一六六七~一六六九)と続いて刊行された。教団外の世俗社会で親鸞が脚色され浄瑠璃として語られ興行されたことに対して、教団は問題視して正保五年(一六四八)に大坂の興行が停止、承応三年(一六五四)には江戸で親鸞浄瑠璃の興行が停止となっている。[5] そして、以後、こうした浄瑠璃興行と停止が続いていく。庶民の中で、どのように「親鸞」「蓮如」は語られたのか。教団にとっては「開山親鸞聖人」「中興蓮如上人」を浄瑠璃化すること自体が問題であったとみられるが、より具体的には物語化され通俗化されるという庶民の親鸞像・蓮如像が問題であったと考えられる。

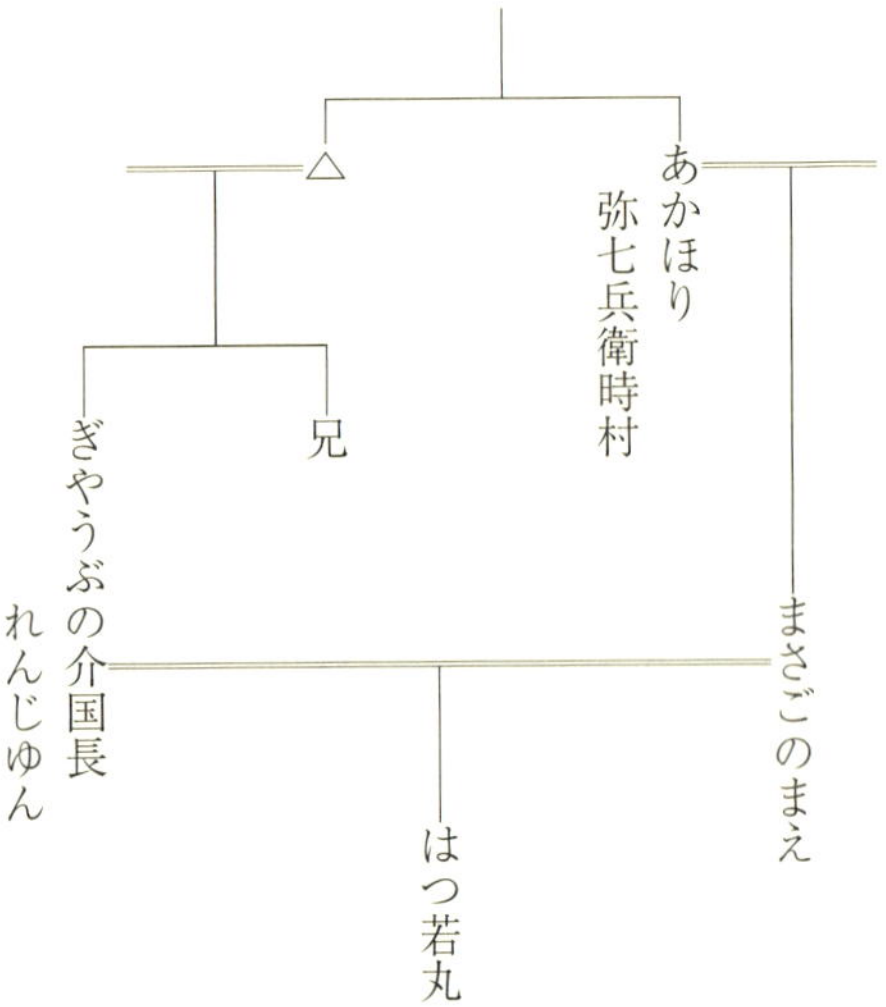

図35　登場人物略関係図

れんげ上人

『石山後日　れんげ上人』の簡単なストーリーを述べると次の通りである。登場人物とその関係は図35を参照されたい。全体は五段構成で、「れんげ上人(=蓮如上人)」と「れんじゅん(=蓮淳)」を中心として展開していく。

「れんじゅん」にとって「れんげ上人」は「かたき（敵）の一子」という関係である。

［第一段］　最初の語りは、「さても。そのち、。序そも〳〵、一かうせんじゆ、ねんぶつの一りう。をよそ日本六十よしう、すみやかに、ひろめさせ給ひしは。ちうかうかいさん、ぜんちしき、れんげ上人の、御ゆいくんにあり。かたじけなくも、此上人の御母は、がうしう石山のくはんぜをん。そくげんふによしんの、きずいをあらはし、まふけ給ひし御子なり」とあって、石山観音が生母であった話から始まる。続いて、泉国貝塚の御堂で衆生済度している上人の元に、出家した「れんじゅん」がいた。「れんじゅん」は敵の上人に出会って殺害に及んだが、祖師開山の名号奇瑞によって不思議を感得して弟子となったのであった。彼は兄の十三回忌ということで故郷紀伊国へ帰るが、そこで母方の叔父弥七兵衛時村によって還俗させられ、再び上人を討つように促される。そして、上人を招いて殺害しようとするが、虚空の蓮台に乗って光明を放つ上人の姿を見て、まことに上人は生き如来・仏菩薩と驚き懺悔し、「今一度、御弟子となさせ給へ」と二度目の出家をする。

［第二段］　立腹した時村は、上人を貝塚へ送り届けて帰った「れんじゅん」の館へ攻め入るが、反対に討ち負かされてしまう。「れんじゅん」は、妻と子供と別れて去る。

［第三段］　泉州に戻った「れんじゅん」は、妻子が慕い来れば仏道の妨げになるといって諸国行脚の旅にでる。上人は、開山御自作の御影から霊夢を受けて「まき尾のお寺」に籠り、その間に上人を討とうと時村が責めてきた。時村は上人と間違えて御影像（木像）を生け捕るが、気づいて御影像に切りつけ谷へ落としてしまう。一方、三日三夜の籠りを終えて帰る上人は、途中で乞食を助けて背負うが、そのとき留守中の事件を知り、開山御影の失せたことに悲嘆する。しかし、肩に背負った乞食が御影像であった。そして、上人も「衆生救度の大願成就」のために

修行にでる。

［第四段］　夫を尋ねて「まさごのまえ」は「はつ若丸」とともに貝塚の御堂にくるが、「れんじゅん」は旅に出たことをしり、自らも旅に出る。旅の途中、「まさごのまえ」はとある一大河のところで男二人（盗賊）に渡しを頼んでしまい、「はつ若丸」と生き別れになろうとする。そこに通りかかった上人は、二人を助けようと河を渡って盗賊に連れ去られた「まさごのまえ」を追いかけるが、盗賊にかなわない。すると、辻堂の後ろで寝ていた「れんじゅん」が争いに目を覚まして、悪人どもをやっつけ、「師弟・主従・父子・夫婦、三世の奇縁深かりし、奇特のめいよ対面やと、皆かんせぬものこそなかりけり」となった。

［第五段］　上人は諸国修行を終えて石山寺へ参詣し、開山御影を安置して観音へ「一切衆生ことごとく極楽往生なさせ給へ」と念ずる。そして、自らが二月二十五日午刻に往生することの告げを受け、その通りに二十五菩薩の来迎の中で往生するのであった。

さて、こうした登場人物や場所設定、あるいは物語化され語られていく展開をみていくと、実に巧妙に構成されているといえよう。十七世紀後半ころの、「蓮如」あるいは「真宗」の社会的受け止め方、いい換えれば世俗化された一つの姿が典型的に示されている。周知のように「れんじゅん」＝蓮淳は蓮如の第六男であって、長島願証寺の開創者であり、本願寺第十世証如の代に指導的役割を果たした人物である。それが完全に換骨奪胎されて架空な人物に仕立てられている。「れんげ上人」＝蓮如上人については、さすがに荒唐無稽な人物にすることができず、「一向専修、念仏一流。をよそ日本六十余州、すみやかに、弘めさせ給ひしは。中興開山、善知識、れんげ上人」とあった。しかし、着目すべき点はこの物語全体における蓮如の描かれ方である。蓮如は蓮淳との関係でストーリー的に展開するが、語られ方は常に「御開山」を通して描かれている。「御開山」は「しかるに、御てらには、しゆ〳〵の、れいぶつ、おはします。其中に、そしかいさん、御じさくの、みゑいあり。是日本に、御一たいのもくざう、きすいふしぎ、これおほし」という御真影によって象徴されており、この御真影によって蓮如は霊夢を受けて危難を脱し、「生き如来」であることを証明したのであった。第三段における時村の貝塚御堂の襲撃と御真影の奇瑞などは、あたかも寛正の法難をすぐに想起させる。御真影の奇瑞不思議は、『石山後日　れんげ上人』の隠れたモチーフであり、このころの門徒や庶民がどのように「御真影」を信仰していたか如実に示している。

蓮如が「生き如来」であることを、次のように語って表現している。

国長、一人とゞまり、しばしあんじゐたりしが。何とかしけん、そらをきつと、見上れは。あら有がたや、大じ大ひのくはんぜをん。こくうにたゝせ給へは。同くれんげ上人も。れんだいにぜうじ。大ひのくはうみやう、あきらかに。其ひかり上人にうつろひ。もろ共、ひかりをはなち給ふは。しゆせう。なりけるしだい也。国長、大きにきもをけし、五たいを、ちに付。扨も〳〵、もつたいなや。誠に上人は。いきにょらいにて、ましますと、ぞんぜしながら、此たびあくだうに、引おとされ。ししやうの御身、ことに又、かく迄たつとき、ぶつぼさつを。うち奉らんといたせし、某がざいこう。あゝあさましや、〳〵。……まことにれんげ上人は。たゞみだによらいの、御けしんやと、みな。おがまぬものこそなかりけり。

そして、来迎往生の場面では、

すでに二月廿五日、むまのこくにいたつて。ふしぎなるかな、こくうより。五しきのくはうみやう、みだうの内に、たゝせ給ふとみへしが。ありがたや、にしのそらより。ごくらくせかいのあみだ仏。くぜいのみふねに、ぜうし給ひ。らいかうならせ給へは。……すでによらいの御まへに、むかはせ給ひ。あら有がたや、まさに今らいかういんぜうの、御ちかひあきらかに、われらがための大ひぐはん、たつとしとの給ふと一しく。上人の御すがた。たちまちぶつたいとげんじ。ひかりをはなつて、おがまれ給ふは。有がた。かりかる、しだい也。

と語っている。虚空に大慈大悲の観世音菩薩とともに蓮台の上に並びたち、光明を放つ蓮如の姿、極楽世界の阿弥陀仏が来迎引接して迎え取られ、たちまちに仏体と現じて光を放った蓮如であった。ここには生母石山観音化身説を介在させながらも、蓮如がすなわち阿弥陀仏であるという「生き如来」をことさらに強調している点がみられる。史実において蓮如往生後、さまざまな言行録が編纂され、とくに実悟によって『蓮如上人一語記』(実悟旧記)・『拾塵記』・『蓮如上人一期記』などが著される中で、高僧としての蓮如、あるいは「権化の再誕者」としての蓮如像が形成された。蓮如は親鸞の生まれ変わりであると促えられ、また聖徳太子や法然との関係も語られて説話化、高僧伝説化の方向に進展した。『石山後日　れんげ上人』にいたって、直接、阿弥陀如来の化身であるという点が主張される語りと比較するとき、「再誕者」という思想が脱落していることに気づく。「権化の再誕者」から「生き如来」へと、門徒・庶民の蓮如像が変化しているといえよう。「れんげ上人」は語る。

されぱぐそうが、ひろむる所の、一りうかいさん、御くはんけのおもむき。たとへ、むさきどうの中に、れんげしやうじ。又はけがらはしき、ちくるいのかはなどつゝみたる、こかねにひとし。其ゆへは、あるひはさいしをもち、ぎよてうをじきすとも。それはかの、けがれたるかは、又はどろのことくにして。ときのふる所のみのりは、さらに仏の御をしへ。其うるはしき事、れんげのことく。たつとき事は、こがねのことし。ひとへに、此心をもつて、なを〳〵、とくしん、し給へや。

こうした語りの内容は、『唯信鈔文意』の「如来の本願を信ずれば、かはら・つぶてのごとくなるわれらを、こがねにかへなさしむとたとへたまへるなり」という箇所や、『御文』の「たゞあきなひをもし、奉公をもせよ、猟すなどりをもせよ、かゝるあさましき罪業にのみ朝夕まどひぬる我等ごときのいたづらものを」という箇所を想起させる。作者の並々ならぬ真宗の教えに対する深さが知られるが、どんなに「れんげ上人」が力を込めて語っても、その言葉は御真影の奇瑞・「生き如来」の奇瑞不思議の中に埋没してしまった。

三　蓮如と大蛇済度

次に「蓮如の世俗化」について、三つの蓮如と大蛇に関する話をとりあげて考えてみたい。蓮如上人絵伝の中には、出口光善寺の御堂建立にともなう大蛇済度の一段が有名であるが、こうした伝説はどのように生まれて地方に流布したのであろうか。また、この伝説の中に込められた門徒の蓮如像はどのようなものであったのか。蓮如と大蛇に関するもので比較的はやいものに、実悟の『拾塵記』に次のような話がある。少し長いが引用してみよう。

蓮―上人大坂ヨリ山科ヘノ御カヨヒ路常ニ御座アリシ処アリ。河内国榎並ノ内ニ今養寺《イマヤウシ》ト云所ニ大河ノ淵ト云大蛇ノ住淵アリ。ソノ上ヘ五六尺モナヒキタル大キナル柳木アリツルニ、常ニ上人御遊山アリ。ソノアタリニ宗玄ト云法師アリ。御意ニ相叶タル仁ニテ此宿ヘツネニ御座アリケル。何時モ御機嫌アシキ時ハ御前ヘマイレハ御機嫌モ直タル仁也。或時宗玄御供申カノ大河ヘ御出ノ時、晩ニ何トモ不見物ノ大ニ四間《ヨマ》ハカリニ黒物ノ彼淵ヨリモウカミ出タリシバ驚ハカリニアリシヲ、上人御覧シテ、アラ不便ヤト仰アリシカ、御目ニハイカ、御覧アリシヤラン、宗玄ハ体モナク大ニ黒キ物ト見タリケルカ、シハラクアリテ又水ニイリ侍シト宗玄語侍リシ也。コレ蛇体歟トノ申事ナリトソ語ケル。

又或時蓮―上人俄ニ宗玄許ヘ御出ノ時、一夜御逗留アリシニ、明日何モノヲ歟御膳ニソナヘタテマツラント思ヒワツラヒ、何トカセントムサト宗玄カノ淵ノ辺ニ出タルニ、カノ柳木ニ大ナル鯉魚ヲ川藻ニテク、リサケテ置侍リ。コレ奇代ノ不思議ナリ。彼淵ハ深クシテ人間ハ廿間四方《ヨホウ》ホトハ人モ淵ニ不入処ナルニ、コノ鯉魚ヲシカモ河藻ニテク、リヲケルモ不思議ナリ。コレスナワチ彼淵ノ大蛇ノワサナリトソ各申アヘリケリ。宗玄ヤカテ取テ膳ニソナヘケルナリ。不思議ナリシ事也。宗玄子孫イマニアリ。瑞専寺ト云ナリ。[6]

この話の中では、蓮如は大蛇を済度はしていない。淵より浮かんだ「大ニ黒キ物」が大蛇であることを蓮如が教えたことと、この大蛇が蓮如をもてなすために、「柳木ニ大ナル鯉魚ヲ川藻ニテク、リサケテ置」いたという不思議が語られているにすぎない。なにげなく見過ごしてしまうが、話の中に「柳」が登場しているのにも意味がある。他の樹木でなくて、なぜ「柳」でなければならないのか。柳の枝は、普通の樹木の枝が上方に向かって伸びているのに対して、下へ下へと向かって枝を張っている。柳は通常とは異なった枝振りの木であり、こうした枝のもとには何かが潜んでいると思考したのが日本人の心意であった。その「何か」が「大ニ黒キ物」であり、正体が大蛇であると教えたのが蓮如であって、それが不思議であったのである。この『拾塵記』の蓮如と大蛇に関する話には

「女人」が出てこないが、近世蓮如伝である『蓮如上人縁起』（一七五九）では、大蛇の化身である女性が登場する話となってくる。

然ルニ河内国茨田《マツタノ》郡中振《ナカフリノ》郷、山本ノ内、出口《テクチ》村中之番《ハン》ト云所ニ、……シカルニカノ出口ニ、二町四方ノ深淵《シンエン》ノアリケルヲ、埋《ウツメ》テ一宇ヲ創建《ソウコム》ス。アル夜深更《シムカウ》ニ覃《ヲヨン》テ、一人ノ女性来テ、上人ニ謁《エチ》シテ申サク。我ハコノ淵ニ五百年来棲侍《スミハヘリ》ケル蛇身ニテ候。シカルニ今般《コノタヒ》コノ所ヲ埋テ平地トナシタマハ、、我カ居所ヲ失フ。伏乞《フシテコフ》我スム所ヲシメシタマヘト、上人聞《キ》タマヒ、サテハ汝ハコノ池ニスム蛇身ニテ侍ヨナ、シカラバコノ地ニ仏閣ヲ造立スルコトヲヨロコブヘシ。今ヨリ後守護神トナルヘシ。汝ガタメニ池ヲノコシオクヘシト云云。カノ女人申ケルハ、ワレコノ地ニ仏法ノヒラケンコトヲ待《マツ》コト久シ。今幸ニ勝縁ニアヘリ。ナンゾ守リタテマツラサランヤト云テ去ヌ。(7)

この光善寺の御堂建立に関する大蛇の話は、『蓮如上人御一生記』や『蓮如尊師行状記』でもほとんど同一の文章で踏襲されている。蓮如上人絵伝の「出口光善寺の大蛇済度」などは、こうした近世蓮如伝に拠っているものであった。蓮如の元に来た女人が大蛇であり、「ワレコノ地ニ仏法ノヒラケンコトヲ待《マツ》コト久シ。今幸ニ勝縁ニアヘリ」と語られているから大蛇は済度されたのであろうが、話としてのモチーフは蛇身に変じた女人を救うことではなくて、池の地主的な性格であった大蛇が女人に変じて蓮如と会い、そして守護神となったということである。もっとも蓮如上人絵伝の絵相では大蛇の尻尾を持つ女人が描かれ、語りの中で女人救済が説かれたことであろう。大蛇の化身とは直接いっていないが、若狭教化の一段では「或時城主飛長権ノ守、上人ノ高徳ヲ感ジテ招請《チョジョウ》ス、夜モスガラ仏教ヲノヘ玉フニ、一人ノ化女アリ、庭上ニ閑聞ス、涙ヲ流シ申シテ云ク、我等コトキノ浅間敷女人ノ身ノ成仏得脱《トクダツ》ノ教法哉、願クハ一宇建立アリテ、女人要人ヲ引導シ玉フシ、則チ御堂ノ地面ヲ寄附シ奉ント言モアヘズ火炎ヲ放《ハナツ》テ、忽チニ去リ失タリ」などとある。(8)

大蛇済度の話は、なにも蓮如に限ったものではない。親鸞の華見ヶ岡の大蛇済度はもちろん、地方によっては幡随意・日蓮・念仏聖弾誓であったりする。人々の間で伝承されてきた大蛇済度伝説の主人公が親鸞や蓮如になったまでにすぎない。この伝説がどのように発生して流布変遷したのかは大きな問題であるが、蓮如の大蛇済度についてだけみれば、『蓮如上人縁起』などのような近世蓮如伝や説教本、また蓮如上人絵伝の絵解き説教によって地方門徒の間に浸透したことが考えられる。その典型例をあげてみよう。

あれ、おまはんなも、「蛇」の話なも。あの池というがなも、葦池《よしいけ》というは、お宮さんの北にあったんじゃえも。まあ昔はなも、昔しゃお座が一週間ずつ勤まったやろ……。その時に、その蛇がなも、そこの主やわ。いちばんの主が、まあ、人が通るととって食べたり悪《わり》いことして、もう、この娑婆がもうあきれはてまったんじゃげなわ。その蛇が、どうぞして、わしはまあ、こんなことばっかやってもあかんで、極楽へいきてあえもんじゃと、熱心になっちょったげなわ。そんであんたなも、その蛇が、ここにお座が勤まるとなも、えー嫁さんになって、美《うつく》しょう髪いって、毎日《めあにち》毎日もう参《めぁ》らん日が始まりから一遍もにゃあげな。そうしるとまあ、ご院《えん》さんが座敷《ざしき》い　行きなさると、そこへ行っては、ご絵解《えど》き聞かしてもらって、有難かったげなで。まあ、ふんで、いちばん終《しめ》えの時になも、ここの住職になも、傍《そべぁ》え来て、ほして、「わたしは、まあ、ほんとにまあ、この娑婆厭《いや》んなってまったが、ご院《えん》さま。とことんのお話を、わたしに聞かせてくれんせええ」て、住職に聞

きに　きたっと。
「うん、そうか。お前《めえ》は。わしは、いつみても同《おんな》しような顔して、毎日《めあにち》毎日、だれが参《めあ》らでも、お前は参りに来てくれるが、お前　どっからそおもきとくれた」と　いわしたらなも。「へえ、おはずかしいことでござります。こなたのとこの葦池の主《ぬし》でござります」といったとなも。「ふん、そうか。ふんならあの池ん中で、お前《めえ》が住んぢょるか」て。「へい、あそこにおりまして、悪《わり》いことばっかりして、わたしも、もう、この娑婆が尽《つ》きてしまいましたで、どうぞ、極楽浄土へ参れるような、とことんの話を聞かしてもれえてえ」と。「あゝ、そうかそうか」そういって、まあ、とことんの話を、ご院《えん》さまがしてえあげたそうな。そしたら、「ご院さま、もーう、結構でござります。ありがとうございました。もうこれより聞かせてもらわえでも、わたしは、ちゃっと、極楽へ参らしてもらいます。そのかわりに、ながなが、あんたどこの葦池に邪魔さしてもらっとったが、わたしの身のかたつけをひとつ、あのー、しちょくれんされんか」と　たのむじゃが。「うん、どんなかたちでゞもしてやるが、まあ、どうやって　ふんならおいとまもらう」と　いわしたら、「へえ、わたしは丑刻《うしのこく》に、あんたんとこの御堂《おみどお》の向拝《ごはえ》でおいとまもらうで、そで、あまたの人の見ぬ内《うち》に、わたしのこの身のかたづけをしちょくれ」といわした。

ふんで、その住職がなも、座敷におって、みんな寝《やすみ》なしてもひとりぎしおって、めはえ丑刻《うしのこく》になるやろうと思うと、なんじゃげな、座ってござったと。そしたら、あんた、なんじゃげなわ。えらい音がしたげなわ。「あゝこれは今おいとまもらうなあ」と。そで、すんだげなで、そで　お念仏申して、お勤《つと》めをして、そして行ってみたら、まあ、見れんくりゃえ、大《おー》きな蛇で、もとの姿のなりで死んじょったと。ほんで、こゝの住職がなも、薦《こも》につゝんで、そしてあんた始末《しまつ》して、なんでもこの境内《やしき》へ埋めたりなはえたらしいわ。そして身のかたつけ

写真32　蛇骨（河野西入坊蔵・岐阜県各務原市）

て、この上顎《うわあご》と下顎《したあご》とあってえやろ。大《おー》きなもんで、めえはえ、だえぶんに小《ちい》さなったるけどなも。そんでそれ。罪《つみ》そいつを寺《うち》の宝もんにして、とっときなさえた、と。つくらずに生きちょれん畜生《ちきしょう》の業《ごう》の身でえー。仏法《ぶっぽう》様聞いて、おしめえは、美《うつく》しいほとけさまになりんさったんじゃわ。

（傍線筆者）

これは河野西入坊（岐阜県各務原市下中屋町）に伝承されてきた、「蛇骨縁起」聞き書きである[9]。実際の語り口調そのままに記録されている。河野門徒は親鸞面授の伝承を持っていて、蓮如のころには河野九門徒の道場が地域に展開していた。河野西入坊はその中心寺院であって、法物中に「蓮如上人寿影」（延徳二年、一四九〇）もあり、蓮如忌も行われてきた。蓮如遺跡寺院であるところから、蓮如忌をはじめとする御座の中で、蓮如はさまざまに、そして繰り返し語られてきたことであろう。住職や説教者は近世蓮如伝や説教本を種本にしたと考えられ、その繰り返しの語りの中から、門徒の生み出したものが「蛇骨縁起」であった。大蛇―女人―蓮如―往生―蛇骨、という話の展開である。蛇骨（写真32）などは「教団内の蓮如」からみれば、まったく想像もできない否定されるべきものであろうが、高僧伝説化し「世俗化した蓮如」からみれば、蛇骨は確かな証そのものであった。真宗の教えからみれば、蛇骨そのものは滑稽な物であるかもしれない。しかし、「蛇骨縁起」の傍線を引いた箇所などに着目すると、あながち一概に否定できないものがあるのではないか。「この娑婆　厭《いや》んなってまった」「とことんのお話を、わたしに聞かしてくれ」「罪《つみ》つくらずに生きちょれん　畜生《ちきしょう》の業《ごう》の身でえー。仏法《ぶっぽう》様聞いて、おしめえは、美《うつく》しいほとけさまになりんさった」などと語られる中には、世俗を超え出ていこうとする方向性が明確に示されている。また、大蛇は「ながなが、あんたどこの葦池に邪魔さしてもらっとった」とあるように、もはや地主的・守護神的性格は弱くなり、女人の姿に生まれた人間そのもののような性格になって語っている。そこに教化された門徒の姿を発見することができよう。そして、こうした真宗門徒を生み出してきたのが、大蛇の化身である女人を救済する蓮如であった。

以上、「世俗化された蓮如」ということで、『石山後日　れんげ上人』に描かれた蓮如と大蛇済度の蓮如をとりあげてみた。近世社会では「生き如来」としての蓮如像が強調され、それは高僧伝説化して不思議な奇瑞を現ずる蓮如であった。大蛇済度の話も、はじめは蓮如の不思議を示すものであったが、次第に女人救済という点にモチーフが移り、地方伝説化したのであった。「蛇骨縁起」はまぎれもなく蓮如が女人を救済するものであるが、それは「大蛇化身の女人」であって「五障三従の女人」ではない。蓮如の女人救済の中には、『御文』とは異なるいまひとつの流れのあったことも指摘しておきたい。

註

（1）沙加戸弘他「『親鸞聖人御絵伝』絵解の基礎的研究」（『大谷大学真宗総合研究所研究紀要』第十号、一九九三年九月）。

(2) 真宗大谷派「配紙」第四十二号、明治二十一年十二月十五日。
(3) 前掲註(1)に同じ。
(4) 横山重・信多純一共編『古浄瑠璃集　角太夫正本(二)』古典文庫第一九五冊、一九六三年十月、内題「石山後日　れんげ上人」下に「相模掾正本」、丁数、十四丁半。後に沙加戸弘『真宗関係浄瑠璃展開史序説――素材の時代』(法藏館、二〇〇八年)にも所収。
(5) 真鍋廣済編『親鸞文学集』古典文庫第一八九冊、一九六三年十月、解題参照。沙加戸弘「元禄・宝永期の平太郎伝浄瑠璃――『都三十三間堂棟由来』と『和合之名号』」(『大谷学報』第六十四巻第三号、一九八四年十二月)、沙加戸前掲本に所収。
(6) 『真宗史料集成』第二巻、六〇七～八頁。
(7) 『真宗史料集成』第二巻、八三〇頁。
(8) 前掲『蓮如上人絵伝の研究』東本願寺出版部、二五一頁。
(9) 一九八四年、河野西入坊調査資料。

第四節　「蓮如」の民俗化と門徒の信仰

一　絵伝にみる「蓮如」の聖と俗

蓮如上人絵伝には、歴史的事実とは到底認め難い事柄、伝説的な話も描かれていた。本節では、いま一度もとにもどって、いったいこの絵伝は全体として何を語ろうとしているのか再考してみる。

近世中期以降に教団とは関係なく、門徒の中で私的に制作されたのが蓮如上人絵伝であった。したがって、絵伝の中にはさまざまに変容され世俗化された「蓮如」が描かれている。こうした絵伝の中の「蓮如」をどのように捉えることができるのか、「聖と俗」という概念を通してみてみよう。その前提として「聖」とは何か、「俗」とは何か、あるいは「聖と俗」をどう捉えるのか、といったことが当然定義されねばならない。ここでは、いわゆる「聖なるもの」を純粋に宗教的なもの・非合理なもの・おそるべきもの・神秘なるもの・非日常性・超自然などと捉え、「俗なるもの」については、通俗的なもの・合理的なもの・普通のもの・ありふれたもの・日常性・自然としておく。[1]また、「世俗化」と「民俗化」ということの差異についても一言触れておく必要があろう。「世俗化」とは、「聖なるもの」がその宗教性を喪失して「俗なるもの」に転じていくことである。本書第一章ですでに述べたように「民俗化」にも同様な意味が含まれているが、さらに次のような現象と意味がある。「聖なるもの」が「俗なるもの」になって世俗化したとしても、これが社会や人々の間に伝承されるとは限らない。「民俗化」とは世俗化されたものが一定の「型」、すなわち言葉（口頭伝承）や行為（行為伝承）でもって時間的に伝えられる文化現象のことである。そこで、「俗」の中に成立した絵伝の中に「聖なる蓮如」と「俗なる蓮如」、あるいは「民俗化した蓮如」があるとすれば、門徒はどのように「蓮如」をみていたのかが問題となってくる。あるいは「蓮如」の背景に当然設定されている「真宗の教え」というものを、門徒はどのように受け止めたのか、「教え」や「蓮如」という人物がどのように伝統的な地域村落社会の中で民俗化されるのか、などいろいろな問題点と課題が浮かび上がってくる。それは、近世における真宗門徒はどのような蓮如像を持っていたのか、ということに集約される課題である。こうした問題意識の中で蓮如上人絵伝の「聖と俗」を考えてみよう。

表24は西厳寺本（長野県長野市）を中心に、蓮如絵伝の絵相を二つの類型に分けてみたものである。表24の「聖

聖の絵相	表層文化現象
存如上人石山参詣の事	生まれ変わり・権化の再誕
上人誕生の事	
鹿子御影の事・生母別離	神祇
春日明神影向の事	舎利信仰
親鸞の遺骨を拝す＊	神祇
日吉山王権現船頭の事	神祇
吉崎踏査の事	夢
堺にて契丹人御教化の事	夢
法然・親鸞聖人夢物語の事	太子信仰・太子未来記
大坂御坊建立の事	高僧への結縁・生き仏信仰
遺骸拝礼	往生人
往生と奇瑞	
俗の絵相	**基層文化現象**
粽山篠生寺の事	篠
大谷破却日野岡峠の危難＊	法難・流離
金ヶ森道西屋根葺の事	屋根・逆さ
大津近松顕証寺と犬塚の事	犬・食物
三河西端で龍女御済度の事	大蛇
嫁威し肉付き面の事	面
腹籠りの聖教の事	聖教

表24　蓮如絵伝の絵相と伝承　＊は西厳寺本絵相以外のもの。

の絵相」というのは、蓮如が権化の再誕者として「聖なるもの」を獲得していることを語ろうとする絵相を示し、「俗の絵相」というのは、門徒が権化の再誕者である蓮如と結んで「聖」を獲得しようとしているもの、いい換えれば蓮如が「俗なるもの」に捉えられて「民俗化された蓮如」が語られる絵相のことである。

「聖の絵相」からみていくことにしよう。例えば「春日明神影向の事」とは、蓮如が南都遊学して二九歳のとき、本願寺へ帰山しようと春日社に参詣したところ手に松を持った春日明神が影向して、この松の落ちるところが仏法繁盛有縁の地であると告げた場面である。有縁の地とは後の吉崎御坊を指す。「日吉山王権現船頭の事」とは、蓮如三五歳、北国下向で琵琶湖を渡る際に人がいなくて困っていると、日吉山王権現の使いである猿が船頭となって無事に渡してくれた話である。また「吉崎踏査の事」とは、蓮如五七歳、吉崎選定するに鹿島明神の使いである鹿に導かれたり、親鸞の門弟であった信海が化現して坊舎を建立した、というものである。

西厳寺縁起の事	寺院縁起伝承＊
名号伝承	塚・池・石・杖・庭・樹木

このように真宗には珍しく神祇が、蓮如一生の重要な場面で立ち現れて関係している。それは絵伝の中においては、蓮如が「聖なる人」であることを証明しようとしているのである。神祇不拝という真宗教義とは別の次元で、門徒が蓮如を権化の再誕者として捉えようとしている場面ともいえよう。わが子をなくした契丹人が、夢の告げによって堺に訪れ蓮如の教化を受ける話、同じく夢物語として法然と親鸞が対座して話をしているのも、蓮如が常人ではなく法然・親鸞の教えを引き継ぐ者であることを示そうとしている。大坂御坊の建立では聖徳太子まで示現している。そして、もっとも蓮如が「聖なる人」であったことを示しているのが「往生と奇瑞」の場面である。『蓮如上人遺徳記』などには、入滅に際して諸仏菩薩の音楽が聞こえる中に妙華が降りそそぎ、白鷺が充満、白竜が現れたとあった。蓮如はまぎれもなく往生人であった。

「俗の絵相」ということでは、「粽山篠生寺の事」は老女が粽の篠に石を包み込んで蓮如に投げ付けると、蓮如はこれを大地に突き刺した。するとたちまち篠が生え延びたという。「金ヶ森道西屋根葺の事」は、門弟道西宅の屋根葺きで、下にいる蓮如が上にいる道西に藁を縦に渡せば縦のまま、横に渡せば横のまま道西が葺いたという有名な逆さ葺の話である。「大津近松顕証寺と犬塚の事」は、文明元年（一四六九）春、蓮如が大津南別所に祖像を安置した頃の話とされ、芝田外記という料理番が叡山の悪僧から金をもらい蓮如を毒殺しようとした。その時、飼い犬が突然座敷へ飛び上がり蓮如の食物をくわえて逃げ、犬は身代わりとなって死んだ、というものである。「龍女御済度」や「嫁威し肉付き面」「腹籠りの聖教」などは著名であるので説明を要しないであろう。

こうした「俗の絵相」の中では、蓮如が門徒とともに描かれていて「聖なる人」として不思議を現わしたりもするが、話の主体は門徒になっている。「大谷破却と日野岡峠の危難」は、寛正の法難に遭った蓮如が大津へ逃げていく途中で命を落としそうになる話であるが、説教本などでは気弱な「もはやこれまで」と泣く蓮如が描かれている。毅然とした不思議な力を持つ宗教家ではなく、門徒の側に引き寄せられた蓮如像といえよう。そして、こうした話のモチーフの中には篠・犬・食物・大蛇・面・聖教・名号・石・杖・庭といった物が登場し、これらに関わって蓮如が語られるのであった。

「聖の絵相」と「俗の絵相」に分けてみたが、両方に共通することとして「奇瑞」というものがあげられる。絵伝の中にはいろいろな奇瑞が描かれているが、いま奇瑞の示し方ということからながめてみると、基本的には漂泊—奇瑞—法難—流離—奇瑞という貴種流離譚のパターンが指摘できる。生母と別離して遊学、北国修行と遺跡巡拝、継職から大谷破却、近江流転から吉崎時代、吉崎脱出から出口光善寺・山科本願寺・大坂御坊建立、そして往生という蓮如の一生であった。奇瑞はこの間に出現し語られたのであった。なぜ、奇瑞を示すのかといえば、「蓮如」が普通の人とは異なり只人でないこと、力を持った聖なる人であることを語ろうとするためである。そして、この蓮如を「聖化」させる奇瑞は二つに類型化できる。すなわち、生まれ変わり・法難と流離・舎利信仰・夢・高僧への結縁・太子信仰・往生人といった表層文化伝承に関わるもの、そして笹・名号・石・杖・面・大蛇などといった基層文化伝承に関わるものである。表層文化伝承の奇瑞は、蓮如に限らず歴史の中で繰り返されてきたものである。一方、基層文化伝承は、民俗文化の領域に属するもので地方伝承（＝伝説）と関わっている。

奇瑞と同じく蓮如の「聖」と「俗」を具体的かつ象徴的に示すものに遺骨伝承がある。蓮如の遺骨崇拝伝承も各地にある。「蓮如上人御廟」は山科だけでなく枚方市の出口光善寺、岡崎市福岡町の土呂御堂山、金沢市二俣本泉寺、四十万の善性寺にもある。本願寺派堺別院、姫路英賀本徳寺、奈良県の飯貝本善寺の「蓮如堂」も性格的には廟所であろう。真偽は別にして「御遺骨譲り状」なども伝来し、「蓮如上人御遺骨」を法宝物として伝えている寺は各地にあって、大徳寺（富山県呉羽町）西照寺（石川県小松市）長円寺（同）・陽願寺（福井県武生市）・蓮成寺（愛知県碧南市）・上宮寺（愛知県岡崎市）・善立寺（滋賀県守山市）・教行寺（兵庫県西宮市）等々である。蓮如が茶毘に付された直後に次のような記述がある。

御門徒坊主衆アマタ御骨ヲ所望申サレ候。シカレトモ御一家御兄弟中ナラテハ、御免ナカリケリ。サレトモ御灰ニマキレ候御骨、ヌスミトラレ候方々モアマタアル由、承リハヘリキ。御別レカナシミ申サル、処、モツトモ理リ也。（『金森日記秘』[2]）

多くの門徒や坊主衆が蓮如の御骨をもらいたいと希望したが、御兄弟や御一家衆でなければ許されなかった。しかし、中には拾骨後に残った骨灰を持ち帰った者も数多あったという。蓮如遺跡寺院に伝えられてきた「法宝物としての遺骨」の真偽は分からないし、ここでは問う必要もないであろう。舎利信仰は蓮如以外の高僧にもみられる表層文化伝承であるが、遺跡寺院の法宝物としての「蓮如上人御遺骨」は、蓮如の遺骨（舎利）が民俗化して伝えられた基層文化伝承に属するものである。ここには「本願寺の上人」に対する貴人信仰と遺骨崇拝があり、舎利信仰と遺骨を介して高僧＝蓮如に結縁していこうとする門徒の心意・信仰があった。それは、蓮如に対する門徒の「蓮如信仰」ともいうべきものであった。蓮如上人絵伝は、この門徒の「蓮如信仰」が生み出したものともいえよう。

写真33　蓮如上人吉崎御下向・御影を運ぶリヤカー

二　蓮如信仰と法主信仰

真宗門徒が、今日まで伝えてきた蓮如に関わる伝承にはさまざまなものがあるが、問題は本願寺第八代の蓮如という人物が、どうして民俗化して伝承されたのか、その伝承の有している意味は何であるのかという点である。また、そもそも蓮如伝承はどのように生まれ、形成、流布されたのであろうか。このことを、もっともよく考えさせてくれるのが「蓮如上人御影吉崎御下向」といわれる門徒の民俗伝承である（写真33）。

この行事は、真宗大谷派本山に保管されている蓮如上人御影（絵像）を、京都と福井県坂井郡金津町（現・あわら市）にある吉崎別院との間を徒歩で往復させるものである。毎年、四月十七日に蓮如の御影は本山を出発する。六泊七日の道中、片道二四〇キロの道程を、御影はひたすら吉崎別院めざして歩いていく。御下向の一行は、吉崎別院から依頼された正式メンバーである宰領一名・供奉人五名・教導一名の計七名、そして個人的な自由参加の人たちである。「お立ち寄り」は六十余箇所あり、寺院だけでなく一般門徒宅であったりする。道中、『蓮如上人さまのお通り』という先ぶれが聞こえると、人々は飛び出してきてお迎えし、賽銭や花を供え見送る。『阿弥陀様、尊い御影様にあわせていただきまして、ありがとうございます』と、独り言をいいながら合掌する門徒の姿がある。四月二十三日の夜八時ごろ、吉崎別院に到着した「蓮如上人御影」は、参道を埋め尽くした門徒たちに迎えられる。そして、御影は五月二日まで滞在して蓮如忌が勤まり、再び琵琶湖東岸を歩いて五月九日に帰山する。

平成十一年（一九九九）まで使用されていた蓮如絵像は、大谷派第十二代教如によって慶長十六年（一六一一）、「越前国坂北郡細呂宜郷／吉崎惣道場」の法物として下付されたものである。絵像が下付される以前、地元の二十五日講の門徒たちは、蓮如名号を「お花松」に掛けて毎年三月二十五日に蓮如忌を行っていた。この絵像が下付されてからは仮屋を建て、御影や遺品を安置して行うようになった。その後、吉崎御坊のお山をめぐる東西本願寺の所有権争いが生じ、享保六年（一七二一）にこの絵像が本山に召し上げられたので、その翌年から一年に一度、京都と吉崎の間を御影が往復するようになったという[3]。実に三百年近くにわたって、毎年必ず同じ道、コースをほぼ同じ時刻に御影は歩いているのである。

この「蓮如上人吉崎御下向」は、本来、教団とは関係なく吉崎の二十五日講という門徒が生み出した行事である。毎年繰り返される行事は、ある意味で蓮如の吉崎進出という歴史を再現させているものであるが、その背景には蓮如という人物への篤い信仰が流れている。吉崎へ到着した直後、「お腰延ばしの儀」と呼ばれる儀式が行われるが、あたかも蓮如その人が生きているかのように絵像を取り扱う。また、村々を通過するとき人々は絵像を拝み、生きている蓮如に出遇っているかのようである。この行事には、門徒の蓮如その人への信仰、「蓮如信仰」とも呼ぶことのできる信仰形態がみてとれる。

ところで門徒の「蓮如信仰」とは何であるのか考えるとき、近世本願寺教団の法主信仰＝生き仏信仰と関わってくる。「法主」とは「教法を伝持し宗義安心の主たる人」の意味で、(4)教団内で門跡・門主・門首・宗主などとも呼ばれているものである。次の事例は、「蓮如上人吉崎御下向」における門徒の姿と重なり合う。

△十二日、京都東御門主・新御門主共、江戸へ御出にて当地佐屋街道を御通行。〔桑名より佐屋まで三りの間、引船ニて御出。中程ニて水あさく船とまりしかバ、近在の信俗はだかになりて川へ入、御船をおしたりしかバ、大なる船なれども数万人のちからにて、安々と、さやのミなとへ御着船也〕。

扨、津嶋《つしま》なる浄心坊《じょうしんぼう》へ御立寄。夫ゟ神守《かもり》・万場《まんば》へ御立寄ありて、其夜四ツ過、宮宿《みやのしゅく》へ御着。且、此日、佐屋海道ゟ府下古渡辺まで、御門主を拝せんと群つゝ出る老若男女の信俗、きっしりとつまりて、佐屋街道の村々にハ幟《のぼり》・挑灯《ちょうちん》立連ね、献上物の金銭を台にすへて出し、其側に上下着たる者数多出たり。或ハ、畑に莚《むしろ》を敷、松が根に尻《こし》かけたる人々、幾万人といふ事を知らず。去年以来、東派の信俗疑念、世話方の入組いまだ納らずして、信俗の心もまち〳〵なるべきを、かく御門主の御通行にハ、何も角《か》も捨置て、我も〳〵と出るを思へバ、本願寺の信者ハ、益《ます》〳〵盛んなる事あきらけし。(5)

これは本願寺第二十代、達如下向の様子である。歴代の宗主はいくどとなく関東へ下向しているが、達如は天保四年（一八三三）二月十二日に尾張へ下向し、尾張八郡の諸講によって出迎えられ、御坊に逗留したりしている。こうした法主御下向ともなると、村々の門徒は「幟・挑灯立連ね、献上物の金銭を台にすへて出し」て献上した。それは、小田切春江が「御門主を拝せんと群ゝ出る老若男女の信俗」「年寄など、此度ハ拝する事もなりがたきやと、なげき入たる」と記しているように、法主を拝むためであった。講中等の場合には、「菓子一折・白銀五枚や御馳走金十両」を差し上げて惣同行御目見が許され、さらに盃頂戴ともなったのである。御坊に逗留すれば「おかみそり」（御剃髪のこと）も行われた。文化十二年（一八一五）四月、達如が御坊に御逗留した時には、二十八・二十九日と行われて、御かみそりをいただいた人が千人にも及んだという。

現在の門徒の伝承にみられる「蓮如信仰」が、近世本願寺教団における法主信仰を基盤にして成立しているのは明らかであろう。しかし、「蓮如信仰」は真宗を中興した蓮如という人物その人に対する門徒の信仰であり、後述するように法主信仰は真宗が教団化して職能として発生・形成された信仰である。この二つの信仰は重なり合いながらも、また違いもある。法主信仰は、しばしば「生き仏」信仰として捉えられる。では、蓮如は門徒にとって「生き仏」であったのか。蓮如自身は「生き仏」を否定していたが、その言行や教化方法において「生き仏」と信仰されかねない一面やカリスマ性を持っていた[6]。本願寺も教団組織化する中で、蓮如や宗主を「生き仏」化している。門徒の蓮如伝承や蓮如像は、その中で生成されてきたのではなかろうか。こうした問題をさらに追ってみよう。

蓮如自身が「生き仏」についてどう見ていたかについては、文明六年（一四七四）正月二十日付の「御文」を通してすでに述べた。吉崎に群参してくる門徒に対し、対面して自分を拝むことはもってのほかであり、信心もないものは墓原の率都婆を拝んだ方がよいと叱責していた。「生き仏」は当時の表現でいえば「善知識」になるが、蓮如は従来の善知識観を批判した。親鸞以後、真宗の教えは門流という形態で伝えられてきたが、門流の頭首は弥陀如来と等同とみなされ、教えは善知識という「人」によって相承され、聖教下付権やその「悔い返し」権も善知識に属するものであった。「人法一体」の姿である。蓮如はこうした善知識を否定し、「人」と「法」を分離させて、善知識はどこまでも「如来の代官」であって如来と等同ではないと主張した[7]。

確かに、蓮如自身の考えはそうであり門徒が自分を拝もうとするのを否定したが、多くの門徒にとって蓮如は拝むべき善知識＝「生き如来」とみていたことも事実であろう。蓮如個人の思想とは別に、なぜ門徒がこのように蓮如を生き如来として拝んだかということを考えるとき、蓮如の言行や「御文」における誤解されやすい表現が問題となる。例えば「代々善知識ハ御開山ノ御名代ニテ御座候」（『栄玄聞書』）(8)、「そのゆえは、如来の教法を、十方衆生にときききかしむるときは、ただ如来の御代官をもうしつるばかりなり」（一帖目第一通）と、開山親鸞を強調して善知識が如来の代官であることを訴えかけ、あわせて『御文』では「如来の御直説」であるとも述べている。『蓮如上人御一期記』や『蓮如上人御物語次第』に「御文《オンフミ》ヲハ如来ノ御直説《コチキセチ》ト存スヘキヨシ候。カタチヲミレハ法然《ホフネン》カト、コトハヲキケハ弥陀ノ直説《チキセチ》トイヘリ」とみえ、(9)『蓮如上人御一語記』にも「聖人ノ御流ハ、阿弥陀如来ノ御流也。サレハ御文ニハ、阿弥陀如来ノ仰ラレケルト云々」とある。(10)『栄玄聞書』には、蓮如は「カヤウニミナ〳〵申言葉マテモミナ弥陀ノイハセラル、事チヤソ」とも語っていたという。(11)『御文』の言葉が如来の直説、すなわち如来の言葉と説く。これは「法」を「人」でなく阿弥陀に直接結びつけようとするものであり、従来の善知識観を否定する蓮如の新しい善知識観を示すものであった。

しかし、門徒にとっては「如来の直説」が強調されればされるほど、『御文』を制作した蓮如その人を阿弥陀如来とみたであろう。『御文』の中で阿弥陀如来は、「この阿弥陀ほとけの御袖にひしとすかりまいらするおもひをなして、後生をたすけたまへとたのみまふせは、この阿弥陀如来はふかくよろこひましくて」（二帖目第十三通）などと表現され、非常に人格化されている。また、当時の社会状況における教化姿勢で、蓮如自身の思想は別であったかもしれないが、「後生の一大事」を強調し来世往生観的な表現と説き方をしている。(12)『御文』や自ら語る言葉を「法」に帰して阿弥陀如来を語れば語るほど、門徒にとって人格化された阿弥陀と蓮如は等同視されたであろう。

後生を救済し、浄土往生を約束してくれる阿弥陀如来はすなわち蓮如であった。これは蓮如その人に対する信仰、すなわち「蓮如信仰」である。

蓮如によって示された非等同的な善知識観が大きく変化して、善知識が絶対的な権力を有する「法主」になったのは、本願寺第十一代顕如のころという。石山合戦と併行して、教団は中央集権的な組織に改編された。この時期の法主がどのような姿で民衆に受け止められていたかは、次のキリスト教宣教師の報告がよく示している。

　一人は約三百七十年前に死せりと伝へられ、イッコショ［〇一向宗］と称する宗派を創めたり。［〇一向宗即ち浄土真宗の開祖親鸞は弘長二年十一月二十八日京都に寂す寿九十八（マヽ）、これ一二六三年一月九日に当り、二百九十九年前なり。］此宗派は信者多く庶民の多数は此派に属す。常に一人の坊主を頭に戴き、死したる者の跡を継ぎ、宗派の創立者の地位に立たしむ。［〇本願寺法主］此人は公に多数の妻を有し、又他の罪悪を犯せども、之を罪と認めず、之に対する崇敬甚しく、只彼を見るのみにて多く流涕《りゅうてい》し、彼等の罪の赦免を求む。諸人の彼に与ふる金銭甚だ多く日本の富の大部分は此坊主の所有なり。毎年甚だ盛なる祭を行ひ、参集する者甚だ多く、寺に入らんとして門に待つ者其の開くに及び競ひて入らんとするが故に常に多数の死者を出す。而も此際死することを幸福と考へ、故意に門内に倒れ、多数の圧力に依りて死せんとする者あり。夜に入りて坊主彼等に対ひて説教をなせば庶民多く涙を流す。朝に至り鐘を鳴して合図をなし是に於て皆堂に入る。（異国叢書『耶蘇会日本通信』上）[13]

これは永禄四年（一五六一）八月十七日付のものであるが、他の報告では「宗徒は又此坊主の顔を見る者は既に現世に於て聖者となり、救はる、こと確実なりと信ずるが故に、其宗派の人は悉《ことごと》く彼を見んことを力《つと》め、一度彼を見る毎に甚だ貧窮なる者も一クルサドを与ふ。右は定額にして富者は多額を与ふ」などとある。こうした顕如の姿をみると、法主信仰＝生き仏であることは説明を要しないであろう。そして、これは近世における門徒の法主信仰と同じ姿といってよい。

戦国期に教団が改編・組織化され、それまで「如来の代官」として個人的な善知識としての法主であったのが、いわば教団組織における職能として絶対的な法主が成立して近世まで連続していくのである。このとき併行して進行していたのが、全国各地の坊主・門徒衆へ親鸞・蓮如あるいは証如・顕如・教如・准如などの絵像を大量に下付することであった。とりわけ石山合戦の終結から東西分派を経て近世幕藩体制が確立する中で、地方の道場は寺院化していく。本尊脇には親鸞と蓮如の絵像が安置されることになり、この絵像には当代宗主による裏書をもって下付された。裏書には絶対的な意味がある。宗主（法主）裏書の権威によって、全国各地の坊主・門徒衆は擬制同族的な「家」教団の成員となったのである。「蓮如信仰」が「法主信仰」に取り込まれていった。こうした中、「蓮如」は本願寺中興の祖とされ、権化の再誕者・親鸞の生まれ変わりなどとして伝記が編纂され近世蓮如伝が成立し、さらに絵伝や浄瑠璃のなかで「生き如来」として語られた。蓮如伝承はこの歴史の中で形成され、本源的には蓮如を「生き仏」とみた門徒の信仰によって生み出されたのである。

三　蓮如信仰と人神信仰

ここでさらに「生き仏」信仰とは何かを考えると、広義の意味では「生き神（人神）」信仰のことである。柳田国男が「人を神に祀る風習」で述べ[14]、これを宮田登が『生き神信仰——人を神に祀る習俗』で展開して論じたように、[15]日本人が持っている信仰形態の一つである。いま、真宗の「生き仏」信仰を単純にシャーマニズム論に解消してしまうことはさけたいが、堀一郎が「氏神型」と「人神型」に分類して論じている内容は示唆的である。「氏神型」は「封鎖社会の構造や文化と価値体系を維持統合する機能を持つ信仰」であるとして、「特定の氏族、同族、特定地域集団の政治経済的自立性を前提として、その維持と統合のシンボル的役割」を果たし、信仰に封鎖性や排他性が強くみられ、氏神はその成員と「系譜的な関係と特殊な契約意識」によって結ばれているという。一方、「人神型」は広域信仰圏を形成して解放性と包摂性を特色とし、「神は強い個性を有し、機能神的、人格神的性格をおび」、神と人の関係は「個人の選択的な信仰によって結ばれ、信ずる者に対しては強い庇護と恩恵」を与えるという。[16]現実にはこの二類型が組み合わさって「生き神」が発現するのである。真宗の場合に当てはめてみると、「生き神」＝「生き仏」信仰と読み替えることができる。「蓮如信仰」や「法主信仰」が強くみられることは、真宗門徒の中にも人神信仰が流れていたということであろう。蓮如個人の思想とは別に、多くの門徒にとって蓮如は生き仏であった。

真宗は、日本の仏教宗派の中でもとりわけ阿弥陀一仏を本尊として強調し、他の仏・菩薩あるいは神祇を拝せず、民俗信仰に対しても否定的である。その真宗の中に「蓮如信仰」や「法主信仰」という生き仏信仰が顕著なかたちで発現していることは非常に興味深く、真宗信仰の本質に関わる問題といえよう。しかし、同じ「生き仏」信仰という範疇で「蓮如信仰」と「法主信仰」が捉えられるとしても、この二つには違いもある。「蓮如信仰」は門徒が蓮如その人に抱いた信仰であり、高僧伝説化したにとどまらず、さまざまな伝承を地方にまで生み出した。これに対して、近世真宗教団の歴代宗主は高僧ではあったが、必ずしも門徒の間に伝説化して伝承されていない。伝承化した宗主をあげるとすれば、東西分派の過程で苦難の一時期を経験した教如、あるいは本山の堂宇焼失から再建に困難を極めた達如であろう。教如と達如は蓮如と同じように、自らの姿を描いた寿像という絵像を門徒へ下付しているが、寿像下付は歴代法主の中でこの三人がきわだっている。「法主信仰」は教団組織と結びついて形成され、権力的な一面を有しているが、門徒の「蓮如信仰」にはそうした要素は希薄である。真宗教団を擬制的な「家」教団とみたとき、「法主信仰」は堀のいう「氏神型」、「蓮如信仰」は「人神型」に近いものと捉えられる。

門徒は蓮如に何を求めたのであろうか。近世の法主信仰について、奈倉哲三は『真宗信仰の思想史的研究――越後蒲原門徒の行動と足跡』の中で「門徒にとって法主がなに故に『人神』たりえたのか、すなわち門徒は何をもって法主を『人神』と仰いだのか」と問いかけた(17)。田畑を売却してまで法主から「御剃髪」を受けようとする門徒の信仰内容は、浄土往生という来世信仰への強い願望の中で、法主を安心決定の確定者＝阿弥陀如来の使い・弥陀の代官と捉えた救済信仰であるとしている。蓮如に対面して拝んだ門徒、あるいは近世における法主御下向を待ち受けて寄進したり拝んだ門徒の信仰は、確かにそうであったろう。しかし、蓮如という人物が歴史の中で伝承化したとき、門徒にとっての「蓮如信仰」は「救済信仰」だけでは捉えられない意味と信仰内容を形成した。

堀一郎が民俗社会における人神信仰の特徴として「遊行」「漂泊」と「異人歓待（ホスピタリティー）」をあげているが、蓮如は「真宗」「教団」という封鎖性を超えて門徒・民衆の中に受け入れられた。「蓮如上人御影吉崎御下向」に付き従う人々の信仰は、「救済信仰」だけでは捉えられない。それは素朴で通俗的ではあるが、「阿弥陀様、尊い御影様にあわせていただきまして、ありがとうございます」と呟いた女性の「蓮如さん」に対する心意ではなかろうか。これこそ三百年近く蓮如の御影を徒歩で漂泊させ、人々が蓮如を歓待してきた伝承の力と意味である。

註

（1）『宗教学辞典』（東京大学出版会、一九七三年）「宗教六　聖と俗」「聖」「世俗化」などの項目参照。堀一郎『聖と俗の葛藤』、平凡社、一九七五年。桜井徳太郎「民俗宗教における聖と俗」（同『日本民俗宗教論』第三部民俗宗教論の課題、春秋社、一九八二年）等参照。
（2）『真宗史料集成』第二巻、七〇七頁。
（3）朝倉喜祐『吉崎御坊の歴史』国書刊行会、一九九五年。
（4）『真宗新辞典』法藏館、一九八三年
（5）歌月庵喜笑著・服部良男編『名陽見聞図会』美術文化史研究会、一九八七年、一五二頁。
（6）本書第三章第二節三。
（7）金龍静「中世一向宗の善知識観」『日本の歴史と真宗』自照社出版、二〇〇一年、所収。
（8）『真宗史料集成』第二巻、五九〇頁。
（9）同右、四四〇頁。
（10）同右、四四四頁。
（11）同右、五九〇頁。
（12）二葉憲香「真宗における往生信仰と歴史との関係についての仮説」『二葉憲香著作集』五所収、永田文昌堂、二〇〇〇年。
（13）異国叢書復刻版『耶蘇会士日本通信』上巻、雄松堂書店、一九七五年、四二頁。
（14）『定本柳田国男集』三一巻所収、筑摩書房、一九六四年。
（15）宮田登『生き神信仰――人を神に祀る習俗』塙書房、一九七〇年。
（16）堀一郎『日本のシャーマニズム』講談社、一九七一年。
（17）奈倉哲三『真宗信仰の思想史的研究――越後蒲原門徒の行動と足跡』校倉書房、一九九〇年、一三七頁。

結語

以上、第一章から第五章にわたって真宗民俗、すなわち真宗門徒の民俗について論じてきた。ここで各章で述べたことの論点を中心にして、明らかになったこと、および主張したことの要旨を概略まとめてみたい。

第一章「真宗民俗史の方法と課題」では、なぜ「真宗民俗」を論じる必要があるのかを明らかにするため、最初に「真宗と民俗」の関係から問題視角と枠組みを設定した。①真宗の民俗性と②真宗の反民俗性である。真宗信仰も「真宗の民俗化」によって地域社会に土着し、門徒の生活や信仰も民俗的なあり方をしているが、真宗門徒の民俗には対立も否定も共存も習合もあった。だから「真宗の民俗化」という習合論だけでなく、反民俗性という民俗否定的な問題を見落としてはならない。「真宗の反民俗性」は非習合論で、「民俗の真宗化」であり、「真宗の民俗」＝真宗が生み出した民俗である。真宗門徒の民俗は、真宗教義や教団によって作られた儀礼・行事が地域社会の中で定着し、門徒によって伝承されてきたものであった。真宗や真宗門徒の中に、従来の民俗学が示してきた日本人の民俗性を探ると同時に、真宗が生み出した真宗門徒の民俗を捉えなければならない。こうした真宗民俗論には、門徒の民俗の中に民俗性と反民俗性の要素があり、地域における民俗と歴史の問題、民俗形成の課題があるとした。そして湖北の「乗如上人御越年」を事例にして、伝承資料と文書史料から真宗門徒の民俗を遡源的にアプローチする具体的方法を例示した。湖北門徒の「乗如上人御越年」と御影巡回の行事は、真宗が生み出した「真宗の民俗」であったが、その中には法主信仰という「人を神(仏)に祀る」信仰という門徒以外の一般民俗に共通する民俗性も認められた。

民俗学における研究動向をみると、一応、二〇〇〇年ごろから真宗門徒にも民俗があることが認知されたが、基本的に真宗民俗は「異質」である。従来の民俗学研究では、真宗優勢地帯であっても真宗門徒の民俗は除外されてきた。真宗と真宗門徒が生み出した民俗を捉えようとする課題と方法がなかったのである。日本の中において真宗優勢地域は広範に存在し、真宗門徒が形成してきた生活文化が伝承されてきた。従来の民俗学研究からみれば「異質」であるかもしれないが、真宗門徒の生活伝承、とりわけ信仰伝承が「民俗」として位置づけられねばならない。民俗学研究ではこうした状況であったが、歴史学の近世真宗史や思想史では、真宗門徒の信仰や生活が議論されてきた。真宗門徒独自の習俗やエートス、熱烈な往生願望の信仰が論じられてきたが、これに対して同じ近世仏教史から真宗特殊論として批判もされていた。民俗学から真宗門徒の民俗は「異質」とみられ、近世仏教史からも門徒の信仰研究は「特殊」とみられたのである。真宗信仰や門徒の民俗は、たしかに異質であり特殊な一面を持っている。しかし、真宗の特殊性を認識しつつ、真宗の信仰世界観や門徒の信仰生活から、「普遍」「一般」とされてきた信仰世界や民俗的世界観を逆に相対化することもできるのではなかろうか。ここに真宗史や真宗民俗の「特殊」を研究する意義と目的があるとした。

民俗学と歴史学とでは、同じ真宗門徒の信仰や民俗を研究対象にしても、課題そのものと歴史認識・構成の仕方が違う。近世真宗史や思想史では、真宗門徒を「民衆」と捉えて近世から近代へと展開した民衆の変革の主体・思想を見出すことにあった。真宗門徒の日常世界を描いても、近代を基点にして幕末真宗門徒の民俗を捉えていた。一方、民俗学は現在を基点として、現在まで伝承されてきた民俗の変遷と構成・機能を追求する。伝承の歴史性を考究することによって、真宗門徒の「民俗史」と基層信仰の姿も明らかになるのではないか。民俗学では「主体」や「思想」についてほとんど議論されてこなかったが、本書の真宗民俗史論では、真宗門徒こそが民俗の主体であり、民俗事象を担い伝承してきた名もなき人々なのである。この中に、真宗門徒としての民俗の思想を求めることができる。

第二章「真宗門徒の葬送儀礼」では、本願寺宗主と門徒の葬送儀礼をとりあげた。歴代宗主の葬送儀礼をとりあげたのは、史料が比較的残っていることから真宗における葬送儀礼の実態を検討し、その儀礼全体の構成と特質を捉えて真宗門徒の葬送儀礼を考えるためであった。本章の意図は、真宗門徒の儀礼論である。真宗の葬送儀礼は、「死の作法」と「出棺勤行」「葬場勤行」から構成されていた。禅宗は十三世紀ごろから葬祭儀礼を整え、蓮如の活躍する十五世紀中葉ごろには葬祭儀礼を中心にして庶民階層まで展開していた。この禅宗の葬送儀礼と比較して、没後作僧と引導・下火を中心とする禅宗の葬儀は成仏儀礼、真宗の葬送儀礼は死者が往生した往生儀礼と捉えた。真宗と禅宗の葬送儀礼や死者観の類似と相違は、肖像画である御影と掛真に表れている。真宗の葬場勤行では本尊はなく遺骸中心の儀礼であった。遺骸は「葬（はふり）」されるものという、前代からの一般的葬送習俗の観念が潜んでいた。「死の作法」である剃髪・沐浴・石枕・帽子などは、真宗特有なものではなく民俗儀礼であったが、入棺作法の中で棺蓋名号は真宗的なものである。しかし、新たに創出したものではなく、遺骸に対する呪術的意味や成仏儀礼としての入棺作法を真宗的に改変したものであった。一方、四門儀礼は否定した。真宗の葬送儀礼は、宗派に関係のない遺骸処理にともなう民俗儀礼の上に、すでに蓮如期に葬送儀礼を確立させていた禅宗などの儀礼を真宗的に変容させて成立した。そのとき、四門のような成仏儀礼は否定したのである。

真宗門徒の葬送儀礼については、湖北地方の現行民俗であるオソウブツを中心に論じた。一五〇〇年代から一六〇〇年代初頭にかけて、教団から下付された絵像本尊が門徒の葬儀に使われているが、この阿弥陀如来の絵像は近世に寺院化する以前の道場本尊であった。現在はリンジュウブツと呼ばれているが、もとはソウブツ（惣仏）であった。近世になって道場が寺院化して絵像本尊が木仏本尊にとって代わられ、絵像本尊がもっぱら門徒の葬送儀礼にだけ関わるようになった中で、リンジュウブツという民俗語彙としての表現が生まれてきたと考えられる。阿弥陀如来の絵像本尊と正信偈と念仏、これが中世末期真宗門徒の葬送方式であった。「惣仏」の「惣」は、「惣道場の物」「惣の物」という意味があって、惣の範囲も現行の村内よりも広く、下寄方十三日講や十四日講といった広域講の範囲と重なり合ってくる。中世的な「惣仏」「惣物」というものは、一般的には「惣」という表現がなくなって、近世的な講や講仏へと受け継がれていったのではないか。「惣」から「講」へという流れであり、絵像本尊も「惣仏」から「講仏」へと性格と機能が変化したのであった。

「門徒もの知らず――脱落した習俗」は、滋賀県の葬送民俗資料から、真宗の民俗否定・習俗否定はどこまで可能であったかをみたものである。枕飯に一本箸を刺さない、出棺の際に藁火・門火を焚かず、茶碗破りといったことをしない、位牌をつくらない、など否定したものもあったが、葬送儀礼全体としてはほとんど変わらなかった。一部の儀礼を脱落させて簡略化したのであって、門徒に対して個々の習俗を再解釈することから新しい真宗的意味づけを行ったとはいえない。その中、葬式に赤飯をだす習俗に対して、門徒は独自な解釈を生み出していた。

第三章「名号と御文の民俗」は、真宗門徒の名号祭祀や御文拝読という繰り返しの行為を民俗とみて考察したものである。門徒は「南無阿弥陀仏」の名号を蓮如以降、現在まで祭祀してきた。この名号祭祀形態の変遷と意味・機能について、近世初期から中期にかけて道場が寺院成りし、門徒家にも仏壇が成立してくるという過程の中にさぐった。蓮如言行録や残存道場の形態から、墨書の六字名号が門徒に対してどのように書き下され、どこに祭祀されたのか。名号下付と意味は、蓮如その人と非常に強く結びついていて、各種の名号奇瑞伝説が生まれたのも、蓮如その人に関わってのことであった。六字名号を本尊とした「名号の時代」は短く、道場が寺院化していく一六〇〇年から一六五〇年ころは、次第にその宗教的役割・機能を終え忘れられていった分岐点であった。絵像本尊が下付されてくる中で脇掛けとなり、木仏本尊下付と寺号免許という近世真宗寺院の成立過程の中で祭祀する場所さえなくなり、今度は門徒に対して盛んに下付されていった。門徒家の「仏壇」祭祀に対しての名号下付である。

「御文拝読」ということは、真宗にとって、また門徒にとってすぐれて類型的かつ強力な行為伝承であり言語伝承である。門徒は御文をどのように読んできたのか、伝承させた力は何であったのか。『御文』の残存形態から実如・証如・顕如による巻子装御文に着目し、本願寺が近世教団として出発するまでは巻子装などの「証判御文」が主流であり、門徒の前で実際に拝読されていたとした。『五帖御文』は門徒家の仏壇成立過程の中で普及し、日常勤行の後で拝読される儀式化が成立したが、巻子装御文は忘れ去られた。が、一六〇〇年代後半にいたって再び御文は御消息という巻子装の体裁で復活し普及する。「御文御書」と呼ばれる御消息であった。これは近世の講を対象として成立普及した。御文を伝承させた力は、蓮如のコトバであった。門徒はコトバを丸ごと受け取る聴聞の仕方で、読み上げられるコトバはまさしく「蓮如の声」であった。そして、御文は拝読という「読む行為」そのものに、まず宗教的意味があったのである。湖北の「夏の御文」や御越年といった行事を紹介し、「御文と御消息拝読の民俗」した。

第四章「真宗門徒の村と民俗」は、フィールドワークを中心にした地域論、真宗門徒の共同体論である。ムラの寺檀関係を詳細に調査して、ムラの成立、村内寺院の成立から寺檀や民俗の形成について述べた。尾張西部の木曽川下流域には複檀家（半檀家）がみられる。男女別に檀那寺を持つ複檀家がどうして成立したのかという問題を、講下制度・配下制度というムラと家と寺院との関係から考察した。配下制度が形成された要因の一つは、「ムラの成立」と「寺院の成立」形態に求めることができ、近世の新田開発によってムラが成立しても、個々には寺檀関係を持っているものの、ムラの中に信仰の紐帯となる寺院はなかった。そこで、ムラは寺院の代わりに道場（説教場）を設け、道場は明治になって寺院化したが、檀那寺との寺檀関係は強固に存在していた。「ムラの寺院」を維持していくためには、この寺檀関係とは別な制度、すなわちトリモチ寺という配下制度が「ムラと寺院」の慣習的な契約として定着したのである。複檀家のみられた村は、近世になって「開拓された村」であり、寺檀制度が強固になった十七世紀半ば以降に出身地の寺檀関係を持ちながら入植して開発された村であった。一家の中を男女に分けたりして檀那寺を別にするかどうかは、たしかに「共同体の意志」という地縁の力が介入してきたことによるが、それでも決定的なものではなく、あくまでも「家の選択」であった。新田開発のムラでは、嫁いできた女性が実家の檀那寺を離れ、婚家の寺檀関係に入るという家意識が希薄で、「家」が確立されておらず未成立であったことも指摘した。

「西三河における真宗門徒の村と民俗」では、「真宗門徒の村」と「民俗のあり様」について述べた。門徒の村であっても複雑な寺檀関係を形成しており、そこに村の開発や村内寺院の成立、さらに寺檀関係が規定する村の信仰と民俗伝承の形成が看取できた。とりわけイットウという同族が寺檀関係に関わっており、本家はムラの草分けとして開発先祖的性格を持っていた。近世の村が成立し、道場が寺院化して近世寺院として門徒と新たな寺檀関係を形成していったとき、イットウの草分け的な家が依然として本證寺や上宮寺・勝鬘寺と手次関係を維持したので、村内が複雑なイットウごとの寺檀関係になったのである。近世村として成立した「村（ムラ）」は次第にイットウや寺檀関係の規定から離れ、「村の信仰民俗」を形成したが、そのときムラを一つの共同体としてまとめる村「組」

が組ごとに祭祀する神仏を取り込んでいった。

「尾張・三河における真宗民俗の位相」は、尾張・三河という愛知県全体の中で「真宗優勢地域」の民俗的特徴を捉えようとしたものである。県内を概観すると、大きくは禅宗が尾張東部、三河東部と山間部、渥美半島、真宗が尾張西部、三河平野部と棲み分けていて、その間に浄土宗他の寺院が展開している。この宗派分布の中でジノカミ、ジルイ、イットウ、百八松明行事、全拾骨と一部拾骨、両墓制、無墓制という民俗の分布と地域差を示した。禅宗地域の東三河ではジルイが同族の社会集団としてムラの中で機能していた。真宗地域の西三河平野部ではイットウが同族の社会集団、尾張西部ではイットウの同族意識が弱まり、代わって講集団が信仰生活の基盤を形成してきた。そして、東三河のジルイと西三河や尾張西部のイットウとの大きな違いは、イットウには「地分け」伝承がない、ということであった。真宗地域の門徒のムラでは、組やイットウが関わるような盆行事が成立していない。両墓制は禅宗地域、無墓制や墓上植樹は真宗地域であった。真宗地域では、従来、民俗学が描いてきたような民俗儀礼体系が成立しておらず、初盆に対する意識が希薄、遺骨に対する信仰も希薄であった。そこから真宗門徒の先祖祭祀は、仏壇や年忌法事、永代経行事にみることができるが、報恩講の中に習合してしまった一面があるとした。

第五章「蓮如伝承の生成と門徒の信仰」は、蓮如上人絵伝を民俗資料として蓮如伝承の生成や門徒の蓮如信仰を捉えようとした、「蓮如」の民俗信仰論である。蓮如上人絵伝の多くは、寛政十年（一七九八）の三〇〇回忌から明治三十一年（一八九八）の四〇〇回忌にかけて、門徒が私的に制作したものであった。絵伝成立にとっては、蓮如三〇〇回忌が大きな画期であったといえる。絵伝は蓮如一代の事跡を種々描いているが、全体としては蓮如が「権化の再誕者」であったことを語っていた。また絵伝には、教団周辺で形成され高僧伝説化した蓮如だけでなく、地方の蓮如伝説や寺院縁起伝承も描かれている。地方の蓮如伝承の中には、近世初期にはすでに成立していたものあった。むろん、地方のはやくに成立した蓮如伝承が、そのまま現在まで伝えられたわけではない。蓮如伝に取り込まれたり、反対に蓮如伝記から創られたりもしたであろう。絵伝にも描かれ、そして語られて蓮如伝承は生成と再編されて伝えられてきた。女人と大蛇済度の伝説などは典型例である。蓮如上人絵伝と伝記の関係、絵解き台本などにも言及した。蓮如忌は「絵解きの場」であったが、絵解きはなかなか難しい行為であった。絵伝成立以前には、いろいろな遺品や読み縁起、そして在地での蓮如伝承が語られていたので、いわば「絵伝」はその延長上に成立したものである。絵伝はこうした蓮如忌や虫干法会といった開帳の中から新しく生まれたものであった。

「蓮如」の世俗化と民俗化についても言及した。世俗化とは、「聖なるもの」が「俗なるもの」にとらえられて宗教性が喪失されていくことである。蓮如は『石山後日　れんげ上人』のように浄瑠璃化されて物語となり、「権化の再誕者」から「生き如来」へと門徒・庶民の蓮如像が変化していった。「権化の再誕者」や「応化」「化現」というときは、まだ仏教的枠組みで蓮如を捉えている。しかし、「生き如来」となるとこの枠組みがはずされ、日本人の民俗信仰、すなわち人神(仏)信仰となっていく。現在まで日本人の基底に流れ続けている基層の信仰である。民俗化とは世俗化したものが一定の型、すなわち言葉（口頭伝承）や行為（行為伝承）でもって時間的に伝えられる文化現象のことである。門徒は蓮如の遺跡やさまざまな遺品とされるもの、伝説などを通して蓮如その人と結びついていこうとする。毎年繰り返される蓮如忌や「蓮如上人吉崎御下向」行事、読み縁起、蓮如上人絵伝と絵解き説教などに結縁して、門徒は蓮如に出遇ってきたのである。日常生活においては、毎日の御文拝読であった。こうしたさまざまなモノ・コトを通して門徒の蓮如信仰は形成された。蓮如上人絵伝は、まさしくこの門徒の蓮如信仰が生み出したものであり、門徒の蓮如像は絵伝の中に描かれた姿といってよい。

「法主信仰」と「蓮如信仰」は、ともに生き神(生き仏)信仰として捉えられる信仰形態であるが、両者に違いもあった。法主信仰は真宗が教団化して職能として発生・形成された信仰で「氏神型」、「蓮如信仰」は真宗を中興した蓮如という人物その人に対する門徒の信仰で「人神型」であった。

現在の民俗学は研究対象を見失い、歴史を捨てて、現代の中に新しい方向性を切り開こうとしている。それも民俗研究の一つの可能性であろうが、本書で提起した真宗民俗史の課題と研究対象、地域のフィールド調査に基づく民俗資料と文献史料をともに生かす方法も、また一つの歴史民俗学としての可能性であろう。

初出一覧

第一章　真宗民俗史の方法と課題

第一節　原題「真宗民俗論の方法論的枠組み——御影巡回の民俗を通して——」（『宗教民俗研究』第一七号、二〇〇七年）を一部修正。

第二節　真宗民俗史の課題　新稿

第二章　真宗門徒の葬送儀礼

第一節　真宗の葬送儀礼（『講座　蓮如』第三巻、平凡社、一九九七年）

第二節　原題「オソーブツ再考——湖北地方を中心にして——」（『佛教史学研究』第三八巻第二号、一九九五年）

第三節　原題「門徒もの知らず——真宗の葬送儀礼と脱落した習俗——」（『葬送儀礼と祖霊観』光出版、一九九三年）

第三章　名号と御文の民俗

第一節　名号の祭祀形態と機能——道場から寺院へ——（『蓮如名号の研究』法藏館、一九九八年）

第二節　御文と門徒伝承——御文から御消息へ——（『実如判五帖御文の研究——研究篇上』法藏館、二〇〇〇年）

第四章　真宗門徒の村と民俗

第一節　尾張の寺檀関係と複檀家（『同朋仏教』三九号、二〇〇三年、同・四〇号、二〇〇四年）
第二節　西三河における真宗門徒の村と民俗（『愛知県史研究』第四号、二〇〇〇年）
第三節　原題「信仰民俗の地域差と真宗」（『愛知県史　別編総説　民俗1』第一章第三節、愛知県史編さん委員会、二〇一一年）

第五章　蓮如伝承の生成と門徒の信仰（各節は以下の論文を大幅に再構成、加筆・重複削除して成稿した）
第一節　蓮如上人絵伝の系譜（『蓮如上人絵伝の研究』真宗大谷派出版部、一九九四年）
蓮如絵伝と芳沢寺本の成立（千葉乗隆・赤井達郎編『蓮如上人と絵伝』教行社、一九九三年）
蓮如絵伝と伝説の成立（『真宗研究』三三輯、一九八九年）
真桑文楽『蓮如上人一代記』について（『同朋学園佛教文化研究所紀要』九号、一九八七年）
「蓮如上人絵伝」と絵解き（『国文学　解釈と鑑賞』六三巻一〇号、至文堂、一九九八年）
三河西端の蓮如絵伝と絵解き（伝承文学資料集成一五『宗祖高僧絵伝（絵解き）集』三弥井書店、一九九六年）
第二節　蓮如忌習俗と伝説（『中京民俗研究』二号、中京大学民俗研究会、一九八六年）
三河の蓮如忌と蓮如伝承（千葉乗隆・赤井達郎編『蓮如上人と絵伝』教行社、一九九三年）
第三節　「蓮如」の世俗化と真宗門徒（宇治谷祐顕佛寿記年論集『佛の教化――佛道学』法藏館、一九九六年）
第四節　蓮如絵伝にみる聖と俗――「蓮如」の民俗化について――（『日本仏教学会年報』五九号、一九九四年）
蓮如御影の旅――京～吉崎（『国文学　解釈と鑑賞』六三巻一〇号、至文堂、一九九八年）
蓮如伝承の生成と門徒の信仰――「蓮如信仰」と法主信仰――（日本の名僧13『民衆の導師　蓮如』吉川弘文館、二〇〇四年）

結語　新稿

追記

・執筆時の住所表記はそのままにして、必要に応じ現住所表記を（現・〇〇）と入れた。ただし所在一覧などの表地名は旧住所のままである。
・敬称は、表記統一のために原則として略した。
・旧字は新字に直し、史料などの必要に応じて用いた。
・本願寺歴代について「宗主」という用語を使用したが、文脈によって「法主」とも表記した。

あとがき

本書は、ここ二十年間に書いたものを中心にまとめたものである。一九九三年に旧著『真宗と民俗信仰』を上梓したが、それ以後の研究の歩みと成果ということになる。

「よく、ここまでやってこられたものだ」と思う。途中で筆を折っても不思議ではなかった。私の本業は住職であり、研究・教育を専業としている者ではない。また、私事になるが妻が三十年にわたって病気を患い、自宅介護が必要であった。備忘録をみると、本書を出すにあたっての原稿整理、加筆・削除、再構成なども二年前の妻の入院から始め、今年の一月末から五月初旬までの最後の入院まで、編集作業のほとんどを病室で寄り添いながら行った。これまで書いた論文の一つひとつにも、妻との病気の思い出が残っている。その妻も、もうこの世にはいない。

私は、もともと研究者になるつもりはなかったし、なれる力量がないと考えていた。いまでも、研究者だとはさして思っていない。それが、どうして研究らしきことを続けてきたのかと振り返ると、僧侶の資格をとるため編入した二度目の大学の卒論で、「真宗の民俗性と反民俗性」という論文を書いたからであった。この論文に九二・五点という評点を付けてもらった。主査が九〇点、副査の先生が九五点を付けてくれたからである。不思議な点数を付けてくれたもので、いま思い返すと、おかしくもあり有難くも思う。とにかく、この論文のせいで「もう少し学びたい」という気持ちが芽生え、同朋学園仏教文化研究所に籍を置くようになった。また、この論文が機縁になって福田アジオ先生と知り合い、国立歴史民俗博物館での共同研究や四日市市史に参加させていただいた。その中で、民俗学として「真宗門徒の民俗」を調査してもいいんだと思うようになり、結果、今に至ってしまった。無墓制、葬送儀礼、蓮如上人絵伝、道場、真宗地域の民俗調査等々にはまってしまった、ということである。

住職という立場から、調査や研究になかなか時間を割くことができなかった。土・日曜日は必ず法事があり、毎日の月参りもある。突然の葬儀も執行しなければならない。毎年の日本民俗学会には、なんとか出席するようにしてきたが、何年か前に山口大学で年会が開催されたとき友人と車で参加した。そして、ようやく帰宅したら葬儀の電話が入って枕勤めに出かけたことがある。珍しいことではない。奥三河の津具村から深夜帰宅途中に携帯電話に連絡があって枕勤めに直行、日本宗教民俗学会の大会が大谷大学で開催され、シンポジュウムのパネリストを引き受けたときもそうであった。葬儀を済ませて、なんとか会場に飛び込むことができたが、木場明志先生が心配されていた様子が記憶に残っている。二十代のころには、奥三河の花祭を見てから神楽に興味を持ち、東北の早池峰神楽などにも一人で出かけていた。念仏踊りにも関心を持ち、あちこちと気ままに見学していた。しかし、時間的制約もあるので祭りや民俗芸能からは遠ざかり、次第に「真宗と民俗」にテーマを絞るようになっていった。

ここまで研究らしきことを継続できたのは、多くの人たちの導きがあったからである。三十代初めから十年間は、同朋学園仏教文化研究所の専任研究員として勤務した。毎月一回は、名古屋別院史や河野門徒の調査にでかけていた。夏期には初期真宗遺跡寺院の調査があった。二十四輩遺跡寺院を中心にして関東調査、仙台・秋田・山形などの東北調査、新潟・富山・石川などの北陸調査、長野・山梨などの調査、近江・京都・大阪・奈良などの関西調査、岡山・広島などの安芸門徒調査等々、出かけたところは多い。阿弥陀如来の絵像本尊、名号、各種絵伝、御聖教、文書史料、開帳読み縁起資料、太子関係では聖徳太子絵伝、光明本尊、太子略絵伝、太子木像などを調査・撮影して資料化してきた。デジタルカメラによる撮影が登場するまでは、十六ミリマイクロ撮影機を分解して納めた大きなジュラルミンケースを持ち歩いていた。こうした調査の計画から予算管理、調査後の史料整理と紀要を中心にした共同研究の成果をまとめることが仕事であった。調査を実施する中で、小山正文先生や小島恵昭・青木馨・渡辺信和の各氏などから、多くのことを学んだ。とりわけ渡辺信和氏からは、研究の方法と論文の書き方、調査の仕方から史料整理の方法、文書の読み方、編集の仕方まで教えてもらった。中世仏教文学が専門で分野は異なっていたが、同僚であったと同時に文字通り「学兄」であった。早くに逝去したのが惜しまれる。安藤弥氏には常日頃お世話になっている。

当時の研究所はかなり自由であった。非常勤講師を務めているものの大学組織から外れた者が寄り集まり、ただ研究をしたいために議論し調査をしていた。個人的な調査研究も自由にでき、蓮如上人絵伝調査のために動くことができたのもこの時期である。ところが研究所が学園から大学へ所属移管されると予算が大幅に縮小され、事務職員も廃止、研究員の身分保障も不安定になって、非常に厳しいことになった。調査に出ることはできず、研究業務をしながら郵便物の整理から来客へのお茶入れまでしなければならない。そこで、個人的には住職を継承したこともあったので、研究所の専任を辞してしまった。

研究所を辞めたころは、ちょうど名古屋市史や愛知県史の仕事が始まって、その調査が中心になっていった。そして、地元で民俗研究を続けていた津田豊彦氏・伊藤良吉氏・鬼頭秀明氏・服部誠氏などとともに名古屋市内や愛知県内の村々を走り回ることになる。こうした行政の県市町村史に関わる民俗調査は、もういちど「民俗とは何か」を再認識させてくれ、尾張と三河の違いなども捉えることができるようになって、「地域差」を考えるようになった。鷲野正昭氏を中心にした旧八開村史では、地域を悉皆調査することができた。複檀家（半檀家）や村と寺院の関係について詳細に知ることができたのは、大きな成果である。

いま、改めて調査の足取りを回顧すると、どれだけ調査が重要であったか分かる。西口順子先生を中心にした絵系図研究会で、神田千里・草野顕之・遠藤一・岡村喜史の各氏とともに滋賀県湖北地域の村々と寺院を巡ったことも懐かしい。大量の門徒絵系図を目の当たりにしたとき、感動すら覚えたものである。神田千里氏からは鮒寿司の美味しさも教えてもらった。この他、蓮如上人絵伝の調査では、美術史の赤井達郎先生と新潟県までご一緒させていただいた。真宗史の金龍静氏、竹田聴洲先生の門下生で先輩にあたる赤田光男先生からは、お会いするたびに暖かい励ましの言葉を掛けてもらっている。寺の仕事と兼務しながら妻の病気と介護、そして研究費も時間もない中で調査と研究を続けてこられたのは、こうした人たちのお陰である。ここに深甚の謝意を表したい。高名な仏教学者であった前田慧學先生が晩年、どういうわけか好んで研究所に来られていた。そしてある時、「蒲池さん、六十歳すぎたら著書を出してはいけません。ただし六十歳前の研究をまとめるのは良いですよ」と話されていた。一つの調査が次の調査につながり、一つの論文を書くと誰かが必ず読んでくれて次の論文につながってきた。そして、「ここまで来てしまった」という感慨である。

本書を出版するにあたって、研究所の中川剛・松金直美の両氏に入力と校正の一部を手伝ってもらった。今回も法藏館の編集長・戸城三千代氏や上山靖子氏には大変お世話になってしまった。一冊の本は、著者と編集者の共同作業で世に出るものである。厚く御礼を申し上げる次第である。

二〇一三年八月　妻の百箇日と初盆法要を終えて

蒲池　勢至

索　引

（50音順）

あ行

か行

さ行

た行

な行

は行

ま行

や行

ら行

わ行

蒲池勢至（がまいけ　せいし）

1951年愛知県生まれ。

同志社大学文学部文化学科・同朋大学文学部仏教学科卒。

現在、真宗大谷派長善寺住職、同朋大学仏教文化研究所客員所員。

主要著書・論文
『真宗と民俗信仰』（吉川弘文館）、『真宗民俗の再発見』（法藏館）、『民衆宗教を探る　阿弥陀信仰』（慶友社）、『お盆のはなし』（法藏館）、『太子信仰』（編著・雄山閣出版）、『蓮如上人絵伝の研究』（共編著・東本願寺出版部）、「両墓制と単墓制」（講座日本の民俗学７『神と霊魂の民俗学』雄山閣出版）、「親鸞の石塔・遺骨・影像・廟堂」（『誰も書かなかった親鸞』法藏館）、他。

真宗民俗史論

二〇一三年一〇月一〇日　初版第一刷発行

著　者　蒲池勢至
発行者　西村明高
発行所　株式会社法藏館
京都市下京区正面通烏丸東入
郵便番号　六〇〇-八一五三
電話　〇七五-三四三-〇〇三〇（編集）
〇七五-三四三-五六五六（営業）

装幀者　上野かおる
印刷・製本　亜細亜印刷株式会社

ISBN978-4-8318-6225-9 C3021

真宗民俗の再発見　生活に生きる信仰と行事	蒲池勢至著　川村赳夫写真	二、五〇〇円
日本人と民俗信仰	伊藤唯真著	二、五〇〇円
近代火葬の民俗学	林　英一著	七、五〇〇円
近江の無墓制と「ぼんなり」考	志水宏行著	三、二〇〇円
民間信仰史の研究	高取正男著	九、四〇〇円
民俗探訪　全四巻	桜井徳太郎著	各三、四九五円
誰も書かなかった親鸞　伝絵の真実	同朋大学仏教文化研究所編	二、八〇〇円

法藏館　価格税別